深圳证券交易所
SHENZHEN STOCK EXCHANGE

深交所创新成长学院
SHENZHEN STOCK EXCHANGE ACADEMY OF INNOVATION AND GROWTH

深交所创新成长学院系列读物

上市公司并购重组问答（第4版）

Q&A ON LISTED COMPANIES' M&A

深圳证券交易所创业企业培训中心 ◎ 编著

中国财经出版传媒集团
中国财政经济出版社
·北 京·

图书在版编目（CIP）数据

上市公司并购重组问答 / 深圳证券交易所创业企业培训中心编著. -- 4版. -- 北京 : 中国财政经济出版社, 2025. 7. -- (深交所创新成长学院系列读物). -- ISBN 978-7-5223-3992-4

Ⅰ. F279.246-44

中国国家版本馆CIP数据核字第2025T1V618号

责任编辑：贾延平　　责任校对：胡永立

封面设计：陈宇琰　　责任印制：党　辉

上市公司并购重组问答（第4版）

SHANGSHI GONGSI BINGGOU CHONGZU WENDA（DI 4 BAN）

中国财政经济出版社 出版

URL：http：//www. cfeph. cn

E－mail：cfeph@ cfeph. cn

社址：北京市海淀区阜成路甲28号　邮政编码：100142

营销中心电话：010－88191522

天猫网店：中国财政经济出版社旗舰店

网址：https：//zgczjjcbs. tmall. com

涿州汇美亿浓印刷有限公司印刷　各地新华书店经销

成品尺寸：156mm×230mm　16开　31.75印张　456 000字

2025年7月第4版　2025年7月河北第1次印刷

定价：86.00元

ISBN 978－7－5223－3992－4

（图书出现印装问题，本社负责调换，电话：010－88190548）

本社质量投诉电话：010－88190744

打击盗版举报热线：010－88191661　QQ：2242791300

序　言

资本市场为企业家实施并购重组提供了绝佳舞台，产业竞争特别是技术变革，驱动企业家不断重新审视企业的竞争力，要在攻防博弈中处于战略最优，并购无疑是必备的利器。与IPO实现公司的证券化目标不同，并购重组并非简单的资产或股权转移，而是一个涉及战略规划、法律合规、财务分析和运营管理的复杂过程，包括上市公司及其股东、标的公司、双方管理层、债权人、职工等各方的不同利益诉求。以股份为基础的多样化支付方式，使两个不同的组织黏合，于是形成了“大鱼吃小鱼”“蛇吞象”“强强联合”等不同类型的企业兼并。从成熟资本市场的发展历程看，并购重组是国际巨头企业做大做强的必经之路。自20世纪以来，伴随着经济的复苏或者繁荣，在无数企业的主导和参与下，从横向并购、纵向并购到多元化并购，再到杠杆收购和全球化并购，一波又一波的并购浪潮被掀起。以美国为例，一大批产业巨人和跨国公司由此诞生，并推动了美国的产业变迁、经济转型和持续繁荣。“没有一家美国大公司不是通过某种程度、某种形式的并购成长起来的，几乎没有一家公司仅靠内部扩张就能成长起来。”1982年诺贝尔经济学奖获得者斯蒂格勒如此评价美国企业的成长路径。

与西方市场的百年积累不同，新中国的资本市场1990年才开始建立，由于历史原因，我国早期上市公司普遍采用股权分置的模式。因为70%的股份是非流通股，所以同一家公司存在两种不同的股份结构。流通股价格取决于资本市场定价，非流通股取决于公司净资产定价，两种价格的并存使资本市场的定价功能失灵，以换股收购为基础的产业并购功能丧失，以买卖“壳”资源为主要目标的重组模式成为标准配置。2005年，在中国证监会的统一领导下，我国资本市场开启了历时两年的股权分置改革，我国资本市场开始进入股权市场制度规范发展的时代。此时，我国资本市场实现了股票的全流通，市场对企业与行业的定价功能恢复，发行股份购买资产成为可能。2008年，《上市公司重大资产重组管理办法》出台，中国式并购开始逐渐启动，并在2013—2015年快速崛起。在经历完整的并购整合周期后，基于商业逻辑的产业性并购成为市场各方的理性共识。随着全面注册制的正式实施，以及新“国九条”和“并购六条”等政策规则的推出，市场资源配置效率进一步提升。在此背景下，产业链供应链将更好地贯通融合，产业并购规模将持续增加，从而成为并购重组的核心力量。

深圳证券交易所（以下简称“深交所”）在中国证监会的统一部署下，近年推出了并购重组制度改革相关配套措施，强化了并购重组的一线监管。截至2025年5月末，深交所上市公司数量达到2871家，其中，绝大多数属于科技型、中小型民营企业。如何加强服务，促进这批上市公司充分利用资本市场实现产业整合及做大做强，在中国经济的产业升级与结构调整中起到引领作用，是深交所在这一时期的重要历史使命。为支持上市公司并购重组，深交所加强了与并购重组相关的培训，充分发挥市场组织者的基础职能和作用，组织了一批来自监管机构以及投行并购部门、律师事务所和会计师事务所等中介机构的专业人士，针对产业性并购的每一个环节进行梳理，对包括如何树立并购意识、选定并购对象、确定交易结构、合理规划税收、拓展跨国并购、提高并购整合能力、控制并购风险等可能遇到的各类具体问题进行分析研究，突出产业性并购，淡化买卖壳重组及其审核，最终编写了《上市公司并购重组问答》一书，并在一系列培训班中作为内部教材使用。因市场需求较大，为了扩大服务范围，深交所创业企业培训中心（以下简称“培训中心”）于2014年首次公开出版《上市公司并购重组问答》之后，为了跟上不断发展的并购市场制度变革及并购手段创新的速度，为中国并购市场提供最新、最实用、最全面、最具操作性的行动指南，培训中心又对《上市公司并购重组问答》不断地修改、补充，目前已出版到第4版。

本书由华泰联合证券、中信证券、中金公司三家证券公司，安永会计师事务所、金杜律师事务所、环球律师事务所、君合律师事务所、嘉源律师事务所、中企华公司六家市场专业机构以及深圳国际仲裁院中国（深圳）证券期货仲裁中心合作完成。另外，华泰联合证券和君合律师事务所参与了本书前期筹划及框架拟定。

本书共分为并购重组概论、上市公司重大资产重组、上市公司收购、并购重组相关专题、破产重整五个部分，具体撰写工作分配如下：

第一部分并购重组概论由华泰联合证券董光启、刘雪，中信证券洪涛，君合律师事务所安明，安永会计师事务所蔡颖筠、周颖，中企华公司刘登清共同撰写；

第二部分上市公司重大资产重组由中金公司陈洁、段毅宁、李博共同撰写；

第三部分上市公司收购由华泰联合证券董光启、刘雪共同撰写；

第四部分并购重组相关专题由安永会计师事务所蔡颖筠，金杜律师事务所周蕊、夏东霞、宋妍彦、姜翼凤、楼仙英，嘉源律师事务所文梁娟，君合律师事务所安明，环球律师事务所刘成伟共同撰写；

第五部分破产重整由环球律师事务所赵久光、李爽、冯珈轩、马杰共同撰写。

深圳证券交易所创业企业培训中心的司楠、胡玥、李明明、林堉瑜、黄楚晖、赵雅洁、刘晓章、洪文琳、郭艺枫、商韬参与了本书的统筹和校阅工作。

本书给出的解答只代表作者的个人观点和理解，仅供参考，对法律、法规、政策的解读最终以权威部门的正式解释为准。由于时间和水平所限，本书难免有疏漏和不足之处，为做好本书下一步的修订工作，欢迎各界人士随时提出宝贵意见和建议（联系人：司楠；联系方式：sinan@ szse. cn）。

深圳证券交易所创业企业培训中心

2025 年 6 月

目　录

第一部分　并购重组概论

第二部分　上市公司重大资产重组

第三章 重大资产重组的申请文件

第三部分　上市公司收购

第四部分　并购重组相关专题

第五部分　破产重整

第一部分
并购重组概论

第一章
并购重组的定义与分类

1. 并购重组的定义是什么?

“并购重组”实际上是一个概括性的概念，类似于“兼并重组”，表达的是优化资源配置、调整产业结构、产生规模经济效应、实现生产与资本的迅速扩张、企业价值再发现和再创造的过程等作用的经济学概念。并购重组的内涵很多，从方式来划分，包括股权转让、资产重组、回购、合并、分立等；从目的和效果来划分，包括谋求企业经济实力增长、促进企业扩张、追求规模经济或经济效益、获取先进技术与人才、跨入新的行业、从被收购的资产中谋取利益或转手倒卖等。

上市公司并购重组同样不是一个准确的法律概念，只是市场的习惯用语。从方式而言，上市公司并购重组主要包括上市公司收购、重大资产重组、回购、合并、分立等对上市公司股权结构、资产和负债结构、利润及业务产生重大影响的活动。市场俗称的“借壳上市”“整体上市”“注入资产”等说法，都属于上市公司并购重组的范畴。我国证券市场中，上市公司并购重组发生频率最高的主要有两类：一类涉及上市公司股权变动，如上市公司收购、回购；另一类涉及上市公司体内资产变动，如重大资产重组。

上市公司收购，是指获得或巩固对某一目标上市公司的控制权或支配权。投资者收购上市公司一般都是为了控制上市公司，也就是获得或者巩固对上市公司的支配权。在投资者没有控制上市公司时，其收购上市公司是为了获得对上市公司的控制；在控制者已经控制上市公司且控制地位受到挑战时，其收购上市公司的目的是巩固其控制地位。对上市公司的收购，指对上市公司股份的收购。

资产重组，是指企业资产的拥有者、控制者与企业外部的经济主体对企业资产的分布状态进行重新组合、调整、配置的过程，或对企业资产上的权利进行重新配置的过程。目前，国内资产重组早已成为一个边界模糊、表述所有与上市公司有关的重大非经营性或非正常性变化的总称。在上市公司资产重组实践中，资产一般泛指一切可以利用并为企业带来收益的资源，不仅包括企业的经济资源，也包括企业的人力资源和组织资源。上市公司重大资产重组是一个概括的概念，实际上包括上市公司的重大资产购买、出售和置换等行为。

2. 并购重组可以划分为哪些类型？

（1）根据并购双方所处行业或产业不同，并购重组可以划分为产业并购（横向并购、纵向并购）和多元化并购（跨界并购）。

①通常所称的产业并购，主要指以上市公司为主体，对外进行可归属于同行业或上下游产业的资产收购、重组行为。产业并购通常以追求并购完成后的协同效应为目的，可以采用现金收购、发股收购、吸收合并等多种方式进行。产业并购的方式主要包括：

a. 横向并购：是指为快速占领市场、扩大市场份额、增强市场竞争力或提升技术管理水平，在生产或经营相同或相似产品的企业之间发生的并购行为，以谋求规模经济或垄断收益为目的。

b. 纵向并购：是指为业务的前向或后向的扩展，在产业链上下游公司之间发生的并购行为，以节约交易费用或保障原料供应为目的。

②多元化并购也称跨界并购，是指为实现企业多元化发展战略，在生产技术和工艺上没有直接关联关系、产品也不完全相同的企业之间发生的并购行为，以谋求规避经营风险为目的。通常，并购标的与买方公司属于不同行业与产业链。

（2）除上述从产业角度划分类型外，上市公司并购重组还包括重组上市、整体上市、财务性并购等类型。

①重组上市，俗称借壳上市，主要指非上市公司反向收购上市公司，一般通过注入自身资产并取得上市公司控制权以间接实现上市，其核心要素是上市公司控制权变更以及伴随控制权变更的资产业务调整。根据《上市公司重大资产重组管理办法》，上市公司控制权变更之日起的36个月内，向收购人及其关联人购买资产时，如果购买的资产总额、资产净额、营业收入、发行股份数等一系列相关指标超过上市公司控制权变更前一个会计年度的相关指标，将构成重组上市。

②整体上市，主要指集团公司利用控股的上市公司平台，通过换股合并、定向增发、收购资产等资产重组的形式将控股公司主要资产和业务注入上市公司，实现集团内相关业务资产的整体上市。

③财务性并购，主要指并非从企业发展战略或者产业逻辑出发，而是单纯地从企业短期利润或市值角度考虑，利用并购市场出现的机会进行企业并购的行为，或者对企业自身的资产进行剥离或调整，从而达到优化财务报表的目的。

3. 并购重组的动机和目的是什么？

并购重组的核心动机和目的是增加企业价值、扩大股东和管理者的财富。具体动机和目的体现在以下几方面：

（1）获取战略机会。企业并购的一个重要战略动因是要购买未来的发展机会，当一个企业决定扩大其在某一特定行业的经营时，一个重要战略是并购该特定行业中的现有企业，而不是依靠自身内部发展。其原因在于，通过并购可有效降低进入新行业和新市场的壁垒，获得技术上的竞争优势，实现经验的互补和共享，包括管理经验和企业文化等。

（2）发挥协同效应。并购的协同效应主要体现在以下几个领域：在生产领域，可产生规模经济性，可接收新技术，可减少供给短缺的可能性，可充分利用未使用的生产能力；在市场及分配领域，同样可产生规模经济性，市场份额代表着企业对市场的控制能力，企业市场份额的不断扩大意味着对市场控制能力的扩大，可以使企业获得某种形式的垄断；在财务领域，充分利用未使用的税收利益，开发未使用的债务能力；在人力领域，吸收关键的管理技能，使多种研究与开发部门融合。

（3）获得规模效益。企业的规模经济是由生产规模经济和管理规模经济两个层次组成的。生产规模经济主要包括企业通过并购对生产资本进行补充和调整，达到规模经济的要求，在保持整体产品结构不变的情况下，在各子公司实行专业化生产。管理规模经济主要表现在由于管理费用可以在更大范围内分摊，单位产品的管理费用大大减少，可以集中人力、物力和财力致力于新技术、新产品的开发。

（4）快速进入新行业、新市场。并购是企业进入新行业、新市场的快捷方式。出于市场竞争压力，企业需要不断强化自身竞争力，开拓新业务，降低经营风险。企业可以通过并购利用被并购方的资源，包括设备、人员和目标企业享有的优惠政策，从而快速地进入新的市场领域。

（5）分散风险。不同的并购可以规避或分散不同的企业风险。具体而言，横向并购有助于规避或分散企业竞争风险，纵向并购有助于规避或分散企业的资源供给风险，而多元化并购有助于规避或分散企业经营风险。

4. 并购重组涉及的相关方有哪些?

并购重组主要涉及的相关方有收购方、出让方和标的公司。出让方是转让自身持有的标的公司股权或资产的主体，出让方可能基于多种原因进行出售，包括调整业务结构、优化资产配置、筹集资金或因业务不再符合长期战略目标。收购方是寻求通过购买资产或股权来扩大自身的业务规模、进入新市场、获取新技术、提高市场份额等，对并购重组的发起、推进和结果有关键影响。标的公司是被收购或重组的对象，是并购重组交易的核心主体，其自身的资产状况、财务表现、市场地位、业务模式等方面，直接决定了并购交易的可行性和价值。

在交易过程中，收购方及出让方的作用很大，作为公司所有者，他们在并购重组决策中的话语权较大，其交易意愿和行动影响着整个并购进程。虽然上市公司中小股东的个体持股比例低，但也是上市公司权益结构的重要部分，并购重组会对其利益产生实质影响，需重点关注他们的权益保护、信息获取与公平交易等问题。

并购交易完成后，标的公司的组织架构和业务方向可能会发生变化，这不仅会对员工的职业发展、岗位稳定性和工作内容产生深远影响，也会给标的公司后续的客户、供应商管理带来新挑战。标的公司员工对并购重组的态度、适应能力、整合方向及可能的人才流失情况，都是并购交易需要重点考量的因素。同时，标的公司的产品或服务质量、供应稳定性、价格策略的可能变动，与供应商之间的采购规模、付款条件、合作关系也可能改变。

此外，并购重组交易还涉及提供服务的中介机构。其中，会计师事务所负责审计标的公司的财务状况，以保障财务信息真实准确；律师事务所提供法律咨询，处理交易合同草拟及交易合规性检查等法律事务；资产评估机构对标的公司的资产价值进行评估，为交易定价提供依据；投资银行则发挥财务顾问功能，负责协助设计交易结构、寻找潜在交易对象、为交易双方提供合理的估值和定价建议等工作，从而保障并购重组合法、有序地推进。

5. 并购重组主要包括哪些流程？

（1）并购决策规划。企业根据行业状况、自身资产、经营状况和发展战略确定自身的定位，通过与财务顾问合作，分析企业的并购需求、并购目标的特征，以及并购方向的选择与安排，形成并购战略。

（2）并购目标选择。目标公司的选择和正确选择收购对象是一个必须经过的环节，也是并购的第一要务。确定目标公司要从企业发展战略规划出发，对收购方和目标公司的生产、技术和市场类型特征等方面进行综合细致考察。在选择目标公司时，并没有固定不变的标准，收购方可以根据企业自身的实际情况和目标公司的特点来进行筛选。

（3）并购时机选择。通过对目标公司进行持续的关注和信息积累，可预测对目标公司进行并购的时机，并利用定性、定量的模型进行初步可行性分析，最终确定合适的企业与合适的时机。

（4）并购初期工作。在执行产业并购初期，需要对标的公司进行充分的尽职调查，包括但不限于生产经营、财务、税收、担保、诉讼等方面，以充分理解标的公司的业务模式和经营特点，判断交易双方的协同效应。对于收购方为国有企业的，还需要与有权国资监管机构进行沟通，以便获得支持。

（5）并购实施阶段。与目标公司进行谈判，需确定并购方式、估值模型、并购的支付方式（现金、股权、资产等）、法律文件的制作等，还要解决并购后企业管理层的人事安排、原有职工的解决方案等相关问题，直至股权过户、交付款项，最终完成交易。

（6）并购后的整合。对于收购方而言，仅仅实现对目标公司的并购是远远不够的，还需要对目标公司的资源进行成功的整合和充分的调动，以便产生预期的效益。

6. 近年来A股市场的并购重组主要呈现哪些特点？

（1）符合国家战略、鼓励科技创新的产业并购是主旋律。并购重组市场政策环境持续优化，支持“两创”公司并购同行业或上下游优质资产，增加上市公司“硬科技”“三创四新”属性，提高优质科技企业重组包容性，缩短耐心资本参与重组的锁定期，上市公司并购优质资产及优质标的通过并购重组实现证券化的意愿均有所加强。

（2）龙头上市公司并购能力较强，交易机会增加。国内生产总值（GDP）增速放缓的背景下，大部分行业从高速发展期进入成熟期，行业集中度上升，产业结构升级。产业资源和整合能力领先的龙头上市公司具有更强的交易识别和产业消化能力，能更好地发挥并购协同效应，整合保持竞争力，使交易机会增加。

（3）国有企业改革推动重组市场再添新活力。党的二十大报告提出加快国有经济布局优化和结构调整、推动国有资本和国有企业做强做优做大等重要任务。2024年1月，市值管理被纳入中央企业负责人业绩考核，后续国有上市公司并购重组整合力度将继续提升，进一步提高国有上市公司质量，改善资本市场的表现。

（4）中小市值上市公司通过并购转型升级，机遇与挑战并存。新形势下，中小市值公司主业发展空间不大，融资能力有限，迫切需要通过外延式并购等方式实现产业转型升级，《关于深化上市公司并购重组市场改革的意见》等政策支持企业进行符合商业逻辑的跨行业并购，加快向新质生产力转型，但跨界向新质生产力转型难度大，机遇与挑战并存。

（5）“A 收 A”交易不断涌现，助力双方共赢。二级市场估值、流动性持续分化、细分行业上市公司发展遇到瓶颈、壳资源不再稀缺等综合因素，加速 A 股上市公司之间的交易整合。上市公司“A 收 A”的交易不断涌现，交易需求增加。

（6）上市公司之间的吸收合并迎来突破，成为提升上市公司质量的重要渠道。《关于深化上市公司并购重组市场改革的意见》及《上市公司重大资产重组管理办法》等配套政策进一步支持产业整合，新设重组简易审核程序、完善锁定期规则，支持上市公司之间吸收合并，上市公司之间的吸收合并交易迎来突破，促进上市公司高质量发展。

（7）资本市场加速出清，保壳类并购交易将进一步减少。退市常态化体制机制不断健全，退市公司数量继续快速增长，资本市场正常出清显著加速。A 股危机企业去多留少，保壳类并购交易将进一步减少，上市公司破产重整将更加重视基于自身经营能力的产业逻辑。

第二章

并购战略与并购目标

7. 如何制定并购战略？

制定并购战略要以公司长期发展战略为出发点。在制定过程中，收购方管理层应确定并购方向、指导纲领和交易策略，设置财务和战略目标，制定不同的战略方案，并明确将以何种方式来实现上述财务和战略目标。战略目标包括扩展或增加产品、服务和技术类型，进入新的地区市场，纵向整合并入供销来源，或者加入新的业务线，公司会确定哪些部门和产品从并购中获得的利益会多于从其他增长和竞争战略中获得的利益，同时要考虑能达成目标的其他战略选择，如成立合资公司，或建立其他战略性同盟。

以战略目标为基准，对公司有限的资源进行优化配置，进而确定并购对象的筛选标准，制订并购计划，包括设定收购目标、描述标的公司特征和确定可能的并购类型。公司要进行战略评估，综合考虑并购的协同效应、并购对公司战略和战略目标的积极作用、通过规划后续的组织整合过程来实施并购的方法等，进而得出一个合理的估值。此外，公司还需要做好整合规划。

8. 收购方选择并购目标应遵循哪些原则？

选择并购目标并没有固定的标准，收购方可以根据企业自身的实际情况和备选公司的特点来进行筛选。一般情况下，选择并购目标应遵循以下几个原则：

（1）目标公司应符合收购方自身发展战略。

（2）收购方和目标公司相关程度高。

（3）符合收购方自身管理能力和经济实力。

（4）收购方与目标公司具有可融合性。

（5）目标公司具有盈利潜力。

9. 选择并购目标应考虑哪些因素？

（1）收购方的企业发展战略。如果并购目的是扩大生产规模，提高市场占有率，则目标公司必须与收购方业务相关。但如果并购目的仅为一般意义上的企业财务规模增长，则其他领域的公司也可在考虑范围之内。如果并购目的是减少交易成本以及获得协同效应，则应关注目标公司资产的专用性程度以及与目标公司的协同作用。

（2）并购双方的财务状况。如果并购目的是改善收购方的财务状况，各种财务影响因素就是必须要认真考虑的问题。如果并购目的是改善企业的资本结构，则财务杠杆比率很高的企业显然不是合适的目标。如果收购方希望通过发行高风险、高利率债券来解决并购资金来源问题，则必须考虑债券的发行对象及承销商对债券的接受程度。如果市场上对高风险、高利率债券的需求很大，则给收购方选择并购目标提供了很大的空间。目标公司的财务状况和盈利能力也是影响并购融资的重要因素。

（3）并购目标公司规模。随着高风险、高利率债券以及杠杆收购的出现和兴起，企业并购不仅仅是“大鱼吃小鱼”，还出现了大量的“小鱼吃大鱼”现象。但目标公司的规模仍是决定并购能否进行的重要因素。出于规模经济的考虑，收购方通常也设定目标公司规模的下限。因为无论目标公司规模的大小，收购方在选择和评估目标公司时总是要花费一定的时间和费用。如果目标公司过小，则这种并购对收购方而言成本相对较高。

针对上述问题，收购方应该首先清晰地认识自身的发展战略、财务状况，在此基础上确定自身并购的目的，根据并购目的去寻找合适的目标公司。在选择和评估目标公司时应该充分考虑目标公司的经营规模和财务状况、收购成本、并购后的整合计划等因素，在分析和比较的基础上选择合适的目标公司。

10. 发现并购目标的途径和步骤有哪些？

（1）利用企业自身的力量。利用企业的内部人员，通过私人接触或自身的管理经验，发现目标公司。首先，企业的高级管理人员、核心员工要熟知企业经营的业务及市场参与者的情况，并购同行业企业的想法常常来自这些人员。企业有必要提供专门的机会和渠道使这些想法得以产生、传播和讨论。其次，也可在企业内部建立专职的并购部门，他们主要的工作是收集和研究各种公开信息，发现适合本企业的目标公司。在大企业中，并购部门可以独立于其他业务部门，在中小企业中，这部分工作往往由企业计财部门兼任。

（2）借助企业外部力量。收购方可以利用专业中介机构为选择目标公司出谋划策。事实上，在企业并购领域有许多专业中介机构，它们拥有训练有素、经验丰富的并购专业人员。如精通某一行业的律师或会计师、安排并购双方谈判的投资银行等，他们常常为收购方提供并购信息、一揽子收购计划，安排并购融资、发行证券等。商业银行由于有专业客户关系、并购资金方面的优势，也越来越多地参与并购实务。

11. 如何对目标公司进行信息收集？

（1）从政府或行业主管部门收集信息。随着电子政务和电子商务的逐步推行，政府或行业主管部门越来越有条件高效地使用自己的海量信息，并向社会提供相应的信息服务。这些信息不仅量大，而且质量也非常高，通过及时掌握这些信息，不仅可以减少从其他途径获取信息的成本，而且可以及时捕捉并购时机，初步选定目标公司，减少企业甄别中的不确定性。

（2）从中介服务机构获取信息。在市场经济条件下，越来越多的中介服务机构在不同的领域发挥着桥梁和纽带的作用。首先，这些机构具有良好的专业素质、健全的企业并购服务功能；其次，能提供较为齐全的有关法律、法规及政策的资料；最后，这些机构在长期的并购服务中积累了大量关于并购企业、市场、价格、产权方面的信息，通过与这些机构接触，企业可以得到强有力的支持，在有效识别目标公司的同时，降低识别成本。

（3）从专业展览会获取信息。行业内的企业，一般都要参加专业展览会，以宣传其产品、技术等。在专业展览会上收集目标公司信息是实践中摸索出来的有效方法。因为这种方法是双向交流，可以有针对性地把目标公司的情况和收购标准进行比较，同时，参加展会除了可以寻找目标公司，还可以获得诸如行业的现状和发展趋势等重要信息，这对收购方将来整合目标公司是非常重要的。通过专业展览会收集目标公司信息的缺点是时间短，不能充分了解目标公司情况。

（4）从互联网专业数据库中获取信息。以下数据库可供参考：银行数据库、交易对手数据库、行业数据库、风险数据库。

通过以上四种渠道，企业可以获取大量关于目标公司的信息。除此之外，还可以通过各地产权交易所、互联网、报纸、杂志、电视等传媒来获取目标公司的信息。当然，最重要的还是收购方自己通过大量的市场调研工作，来获取第一手的信息资料。

12. 并购前需要调查和收集目标公司的哪些资料？

（1）目标公司所处的行业状况。包括行业政策，如国家鼓励行业发展的税收优惠政策、融资优惠政策以及并购监管政策等；行业的市场规模与市场增长率；行业垄断与竞争激烈程度、行业集中度、需求价格弹性等；技术创新能力、行业的技术更新周期、产品更新换代速度等；所处行业经济规模的大小及进入壁垒、经验曲线形状等。

（2）目标公司经营管理与财务状况。包括组织与人力资源，组织结构以及员工的知识、技能、福利待遇等情况；财务和会计，目标公司的会计政策、会计估计及会计报表的编制方法、近几年的财务会计报表与有关资料、各类资产明细清单与债权债务清单、所有者权益构成及其明细清单等；研究开发，科研力量与产品开发能力、专利、专有技术、技术与新产品储备情况等；生产与采购，主要设备与生产线、生产工艺、产品质量、生产率、主要供应商及原材料的供应与价格情况等；产品与销售，主要产品品种及系列、生产能力与销售量、产品价格、主要客户、竞争对手的情况等；管理制度、财务制度与内部控制制度。

（3）目标公司估值情况。与目标公司估值情况相关的调查与资料收集工作内容相当广泛，除了上述提及的目标公司所处行业状况及经营管理与财务状况，需重点进行的调查与资料收集工作还包括：未在账上反映的无形资产，如商标、专利、专有技术、特许使用权等；目标公司拥有的房屋、土地使用权、采矿权等可能与账面价值存在较大差异的资产的市场价值；目标公司未来五年发展规划、未来五年盈利预测分析；同行业上市公司的估值情况。

13. 如何划定并购交易标的范围？

并购交易标的并不总是并购目标公司的全部资产或全部业务。在很多情况下，出于收购后实施集中战略或规避风险的考虑，收购方会在谈判过程中要求目标公司主动将某些与企业未来发展战略无关的业务部门和某些存在价值争议的资产从总交易标的中剔除、剥离或者购回。

14. 和并购目标公司股东进行初步接触的要点有哪些？

（1）通常情况下，并购方和被并购方的第一次接触最好是通过中介机构进行。

（2）可以采用考察、学习、业务交流等形式进行初步接触。

（3）和上市公司股东进行初步接触要十分慎重。

（4）第一次双方高层见面地点的选择十分重要。

（5）尽量保密，缩小初步接触过程中知情人范围。

15. 为什么要进行并购评估？

并购是一项复杂的经济行为。对实施并购的上市公司而言，并购行为涉及商业谈判、并购条款确定、对价的支付、标的交割，以及上市公司与并购标的公司之间多方面整合，是一项对并购主体具有系统性影响的行为。对已实施并购行为的绩效进行评估是有裨益的，对并购行为的绩效进行评估使上市公司可以清楚并购行为的预期绩效是否达成，对未来的并购行为具有指导意义。

16. 并购评估可以从哪些方面进行？

（1）定量评估。定量评估主要包括对标的公司收入和利润等财务指标的评估。并购交易中的交易对价暗含了对标的公司未来业绩的预判。在许多上市公司的并购交易中，交易双方约定交易完成后的 3 ~4 年为业绩承诺期，标的公司的股东就业绩承诺期内公司净利润等财务指标进行承诺。在这种情况下，如果存在承诺的业绩未实现的情形，上市公司可根据业绩承诺的约定获得股份或现金补偿。对于未进行业绩承诺的并购交易，上市公司可借助审计机构出具的审计报告，根据支付对价时对标的的盈利预判对其进行考察。

（2）定性评估。一是交易动机是否实现。上市公司在筹划并购交易时动机不尽相同。根据并购动机的不同，上市公司可定性考察交易完成后并购目标是否达成以及其达成程度，评估过程可借助咨询公司、投资银行等外部机构的专业力量。交易动机包括但不限于以下方面：扩大已有市场份额；补充产品结构，拓展细分市场；消灭竞争对手；产业转型升级；获得某项技术；获得核心人员。

二是并购交易协同效应是否实现。上市公司管理层每年度可组织各部门就并购交易协同效应进行评估，除了要评估是否实现了既定的并购目标，还要评估并购交易是否在生产效率、销售渠道、主要成本与费用、市场份额等方面对公司的实际经营起到了积极作用。

17. 境外并购目标评估工作的要点和关注问题清单如何制定？

（1）境外并购目标评估工作的要点

表 1　　境外并购目标评估工作的要点

类型	交易动机	尽调及方案要点	监管审批要点
中资企业出境收购	拓展海外市场，快速获取海外销售渠道 获取科研技术能力 树立全球品牌形象 获取当地自然资源或稀有资源 获取投资收益	开展法律、财务、业务、人力、税务尽调，重点关注标的资产的合规性、财务真实性、盈利性、成长性、公司治理等 根据尽调结果和潜在风险调整交易估值、设计交易方案 根据税务筹划设立海外收购主体，搭建股权结构和现金回流方案	遵守国内企业境外投资管理办法要求进行核准或备案 遵守标的资产所在地监管要求履行外商投资审查、反垄断审查等程序 对于国有企业：履行国资核准/备案程序 对于上市公司：涉及需要进行信息披露和在中国证监会注册的事项

续表

类型	交易动机	尽调及方案要点	监管审批要点
外资企业入境收购	拓展在中国市场份额 对于牌照垄断类业务，可以通过并购快速进入市场 降低生产及运输成本 获取投资收益	开展法律、财务、业务、人力、税务尽调，重点关注标的资产的合规性、财务真实性、盈利性、成长性、公司治理等 根据尽调结果和潜在风险调整交易估值、设计交易方案 根据税务筹划设立境内外持股主体，搭建股权结构和现金回流方案	遵守国内外商投资管理办法的要求进行核准或备案 遵守收购方和标的所在的注册地、主要经营地的反垄断审查 对于标的为国有企业：需履行国有资产评估核准/备案、国资审批程序 对于标的为上市公司：根据《上市公司收购管理办法》履行权益披露、要约等程序
中资企业出售境外资产	投资进入末期，如自然资源（矿产等）逐渐进入枯竭期 当地外资投资或反垄断要求外资撤资（如新政策要求外资不得在关键领域控股） 获取现金收益	卖方尽调梳理资产现状，形成卖方估值模型、尽调报告及数据库 确定出售资产范围、出售方式（打包出售或分别出售）、交易时间表和交易流程	履行商务部、发展改革委和外汇管理部门关于境外投资项目股权转让或境外投资终止/退出的备案程序 对于国有企业：履行国有产权登记变更 对于上市公司：涉及需要进行信息披露和在中国证监会注册的事项
外资企业出售境内资产	外资企业竞争力减弱 外资企业合并后面临同业竞争或反垄断要求剥离业务 经营战略收缩削减全球业务 获取现金收益	卖方尽调梳理资产现状，形成卖方估值模型、尽调报告及数据库 确定出售资产范围、出售方式（打包出售或分别出售）、交易时间表和交易流程	遵守标的所在地区关于职工、税务（如所得税）、外资投资退出的要求

（2）境外并购目标评估工作的关注问题清单

①财务顾问重点关注的问题包括：全面负责执行过程的协调并

保证工作质量；方案设计、测算评估、时间节点把握、方案总体协调；统一协调各中介机构完成交易各项工作及尽职调查；对标的公司进行估值分析、投资回报分析等；协助公司形成重要问题的解决方案；牵头交易整体推进及交易合同的谈判；协助公司与监管部门进行沟通。

②境内外法律顾问重点关注的问题包括：设计架构；对本次交易相关的境内外法律问题提供专业意见，并确保交易符合相关法律法规；协助公司就境内外法律问题与当地监管部门进行沟通，起草境内外审批相关申报文件；进行法律尽职调查，并根据需要出具尽职调查报告；起草及谈判交易涉及的境内外法律文件；交割流程管理。

③财税尽调顾问重点关注的问题包括：审阅公司历史财务信息，对公司财务信息进行分析及尽调，并根据要求出具财务尽调报告；对公司进行税务尽调，并出具税务尽调报告；从财务与税务角度对估值事宜、目标财务数据等提供意见；从税务安排角度对交易结构提出建议，并提供未来税务筹划方案；从财务与税务角度审阅交易文件。

④其他需重点关注问题包括公关、人力资源、环境、IT 问题等。

18. 并购战略中如何把法律思维框架和技术手段措施进行有机结合？

在并购战略中，将法律思维框架和技术手段措施有机结合，需要从并购前的准备、并购中的实施到并购后的整合等各个阶段进行系统规划和全面落实，以下是具体方法：

（1）并购前的准备。

搭建法律思维框架：明确并购目标与法律风险承受度，梳理涉及的法律法规，包括《公司法》《证券法》《反垄断法》等，同时对目标企业所在行业的监管要求和政策进行深入研究。

运用技术手段辅助：利用大数据分析技术，收集和分析目标企业的公开信息、行业数据等，识别潜在法律风险点。运用人工智能风险评估软件，输入相关法律条款和初步尽调信息，生成风险评估报告，为法律思维框架提供数据支持。

（2）并购中的实施。

以法律思维指导交易结构设计：依据法律法规和前期风险评估，设计合理的交易结构，如选择股权并购或资产并购，考虑控制权的设置、支付方式等，确保交易合法合规，保障并购方利益。同时，明确各方权利义务，制定完善的并购协议，对交易条件、陈述与保证、保密条款、违约责任等进行详细约定。

交易结构设计和融资方案的创新：在并购重组中，交易结构的设计和融资方案的选择对实现上市公司的支付能力与交易对方多元利益诉求的对接至关重要。有些并购项目在并购中采用了股权与债权相结合的融资方案，在上市公司和标的层面分别进行融资，有效实现了支付能力与利益诉求的对接。法律团队在此过程中需要确保融资方案的合法性，同时利用技术手段监控和评估融资风险。

借助技术手段优化交易流程：运用电子签约技术，确保并购协议等法律文件的签署安全、高效、合法。利用项目管理软件，对并购流程进行可视化管理，设置法律合规审查节点，确保各项交易步骤符合法律规定。采用区块链技术，对交易过程中的关键数据和文件进行存证，保证数据的真实性且不能篡改，为可能出现的法律纠纷提供证据支持。

合规性与风险管理：在并购方案的确定过程中，应充分考虑法律因素，确保方案的合法性和可行性。分析并购双方的行业特点、市场地位、竞争态势等因素，以制定合理的并购策略和方案。研究相关法律法规和政策，确保并购活动符合法律要求。技术手段在此过程中可以用于风险评估和合规性检查，如使用数据分析工具来预测并购后的风险和合规性问题。

并购协议条款的严密审核：确保协议条款符合相关法律法规的要求，不存在违法或违规的内容。对协议中的各项权利和义务进行明确界定，确保双方权益得到充分保障。技术手段可以辅助法律团队进行合同条款的自动化审核，提高审核效率和准确性。

利用技术手段进行实时监控：建立法律合规监控系统，实时跟踪并购交易的进展，监测是否存在违反法律法规或并购协议的情况。

运用人工智能自然语言处理技术，对交易相关的合同、文件等进行实时审查，及时发现法律风险并预警。

（3）并购后的整合。

依据法律思维进行整合规划：从法律角度明确整合目标和原则，确保整合过程符合法律法规要求。对目标企业的人力资源、知识产权、财务税务等方面进行全面法律梳理，制订整合方案，处理好劳动合同变更、知识产权转移、税务合规等法律问题。

运用技术手段保障整合实施：利用人力资源管理系统，依法依规处理员工信息变更、薪酬调整等事宜。通过知识产权管理软件，对并购后的知识产权进行统一管理和保护，确保知识产权的合法使用和转移。借助财务管理软件，进行税务申报和财务核算，保证税务合规，防范财务法律风险。

通过上述几个方面的有机结合，可以在并购战略中实现法律思维框架和技术手段措施的有效融合，既保障了并购活动的合法性和合规性，又提升了并购的效率和效果。

第三章 聘请中介机构与组建团队

19. 如何组建上市公司内部并购团队？

并购是上市公司外延式增长最主要的方式，上市公司自身应组建强有力的内部并购团队，用于推动公司并购战略的制定、并购标的的寻找、并购的实施与并购后的整合。内部并购团队由投资发展、生产运营、财务、审计、法律、行政、证券事务等方面具有丰富业务经验的人员组成，最好在一段时间内专职开展并购工作，明确并购项目总协调人及其职责、明确相关机构的责任十分重要。

20. 在什么情况下应当聘请中介机构？

在制定、执行和修订并购战略过程中，上市公司可以聘请中介机构提供并购战略咨询服务。当拟达成的交易可能构成重大资产重组、上市公司收购、证券发行、股份回购等法定情形时，上市公司应当按照相关规定聘请符合法定资质的并购业务中介机构。

21. 组建上市公司外部并购团队有哪些原则？

（1）应满足上市公司并购战略和监管要求。根据上市公司并购战略以及具体并购项目可能涉及的监管要求，选择确定由中介机构组成的外部并购团队。

（2）根据尽职调查涉及的重点内容选择团队成员。经过初步尽职调查，收购方对收购中需要重点调查的部分已经比较清楚，可以据此选配团队成员。

（3）专业技能应事前得到确认和互补。并购参与人员的专业技能必须在并购业务开展前得到确认，建立各有所长的人员配置。

（4）建立良好的沟通和分工协作机制。并购团队成员应该具有高度的责任心、严谨的工作态度，团队成员之间需要建立良好的沟通和分工协作。上市公司和拟并购标的公司要全面支持和配合中介机构的工作，对尽职调查要无条件配合，对中介机构的建议要高度重视；不同中介机构之间应该建立相互信任与合作的工作机制，提高工作效率，发现问题能及时沟通，确保信息对称，保证工作上的衔接。

22. 聘请中介机构为什么应当立即签订保密协议？

并购重组业务信息属于公司的商业机密，对于上市公司而言，其并购重组信息很可能会形成内幕信息。出于保守商业机密和避免内幕信息泄露的考虑，聘请中介机构时应当立即与其签署保密协议。

23. 上市公司资产重组涉及哪些中介机构？

按交易事项类型经连续 12 个月内累计达到最近一期经审计总资产 30% 的，应当披露并进行审计或者评估。若交易标的为公司股权的，上市公司应聘请具有从事证券、期货相关业务资格的会计师事务所对交易标的最近一年及一期财务会计报告进行审计。若交易标的为股权以外的其他资产，公司应当聘请具有从事证券、期货相关业务资格的资产评估机构进行评估。

构成上市公司重大资产重组的并购业务涉及的中介机构一般包括独立财务顾问、律师事务所、具有从事证券和期货相关业务资格的会计师事务所、资产评估机构和（或）估值机构。此外，对于复杂的并购，公司还可能聘请专门的税务咨询机构，上市公司跨境并购事项还会涉及境外中介机构。

24. 重大资产重组交易双方的中介机构是否可为同一机构？

上市公司聘请的独立财务顾问不得为交易对方提供财务顾问服务，上市公司聘请的律师事务所不得为交易对方提供法律服务。对于同时存在上市公司资产出售和购买（或置换）的交易，为保持交易作价的公允，可分别聘请评估机构。重大资产重组，对会计师事务所无特别要求。

25. 在哪些情况下应当聘请并购业务独立财务顾问？

当上市公司的有关并购业务涉及如下情况时，上市公司应当按照有关规定，聘请能够保持独立性且不与上市公司存在利害关系的财务顾问提供独立财务顾问专业意见等服务。

（1）《上市公司重大资产重组管理办法》中规定的重大资产重组、发行股份购买资产、吸收合并、被吸收合并等情况。

（2）《上市公司收购管理办法》中规定的要约收购（由董事会聘请独立财务顾问）。

（3）《上市公司收购管理办法》中规定的员工和管理层收购。

（4）当并购业务构成上市公司重大关联交易时，上市公司独立董事可以聘请独立财务顾问出具报告以作为其判断的依据。

26. 并购业务中财务顾问应具备什么资格？

上市公司并购重组财务顾问业务，是指为上市公司的收购、重大资产重组、合并、分立、股份回购等对上市公司股权结构、资产和负债、收入和利润等具有重大影响的并购重组活动提供交易估值、方案设计、出具专业意见等专业服务。

经中国证监会核准具有上市公司并购重组财务顾问业务资格的证券公司、证券投资咨询机构或者其他符合条件的财务顾问机构，可以依照《上市公司并购重组财务顾问业务管理办法》的规定从事上市公司并购重组财务顾问业务。

上市公司并购重组活动涉及公开发行股票的，应当聘请具有保荐资格的财务顾问担任并购业务独立财务顾问，即具有保荐资格的证券公司。

未经中国证监会核准，任何单位和个人不得从事上市公司并购重组财务顾问业务。

27. 独立财务顾问和收购方财务顾问各自发挥什么作用？

（1）上市公司独立财务顾问在上市公司并购业务中扮演着非常关键的角色，是整个并购业务的总协调人，贯穿于整个并购业务的始终，其主要职责包括：

①协助上市公司进行并购方案设计和论证；

②应上市公司的要求提供专业化服务，全面分析、评估与并购相关的法律、财务、经营风险，参与并购交易谈判，并协调上市公司与其他交易各方的关系；

③按照法律法规的要求对标的资产、上市公司及其他交易各方的相关情况进行尽职调查；

④组织上市公司和中介机构制作并购申请文件，并依法对申请文件进行全面核查，出具独立财务顾问报告等文件；

⑤接受上市公司的委托，向证券交易所报送并购申请文件；

⑥组织上市公司和中介机构对证券交易所的审核问询意见进行回复或整改；

⑦在并购事项取得证券交易所审核通过或者中国证监会注册后，持续督导上市公司履行规范运作、信守承诺、信息披露等义务；

⑧对上市公司及标的资产的主要股东、董事、监事和高级管理人员等进行辅导和专业培训，帮助其了解与上市公司并购重组、规范运作、信息披露等有关的法律法规，知悉上市公司及其董事、监事和高级管理人员的法定义务和责任；

⑨如涉及配套融资，负责证券发行的主承销工作，组织承销团承销，并与上市公司共同组织路演、询价和定价等工作。

（2）如果并购业务中同时涉及上市公司收购，收购方需要按照中国证监会的要求聘请有资格的中介机构担任收购方财务顾问。收购方财务顾问的主要职责包括：

①对收购方的相关情况进行尽职调查；

②应收购方的要求向收购方提供专业化服务，全面评估被收购公司的财务和经营状况，帮助收购方分析收购所涉及的法律、财务、经营风险，就收购方案所涉及的收购价格、收购方式、支付安排等事项提出对策建议，并指导收购方按照规定的内容与格式制作申报

文件；

③对收购方进行证券市场规范化运作的辅导，使收购方的董事、监事和高级管理人员熟悉有关法律、行政法规和中国证监会的规定，充分了解其应当承担的义务和责任，督促其依法履行报告、公告和其他法定义务；

④对收购方是否符合《上市公司收购管理办法》的规定及申报文件内容的真实性、准确性、完整性进行充分核查和验证，对收购事项客观、公正地发表专业意见；

⑤接受收购方委托，向证券交易所报送申报材料，根据中国证监会的审核意见，组织、协调收购方及其他专业机构予以答复；

⑥与收购方签订协议，在收购完成后12个月内，持续督导收购方遵守法律、行政法规、中国证监会的规定、证券交易所的规则、上市公司的章程，依法行使股东权利，切实履行承诺或者相关约定。

28. 独立财务顾问在保持独立性方面应关注哪些内容？

证券公司、证券投资咨询机构或者其他财务顾问机构受聘担任上市公司独立财务顾问的，应当保持独立性，不得与上市公司存在利害关系。存在下列情形之一的，不得担任独立财务顾问：

（1）持有或者通过协议、其他安排与他人共同持有上市公司股份达到或者超过5%，或者选派代表担任上市公司董事。

（2）上市公司持有或者通过协议、其他安排与他人共同持有财务顾问的股份达到或者超过5%，或者选派代表担任财务顾问的董事。

（3）最近两年财务顾问与上市公司存在资产委托管理关系、相互提供担保，或者最近一年财务顾问为上市公司提供融资服务。

（4）财务顾问的董事、监事、高级管理人员、财务顾问主办人或者其直系亲属有在上市公司任职等影响公正履行职责的情形。

（5）在并购重组中为上市公司的交易对方提供财务顾问服务。

（6）与上市公司存在利害关系，可能影响财务顾问及其财务顾问主办人独立性的其他情形。

29. 哪些情况下需要聘请合并方财务顾问?

当上市公司并购业务涉及吸收合并时，上市公司应当聘请合并方财务顾问。在上市公司作为一方参与的吸收合并业务中，合并方财务顾问扮演着非常关键的角色，是整个吸收合并业务的总协调人，贯穿于整个吸收合并业务的始终，其发挥的作用参见“上市公司独立财务顾问的作用”。当上市公司并购业务涉及吸收合并且上市公司是被吸收合并方时，合并方为非上市公司时，合并方财务顾问会成为吸收合并交易完成后合并方上市的保荐机构，履行合并方上市保荐职责和持续督导职责。

30. 法律顾问在并购业务中发挥什么作用?

律师事务所作为上市公司并购业务的法律顾问，对本次交易的合法合规性提供重要的咨询与建议，并出具法律意见，其与财务顾问一起为上市公司的交易提供全面的服务。其主要职责包括：对本次交易的合法合规性提供法律支持；对交易标的进行法律尽职调查；拟订并购相关协议等法律文件；根据中国证监会、证券交易所相关规定对相关事项进行核查并出具相关法律意见书，包括但不限于重大资产重组、豁免要约收购义务等。

31. 会计师事务所在并购业务中发挥什么作用?

（1）会计师事务所在上市公司收购行为中的主要职责。收购人为法人或者其他组织的，收购人应当披露最近三年的财务会计报表，并提供最近一个会计年度经具有证券、期货从业资格的会计师事务所审计的财务会计报告，注明审计意见的主要内容、采用的会计制度及主要会计政策、主要科目的注释等。会计师应当说明公司前两年所采用的会计制度及主要会计政策与最近一年是否一致，如不一致，应做出相应的调整。

（2）会计师事务所在上市公司重大资产重组中的主要职责。对交易标的（包含拟出售资产、拟购买资产）进行会计尽职调查；对拟购买资产的财务报表进行审计并出具两年及一期的审计报告；对拟出售资产的财务报表进行审计并出具两年及一期的审计报告；对根据本次重大资产重组完成后的架构编制的上市公司最近一年及一期的备考财务报告出具审阅报告；涉及上市公司发行股份的要负责资本验证并出具有关验资报告；根据中国证监会及交易所审核要求出具相关核查意见。

（3）会计师事务所在上市公司重组上市中的主要职责。对交易标的（包含拟出售资产、拟重组上市资产）进行财务尽职调查；为拟重组上市资产出具内部控制鉴证报告；为拟重组上市资产出具三年及一期的审计报告；为拟重组上市资产最近三年原始报表及其与申报财务报表的差异比较表出具意见；为拟重组上市资产最近三年及一期非经常性损益明细表出具的专项说明；对根据本次重大资产重组完成后的架构编制的上市公司最近一年及一期的备考财务报告出具审计报告；根据中国证监会及交易所审核要求出具相关核查意见；对重组上市资产的过户验资以及上市资本验资，并出具相关验资报告。

32. 资产评估机构在上市公司并购业务中的主要职责是什么？

（1）对拟置入资产和（或）拟置出资产，按照评估准则的要求进行评估，出具相关的评估报告和评估说明，为交易价格的确定提供作价基础或依据。

（2）根据中国证监会及交易所审核要求出具相关核查意见。

33. 注册资产评估师资产评估时要履行哪些程序？

注册资产评估师执行资产评估业务一般要履行如下程序：

（1）明确评估业务基本事项；

（2）签订业务约定书；

（3）编制评估计划；

（4）现场调查；

（5）收集评估资料；

（6）评定估算；

（7）编制和提交评估报告；

（8）工作底稿归档。

其中，需要委托方配合的主要是现场调查和收集评估资料两大程序。

注册资产评估师执行资产评估业务，需要根据评估业务具体情况对评估对象进行适当的现场调查，通过调查获取评估业务需要的基础资料，了解评估对象经济、技术和法律权属状况。现场调查主要通过询问、函证、核对、监盘、勘查、检查等方式进行，可以根据重要程度采用抽样等方式。

注册资产评估师需要委托方提供涉及评估对象和评估范围的详细资料，并会要求委托方或者产权持有者对其提供的评估明细表及相关证明材料以签字、盖章或者其他方式进行确认。除此之外，注册资产评估师还会根据评估业务的具体情况，向委托方、产权持有者等相关当事方收集其他评估资料。

在注册资产评估师提交正式评估报告前，一般会在不影响对最终评估结论进行独立判断的前提下，与委托方或者委托方许可的相关当事方就评估报告有关内容进行必要的沟通。

34. 税务咨询机构在并购业务中发挥什么作用？

上市公司并购业务中，当涉及并购交易金额巨大、交易架构层次复杂、交易方案包含多个环环相扣的交易步骤、多个法律主体参与、多个不同国家和（或）地区，或者其他可能产生巨额税务负担等复杂情形时，上市公司聘请税务咨询机构提供税务专业服务可能是一个相当不错的选择。

税务咨询机构在上市公司并购业务中发挥的作用主要是：为并购业务提供全程税务咨询建议或意见，供上市公司和其聘请的其他中介机构参考，以确保并购业务中可能产生的税务事项不会成为交易障碍，并且使并购业务全程中的综合税收负担尽可能地降低。

35. 财经公关公司在并购业务中发挥什么作用？

上市公司并购业务中，当涉及并购交易金额巨大、交易可能或者已经存在较大争议、交易可能或者已经引发市场负面关注，或者上市公司认为必要的其他情形时，上市公司聘请财经公关公司提供财经公关服务可能是一个相当不错的选择。

财经公关公司在上市公司并购业务中发挥的作用，主要是协助上市公司和其聘请的其他中介机构起草制定财经公关策略和预案并实际执行，快速反应并恰当处理回应各类新闻媒体有关公开信息，进行舆情分析和管理。

36. 信用评级机构在并购业务中发挥什么作用?

上市公司并购业务中，如果需要发行债券筹集并购业务所需资金，则在债券发行中需要聘请债券承销商和信用评级机构。信用评级机构在并购业务中发挥的作用，主要是提供信用评级咨询服务，以及对并购业务所涉及债券的发行人和所发行债券进行信用评级等。这些信用评级对并购业务所涉及债券的发行销售及利率水平的确定有重大影响。

第四章
并购尽职调查

37. 什么是并购尽职调查?

尽职调查的目的是帮助投资者在做出投资决定前，获取有关该投资决定的重要信息，协助投资者做出相对正确的商业决定。根据提出尽职调查需求主体的不同，尽职调查主要可以分为收购方尽职调查和目标公司尽职调查。较常见的是收购方尽职调查，即由收购方提出对目标公司进行的尽职调查，以便收购方可以更深入地了解目标公司。而目标公司尽职调查是由目标公司提出对收购方公司进行的尽职调查，通常出现在收购方以股份作为支付手段的并购中，目标公司为了提高交易效率，确保自身利益在并购交易中能得到最大体现而主动进行的尽职调查。尽职调查的工作范围通常包括商业、财务、法律和税务等。尽职调查需求方可根据需要选择对目标公司进行全面或有所侧重的尽职调查。

38. 尽职调查过程中为什么需要严格保密?

（1）拟进行或正在进行尽职调查的上市公司并购事项，很可能已经形成或者即将形成上市公司的内幕信息，有关内幕信息知情人有法定义务对内幕信息进行保密，并防范泄露内幕信息。

（2）尽职调查过程中很可能会知悉并购交易参与各方的商业机密，特别是并购目标公司的商业机密，尽职调查过程中对并购交易参与各方的商业机密应当妥善保密，以免造成损失或者引发纠纷。

（3）尽职调查过程中严格保密，对并购交易条款的协商过程和最终达成非常重要。

39. 未公告并购交易之前进行尽职调查应采取哪些保密措施？

在可能形成内幕信息的并购业务中，上市公司公告并购交易之前进行尽职调查，为了保密，应采取包括但不限于如下措施：

（1）简化尽职调查有关的决策流程，提高决策效率，缩短决策时限。

（2）上市公司及交易对方聘请尽职调查证券服务机构的，应当立即与所聘请的证券服务机构签署保密协议。

（3）在尽职调查有关的准备和实施过程中，尽可能缩小内幕信息知情人范围，并将所有内幕信息知情人记录于证券交易所规定格式和内容的内幕信息知情人登记表。

（4）尽职调查主要过程应记录于证券交易所规定格式的书面的交易进程备忘录并予以妥当保存，参与尽职调查的所有人员应当即时在备忘录上签名确认。

40. 尽职调查的目的与原则是什么？

（1）尽职调查的目的：①维护证券市场秩序；②排查交易标的潜在风险；③保护投资者的合法权益；④为上市公司并购活动的交易估值、方案设计、出具专业意见等提供信息基础及依据。

（2）尽职调查的原则：①尽职调查活动应当遵守法律、行政法规、中国证监会的规定和行业规范；②诚实守信，勤勉尽责；③真实、准确、完整、及时。

41. 尽职调查的方法主要有哪些？

（1）访谈，包括对股东、高级管理人员、员工、客户、经销商、同行业竞争对手、原材料供应商、中介机构进行访谈。

（2）查阅相关资料，包括公司提供的原始资料、第三方机构出具的证明资料、权威机构出具的意见、相关政府机关出具的资料等。

（3）现场盘点及查看。

（4）问卷调查。

（5）网络搜索及查证。

（6）走访政府部门及相关机构。

（7）函证或复核。

（8）计算、研究、分析。

（9）各种方法的综合运用及彼此验证。

42. 最终确定收购企业之前为什么需要做尽职调查？

对于收购方，最终确定收购企业之前做尽职调查可以弄清楚两个问题：一是是否可以或者应不应当进行交易；二是如果可以，在什么价格和条件下进行交易更恰当。尽职调查在一定程度上消除了买卖双方在信息获知上的不对称，使收购方能够尽可能地了解有关目标公司的情况，以帮助收购方发现交易风险，据此做出交易决策，进而设计交易模式及交易方案、交易相关协议，以便降低甚至消除交易风险。

尽职调查是并购风险管理的一部分。对收购方和他们的融资者来说，并购本身就存在各种各样的风险，例如，目标公司过去财务账册的准确性，并购以后目标公司的主要管理人员、核心技术人员及员工、供应商和客户是否会继续留下来，是否存在任何可能导致目标公司运营或财务运作发生重大风险的事项等。

通过尽职调查明确了存在的风险和法律问题，买卖双方可以就相关风险和义务及应由谁来承担进行谈判，同时收购方可以决定在何种条件下继续进行收购活动。

43. 在收购中应该何时启动尽职调查工作？

收购方尽职调查可以帮助收购方及早发现交易风险，因此通常在初步确定目标公司或几个备选目标公司时，就应该立即启动尽职调查工作。收购方尽职调查工作应贯穿交易的整个过程，从目标公司的筛选、交易谈判、交易结构设计、并购协议、并购实施到并购整合、整合后运营等各个阶段，尽职调查可以从不同的角度帮助收购方顺利推进并购交易。

44. 企业可以自己做目标公司的尽职调查吗?

企业可以自己做目标公司的尽职调查。一些大型企业并购活动相对较多，可以设立专门的部门负责与并购相关的事宜，其中，除了公司本身的业务人员，还包括具有法律、财务、税务背景的专门人才。中小型企业由于并购活动并不常见，通常不会设置专门部门或岗位负责与并购相关的事宜，而是在出现并购时临时组织相关人员成立项目组。

45. 找中介机构做尽职调查的好处是什么?

尽职调查涉及的领域都较为专业，所以各类专业中介机构都会提供相关服务，如会计师事务所、律师事务所及券商等。寻求中介机构做尽职调查的好处主要有以下六个方面。

（1）专业性。由于法律、财务、税务都具有较强的专业性，专业人士能够提供相对更为专业的意见。特别是中小型企业，临时组建的并购团队专业性可能不够强，导致一些应该发现的风险没有发现，或是一些已识别的风险没有得到有效控制。此外，如果企业进行海外并购、新兴行业并购、跨行业并购，企业内部的人员可能缺乏相关知识。

（2）人员优势。由于并购交易的偶发性以及专业性，企业很难在短时间内找到足够合适的人选参与并购交易。而中介机构可随时调派经验丰富的各类专业人士，及时为企业提供所需服务。

（3）经验丰富。中介机构并购团队的日常工作就是提供与并购相关的各项服务，实际操作的案例也较多，因此积累了丰富的经验，能够敏锐地发现问题，并提出最优解决方案，特别能规避中小企业临时组团由于经验不足带来的并购风险。

（4）独立性。并购交易的成败可能影响企业内部相关人员的考核，可能导致相关人员做出一些不当行为，而中介机构独立于收购方和目标公司，可以提出真正独立、客观的意见。

（5）保密性。由于并购交易的性质比较特殊，整个交易的进行，特别是交易前期都需要严格保密。如果企业内部人员参与，容易因为没有设置适当的防火墙、相关人员缺乏保密意识等原因，可能导致信息泄露，在企业内部传播，给并购交易带来不利影响。而专业机构会签署保密协议，对工作中获取的信息严格保密，如果出现泄露，专业机构会依据保密协议承担相应的责任。

（6）沟通的顺畅性。目标公司人员对并购交易的认识存在局限性，可能导致其对目标公司被并购存在一定的敌对意识，同时，加上内部人员先入为主的意识，企业内部人员与目标公司内部人员可能存在沟通障碍、沟通不充分、不主动的问题。而专业机构本着较强的服务与促进交易意识，会综合衡量企业与目标公司之间的利益，注意沟通的技巧与方法、方式，达到充分、客观、全面的尽职调查效果。

46. 对目标公司的尽职调查应关注哪些业务问题？

对目标公司业务的尽职调查，应主要关注如下问题：

（1）目标公司的产品和（或）服务的细分市场定位和市场准入监管情况。

（2）目标公司的产品和（或）服务的商业盈利模式及其营业规模和毛利率、净利率水平，以及目标公司的产品和（或）服务与全社会平均水平的比较。

（3）目标公司的产品和（或）服务的核心技术水平及核心技术来源。

（4）目标公司的产品和（或）服务所在行业的整体发展前景及国家法律与政策监管的趋势。

（5）目标公司的产品和（或）服务在所在行业内的国际及国内市场竞争力排名和市场份额占有率。

（6）目标公司的产品和（或）服务的管理团队、技术团队及核心员工情况。

（7）目标公司的产品和（或）服务未来数年的业务营收规模、毛利率、净利率等增长预测。

47. 对目标公司与上市公司未来并购整合与协同的尽职调查应主要关注哪些问题？

对目标公司与上市公司未来的并购整合与协同的尽职调查，应主要关注如下问题：

（1）目标公司股权的交割过户是否存在障碍，过户后新股东的控制权能否顺畅行使。

（2）对目标公司董事会和经营管理层的控制权能否顺利取得和保持。其中，需要特别注意的是对董事、监事、高级管理人员的任职资格需要获得政府监管部门事先批准的所在行业的目标公司，以及注册地和（或）经营地在中国境外的目标公司。

（3）是否需要或者是否已经在上市公司和目标公司协商一致的情况下，制订了切实可行的目标公司被并购后的经营发展战略规划，包括但不限于产品和（或）服务发展规划、资金规划、管理团队规划、员工稳定规划和（或）员工调整规划等。

（4）是否需要或者是否已经对管理、财务、税务的整合与协同制订了切实可行的量化方案和执行方案。

（5）是否对目标公司人员整合、企业文化融合与认同、企业战略发展理念的一致性等制定了可操作性、具体性方案及管理制度。

48. 对目标公司的历史沿革应主要关注哪些问题？

（1）目标公司成立、历次增资时，股东出资是否到位；出资是否存在瑕疵；出资资金来源问题；出资方式是否符合法律要求；是否存在委托持股、信托持股等股权代持的情况；是否存在股权争议及潜在的股权纠纷；股权是否被设定了质押、扣押、查封、冻结、其他第三方权益或存在任何其他瑕疵。

（2）如涉及国有股权，则应关注国有产权占有单位转让国有股权是否取得国有资产管理部门或政府的批准，是否履行了评估备案、挂牌交易等程序。

（3）如目标公司为外商投资企业，则应关注设立以来的历次增资、股权转让是否取得外商投资主管部门有效批准，资金来源是否合法有效。

49. 对目标公司的资产应主要关注哪些问题？

（1）目标公司主要资产是否取得合法权属证书或证明其拥有合

法所有权的文件，是否存在产权纠纷或潜在争议，是否依法履行取得资产的法律程序。

（2）是否存在资产共有，无形资产所有权是否存在争议，如合作开发、涉嫌职务技术成果等问题。

50. 对目标公司的重大债权债务应主要关注哪些问题？

（1）是否存在拖欠税款。

（2）是否存在逾期未偿还的借款。

（3）是否存在债务人无法偿还债务情况下的对外担保责任。

（4）日常业务经营合同及其他重大合同是否存在违约情形。

（5）是否存在较大的或有负债风险。

（6）是否存在因产品质量问题导致侵权的情况，以及是否存在环境违法行为导致的侵权责任。

（7）是否存在未为员工缴纳社会保险和住房公积金而被行政机关追缴或补缴的情形等。

51. 对收入和盈利的尽职调查应主要关注哪些问题？

（1）业务的成长性如何，是依赖一次性的大额订单还是持续的订单，成长的驱动因素是什么。

（2）主要产品/客户在销售和毛利润层面的贡献比重，是否严重依赖个别产品或个别客户，并购发生后会给这些产品和客户带来哪些有利和不利影响。

（3）收入变化趋势以及毛利率与同行业进行比较，是否存在重大不合理情况。

（4）价格上涨/下调对收入及成本的影响，可做敏感性分析。

（5）收入和利润来源是否存在大额的一次性或非经常性项目。

（6）负面的业务趋势，例如利润率下降或客户流失对目标公司的影响，以及目标公司正在采取的措施。

（7）是否存在大量不开发票的交易，如果收购完成后规范运作，采购、销售都据实开票对收入和利润的影响如何。

（8）是否存在关联方或其他相关方代为支付或垫付相关费用的

情形。

（9）是否存在关联方或其他相关方与企业进行资金拆借、大额借款不计利息等对公司利润的影响及测算。

根据调查，如发现目标公司的收入和盈利并不具备成长性甚至处于下滑趋势，则可能终止交易或调低预期，调整购买价格。同时，如果发现并购可能引发一些不利因素的出现，则应采取适当措施予以防范。例如，对目标公司可控的因素在收购协议中要加以约定。

52. 什么是业务尽职调查？

尽职调查是独立第三方代表某一交易主体进行的调查过程，其目的是为交易主体评估交易价值和风险提供所需的信息。业务尽职调查，是指根据标的公司的业务模式确定尽调具体方案与侧重点，揭示盈利模式与竞争力。

（1）业务尽职调查内容包括以下几个方面。

①市场销售：包括标的公司在各区域市场的客户和产品构成、市场地位、竞争优劣势与品牌、渠道构成、客户管理、未来的新客户/新市场机会及开发战略的全面总结分析。

②技术：包括标的公司基础研发能力、专利及专有技术储备、研发团队、工程技术团队、技术开发管理模式等的全面总结分析。

③生产运营：包括标的公司业务生产能力和设施设备情况、运营特点、产品制造策略、质量技术标准、采购及供应链体系、环境健康与安全；包括对未来扩大投资的计划、新产品规划的分析。

④管理和人力资源：包括标的公司业务整体组织管理架构、汇报路线、员工和高管构成情况、管理层及员工薪酬福利、激励机制、劳工规定及工会组织等方面的分析。

⑤IT系统：信息技术与管理系统（IT）的全面总结分析，包括潜在风险和未来投资规划等。

（2）业务尽职调查应关注以下几个方面。

①全面把握行业与市场状况，分析标的公司现状与发展前景，在行业与市场基本状况方面，关注行业发展历程、行业法规与政策、

行业的商业模式、市场规模与细分、行业融资与并购情况、竞争格局与主要竞争对手、行业发展的有利和不利因素、行业发展的未来趋势；在标的公司基本情况方面，应关注业务概况、发展战略、估值分析和竞争情况。

②深挖标的公司盈利模式，关注产品/服务定价政策、客户集中度情况、产品/服务销售情况、销售渠道及服务情况、品牌和市场发展情况。

③探索企业生产研发的核心竞争力，包括知识产权关注要点、生产与销售过程中的技术问题。

④关注标的公司治理与运营，包括产品与制造策略、产品质量及控制、供应链与采购、生产运营规范性和先进性及风险、厂房和设备的状况、运营特点、环保健康与安全（EHS）。

⑤人力资源与信息技术，关注标的公司可持续发展能力，包括公司的组织管理体系、激励机制、管理层、工会、人力资源情况、信息技术系统。

53. 税务尽职调查需要了解哪些事项？

目标公司的各项税费是否合规计提或代扣并依法申报和缴纳，通常重点是企业所得税、流转税（主要为增值税）、个人所得税、土地增值税等；目标公司是否与当地税务机关存在口头约定，享受非正式的税项减免；存在大量关联交易的目标公司是否存在转移定价风险；过往税务检查的结果；历史期间收购合并和内部重组有关的税务风险；营改增的影响；企业内部重组税务合规事宜。另外，针对一些中小企业，特别需要关注内账外账差异带来的税务风险。

税务尽职调查中识别出的税务风险可能导致目标公司需要计提额外税负，影响历史财务数据，也可能影响并购后的盈利预测，从而影响交易价格。同时，针对已识别或潜在的税务风险，在收购协议中应明确有关保障或赔偿机制，并且在收购以后应部署修正计划以规避或降低以后营运过程中出现同类风险。

54. 尽职调查时需要关注哪些与债务和资本支出相关的问题？

（1）目标公司是否存在大量负债，主要的债权人对目标公司的债权是否存在特别约定，是否会因为并购的发生使债务成本上升或需要立即偿还债务。

（2）历史期间的维护、替换及扩张性资本支出是否合理，是否存在有意递延资本支出的情况，从而扭曲目标公司的自由现金流和经营发展趋势。

（3）目前的资金是否足以支持未来的资本性支出等。

根据了解到的情况，并购公司可能发现目标公司与主要债权人存在特别约定，需要在交易前确定主要债权人对并购的意见或由目标公司协助取得承诺函。结合资本支出和目标公司现金流的分析，并购公司应充分预计现金流对未来产能扩张的影响，提前做好未来的资金计划，同时要充分考虑预期的资本债务结构对交易价格的影响。

55. 尽职调查时需要了解哪些潜在负债和承诺事项？

（1）是否为关联方或第三方提供担保。

（2）是否有被抵押的资产。

（3）是否存在未决法律诉讼或仲裁。

（4）是否对保修义务做出合理估计并进行预提。

（5）是否存在与并购相关的负债。

（6）是否存在其他的承诺，如长期购买合同、租赁合约等。

（7）是否存在侵害第三方权利而引起的侵权之债等。

这些潜在负债和承诺事项可能导致目标公司存在现时的或者未来的义务需要履行，从而使现金流出或发生损失。对于现时义务，目标公司需要进行合理估计并计提，这会影响目标公司的历史财务数据，进而影响交易定价。同时，需要注意的是，收购协议中的保证和赔偿并不能免除所有的风险，因为索赔的过程复杂而漫长，即便赢了官司，具体执行也会有困难，而且赔偿金额本身也有上限且有一定的时限。所以，需要对潜在的负债做出风险量化评估，根据评估结果确定由目标公司承继，或在交易总价中减去，或采用延迟付款和有条件付款以及必要的保证和赔偿条款。

56. 财务尽职调查的目的是什么？

财务尽职调查，是指收购方在与目标公司达成初步收购意向后，收购方财务专业人员或其聘请的专业机构针对目标公司有关财务状况进行现场调查、审阅、分析的一系列活动。财务尽职调查的目的是分析目标公司的盈利能力、资产状况、现金流，掌握目标公司内部控制、经营及管理的真实情况，并充分揭示并购中的财务风险。收购方通常会根据财务尽职调查的结果来预测目标公司的未来前景，判断并购是否符合其财务战略，并为目标公司估值、交易方案设计、交易谈判、并购决策、整合方案设计提供不可或缺的基础资料，因此，财务尽职调查是一项非常重要的工作。

目标公司从客观和主观上都不能对收购方的财务风险予以揭示，这些风险必须通过财务尽职调查去发现，而财务尽职调查的成果十分依赖调查人员的专业素质和专业经验。首先，调查人员要想办法获取目标公司真实而详尽的资料，在实务中，收购方并非依靠签署的一纸收购意向书就可以高枕无忧。在并购过程中，信息往往是不对称的，虽然可以用严密的法律协议来约束目标公司，但收购方仍需要投入大量的精力以获取目标公司真实而详尽的信息。其次，并购决策者需要的是有重点、有针对性和有价值的财务尽职调查报告，而不是大而全的报告。这就要求调查人员要使用多种专业工具对取得的资料进行分析加工，以便给决策者提供尽可能多的有用信息，而不仅是简单地堆砌数据和文字。

57. 财务尽职调查的局限性有哪些？

在一些并购案例中，财务尽职调查实际上是无效的或与预期效果有偏差，因为财务尽职调查未能正确地评价目标公司及为收购方做出正确决策而提供必要的信息。出现这一结果的原因可能是多方面的，最重要的原因是调查中忽视了部分重要信息及获取的信息质量不高，以致不能形成有价值的调查报告。虽然财务尽职调查所需的原始资料大部分是由目标公司提供的，但调查人员应该更重视外部信息和自己通过其他渠道获取的信息。此外，受限于时间等原因，尽职调查一般不会采用函证、实物盘点、复算等审计方法对企业提供的资料进行核实。但是，鉴于目前国内的营商环境，企业可能会存在一些不规范或者内控缺失等问题。虽然这些问题在以后的审计中会被发现，但如果审计后的财务数据与原始报表差异较大，必然会影响对目标公司的估值，甚至直接影响并购的进程和结果。为了提供并购决策所需信息并减少下一步工作的难度，调查人员需要对企业的原始财务数据进行调整，并以规范后的数据进行分析。虽然这有可能会延长尽职调查的时间，但会加快估值谈判等工作的进程，减少不必要的纠纷或争议。

58. 如何通过财务尽职调查印证业务尽职调查？

目标公司的财务会计，应当真实、完整地记录和反映目标公司的业务。为通过财务尽职调查印证业务尽职调查，调查人员可以采取包括但不限于下面一些方法。

（1）查看目标公司营业收入及应收账款的会计确认所依据的业务合同，印证目标公司的产品和（或）服务的品种类别、细分行业市场、客户类别、产品和（或）服务的交付、回款模式等。

（2）查看目标公司会计报表营业收入的分类构成比例，印证目标公司的行业分类。

（3）查看财务报表中确认的目标公司各类主营业务收入的前五名客户和应收账款前五名客户的业务合同，实地走访这些客户以确认这些业务合同的业务真实性。

（4）查看财务报表中确认的目标公司各类主营业务成本的前五名供应商和应付账款前五名供应商的业务合同，实地走访这些供应商以确认这些业务合同的业务真实性。

（5）查看目标公司财务报表中无形资产、开发支出、研发费用、工资费用等项目的发生额和余额及所对应的外部业务合同和内部考核文件，印证目标公司技术研发投入水平及主要核心技术人员。

（6）查看目标公司业务和技术有关的业绩提成、奖励、佣金等费用具体明细的计算、审核、批准、发放等全过程记录资料，印证目标公司的业务真实性。

59. 如何通过尽职调查发现目标公司的财务黑洞？

财务黑洞并非都是目标公司刻意隐瞒的结果。目标公司内部控制制度不健全、会计基础工作薄弱、财务税务不规范、法律意识淡薄等都是产生财务黑洞的原因。有些财务黑洞，甚至目标公司的管理层都不一定掌握。调查人员对目标公司的资产结构、债务结构、盈利能力进行分析，尤其对同行业企业的相关财务指标进行对照分析，不仅能够对目标公司的资产流动性和经营能力进行评价，也能发现其存在的财务黑洞。同时，调查中通过对目标公司内部控制制度的分析，不仅能发现其经营管理中存在的问题，也可能发现出现财务黑洞的地方。比如，通过分析发现目标公司存在存货周转率过低、存货结构不合理、仓库管理制度不健全等问题，那么部分存货就可能出现损毁跌价情况，目标公司也可能存在库管员舞弊等情况。

60. 对会计基础工作薄弱或财务不规范的目标公司需采取哪些措施？

目标公司存在瑕疵是很普遍的事情，重要的是判断这些瑕疵是否会使并购失败。企业首先要从财务战略的角度考虑目标公司存在的上述瑕疵能否被有效整改，以及规范的成本能否承受。如果答案是否定的，就应该果断地放弃收购，另寻其他并购目标。如果答案是肯定的，就可以对目标公司的估值进行调整并重新谈判交易价格，制订针对性的整合方案。

具体来说，对于存在会计基础工作薄弱及财务不规范等情况的目标公司，尽职调查可首先考察其经营模式和上下游客户情况。如果目标公司存在大量现金交易，客户集中度也不高，而目标公司主要优势在于渠道，则其规范成本可能很高，整合难度也较大，尽早放弃收购该目标公司可能是最佳选择；如果目标公司经营模式不受财务规范影响、上下游客户议价能力不强，则可推动下一步工作，但也要考虑整合的难度和时间成本。

61. 财务顾问在尽职调查中应重点关注哪些问题？

财务顾问对并购重组活动进行尽职调查，应当重点关注以下问题，并在专业意见中对以下问题进行分析和说明。

（1）涉及上市公司收购的，担任收购人的财务顾问，应当关注收购人的收购目的、实力、收购人与其控股股东和实际控制人的控制关系结构、管理经验、资信情况、诚信记录、资金来源、履约能力、后续计划、对上市公司未来发展的影响、收购人的承诺及是否具备履行相关承诺的能力等事项。

（2）涉及对上市公司进行要约收购的，收购人的财务顾问除关注上述第（1）项所列事项外，还应当关注要约收购的目的、收购人的支付方式和支付条件、履约能力、是否将导致公司退市、对收购完成后剩余中小股东的保护机制是否适当等事项。

（3）涉及上市公司重大资产重组的，财务顾问应当关注重组目的、重组方案、交易定价的公允性、资产权属的清晰性、资产的完整性、重组后上市公司是否具备持续经营能力和持续盈利能力、盈利预测的可实现性、公司经营独立性、重组方是否存在利用资产重组侵害上市公司利益的问题等事项。

（4）涉及上市公司发行股份购买资产的，财务顾问应当关注本次发行的目的、发行方案、拟购买资产的估值分析及定价的公允性、拟购买资产的完整性、独立性、盈利能力、对上市公司影响的量化分析、拟发行股份的定价模式、中小股东合法权益是否受到侵害、上市公司股票交易是否存在异常等事项；涉及导致公司控制权发生变化的，还应当按照上述第（1）项有关收购人的关注要点对本次发行的特定对象进行核查。

（5）涉及上市公司合并的，财务顾问应当关注合并的目的、合并的可行性、合并方案、合并方与被合并方的估值分析、折股比例的确定原则和公允性、对上市公司的业务和财务结构的影响、对上市公司持续盈利能力的影响、合并后的整合安排等事项。

（6）涉及上市公司回购本公司股份的，财务顾问应当关注回购目的的适当性、回购必要性、回购方案、回购价格的定价模式和公允性、对上市公司现金流的影响、是否存在不利于上市公司持续发展的问题等事项。

（7）财务顾问应当关注上市公司并购重组活动中相关各方是否

存在利用并购重组信息进行内幕交易、市场操纵和证券欺诈等事项。

（8）中国证监会要求的其他事项。

62. 收购协议通常包括哪些条款？

（1）交易标的条款：描述交易的标的物，即目标公司的股份或资产。

（2）价格条款：通常包括收购价格以及价格调整机制、税费的承担。

（3）支付条件条款：通常约定支付的方式。

（4）股份发行条款（如收购方式为发股收购）：通常约定发行价格、发行数量、价格及数量的调整机制、发行对象及认购方式、锁定期及上市地点。

（5）业绩承诺及补偿措施条款：通常由目标公司的股东对目标公司或资产的未来三年的业绩做出承诺，并约定如未达到承诺业绩，目标公司股东对收购方的补偿方式及补偿金额。

（6）陈述与保障条款：通常要求出售方对目标公司或资产的合法性、所有权、税务、运营、环境保护、知识产权、合规等各方面做出详尽的陈述与保证，并约定如果出售方违反陈述与保证条款，收购方可以提出索赔。

（7）交割条款：通常会约定在符合一定的前提条件下才进行交割，并对交易完成前的滚存利润进行安排。

（8）交割相关承诺条款：通常约定收购方在协议签署后至交割前有权了解和参与目标公司企业运营情况，同时限制出售方及目标公司进行任何非正常业务行为，出售方承诺不与目标公司从事竞争业务等。

（9）目标公司运营条款：如果系收购目标公司股权的，还会对目标公司在交易完成后的运营、治理原则等进行约定。

（10）违约责任条款、法律适用及争议解决条款等。

63. 收购协议为什么通常附有生效条件？

当交易双方就全部细节达成共识后，会委托律师起草各项法律文件，最主要的是购买/收购协议或者增资协议、股东协议等。

交易双方签署了法律文件并不等于交易结束。收购协议往往附有生效条件条款（附生效条件的合同），即只有在所有生效条件被满足了之后，收购协议才能生效，签约方才有履行协议的义务。生效条件的产生在很大程度上源于法律、中国证监会的要求或者源于收购本身的复杂性。例如，当收购活动涉及必须由国家相关部门批准的情况时，则须载明收购协议自获得政府批准之日起生效。

64. 收购协议签署之后并购各方需要开展哪些工作？

收购协议签署后，双方的律师或财务顾问将协助各自的委托人实现协议的生效条件，促使协议履行，主要工作包括但不限于：获得目标公司董事会/股东会关于收购的批准文件；获得目标公司其他股东放弃优先受让权的声明；离岸与境内公司的设立或变更；获得相关政府部门的批准。

65. 收购意向书的作用和意义是什么？

签署收购意向书并非收购的必要环节，但收购涉及一系列复杂的法律问题及财务问题，整个并购过程可能需要历经一段较长的时间，包括双方前期的接触及基本意向的达成。在达成基本的收购意向后，双方必然有一个准备阶段，为后期收购工作的顺利完成做好准备。这个准备过程必然涉及双方相关费用的支出及双方基本文件的披露，如果出现收购未成功，将给另一方带来损失。同时，为防止目标公司有可能与他人磋商收购事宜及最终拒绝收购，通常会有锁定期（排他谈判期间）的约定，因此收购意向书需要对上述可能出现的问题做出足够的防范。对上市公司而言，此种交易的时间成本和信息披露义务更为严格。上市公司签署收购意向书后，应当履行信息披露义务，公告收购意向书的主要内容。

66. 尽职调查完成且收购协议签订后是否还需要做交割日审计？

尽职调查完成且收购协议签订后，可以做交割日审计。收购协议的履行以及可能的政府审批有可能导致收购协议签订到最终的交割日，还有一段较长的时间。协议签订日到交割日之间，目标公司的财务状况可能发生预期之外的变化，或者已存在的事项有新的发展、出现新的证据等，这些都可能影响买卖双方的利益。这段时间也为买卖双方提供了进一步调查了解、防范风险的机会。通常，收购协议中会对过渡期的利润归属以及过渡期发现或发生的事项做出约定，并可以据此调整交易价格，甚至可以终止协议。由于目标公司的经营、财务状况等在交割日与协议签订日存在客观差异，交割日审计不但可以保障交易的公平，还可以使交易各方的利益得到最大限度的保护，同时将并购过程中不可预知的风险降到最低水平。

第五章
并购交易估值

67. 评估（估值）与定价之间是何关系?

一般而言，公开交易资产的价格由“无形的手”即市场来调节，但在生产要素市场上流通的资产的形态很复杂，大部分资产组合是独一无二的，很难在市场上找到相似的参照物。资产的供给方近乎唯一，资产的需求方数量也十分有限，其定价一般不易像普通商品那样通过市场来解决。受资产特性、交易机制等固有局限，或当时当地的主客观条件影响，有时可能出现市场价格机制失灵的状况。这就需要通过价值判断和估计来解决资产定价问题。

资产评估（估值）就是依据市场的价格形成机制，通过模拟市场条件，运用合理的技术方法，确定特定用途资产在约定时点的价值。资产评估作为价格机制的补充手段，是资产价值发现、衡量及实现的重要工具。

并购重组中的交易定价是上市公司并购重组中影响当事各方利益分配的核心要素，更是交易方和监管机构关注的焦点。通过科学的方法与途径确定合理的交易价格，是保障各方利益的关键，也是上市公司并购重组监管工作中的核心内容。在工作步骤与时间顺序方面，交易价格的确定过程可以分为评估（估值）和定价两个环节。在评估（估值）环节，交易各方根据掌握的标的资产相关资料，对标的资产价值进行判断和估算。在我国，多数由第三方机构对标的资产进行独立估值。定价需要参考第三方机构的估值结果，在自身前期对标的资产价值判断的基础上，交易方根据交易价格的达成方式（诸如协商、拍卖等方式）和不同的交易条件进行谈判，最终确定交易价格。

在评估（估值）环节中，因为不同交易方对各自历史信息的掌握程度、未来趋势及发展策略判断等方面可能存在差异，各方从不同的价值衡量角度出发，可能得出标的资产价值存在差异的结论，所以，第三方对标的资产的客观估值可以为各方价值判断达成一致提供支持。在定价环节中，各方的出发点往往是自身利益的最大化——该利益可能不仅限于经济利益，还可能包括对中小股东利益和社会影响等其他利益，而监管机构主要关注定价的客观性与公允性。独立的第三方进行的估值，在交易方自身价值需求的估值环节和交易方博弈的定价环节之间起沟通作用，这个估值也是上市公司并购重组交易价格公允性判断的基础。资产评估机构及其资产评估专业人员在遵守法律、行政法规和资产评估准则的前提下，根据委托履行必要的评估程序后，可以由资产评估机构对标的资产在评估基准日特定目的的价值出具资产评估报告。由于该报告中的价值意见不代表任何当事人一方的利益，是一种独立的专业人士的意见，这个评估结果具有较强的公正性与客观性，可以成为标的资产定价的重要参考。

评估（估值）环节的主要技术工作包括估值方法的选择、估值参数的选取和估值结论的确定，定价环节的主要技术工作则是对估值阶段未纳入或未全部纳入考虑的各项因素的综合分析与量化整合。估值是定价的基础，是定价考虑的基本因素，但定价除了受评估（估值）结果的影响外，还受诸多交易因素影响，如供求关系、议价能力等。当前，上市公司并购重组实际操作中，主要交易方为了得到自身关于标的资产价值的合理判断，往往聘请估值顾问公司协助估算交易底价。为了就标的资产价值达成一致判断，交易方可以再聘请第三方进行独立价值评估，交易价格是以独立价值评估结论为基础的，之后，各交易方在参考经财务顾问协助判断的价值结果的基础上对交易价格进行协商。

财务顾问一般根据独立价值评估的结果，并且考虑历史股价、投行分析师目标价、各种溢价折价因素等，最终确定估值范围。财务顾问通常考虑的定价调整因素包括：

①收购股份比例。随着收购目标公司的股份比例的上升，收购方对目标公司日常经营和管理的控制力逐渐提升，收购方需要支付的溢价也逐步增加。

②交易性质。一般情况下，在敌意收购中，收购方往往要支付更高的溢价，以获得目标公司股东的支持。

③商业意义。并购重组往往带有明确的商业目的。收购方一般期待交易将带来一定的协同效应，提升自身价值。通过财务顾问对协同效应的量化分析，收购方可以此判断收购报价的大致范围。

④其他。包括交易是否出现了竞购局面，激烈的竞争是否会提高收购对价，交易是否涉及其他政治、环境、安全因素等。

68. 什么情况下需要进行评估或估值?

自然人、法人或者其他组织需要确定评估对象价值的，可以自愿委托评估机构评估。涉及国有资产或者公共利益等事项，法律、行政法规规定需要评估的，应当依法委托评估机构评估。因此，上市公司发生重大资产重组、发行股份购买资产，以及有收购、出售资产、关联交易、破产重整等交易行为时，根据相关法律法规、部门规章、证券交易所规定应当进行评估或估值的，或者上市公司认为有必要的，通常需要委托相关证券服务机构进行评估或估值。

重大资产重组交易定价以资产评估结果为依据的，上市公司应当聘请符合《证券法》规定的资产评估机构出具资产评估报告。相关资产不以资产评估结果作为定价依据的，上市公司可以聘请估值机构出具估值报告。依据交易所股票上市规则，交易达到规定标准，若交易标的为股权以外的其他非现金资产，公司应当提供由中国证监会、财政部备案的从事证券服务业务的资产评估机构出具的评估报告，评估基准日距审议该交易事项的股东会召开日不得超过一年。

69. 评估和估值有何区别?

上市公司重大资产重组交易定价时，可以以资产评估结果作为定价依据，也可以不以资产评估结果作为定价依据。资产交易定价以资产评估结果为依据的，上市公司应当聘请符合《证券法》规定的资产评估机构出具资产评估报告。不以资产评估结果作为定价依据的，可以聘请估值机构出具估值报告。

资产评估报告是由在中国证监会、财政部备案从事证券服务业务的资产评估机构出具的。估值可以由资产评估机构做出，也可以由独立财务顾问、会计师事务所做出。评估和估值在进行企业价值评估时所遵循的经济学理论基本相同。

70. 如何选择评估机构（估值机构）?

通常理解，估值机构可以是评估机构，也可以是独立财务顾问、会计师事务所，提供估值服务不要求必须具有评估资质。其中，评估机构具有由财政部门或其他主管部门授予的评估行业资质。

根据新修订的《证券法》要求，评估机构等证券服务机构从事证券服务业务，应当向中国证监会和财政部备案。中国证监会和财政部通过网站公示评估机构备案情况。但是，对评估机构从事证券服务业务备案，不代表对其从事证券服务业务执业能力的认可。选择合适的评估机构（估值机构）为并购交易提供专业服务，主要从以下几个方面考虑。

（1）机构资格条件：主要包括是否在中国证监会和财政部进行证券服务业务备案；涉及国有资产的，是否在企业适用的机构备选库入库；涉及特定资产类型的，如土地、矿权等，是否具备相应专业的评估资质。

（2）机构及人员执业经验：主要是指评估机构（估值机构）是否具备上市公司重大资产重组项目执业经验和标的企业所在行业的相关评估（估值）项目执业经验，以及评估机构（估值机构）拟派出的项目团队主要人员的评估（估值）执业经验。

（3）机构信誉：主要查看相关行业协会发布的各类评价排名或分级情况、诚信档案记录等。

（4）机构及人员的独立性：主要是指不能受理与自身具有利害关系的业务，如在同一项目中既执行审计业务，又执行评估（估值）

业务等。

71. 评估机构在上市公司并购重组中发挥哪些作用？

（1）合理的资产评估结果能为并购重组相关方提供有效的价值衡量尺度。评估结果作为并购重组交易价格确定的最主要参考依据，在估值方法选择、评估假设采用、估值过程开展、评估参数确定以及评估结论选取等一系列过程中所体现的科学性、合规性与合理性直接关系重组定价的公平性与公正性。合理的评估结果为相关方提供了客观的价值标尺，保障了各方利益分配的合理性。

（2）资产评估有利于并购方厘清发展战略，全面把握和控制并购风险。资产评估的过程是企业认识目标公司、发现价值、厘清未来战略管理思路的一个全面、综合、思考的过程，也是企业结合相关经营战略、管理能力、财务实力和人力资源情况等对企业价值进行深入审视的手段。同时，资产评估的过程也是发掘和度量潜在风险的过程，对企业全面把握和控制风险具有重要意义。

（3）科学全面的资产评估成为保证和提升上市公司资产质量的关键环节。重组资产的质量事关上市公司的盈利能力与未来的业绩表现，更关系中国资本市场整体的资产质量与发展潜力。资产评估作为一种全面衡量目标资产价值的手段，在保证重组资产质量、提升资源配置的质量和效率方面，发挥了重要作用。

（4）资产评估有利于保护中小投资者的合法权益。中小投资者往往既无法了解并购重组事项的完整信息，也缺乏专业的判断能力。评估机构作为独立第三方，对交易资产价值出具的公正客观意见，为中小投资者提供了一个公允的参考标准，对保护广大中小投资者的合法权益起到了至关重要的作用。

（5）资产评估有利于提高资本市场财务会计信息质量。上市公司非同一控制下的并购重组日趋频繁，并购重组后的会计处理涉及公允价值计量。因为公允价值的特殊性，以及财务报告所需要的合理性、客观性、相关性的要求，所以会计计量中的公允价值注定必须由外部的、独立的、专业的资产评估机构提供，以提高上市公司财务会计信息质量。

72. 对目标公司进行初步价值判断的主要方法有哪些?

（1）账面价值。账面价值是指企业资产负债表中显示出的净值。在并购谈判中，并购目标的账面价值是双方需要考虑的重要因素之一。一般来说，目标公司的流动资产在总资产中所占的比例越高，账面价值就越有参照意义。如在商业银行、投资银行或基金管理公司的并购中，账面价值就是一个十分重要的指标。除此之外，当并购目标为公用事业企业（如电厂、铁路、公路等）时，其账面价值也有一定的参考价值，因为这些公用事业企业未来的盈利主要取决于它们的收费标准，而在收费上它们又都会受到政府的价格管制。政府在定价时往往会以它们账面上的总投资额为依据。但是，需要指出的是，对大多数的企业来说，账面价值并不是一个理想的价值评估方法。使用账面价值通常会低估企业的真实价值，况且，账面价值的高低很少会影响企业的盈利能力，而企业的盈利能力才是并购的长远利益所在。

（2）重置成本。在下面的这种情况下，重置成本可以成为决定企业价值的重要指标：一家企业为了占有更大的市场份额，急需扩大规模，它有现成的销售渠道和广告投入，需要的只是能够生产产品的厂房、设备和政府批文。当新建一个厂房、投资新设备和获得批文的费用很高时，这家企业其实可以收购一家拥有现成厂房、设备和政府批文的企业。在这个并购交易中，目标公司就会要求采用重置成本来确定并购价格。同时，并购方也会要求比重置成本低的价格，否则并购就失去了意义。

（3）市场价值。对上市公司来说，判断企业价值最便捷、最直接的方式就是已上市部分的股价。虽然股市波动经常会导致股价在一段时间内（甚至可能是在相当长的一段时间内）背离自己的真实价值，但大量的研究表明：从长期来看，证券市场中的股价总体上是可以比较好地反映企业的真实价值的。当然，这个结论有一个重要的前提条件，那就是上市企业在信息披露方面严格执行有关的法规，遵循国际规范，确保重要信息及时得到披露。大多数企业都只有部分股票公开发行上市，在这种情况下，使用已上市部分的价值可能会造成一定的偏差，这是因为任何市场的流动性都不是无限的，供给的变化势必造成价格上的波动。当然，如果企业80%以上的股票都已经上市发行，那么用公开发行部分的股票市价来估计企业的整体价值就比较可行了。即使是那些没有公开发行股票的企业，如果我们能从已经上市的企业中找到一家在产业、规模等方面都与之相似的企业，那么这家上市企业的股票价格对没有上市企业的价值评估也具有一定的参照作用。

（4）营业收入的资本化。在涉及服务业企业的并购交易中，一种常见的价值评估方法就是营业收入的资本化，即将企业在未来一段时间的营业收入以一定的折现率折现后加以累加。这里所说的服务业企业一般包括保险公司、会计师事务所、律师事务所、咨询公司、广告公司、公共关系公司等。这些“以人为主”的企业的价值主要来源于它们的管理人员、员工和客户，而不是诸如厂房、设备等固定资产。因此，如果仅以有形资产来对企业价值进行评估，势必会大大低估企业的真实价值。

（5）企业的非报表价值。企业财务报表上的数字对未来的现金流量预测即使非常精确，也不可能完整且准确地体现出企业的全部价值。一般来说，企业的非报表价值主要体现在以下几个方面：①品牌；②产品和服务的信誉；③与政府部门的关系及从政府部门拿到的特权；④企业客户群；⑤员工的素质、敬业精神；⑥未列入资产负债表的知识产权；⑦市场占有份额；⑧已拥有的销售渠道；⑨入市阻力与竞争障碍；⑩自然资源与交通方面的便利条件。

企业拥有的这些非报表价值，在企业的兼并中会形成企业的效用价格。在某些并购案例中，仅从资产和资本的角度来看，目标公司可能是一家毫无吸引力的企业，但由于它恰好满足了并购方企业发展的战略需要，其价值就被大大提高了。

（6）清盘价值。绝大多数的企业在准备财务报表时，都根据通用会计准则采用持续经营假设，即假定企业会无限期地经营下去。但是，当目标公司因为无法正常经营而不得不申请破产或即将破产倒闭的时候，它的价值就应该以清盘价值来衡量。在计算清盘价值时，企业的资产将不再以公平市场价格为准，而是以最不可能出现的拍卖价来估算。即便是在并购目标为运营企业的交易中，清盘价值也不完全是无足轻重的概念，因为并购方如果需要负债收购，银行在做贷款决定时会充分考虑被收购企业的清盘价值。

73. 评估（估值）过程对委托人或其他相关当事人有何要求？

《资产评估法》对评估过程中委托人或其他相关当事人的义务进行了规定：应当按照合同约定向评估机构支付费用，不得索要、收受或者变相索要、收受回扣；委托人应当对其提供的权属证明、财务会计信息和其他资料的真实性、完整性和合法性负责；委托人不得串通、唆使评估机构或者评估专业人员出具虚假评估报告；委托人或者评估报告使用人应当按照法律规定和评估报告载明的适用范围使用评估报告。委托人或者评估报告使用人违反规定使用评估报告的，评估机构和评估专业人员不承担责任。

估值过程中对委托人或其他相关当事人的要求主要包括：配合为其提供服务的估值机构的工作，按要求提供与其执业相关的所有资料，并确保资料的真实、准确、完整，不得拒绝、隐匿、谎报，不得要求估值机构出具与客观事实不符的文件或阻碍其工作。

74. 评估机构被立案调查是否影响上市公司并购重组审核？

评估机构被立案调查不会影响上市公司并购重组审核。《刑法修正案（十一）》规定，中介机构人员在证券发行、重大资产交易活动中出具虚假证明文件的，最高可判处10年有期徒刑，健全有效的中介机构事后责任追究机制逐步完善。为适应资本市场法治建设和生态环境变化新形势，评估机构等证券中介机构及其工作人员，不再适用挂钩机制政策，即评估机构被立案调查不会影响上市公司并购重组审核。

75. 上市公司实施重大资产重组对评估机构独立性有什么特殊要求？

为上市公司重大资产重组活动提供服务的审计机构及其人员、评估机构及其人员应当在以下方面保持独立性：不存在主要股东相同、主要经营管理人员双重任职、受同一实际控制人控制等情形；不存在由同一人员对同一标的资产既执行审计业务又执行评估、估值业务的情形。

此外，《资产评估法》第二十条规定，评估机构不得受理与自身有利害关系的业务，不得分别接受利益冲突双方的委托，对同一评估对象进行评估。

评估机构开展评估业务应当不受任何外来因素的干扰，如果受理与自身有利害关系的业务，就失去了公正性，评估业务就有可能被这些利益所左右，直接影响评估结果的真实性，进而损害委托人或者第三人的合法权益。需要注意的是，该项规定是指与评估机构自身有利害关系的业务不得受理，但与评估机构内的评估专业人员有利害关系的不在此限，委托人有权要求与相关当事人及评估对象有利害关系的评估专业人员回避。

利益冲突的双方，是指对评估对象有不同利益诉求的当事人，如买卖双方。如果利益冲突双方在彼此不知情的情况下，同时委托了同一评估机构，而此评估机构又因利益驱动分别接受双方的委托，则构成违法。但需要注意的是，按照约定优先的原则，经利益冲突双方协商一致，共同委托同一评估机构，而评估机构接受委托的，则不属于“分别接受委托”，不在禁止之列。

76. 上市公司吸收合并是否需要进行评估或估值？

换股吸收合并涉及上市公司的，上市公司的股份定价及发行，按照发行股份购买资产的规定执行。对其中涉及的非上市公司股权，往往需要进行评估或估值。例如，非上市公司申银万国吸收合并上市公司宏源证券的评估报告，其评估目的是对申银万国的股权价值进行评估，为换股吸收合并提供其中非上市公司股权的价值参考依据。对于上市公司之间的吸收合并，实践中也往往需要出具估值报告。例如，上市公司中国南车和上市公司中国北车合并的估值报告，其估值目的是对吸收合并所涉及的两个上市公司的换股价格和换股比例与历史交易价格相比是否公允、合理，发表专业意见。

77. 如何选择评估基准日？

评估基准日是评估结论成立的日期，评估结论有效期通常自评估基准日起不超过一年。理论上，评估基准日应当与上市公司并购重组行为实现日越接近越好，因为评估基准日与上市公司并购重组行为实现日越远，评估基准日后标的企业所处经营环境、市场环境等条件变化，使上市公司重大资产重组项目评估结果与审核注册时资产当前的市场价值发生重大偏差的可能性越大。偏差太大时，就需要调整评估基准日，重新出具评估报告或估值报告。

实务操作中，通常要结合并购重组方案的具体情况，综合考虑上市公司停复牌日期、上市公司及时提交标的企业经审计的财务会计报告等评估所需资料的可行性、评估机构履行评估程序所必要的时间等因素确定评估基准日。并购重组方案考虑了业绩补偿的，还会根据并购重组实施完毕后3年内业绩的完成情况选择适当的评估基准日。

78. 评估基准日至交割日的盈利归属于新股东还是老股东？

上市公司重大资产重组过程中，对于以收益现值法、假设开发法等基于未来收益预期的估值方法作为主要评估方法的，拟购买资产在过渡期间（自评估基准日至资产交割日）等相关期间的收益归上市公司所有，亏损由交易对方补足。

涉及企业国有资产交易、企业产权进场转让的，受让方确定后，转让方与受让方应当签订产权交易合同，交易双方不得以交易期间企业经营性损益等理由对已达成的交易条件和交易价格进行调整。

79. 什么是价值类型？评估的价值类型主要有哪些？应当如何选择？

价值是经济活动中广为采用的一个概念，不同的主体对价值会有不同的理解。评估实务中较常见的价值主要有市场价值、投资价值、内在价值、公允价值、账面价值等。在上市公司并购重组的资产评估中，最常见的价值类型是市场价值和投资价值。

市场价值，是指自愿买方和自愿卖方在各自理性行事且未受任何强迫的情况下，评估对象在评估基准日进行正常公平交易的价值估计数额。市场价值是市场参与者对资产价值的客观评价，并未考虑买方或投资者的特殊要求，比如并购所创造的协同效应以及潜在机会等因素。一般情况下，企业价值评估中的“价值”，指的是被评估企业（目标公司）的市场价值，它反映标的产权或资产对不同主体的客观、典型的相对价值，是并购或重组目标公司定价的参考依据，最终的并购重组价格取决于交易双方的博弈结果。

投资价值，是指评估对象对具有明确投资目标的特定投资者或者某一类投资者所具有的价值估计数额，也称特定投资者价值。对不同投资者而言，同一并购目标的投资价值是有所不同的。投资价值往往高于市场价值，差异的原因主要是合并后的管理协同效应、经营协同效应、财务协同效应和其他协同效应等的价值。协同效应是上市公司因本次交易而产生的超出单项资产收益的超额利益，包括下列一项或者多项情形：①增加定价权；②降低成本；③获取主营业务所需的关键技术、研发人员；④加速产品迭代；⑤产品或者服务能够进入新的市场；⑥获得税收优惠；⑦其他有利于主营业务发展的积极影响。单方交易底价的价值判断往往会考虑并购后资产协同效应的影响，基本为投资价值类型。

从某种角度看，对客观的市场价值和主观的投资价值这两类价值的评估都是必要的。并购决策中的估值，除股权或者资产本身的价值和未来可以产生的现金流以外，还要充分考虑控制权、流动性、并购前后协同效应，以及并购整合成本对并购主体的影响。

对同一评估对象选择不同的价值类型可能会得到完全不同的评估结论。因此，评估师应当综合考虑评估目的、市场条件、评估对象自身条件等因素，恰当地选择价值类型。当评估师所执行的资产评估业务对市场条件和评估对象的使用等并无特别限制和要求时，通常应当选择市场价值作为评估结论的价值类型；当评估业务针对的是特定投资者或者某一类投资者，并在评估业务执行过程中充分考虑并使用了仅适用于特定投资者或者某一类投资者的特定评估资料和经济技术参数时，评估师通常应当选择投资价值作为评估结论的价值类型。

目前，上市公司公开披露的涉及股权交易的资产评估报告，绝大部分采用市场价值，也有少量采用了投资价值。以市场价值作为定价参考依据的，评估过程及结果不应当体现收购行为完成后的协同效应。

80. 评估为何要设定评估假设？设定评估假设时要注意哪些事项？

（1）评估假设的定义与分类。评估假设是在价值类型已经确定的基础上对相关评估条件的设定。评估假设通常包括基本假设和具体假设。基本假设包括交易假设、公开市场假设、持续经营假设及清算假设等。具体假设是对企业价值评估的市场条件、评估对象存续状态和使用状态等具体假设的说明，包括政策环境假设、经营环境假设、法律环境假设、资产使用范围假设、资产利用程序假设和资产利用效果假设等。

（2）设定评估假设的必要性。从本质上讲，评估假设是对评估条件的某种抽象。企业价值评估业务实际上是一种模拟市场判断企业价值的行为。由于被评估企业所处外部环境和内部环境是不断变化的，需要根据已经掌握的信息对评估基准日企业价值的某些特征或者全部情况做出合乎逻辑的推断。这种依据有限事实，通过一系列推理，对所研究的事物做出合乎逻辑的假定说明就叫假设。评估假设直接影响评估参数，进而影响评估结论，应当谨慎对待。

（3）设定评估假设时的注意事项。企业价值评估假设的设定与使用，应该建立在科学合理的基础之上。资产评估师在执行企业价值评估业务时，应当依据评估目的、价值类型、市场条件、评估对象自身条件等因素综合分析确定评估假设，并确认相关假设有可靠证据表明其很有可能在未来发生，或者虽然缺乏可靠证据，但没有理由认为这些假设明显不切合实际。不能仅凭主观判断设定不合理假设，或使用与企业所处政治、经济和法律环境、技术发展、市场前景、资产状况、经营能力、商业化程度等不匹配的假设条件，或者在评估假设中设置不合理的免责条款以规避责任等。

此外，对评估结论有重大影响的评估假设，资产评估师在评估报告中应当予以充分披露，特别是针对行业特点的特殊假设或非持续经营前提等，并说明上述假设不成立时对评估结论的影响。

81. 投资价值评估中的评估假设通常包括哪些内容？

投资价值评估中的重要假设是按并购方案完成且整合后持续经营，并购方案拟定的整合措施实施后产生的各种协同效应将在预定的整合时间发挥作用。资产评估专业人员执行企业并购投资价值评估业务，应当与委托人就其提出的假设的合理性进行充分沟通。

评估方法中的收益法和市场法评估企业股权的假设是：假设投资并购按照并购方案完成且持续经营；假设各种协同效应在并购方案拟定的整合措施下按预定时间发挥作用。

评估方法中的资产基础法评估企业股权的假设是：假设企业将继续经营且资产价值“在使用中”；涉及吸收合并的企业并购，假设标的公司经营将停止并且清算，或者假设标的公司继续经营且资产价值“在使用中”。

82. 评估方法主要有哪些？如何选择评估方法？

资产评估方法主要包括市场法、收益法和成本法三种基本方法及其衍生方法。市场法也称比较法、市场比较法，是指通过将评估对象与可比参照物进行比较，以可比参照物的市场价格为基础确定评估对象价值的评估方法的总称。收益法是指，通过将评估对象的预期收益资本化或者折现，来确定其价值的各种评估方法的总称。成本法，是指按照重建或者重置被评估对象的思路，将重建或者重置成本作为确定评估对象价值的基础，扣除相关贬值，以此确定评估对象价值的评估方法的总称。在企业价值评估中，成本法又称为资产基础法，是指以被评估单位评估基准日的资产负债表为基础，通过评估企业表内及表外可识别的各项资产、负债的价值，并以资产扣减负债后的净额确定评估对象价值的方法。

评估方法本身没有好坏之分，每一种评估方法都有其自身的适用条件和假设前提，是侧重价值的不同方面，从一个独特的视角来反映价值的驱动因素。资产基础法注重企业潜在资产的假定规模；市场法以同类可比投资支付的价格为基准；收益法关注将来的投资回报现值，反映相对风险水平。每一种评估方法都有自身的局限性和不足，限制或削弱其在特定评估项目中的有效性。选择评估方法所考虑的因素包括：评估目的和价值类型、评估对象、评估方法的适用条件、评估方法应用所依据数据的质量和数量，以及影响评估方法选择的其他因素。评估并购中目标公司价值，使用何种方法以及各自的可靠性，取决于企业所处的行业和产业生命周期、竞争环境、外部条件和股权结构、交易控制权和资料信息的充分度等。

评估方法是实现评估目的的工具和手段。并购动因的差异决定了评估目标公司价值目的的差异，从而决定了价值类型的差异，而价值类型又直接规定和制约了评估方法的选择。因此，采用哪种或哪些评估方法，在某种意义上讲，是由并购决策和并购性质决定的。比如，当并购后目标公司持续经营时，对具有持续的较高盈利水平的企业整体资产进行评估，一般会采用收益法。若并购后目标公司不可能持续经营，对于经济效益一般，企业未来收益为正值，但资产的整体性能及各资产之间的相关程度较差的企业来说，运用收益法就应当慎重，对于这一类企业，可以用资产基础法评估，并适当考虑商誉的价值，以此来验证收益法评估的结果。对亏损企业的整体评估，一般采用资产基础法，而对破产企业，一般要用清算价值法评估。如果证券市场上存在类似的上市企业，该类企业的市场表现比较稳定，并且在各种会计数据及财务比率的可信度及可比性都较强的情况下，可运用市场法评估。新兴行业和附加值较高的行业风险大、成长性高，而且实物资产占比小，专利和特许经营权等无形资产却很可能在并购后给企业带来巨大的经济利益，这时采用期权定价法或收益法就可以较好地考虑这些潜在机会和无形资产的价值。对于一些特殊情况，如处在困境中的企业、周期性企业、拥有闲置资产的企业、拥有专利或者产品期权的企业等，可借助期权定价法来补充调整估计目标公司的价值。

此外，并购中的企业价值评估还要求评估的高效率。相同的评估目的，可能存在多种可行方法，但是外界评估条件的满足程度和相关资料的可获得性都不尽相同，那么在注重方法科学性和适用性的同时，还要适当考虑评估的成本和时间。

法律法规和评估准则对评估方法有特别规定的，应当从其规定。

83. 是否仅可选择一种评估方法进行评估？

资产评估方法包括市场法、收益法和成本法三种基本方法及其衍生方法。资产评估专业人员根据评估目的、评估对象、价值类型、资料收集等情况，通过分析三种资产评估基本方法的适用性来选择评估方法。对于适合采用不同评估方法进行评估的，应当采用两种或者两种以上评估方法进行评估，并通过比较分析形成评估结果。

当存在下列情形时，资产评估专业人员可以采用一种评估方法。

（1）基于相关法律、行政法规和财政部部门规章的规定，可以采用一种评估方法。

（2）由于评估对象仅满足一种评估方法的适用条件而采用一种评估方法。

（3）因操作条件限制而采用一种评估方法。

因适用性受限的，评估报告会披露其他基本评估方法不适用的原因；因操作条件受限的，报告会对所受的操作限制进行分析、说明和披露，该限制是资产评估行业通常的执业方式普遍无法排除的，而不是以个别资产评估机构或个别资产评估专业人员的操作能力及条件作为判断标准。

84. 企业价值评估收益法的适用条件和评估原理是什么？

收益法是否适用，一般要结合企业的历史经营情况、未来收益可预测情况、所获取评估资料的充分性来判断。收益法适用的前提条件，一是能够对企业未来收益进行合理预测，二是能够对与企业未来收益的风险程度相对应的折现率进行合理估算，三是企业未来收益期限能够确定或者合理预期。

国内外最常用的收益法是现金流折现法。现金流折现法通过估算被评估企业将来的预期经济收益，并以一定的折现率折现得出其价值。在企业价值评估中这种方法被广泛运用，通常需要对预测期间（从评估基准日到企业达到相对稳定经营状况的这段时间）企业的发展计划、盈利能力、财务状况等进行详细的分析。目前，我国企业价值评估实践中，比较常用的现金流折现法包括企业自由现金流折现模型和股权自由现金流折现模型。

针对特定的行业，使用一些特殊的方法对企业进行估值。例如，在对房地产企业估值中，可以采用净资产值估值法（NAV），把在建项目价值和土地价值通过现金流折现方式体现出来。对银行类企业的估值，可以采用股利折现模型（DDM）。因为在维持银行稳定经营的前提下，股息理论上是银行可分配给股东的富余资本，所以采用股利折现模型（DDM）可以直接考察归属于股东的价值。但无论是净资产值估值法（NAV）还是股利折现模型（DDM），本质上都是现金流折现法的一种延伸。

具体来说，采用收益法评估企业价值涉及五个重要的参数：收益期、预测期、未来收益、折现率、预测期后的价值。这五个重要的参数是否能够合理确定，是选用收益法最基本的前提，也是收益法是否适用的前提。

收益期是对被评估企业未来预期收益的期限界定，即从评估基准日到企业收益结束日的这段时间。评估实践中，通常存在有限年期的收益期和永续收益期两种。如果没有特殊情况，一般采用永续收益期。采用有限年期的收益期，往往是因为企业经营受到国家有关法律法规、协议与章程约定、企业经营状况、资产特点和资源条件等的约束。

预测期是收益期的一部分，是从评估基准日到企业达到相对稳定状态的收益期限，也称明确的预测期。在这一时段，与市场平均水平相比，企业的投资回报率、风险水平等通常存在差异，企业的财务杠杆与行业平均水平通常也存在差异。由于企业各项收益指标尚不稳定，需进行逐年明确的预测。目前，实务中预测期一般为5～10年。预测期到底多长时间最为合理，关键还是看企业经营什么时候能够达到相对稳定，主要包括企业收入结构、资本结构、资本性支出、投资收益和风险水平等的相对稳定。

未来收益预测是企业价值评估的基础，结合评估项目具体情况，进行合理逻辑判断以做出必要的评估假设，是收益法评估开展的重要前提。收益预测既要分析被评估单位的人力资源、技术水平、资本结构、经营状况、历史业绩、发展趋势，也要考虑宏观经济因素、所在行业现状与发展前景，还应当关注未来收益预测中经营管理、业务架构、主营业务收入、毛利率、营运资金、资本性支出、资本结构等主要参数与评估假设、价值类型的一致性。当预测趋势与历史业绩和现实经营状况存在重大差异时，资产评估专业人员应当要求委托人和其他相关当事人说明差异的合理性及可持续性，与评估假设、价值类型核查一致后，在资产评估报告中予以披露。

折现率，是指将未来各期预期收益折算成现值的比率。从本质上讲，折现率是一种期望投资报酬率，是投资者在投资风险一定的情况下，对投资所期望的回报率，即投资者要求的报酬率。折现率由无风险报酬率和风险报酬率构成。无风险报酬率是指没有投资限制和障碍，任何投资者都可以投资并能够获得的投资报酬率。风险报酬率是对风险投资的一种补偿，在数量上指超过无风险报酬率的那部分投资报酬率。

预测期后，也是收益期的一部分，是从企业达到相对稳定状态开始，直到企业收益结束日的区间（也称预测期后连续价值计算期）。预测期后的价值对企业价值影响较大。当企业未来收益可持续实现，收益期按永续收益期考虑时，通常采用戈登永续增长模型或退出倍数计算连续价值。

85. 企业未来盈利应当由谁来进行预测?

采用收益法进行企业价值评估时，委托人和其他相关当事人应当向评估机构提供企业未来收益预测，资产评估专业人员应当对委托人和其他相关当事人提供的企业未来收益资料进行必要的分析、判断和调整，结合被评估单位的人力资源、技术水平、资本结构、经营状况、历史业绩、发展趋势，且考虑宏观经济因素、所在行业现状和发展前景，合理确定评估假设，形成未来收益预测。

当委托人和其他相关当事人未提供收益预测，资产评估专业人员应当收集和利用形成未来收益预测的相关资料，并履行核查验证程序，在具备预测条件的情况下编制收益预测表。

86. 如何判断企业未来盈利预测的合理性和可实现性?

（1）了解盈利预测形成过程。企业未来盈利预测的形成既需要企业提供自己的经营计划、筹资计划和投资计划等基础信息，也需要资产评估专业人员根据自身收集的企业内部和外部资料进行必要的分析、判断和调整。上市公司重大资产重组过程中，还需关注企业是否披露了盈利预测报告。

（2）分析判断评估假设的合理性。任何一项预测都是建立在一定的假设或基准之上的，评估假设在很大程度上决定了预测结果。分析评估假设的合理性，可以从法律上是否允许、技术上是否可能、经济上是否可行等多方面论证其可实现性。

（3）对比盈利预测结果与企业历史发展水平和趋势。通常情况下，盈利预测结果与企业历史发展趋势应当吻合。当预测结果与企业历史业绩、现实经营状况存在重大差异时，应当关注产生差异的原因及其合理性。

（4）对比盈利预测结果与行业发展水平和趋势。通常情况下，盈利预测结果与行业发展趋势也应当保持一致。当预测结果与同行业可比企业发展水平或趋势存在重大差异时，应当关注产生差异的原因及其合理性。

以判断盈利预测中的重要项目营业收入预测的合理性和可实现性为例，可以结合营业收入预测水平进一步分析产品的市场需求情况、生产要素供应情况、现有产能和未来资本性支出保障情况、产品开发和营销策略、产品定价方式、供需形势、市场竞争状况和企业市场份额的变化、预测期收入增长率与企业历史增长率、行业增长率的一致性等。

87. 所购资产实现利润未达到预测金额，有何后果？

《上市公司重大资产重组管理办法》规定：重大资产重组实施完毕后，凡因不属于上市公司管理层事前无法获知且事后无法控制的原因，上市公司所购买资产实现的利润未达到资产评估报告或者估值报告预测金额的80%，或者实际运营情况与重大资产重组报告书中管理层讨论与分析部分存在较大差距，以及上市公司实现的利润未达到盈利预测报告预测金额的80%的，上市公司的董事长、总经理以及对此承担相应责任的会计师事务所、独立财务顾问、资产评估机构、估值机构及其从业人员应当在上市公司披露年度报告的同时，在同一媒体上做出解释，并向投资者公开道歉；实现利润未达到预测金额的50%的，中国证监会可以对上市公司、相关机构及其责任人员采取监管谈话、出具警示函、责令定期报告等监管措施。

另外，重大资产重组方案如果涉及交易对方与上市公司就相关资产签订的盈利补偿协议，在相关资产实际盈利数不足利润预测数的情况下，上市公司应要求交易对方履行盈利补偿承诺。

88. 折现率测算的监管关注事项有哪些?

为规范收益法评估中折现率的测算，督促资产评估机构勤勉尽责执业，中国资产评估协会发布了《资产评估专家指引第12号——收益法评估企业价值中折现率的测算》（以下简称《专家指引》）。同时，中国证监会结合证券评估业务特点及执业要求，发布《监管规则适用指引——评估类第1号》，针对收益法中运用资本资产定价模型（CAPM）、加权平均资本成本（WACC）计算折现率所涉及的关键参数的确定进行监管规范，包括无风险利率、市场风险溢价、贝塔系数、资本结构、特定风险报酬率、债权期望报酬率等参数的确定规范及监管要求，并提出测算收益法折现率时应当遵循的基本要求。

（1）资产评估机构应当研究制定内部统一的测算原则及方法，且一经确定便不得随意变更。在执业过程中应当按照制定的统一要求，保持折现率测算原则及方法的一致性。

（2）执行延续性评估项目时，应当关注不同基准日折现率测算的合理性，特别是具体参数等较前次评估基准日发生明显变化的，应当在资产评估报告中充分说明理由。

（3）确保折现率口径与预期收益口径的一致性，资本资产定价模型匹配股权自由现金流，加权平均资本成本匹配企业自由现金流。各项参数测算时，应当充分关注不同参数在样本选取、风险考量、参数匹配等方面的一致性。

（4）中国证监会发布的《监管规则适用指引——发行类第7号》针对折现率明显偏低的情形，提出了明确的审核关注要点，即关注评估基准日的利率水平、市场投资收益率、企业所在行业及企业自身的风险水平等，并以此判断折现率确定过程的合理性。

89. 是否应当考虑募集配套资金投入对目标公司评估的影响?

在上市公司并购重组评估项目中，一般不考虑募集配套资金的投入。一是因为评估结果主要用于为上市公司收购目标公司提供价值参考依据，而募集配套资金归功于上市公司的再融资功能。二是因为评估时募集配套资金行为尚未完成，将来能否成功具有不确定性，所以评估目标公司价值时不应当考虑募集配套资金的投入。如果预测期目标公司有明确的投资计划进行扩大再生产，评估时通常假设目标企业可能的筹资方式及条件。

90. 轻资产类公司收益法评估的监管关注事项主要有哪些?

中国证监会发布了《会计监管风险提示第 7 号——轻资产类公司收益法评估》，专门就轻资产类公司收益法评估监管风险进行了提示。该提示中所指轻资产类收益法评估，是指采用收益法对上市公司收购或处置有形资产占比相对较小的公司的企业价值进行评估。该类公司评估通常表现出评估增值率较大、预期收益增长较快等特点，如影视、游戏等 TMT 产业①。

该提示重点分析了上述轻资产类公司收益法评估中以下几个方面的常见问题及监管关注事项：

（1）评估资料的完整性及可靠性。

（2）评估方法的适用性。

（3）评估假设合理性。

（4）现金流测算：收入预测、成本费用预测、折现率选择、盈利预测期。

（5）重要事项披露：企业描述、市场转化风险揭示、可能面临的处罚风险揭示、期后事项。

---

① TMT 产业，即数字新媒体产业。TMT（Technology，Media，Telecom），是科技、媒体和通信三个英文单词的第一个字母的整合。

91. 企业价值评估市场法的评估原理是什么?

市场法所依据的基本原理是市场替代原则，即一个正常的投资者为一项资产支付的价格不会高于市场上具有相同用途的替代品的现行市价。根据这一原则，相似的企业应该具有类似的价值。因此，具有相似性的被评估企业价值与可比对象价值可以通过同一经济指标联系在一起。由于价值的体现较为复杂，不能直接观测到，在有效市场中，企业的市场交易价格在一定程度上能够反映其价值。因此，对于可比对象，评估专业人员一般使用其市场交易价格作为替代，计算价值比率。价值比率的确定成为市场法应用的关键。

市场法常用的两种具体方法是上市公司比较法和交易案例比较法。上市公司比较法，是指获取并分析可比上市公司的经营和财务数据，计算适当的价值比率，在与被评估企业比较分析的基础上，确定评估对象价值的具体方法。交易案例比较法，是指获取并分析可比对象的买卖、收购及合并案例资料，计算适当的价值比率，在与被评估企业比较分析的基础上，确定评估对象价值的具体方法。两种方法都是通过对市场上可比交易数据的分析得出被评估企业的价值，所不同的只是可比对象的来源不同，前者来源于公开交易的证券市场，后者来源于个别的股权交易案例。对于上市公司比较法而言，可比对象的价值可选取上市公司的股权价值或企业价值。对于交易案例比较法而言，可比对象的价值可选取案例的交易价格。

92. 市场法的适用性主要体现在哪些方面?

（1）市场有效性。市场法首先需要市场对可比公司进行准确的价值判断，然后通过类比分析得到被评估企业的价值。被评估企业价值评估的准确性很大程度上取决于市场对可比公司的定价是否合理，这就需要市场具有足够的有效性。一个有效的市场一般具有以下特点：①存在大量的理性投资者，以追求利润最大化为目标，且不能单独对市场定价造成影响；②市场信息充分披露和均匀分布，投资者所获取的信息是对称的；③获取信息不存在交易成本；④投资者对信息变化会做出全面、快速的反应，且这种反应又会使市场定价相应变化。

（2）数据充分性。市场法的运用还要求公开市场上有足够数量的可比上市公司或者可比交易案例，并且能够收集到与评估活动相关的，具有代表性、合理性和有效性的信息资料，进而可以量化可供比较和调整的各项差异指标。因为被评估企业评估结果的高低很大程度上取决于参照企业的成交价格，可比对象成交价格不仅是其内在价值的市场体现，还受买卖双方的交易地位、交易动机、交易时限等因素的影响，数量足够多的可比对象可以避免个别交易中的特殊因素和偶然因素对成交价格和最终评估结果的影响。

（3）时效性。由于资本市场定价具有较强的波动性，运用市场法测算出的评估结果的时效性就显得非常重要。根据相关规定，资产评估机构出具的评估报告，自评估基准日开始，有效期为一年。一年中资本市场的定价一般都会发生变化，因此，在实务操作中，评估专业人员使用市场法时应当保持一定的谨慎度，对可比上市公司的历史定价波动情况做出分析预判，并通过一定的技术手段（如采用区间型价值比率）平滑价值的巨大波动。

93. 采用市场法进行企业价值评估的一般标准是什么？

采用市场法进行企业价值评估时，应当确信所选择的可比对象与被评估企业具有可比性。可比对象的选择标准分为两个层次：首先，可比对象应当与被评估企业属于同一行业，或者受相同经济因素的影响，并且在企业注册地与业务活动地域范围、业务结构、经营模式、企业规模、资产配置和使用情况、企业所处经营阶段、成长性、经营风险、财务风险等方面具备可比性；其次，上市公司比较法和交易案例比较法对可比对象的选择有一些需要继续关注的要点。

（1）行业性质或者经济影响因素。可比对象应当与被评估企业在相同或相似的行业，当在相同或相似的行业难以找到足够的可比对象时，可将选择范围扩展到受相同经济因素影响的企业。首先应尽量在相同或相似的行业中寻找可比对象。评估专业人员可以根据中国上市公司协会行业分类或其他证券公司划分的行业分类进行搜索，再进行细分，寻找最为相似的可比对象。为避免将企业错误分类或不能确认企业是否跨了多个行业，则评估专业人员应当阅读招股说明书及年报资料中对企业的描述，选择恰当的行业。若被评估企业是多元化经营企业，不宜简单地归入某一行业，而应对被评估企业各业务板块分别选取同行业可比对象进行评估并加总，然后在考虑多元化折价/溢价的基础上，综合确定评估结果。如果被评估企业属于新兴行业或很难找到足够数量的相同或十分相近的可比对象，评估专业人员可扩大范围，在受相同经济因素影响的行业中寻找可比公司。

（2）企业注册地与业务活动地域范围。在选择可比对象时，应当注意其注册地与被评估企业的可比性。可比对象注册地点不同，相应的会计、税收、产业政策可能也会有较大差异。在不同的地域范围经营业务，企业面临的经营风险、客户群体、政策优惠、行业壁垒会有较大差异，因此，企业业务活动的区域范围也是可比对象选择的关注要点之一。

（3）业务结构。业务结构的可比性标准，是指在主要业务收入、利润的结构上，可比对象应当与被评估企业相似，并且已稳定经营了一段时间。可比对象与被评估企业同属于一个行业，但是业务结构上存在较大差异或者在不同产品或服务的利润构成方面存在较大差异，将导致可比性变弱。例如，有色金属行业中，同行业内的企业有铅、锌、银矿等企业，但是各企业可能存在不同的产品结构，收入上会产生巨大差异，不同产品的利润率不同也会导致利润有巨大差异，进而影响企业的整体盈利能力。

（4）经营模式。经营模式的可比性标准，是指同行业的企业即使从事同一业务，也会存在多种经营模式，而不同的经营模式可能使同行业的企业在财务指标上出现巨大差异，在经营风险上也出现差异。例如，传统的零售业和电子商务，两者可能都在进行同类产品的销售，但在经营模式上却存在很大的差异，使企业在发展速度和成本构成方面有所不同，所以，简单地按照零售行业进行比较是不妥当的。评估专业人员应当关注不同企业的经营模式，寻找经营模式最接近的可比对象进行比较。

（5）企业规模。企业规模大小可以按照其销售收入、资产总额、从业人员数量或产能等指标来判断，不同行业的划分标准略有不同。大规模企业具有更加深化的管理、更多的产品线和市场、更广的地域分布等特点。而特大型企业更多的是采用跨行业发展，不太可能处于单一行业。如果在规模上存在重大差异，则被评估企业与可比对象间可能还会存在业务结构、资产配置情况等方面的差异，影响可比性。

（6）资产配置和使用情况。资产配置和使用情况的可比性标准，是指在选择可比对象时，应当关注企业的资源配置是否合理以及资源是否有效使用。广义的资源是指自然资源、人力资源和财力资源。狭义的资源仅指自然资源。如何合理地配置资源，使现有资源得到充分利用，对企业是否具有竞争力与发展潜力是至关重要的。资源越多，企业的发展不一定越好。资源如果不能得到合理配置和充分利用，多余的资源就是浪费，发挥不了积极作用，反而会增加企业成本，降低经营效率。

（7）企业所处经营阶段。企业的经营阶段大致可分为初创、成长、成熟及衰退四个阶段。不同阶段的发展速度是不同的。在初创阶段，企业的发展速度比较缓慢；成长阶段属于企业的快速发展期；成熟阶段的企业发展得比较稳定；衰退阶段，企业开始走下坡路。另外，不同阶段的企业面临的风险也可能存在较大差异，比如，初创阶段的企业，其未来发展的不确定性比成熟阶段的企业更大，面临的风险也更大。

（8）成长性。成长性，是指公司实现可持续成长的能力。处于同一经营阶段的企业，其成长性也可能有较大差异。成长性的可比性标准，是指高成长性公司的市场占有率、总资产增长率、主营业务收入增长率、主营业务利润增长率和利润率指标，均持续增长。因此，在选择可比对象时，即使无法找到与被评估企业有相同的预期成长性的企业，也应当保证可比对象与被评估企业有相同或相近的发展方向。同时，在比较价值比率时，现实和历史的经营指标不能充分反映企业价值，选择前瞻性指标可能更为恰当。

（9）经营风险。经营风险，是指在企业经营的过程中，由于市场需求的变化、生产要素供给条件的变化以及同类企业间的竞争，给企业的未来收益带来的不确定性的影响。影响经营风险的因素主要包括可控及不可控的风险。在选择可比对象时应当重点考察可控风险的差异，慎重确定。

（10）财务风险。可比对象应当在财务风险度上尽可能地相似，在做此比较前，应对可比对象和被评估企业的财务报表做调整，使它们处于相似的编制基础。例如，应当消除非经常性项目以及存货核算方式的影响。同时，应当对利润率、周转率、投资回报率等财务业绩指标上的差异进行分析比较。另外，被评估企业与可比对象在资本结构方面的可比性也很重要。有较高财务杠杆的公司与没有财务杠杆的公司在财务风险上差异很大。

94. 采用上市公司比较法时，对可比公司的选择应关注哪些内容？

（1）股票交易历史数据充分性。在选择可比上市公司时，除了要有一定时期的经营历史外，可比对象一般还需要有一定时期的上市交易历史，主要的考虑是进行上市公司比较法评估操作时，需进行一定的统计处理，需要一定的股票交易历史数据。

（2）股票交易活跃程度。可比公司应当是股票市场上交易活跃的上市公司，上市公司股权交易活跃，表明其股价形成是在竞价机制基础上对内在价值的反映，一旦股价偏离内在价值，其能够迅速向内在价值回归。因此，参考企业应当从那些交易活跃的股票中选取。

95. 交易案例选择的关注要点是什么？

（1）交易日期应尽可能与基准日接近。收集的交易案例的交易日期可能并非评估基准日，因此由于上述两个日期不同，企业所产生的交易价格也会存在差异。为了便于对比，在选择交易案例比较法的评估对象时，应该尽量选择交易日期与评估基准日接近的可比交易案例。

（2）关注可比交易案例资料的可获得性和充分性。收集可比交易案例资料时，评估专业人员应当注意案例相关财务资料的可获得性以及资料的充分性。不同交易案例，在企业经营、交易条款方面，可能与被评估企业存在较大差异，如果未能充分收集案例资料，相关差异的影响可能无法消除，从而引起价值判断上的偏差。

96. 采用市场法进行企业价值评估时，价值比率的选择原则是什么？

（1）价值比率的概念。价值比率的选择及确定是采用市场法进行企业价值评估最关键的因素之一。该比率是市场法对比分析的基础，通常由资产价值和一个与资产价值密切相关的指标之间的比率表示，即：

$$价值比率=\frac{资产价值}{与资产价值密切相关的指标}$$

（2）价值比率的基本分类及测算。

①权益价值比率和企业整体价值比率。按照价值比率分子的计算口径，价值比率可分为权益价值比率与企业整体价值比率。权益价值比率主要指以权益价值作为分子的价值比率，主要包括市盈率（P/E）、市净率（P/B）等。企业整体价值比率主要指以企业整体价值作为分子的价值比率，主要包括“企业价值/息税前利润”（EV/EBIT）、“企业价值/息税折旧及摊销前利润”（EV/EBITDA）、“企业价值（EV）/销售收入”等。

②盈利价值比率、资产价值比率、收入价值比率和其他特定价值比率。价值比率可以按照分母的性质分为盈利价值比率、资产价值比率、收入价值比率和其他特定价值比率。

$$盈利价值比率=\frac{企业整体价值或者股权价值}{盈利类参数}$$

$$资产价值比率=\frac{企业整体价值或者股权价值}{资产类参数}$$

$$收入价值比率=\frac{企业整体价值}{销售收入}$$

$$其他特定价值比率=\frac{企业整体价值或者股权价值}{特定类参数}$$

③时点型价值比率和区间型价值比率。计算价值比率时采用某一时点的数据，称为时点型价值比率；计算价值比率时采用某一区

间的时间段内的数据的平均值，称为区间型价值比率。时点型价值比率可以较充分地反映时点的现实价值，但是也容易受市场非正常因素的干扰，使其丧失有效性；采用区间型价值比率，可以利用时间区段的均价有效减少市场非正常因素的扰动，更加接近股票的内在价值，但这种计算方式可能会部分失去价值比率的时点性。

（3）价值比率的选择。各类价值比率都有自身的长处，也有一些不足，通常需要选用多类、多个价值比率分别进行计算，然后进行综合对比分析判断，才可以更好地选出最适用的价值比率。

评估人员在选择价值比率时一般需要考虑以下原则：①对于亏损企业，选择资产基础价值比率比选择收益基础价值比率的效果可能更好；②对于可比对象与目标企业资本结构存在重大差异的，一般应选择全投资口径的价值比率；③对于一些高科技行业或有形资产较少但无形资产较多的企业，收益基础价值比率可能比资产基础价值比率的效果好；④如果企业的各类成本和销售利润水平比较稳定，则选择收入基础价值比率可能较好；⑤如果可比对象与目标企业的税收政策存在较大差异，则选择税后的收益基础价值比率可能比选择税前的收益基础价值比率更好。

另外，在选择价值比率时还需要注意价值比率的分子、分母的口径应保持一致。

97. 企业价值评估资产基础法的适用条件和评估原理是什么？

资产基础法主要适用于以下情况。

（1）在资产继续使用假设下进行的企业价值评估。资产基础法是从评估基准日重建企业并再取得企业的各要素资产的角度来反映企业价值的。只有各项要素资产能继续使用，并且在继续使用中能为潜在所有者和控制者带来经济利益，这种企业重建才有意义，各项资产的重置成本才能为潜在投资者和市场所承认，评估结果才较为合理。因此，资产基础法常用于继续使用假设下的企业价值评估。

（2）可以取得充分的历史资料情况下的企业价值评估。资产基础法是在被评估企业资产负债表的基础上，对企业的各项资产和负债价值进行评估，从而估算出被评估企业价值。评估时需要收集大量的各项资产的历史数据资料，以反映被评估企业资产的实际数量、取得成本及使用等情况，为估算评估结果提供数据支持。如果缺乏必要的历史资料，评估专业人员则很难按照资产基础法估算出被评估企业的价值。因此，应用资产基础法评估企业价值需要企业有较为完善的财务数据资料。

（3）无法确定企业盈利状况并难以在市场上找到参照企业情况下的企业价值评估。如果无法确定被评估企业的盈利状况，则无法采用收益法评估企业价值；如果难以在市场上找到与被评估企业相似的可比对象，则无法采用市场法来评估企业价值。这种情况下，只能从成本途径入手展开评估工作。

资产基础法特别适用于以下情况的企业价值评估。

一是无形资产较少，特别是不存在商誉的企业。资产基础法的不足之处就在于无法评估企业的商誉，很难反映出企业各要素资产组合形成的整体效应，而一般情况下，企业的组合效应或超额收益是由企业的无形资产带来的。如果被评估企业存在大量的无形资产，特别是商誉，运用资产基础法评估企业价值往往会忽视企业的综合盈利能力，低估企业价值。因此，资产基础法通常用于评估那些不存在商誉或无形资产较少的企业。

二是可能进入清算状态的企业。企业进入清算状态通常是因为已经失去了整体盈利能力，达到资不抵债的状况，或因其他原因企业不再持续经营下去了，这种情况下的企业价值评估，评估的往往是企业的清算价值。采用资产基础法可以估算出企业各单项资产的清算价值或市场价值，便于被评估企业处置现有资产。此外，当企业处于清算状态下，估算企业的清算价值可能会大于企业在持续经营假设下的价值，此时，采用资产基础法评估企业的清算价值，可以更合理地反映被评估企业的价值。

三是开发建设初期的企业。如果被评估企业创建时间不长，企业各要素资产的配合尚未达到最佳状态，难以判断企业是否可以产生组合效应，那么在这种情况下采用资产基础法评估企业价值，会使评估结果较为客观，风险也相对较低。

98. 标的公司的无形资产价值如何体现?

标的公司的无形资产有的已经在资产负债表中体现，有的由于各种原因未体现在资产负债表中。采用资产基础法进行企业价值评估时，资产评估专业人员会根据会计政策、企业经营等实际情况，对被评估单位资产负债表表内及表外的各项资产、负债进行识别并单独评估。但由于并非每项资产和负债都可以被识别并单独评估，当存在对评估对象价值有重大影响且难以识别和评估的资产或者负债时，应当考虑资产基础法的适用性。

99. 在何种情况下需要考虑控制权溢价或缺乏控制权折价?

资产评估专业人员在评估股东部分权益价值时，会在适当及切实可行的情况下，考虑由于具有控制权或者缺乏控制权可能产生的溢价或者折价，并在评估报告中披露评估结果是否考虑了控制权对评估对象价值的影响，说明溢价或者折价测算的方法，同时对其合理性做出判断。

确定控制权溢价或者缺乏控制权折价的主要方法是进行实证分析，即通过对具有控制权和缺乏控制权的股权交易历史数据进行统计分析，估算出控制权溢价率或者缺乏控制权折扣率。其中：

$$控制权溢价率=\frac{控制权折扣率}{1-控制权折扣率}$$

100. 在何种情况下需要考虑流动性溢价或缺乏流动性折价?

资产评估专业人员在评估企业价值时，会结合所选择的评估方法关注流动性对评估对象价值的影响，并在评估报告中披露评估结果是否考虑了流动性对评估对象价值的影响，说明溢价或者折价测算的方法，同时对其合理性做出判断。当流动性对评估对象价值有重大影响时，比如评估限售股或者采用上市公司比较法评估股东权益价值，考虑标的公司与上市公司之间的股权流动性差异时，需要计算缺乏流动性折价。

确定缺乏流动性折价的主要方法包括期权法和实证分析法。评估限售股时，一般采用 B－S 模型评估缺乏流动性折价。采用上市公司比较法评估股东权益价值时，可通过对非上市公司与上市公司的股权交易的历史数据进行统计分析，或者对大宗交易折扣进行统计分析，估算出缺乏流动性折价率。

101. 企业价值评估中投资价值如何评估?

选择投资价值评估方法时应考虑的主要因素有四个：一是评估方法本身的适用性和前提条件；二是投资并购对象（评估对象）和并购方相关资源的特点；三是企业投资并购类型或者并购方式；四是企业投资并购实施阶段。

（1）收益法应用要点。采用收益法评估投资价值，应当依据并购方案拟定的并购整合后的公司未来的经营模式、资本结构、经济环境，进行收益指标预测、测算。投资价值评估收益法常用的收益指标是自由现金流量和扣除利息、所得税、折旧、摊销之前的利润。

投资价值收益法评估应当关注未来收益预测中经营管理、业务架构、主营业务收入、毛利率、营运资金、资本性支出等主要评估参数，与并购方案以及整合措施的一致性。评估参数的确定，要以明确的并购方案为基础，以明确的协同效应类型、协同效应发挥作用的时间为依据，确保评估参数与具体协同效应类型相对应。

在投资价值类型的企业价值评估报告中，是否有完整、清晰、可靠的假设内容，是判断其评估预测是否合理的必要条件，也是该类报告的重点关注内容。采用现金流量折现法评估并购整合后的企业价值，最基本的假设是标的企业在并购整合后持续经营。投资价值评估，特别是对并购整合后企业价值的判断，是基于对评估基准日被评估企业假设并购实现后资产运营的判断，必须考虑并购方给标的公司带来的价值贡献，或者并购双方各种资源重新整合形成的运营价值贡献；对预期收益的预测，应当以增量资产为出发点，反映的是并购、并购整合后持续生产经营前提下的未来收益。

对于并购整合后的各种协同效应，有时能够同时出现，有时随着时间的推移相继出现，现金流量折现法计算模型中的相关参数确定首先应考虑这一点。这也是采用投资价值类型评估企业价值最困难的地方。评估协同效应价值需要将协同效应价值以整合后公司的资本成本、协同效应形成的时间，折现成协同效应现值。

（2）市场法应用要点。采用市场法评估投资价值，是指由与企业价值相关的财务指标、非财务特征参数等构建的参数或价值比率估算价值。但从操作角度看，在可比公司或交易案例的选择、价值比率的选择、价值比率的调整、并购协同效应考虑等方面，存在一定的特殊性。

采用市场法进行投资价值评估，应当根据并购整合后公司的情况，选择与并购整合后公司进行比较分析的可比公司或者交易案例。选择可比公司或者交易案例，主要考虑下列因素：业务结构、经营模式、企业规模、资产配置和使用情况；企业所处的经营阶段、成长性、经营风险、财务风险等。

价值比率或价值乘数是由分子和分母共同构建的，分子是股权价值或公司价值，分母可以是财务指标和非财务指标特征参数。采用市场法进行投资价值评估，可以选择与评估对象价值口径一致的指标作为分子，以与评估对象相关的财务或者行业特征指标作为分母，构建符合标的资产行业特点的价值比率。

价值比率的分母应当是并购整合后公司的指标，应当考虑企业并购协同效应。股权价值评估，价值比率的分子采用股权价值，分母应当采用考虑协同效应、反映股权价值的财务指标和非财务特征指标。

（3）资产基础法应用要点。采用资产基础法进行投资价值评估，应当明确并购交易资产边界或者并购价格支付对应的资产边界，即评估范围。并购方案不准备纳入交易范围的非经营性资产、溢余资产等，应当在资产评估委托合同中予以约定。

对各单项资产采用相应资产评估方法评估时，应当考虑企业并购整合后，可能涉及新的运营模式、新的产品或者服务类型，甚至新的核算方式对资产价值的影响，恰当地选取评估参数。

在实践中，基于资产基础法评估投资价值中协同效应价值的机会较少。然而，在境外评估实践中，当收购人的主要目的是获取某些具体的有形资产和无形资产，或标的公司价值仅限于具体的有形资产总额时，通常采用资产基础法。另外，在并购初期，仅得到标的公司资产负债基本信息资料的情况下，为了解企业价值，通常也采用资产基础法来评估企业的投资价值。

评估对象为企业整体时，通常的做法是通过企业账面价值的调整，得到标的公司的企业价值。不过，评估投资价值时，还应当对评估假设、并购方案和整合、资产负债识别、协同效应、非经营性资产或冗余资产等特殊注意事项予以考虑。

投资价值评估以企业并购整合后协同效应预测为基础，考虑并购后对双方企业的影响。任何评估方法都具有一定的适用前提和使用条件，都是从某一个角度反映评估对象价值的，而企业投资并购双方需要以满足投资并购目的的并购价格作为谈判基础。因此，需要采用多种评估方法综合得出并购标的公司的价值区间。

102. 评估（估值）结果是否可以采用区间值？

估值结果是否可以采用区间值，没有限制性规定。根据《资产评估执业准则——资产评估报告》，评估结论通常是确定的数值。经与委托人沟通，评估结论可以是区间值或者其他形式的专业意见。

但对于国有资产评估项目，依据《企业国有资产评估报告指南》的规定，评估结论通常是确定的数值。境外企业国有资产评估报告的评估结论可以用区间值表达。评估结论为区间值的，应当在区间之内确定一个最大可能值，并说明确定依据。对于金融企业国有资产评估项目，《金融企业国有资产评估报告指南》规定，评估结论通常是确定的数值。特殊情况下，在与经济行为相匹配的前提下，评估结论可以用区间值表示，同时给出确定数值评估结论的建议。

103. 如果不同方法估值结果差异较大，如何形成评估结论？

首先，要对各种方法的运用过程进行复核，确保模型选择、参数选取和测算结果计算过程的准确性。其次，在各种方法运用正确的前提下，对各种方法与评估目的的适用程度进行比较，分析判断哪种评估方法的结果更适用于本次经济行为。比如，对于以股权收购为目的的企业进行价值评估，收益法通常比资产基础法更适宜。最后，要对各种测算结果所使用数据的质量和数量进行分析，对各种方式所得出测算结果的可靠程度进行比较。比如，采用收益法对企业价值进行评估时，要重点关注收益预测的可靠性，采用市场法对企业价值进行评估时，要重点关注对可比企业相关价值比率进行修正调整的可靠性。如果出于资料收集条件有限或现有技术手段限制等操作原因，使测算结果的可靠性受到一定程度的影响，则需要在比较分析的基础上选择更为可靠的一种方法进行评估，并以该测算结果作为评估结论。

但对于国资项目，《关于加强企业国有资产评估管理工作有关问题的通知》（国资委产权〔2006〕274号）规定，涉及企业价值的资产评估项目，以持续经营为前提进行评估时，原则上要求采用两种以上方法进行评估，并在评估报告中列示，依据实际状况充分、全面分析后，确定其中一个评估结果作为评估报告使用结果。

104. 标的公司最近三年的交易价格与评估（估值）结果存在较大差异是否合理？

如果标的公司最近三年的交易价格与本次评估（估值）结果存在较大差异，那么在分析判断时，资产评估专业人员一般会重点调查以下事项：

（1）资产状况或市场状况在以往的交易时点与本次评估基准日时是否发生了重大变化。由于评估结果在评估基准日成立，当不同时点资产的使用状况发生重大变化，或者市场需求情况发生重大变化，不同评估基准日的企业价值可能存在较大差异。该种情形下，交易价格与本次评估（估值）结果存在较大差异可能是合理的。

（2）以往的交易是否存在特殊交易背景，比如价值类型的差异。企业并购评估的价值类型通常包括市场价值、投资价值和清算价值等。不同价值类型的评估结果可能存在较大差异。当交易价格考虑了特定投资者的协同效应，或者快速变现需求时，则该价格可能不同于市场价值。如果以往交易价格对应的价值类型与本次评估（估值）的价值类型不同，则交易价格与本次评估（估值）结果存在较大差异可能也是合理的。

（3）以往的交易是否存在特殊交易方式。企业并购过程中，交易价格的支付方式以及是否存在对赌协议等交易条件，都会对交易价格产生一定影响。由于评估（估值）报告通常不考虑特殊的交易方式，当以往交易价格对应特殊的交易方式时，则交易价格与本次评估（估值）结果存在较大差异可能也是合理的。

（4）以往交易价格的依据是否合理。如果以往交易的参考依据是评估（估值）报告结果，并且委托方能够提供以往交易定价的参考依据，则资产评估专业人员通常会查阅以往交易所依据的评估（估值）报告，通过对比分析所选用的评估方法、评估假设和重要参数等内容，分析判断以往交易价格与本次评估（估值）结果存在较大差异是否合理。如果两次评估（估值）报告存在重大差异，且无法合理解释，则某一次评估（估值）结果可能不合理。

105. 土地使用权的评估方法有哪些？其适用条件如何？

土地使用权的评估方法包括市场比较法、收益还原法和成本逼近法等基本方法，以及假设开发法、基准地价系数修正法等衍生方法。

（1）市场比较法。市场比较法是指根据市场中的替代原理，将待估土地与具有替代性的，且在估价时点近期市场上交易的类似地产进行比较，并对类似地产的成交价格进行适当修正，以此估算待估土地客观合理价格的方法。拥有大量的交易实例资料，是运用市场比较法估价的前提条件。如果交易实例资料太少，不仅会影响估价结果的准确性和客观性，甚至会使市场比较法无法采用。市场比较法主要用于地产市场发达，有充足的具有替代性的土地交易实例的地区。

（2）收益还原法。收益还原法是将预计的待估土地的未来正常年纯收益（地租），以一定的土地还原利率统一还原为评估时点的价格，然后再进行累加，以此估算待估土地的客观合理价格的方法。土地未来地租的资本化是其基本原理。收益还原法只适用于有收益的土地和建筑物或房地产的估价，不适用于没有收益的不动产估价。

（3）成本逼近法。以开发土地所耗费的各项费用之和为主要依据，再加上一定的利润、利息、应缴纳的税金和土地所有权收益来确定土地价格的方法。成本逼近法一般适用于新开发土地的价格评估，特别适用于土地市场狭小、土地成交实例不多、无法利用市场比较法进行估价的情况。同时，对于既无收益又很少有交易情况的学校、公园等公共建筑、公益设施等具有特殊性的土地估价项目，也比较适用。

（4）假设开发法，又称为剩余法、预期开发法，主要适用于下列房地产的评估：待开发土地、将生地开发成熟地的土地、待拆迁改造的再开发地产。假设开发法是将被估房地产开发后的预期价值，扣除正常投入费用、正常税金及合理利润后，依据该剩余值测算被估房地产价值的方法。

假设开发法的基本公式是：

土地价值 = 开发完成后的房地产价值 −（整个开发项目的开发成本 + 投资利息 + 开发商合理利润 + 正常税费）

（5）基准地价系数修正法，主要适用于完成基准地价评估的城镇土地评估，其精度取决于基准地价及其修正系数的精度。因此，在宗地地价评估中该方法一般不作为主要的评估方法，而作为一种辅助方法。基准地价系数修正法，是利用城镇基准地价和基准地价修正系数表等评估成果，按照替代原则，将被估宗地的区域条件和个别条件等与其所处区域的平均条件相比较，并对照修正系数表选取相应的修正系数对基准地价进行修正，进而算出被估宗地价值的方法。

106. 矿业权的评估方法有哪些？其适用条件如何？

矿业权的评估方法，是指估算探矿权、采矿权价值的途径和手段，包括收益途径、成本途径和市场途径以及各种途径下的具体评估方法。

（1）收益途径评估方法包括现金流量折现法、收入权益法。

①现金流量折现法。现金流量折现法是将矿业权所对应的矿产资源勘查、开发作为现金流量系统，将评估计算年限内各年的净现金流量，以与净现金流量口径相匹配的折现率，折现到评估基准日的现值之和，得到矿业权评估价值的评估方法。

现金流量折现法适用于评估：a. 采矿权；b. 详查、勘探探矿权；c. 赋存稳定的沉积型矿床的普查探矿权；d. 在普查阶段能够转为采矿权的普查探矿权；e. 勘查工作程度满足供矿山建设设计的复杂矿床和小型矿床的探矿权。

采用现金流量折现法评估，需具备符合规范要求的矿产资源储量报告，并具备可行的技术、经济指标资料。

②收入权益法。收入权益法是基于销售收入能够体现矿业权价值的基本原理，采用矿业权权益系数对销售收入现值进行调整，间接得出矿业权价值的评估方法。

收入权益法适用于评估：a. 评估计算的服务年限小于5年（含）的探矿权和采矿权；b. 可采用现金流量折现法但不具备使用条件的探矿权和采矿权。

采用收入权益法评估，需具备符合规范要求的矿产资源储量报告，并具备可行的技术指标参数及计算销售收入的相关资料。

（2）成本途径评估方法包括勘查成本效用法和地质要素评序法。

①勘查成本效用法。勘查成本效用法是以已完成的矿产地质勘查工作投入现时价值为基础，考虑勘查工作效用，估算探矿权价值的评估方法。

勘查成本效用法适用于无法采用现金流量折现法和收入权益法的探矿权，且未估算资源量，或未预测潜在矿产资源的评估。

采用勘查成本效用法评估，需具备符合现行规范要求的地质报告及附件、图件，能确定评估范围内的实物工作量，及实物工作量的市场价格和费用。

②地质要素评序法。地质要素评序法是将勘查成本效用法估算所得的价值作为基础成本，并对其进行调整，得出探矿权价值的评估方法。

地质要素评序法适用于无法采用现金流量折现法和收入权益法的探矿权，且估算了少量资源量或预测了潜在矿产资源的评估。

采用地质要素评序法评估，需具备符合现行规范要求的地质报告及附件、图件，能确定评估范围内的实物工作量，及实物工作量的市场价格和费用，还需具备比较具体的、可满足评判价值指数所需的地质、矿产信息。

地质要素评序法与勘查成本效用法的原理一致，不同的是，地质要素评序法需进一步考虑找矿潜力和资源利用前景两个方面的地质因素，并通过对地质要素的半定量分析，得出各地质要素的价值指数，以此对勘查成本效用法得出的结果进行修正，得到探矿权价值。

（3）市场途径评估方法包括可比销售法、单位面积探矿权价值评判法和资源品级探矿权价值估算法。

①可比销售法。可比销售法根据替代原则，将评估对象与近期的实际交易案例进行比较，对实际交易案例的成交价格进行调整，估算评估对象价值的评估方法。

可比销售法适用评估具备相同、相似交易实例的矿业权。

采用可比销售法评估矿业权价值，首先要有一个较充分发育的、正常的、活跃的矿业权市场，其次要找到三个以上相同或相似的实际交易案例，及可比量化的技术、经济参数等资料。

②单位面积探矿权价值评判法。单位面积探矿权价值评判法是利用统计得出的单位面积探矿权价值，间接估算评估对象价值的评估方法。

单位面积探矿权价值评判法适用于评估勘查空白地或者投入少量地质工作的探矿权。

采用该评估方法，需具备可以分析影响评估对象价值的资料。

③资源品级探矿权价值估算法。资源品级探矿权价值估算法是利用统计得出的单位资源量价格，间接估算评估对象价值的评估方法。

资源品级探矿权价值估算法适用于评估勘查程度较低、地质信息较少且估算资源量较多的金属矿产探矿权。

采用该评估方法，需能够类比确定探矿权价值占资源价值的比例。

目前，在实务中，收益途径和成本途径的评估方法应用相对较多，市场途径的评估方法由于使用条件限制，应用相对较少。

107. 知识产权资产的评估方法有哪些？

知识产权资产，是指权利人所拥有或者控制的，能够持续发挥作用并且带来经济利益的知识产权权益。知识产权资产包括专利权、商标专用权、著作权、商业秘密、集成电路布图设计和植物新品种等。

在评估知识产权资产的价值时，应当根据评估目的、评估对象、价值类型、资料收集等情况，分析评估方法的适用性，选择合适的评估方法。但基于知识产权资产的价值特征——成本与效用的非对应性和知识产权资产的难以复制性，以及知识产权资产的非实体性、共益性、价值形成的累积性、开发成本界定的复杂性等特点，收益法、成本法、市场法评估知识产权资产的适用程度依次降低。虽然在具备一定条件的情况下，可以采用成本法和市场法，但评估知识产权资产价值的首选方法应该是收益法。

108. 收益法评估知识产权资产适用条件是什么?

收益法评估知识产权资产适用的前提条件为:

(1) 被评估的知识产权资产的未来预期收益必须是可以预测，并可用货币来衡量。

(2) 收益期内，知识产权资产拥有者获得未来预期收益所承担的风险可以预测，并可用货币来衡量。

(3) 被评估知识产权资产预期获利年限可以预测。

收益法评估知识产权资产的具体应用形式包括节省许可费法、增量收益法和超额收益法。

①节省许可费法。节省许可费法的基础是虚拟许可使用费，以此作为收益流测算知识产权资产的价值，因此采用节省许可费法评估知识产权资产的价值实际是通过参考虚拟的许可使用费价值而确定的。具体思路是，测算由于拥有该项资产而节省向第三方定期支付许可使用费的金额，并将该知识产权资产经济寿命期内每年节省的许可费支出通过适当的折现率折现到评估基准日时点，并以此作为该项知识产权资产的价值。在某些情况下，许可使用费可能包括一笔期初入门费和建立在每年经营业绩基础上的分成费。

②增量收益法。增量收益法实际是基于对未来增量收益的预期

而确定知识产权资产价值的一种评估方法。该增量收益是将被评估知识产权资产所在的企业和另一个不具有该项知识产权资产的企业的财务业绩进行对比，即将由于使用该项知识产权资产而使企业得到的利润或现金流量，与一个没有使用该项知识产权资产的企业所得到的利润或现金流量进行对比，以二者的差异作为被评估知识产权资产所创造的增量收益。随后，再采用适当的折现率，将预测的每期的增量利润或现金流量转换成现值，或者运用一个资本化倍数，将恒定的增量利润或现金流量进行资本化，以得到知识产权资产的价值。增量收益法也被称为溢价利润法。增量收益法主要用于评估两种知识产权资产的价值，一种是使用知识产权资产可以产生额外的利润或现金流量，即增加收入；另一种是使用知识产权资产可以带来成本的节省，即节省成本。

③超额收益法。超额收益法是用归属于目标知识产权资产所创造的收益的折现值来确定该项知识产权资产价值的评估方法。具体是先测算知识产权资产与其他相关贡献资产共同创造的整体收益，在整体收益中扣除其他相关贡献资产的相应贡献，将剩余收益确定为超额收益，并作为目标知识产权资产所创造的收益，再将上述收益采用适当的折现率转换成现值，或者运用一个资本化倍数，将恒定的超额收益进行资本化，以获得知识产权资产价值。这里的其他相关贡献资产一般包括流动资产、固定资产、其他无形资产和组合劳动力成本等。

109. 市场法评估知识产权资产适用条件是什么?

知识产权资产评估市场法，是指利用市场上同样或类似知识产权资产的交易资料和交易价格，通过对比、分析、调整等具体技术手段来估测被评估知识产权资产评估价值的方法。本方法适用的前提条件为:

（1）需要有一个充分发育的、活跃的知识产权资产交易市场。

（2）公开市场上要有可比的知识产权资产交易案例，并且一般要求不少于三个。

（3）知识产权资产交易案例的财务资料要充分、可获取。

110. 成本法评估知识产权资产适用条件是什么?

知识产权资产评估成本法，是指根据重建或重置的思路，利用重新取得全新知识产权资产的费用，扣除截止到评估基准日被评估知识产权资产发生的贬值因素而得到被评估知识产权资产评估价值的方法。本方法适用的前提条件为：

（1）被评估知识产权资产处于继续使用状态。

（2）应当具备可利用的历史成本资料。

（3）形成知识产权资产价值的耗费是必需的。

111. 数据资产的评估方法有哪些?

确定数据资产价值的评估方法包括收益法、成本法和市场法三种基本方法及其衍生方法。

（1）收益法。收益法是通过预计数据资产带来的收益估计其价值。采用收益法评估数据资产时应当注意以下几点：

①根据数据资产的历史应用情况及未来应用前景，结合应用或者拟应用数据资产的企业经营状况，重点分析数据资产经济收益的可预测性，考虑收益法的适用性；

②保持预期收益口径与数据权利类型口径一致；

③在估算数据资产带来的预期收益时，根据适用性可以选择采用直接收益预测、分成收益预测、超额收益预测和增量收益预测等方式；

④区分数据资产和其他资产所获得的收益，分析与之有关的预期变动、收益期限，与收益有关的成本费用、配套资产、现金流量、风险因素；

⑤根据数据资产应用过程中的管理风险、流通风险、数据安全风险、监管风险等因素估算折现率；

⑥保持折现率口径与预期收益口径一致；

⑦综合考虑数据资产的法律有效期限、相关合同有效期限、数据资产的更新时间、数据资产的时效性、数据资产的权利状况以及相关产品生命周期等因素，合理确定经济寿命或者收益期限，并关注数据资产在收益期限内的贡献情况。

（2）成本法。成本法是根据形成数据资产的成本进行评估。采用成本法评估数据资产时应当注意以下几点：

①根据形成数据资产所需的全部投入，分析数据资产价值与成本的相关程度，考虑成本法的适用性；

②确定数据资产的重置成本，包括前期费用、直接成本、间接成本、机会成本和相关税费等；

③确定数据资产价值调整系数。例如：对于需要进行质量因素调整的数据资产，可以结合相应质量因素综合确定调整系数；对于可以直接确定剩余经济寿命的数据资产，也可以结合剩余经济寿命确定调整系数。

（3）市场法。市场法是根据相同或者相似的数据资产的近期或者往期成交价格，通过对比分析，评估数据资产价值的方法。采用市场法评估数据资产时应当注意以下几点：

①考虑该数据资产或者类似数据资产是否存在合法合规的、活跃的公开交易市场，是否存在适当数量的可比案例，考虑市场法的适用性；

②根据该数据资产的特点，选择合适的可比案例，例如选择数据权利类型、数据交易市场及交易方式、数据规模、应用领域、应用区域及剩余年限等相同或者近似的数据资产；

③对比该数据资产与可比案例的差异，确定调整系数，并将调整后的结果汇总分析，得出被评估数据资产的价值。通常情况下需要考虑质量差异调整、供求差异调整、期日差异调整、容量差异调整以及其他差异调整等。

执行数据资产评估业务，应当根据评估目的、评估对象、价值类型、资料收集等情况，分析上述三种基本方法的适用性，选择评估方法。

112. 如何看待轻资产企业评估结果增值率较高的现象？

所谓轻资产，是相对于厂房、设备、原材料而言不需要占用大量资金的资产，主要是指企业的无形资产。《会计监管风险提示第7号——轻资产类公司收益法评估》规定，轻资产类公司主要指有形资产占比相对较小的公司。该类公司评估通常表现出评估增值率较大、预期收益增长较快等特点，如影视、游戏等产业。常见的轻资产企业包括互联网公司、增值型基础网络公司、以知识产权为企业核心竞争力的公司、经营性现金流很丰富的类金融公司等。轻资产企业评估结果增值率通常较高，主要原因如下：

（1）技术、品牌、客户资源、创新的盈利模式等无形资产是轻资产企业的核心竞争力。投资者普遍认为，尽管轻资产企业在评估基准日的资产规模不大，盈利水平也不高，甚至是亏损的，但是预期这些无形资产可以让企业在未来获得较高的市场份额，并创造出较高的盈利。

（2）轻资产企业价值评估适宜采用收益法和市场法。收益法和市场法是基于市场预期的评估方法，评估结果已体现企业未来盈利水平和当前市场投资者对企业的估值水平，即轻资产企业无形资产的价值可以通过收益法和市场法评估结果体现。

（3）轻资产企业的核心资产是无形资产，但是这些无形资产的价值由于各种原因不一定都能充分体现在企业的资产负债表中。比如，按照现行会计核算办法，轻资产企业自创品牌所发生的成本已经费用化，账面已无价值。互联网企业自身积累的用户价值、类金融公司业务模式带来的现金流资源的价值等无法计量，其价值在企业会计账上得不到体现。另外，无形资产成本与价值具有弱对应关系，即无形资产的投入成本可能很低，但其创造的价值可能很高。采用历史成本核算的账面价值不一定能充分反映其可以为企业创造的贡献。

综上所述，由于收益法和市场法评估结果已经包含轻资产企业的核心资产无形资产的价值，而且最能体现轻资产企业核心竞争力的无形资产往往没有账面价值，因此，与传统的重资产企业相比，轻资产企业的评估增值幅度和增值率显得较高。

113. 非同一控制下的企业合并如何计量各项可辨认资产的公允价值？

企业按照重大资产重组的信息披露要求编制非同一控制下的企

业合并备考报表时，需要计量各项可辨认资产的公允价值。当企业或审计师无法直接判断各项可辨认资产的公允价值时，可以参考资产评估机构出具的以财务报告为目的的公允价值评估报告。

在企业并购重组评估项目中，评估报告可以区分为以股权交易为目的的报告和以财务报告为目的的报告。前者可为并购重组股权交易提供市场价值或其他类型的价值参考依据，后者可为各项可辨认资产的公允价值提供参考依据。两类报告的评估目的、评估对象、价值类型不同，不能混用。特别是当以交易为目的的股权评估报告没有采用资产基础法时，评估报告不会体现各项可辨认资产的价值。即使以交易为目的的股权评估报告采用了资产基础法，由于两类报告用途存在区别，对应的评估基准日也不同，各项可辨认资产的识别标准、选择的评估方法，甚至评估结果也可能不一样。所以，在编制企业合并备考报表时，不能选择为股权交易服务的评估报告作为参考依据。

一般来说，可辨认资产包括账面已经存在的各种实物资产或无形资产，例如存货、固定资产、土地使用权等，也包括在合并前并购标的财务报表中没有确认的无形资产，较为常见的包括专利技术及专有技术、商标、客户关系等。通常来说，后者公允价值的确定方法对企业来说较为陌生，并且可能对合并备考报表产生较大影响。对专利及专有技术、商标及客户关系的评估，通常采用收益法估值。

114. 标的资产报告期进行了股份支付的，应当如何计量公允价值？

股份支付具体可分为两种类型：以权益结算的股份支付和以现金结算的股份支付。以权益结算的股份支付，是指企业为获取服务以股份或其他权益工具作为对价进行结算的交易；以现金结算的股份支付，是指企业为获取服务承担以股份或其他权益工具为基础计算确定的交付现金或其他资产义务的交易。

标的资产在报告期进行了股份支付的，股份支付中权益工具公允价值的计量应当科学、合理，可参考如下情形：

（1）有活跃交易市场，应当以市场价格为基础，并考虑波动性。

（2）无活跃交易市场，可以参考如下价格：①估值技术。估值方法应当符合《企业会计准则第 22 号——金融工具确认和计量》的有关规定，确定权益工具的公允价值，并根据股份支付协议条款的条件进行调整。可以使用的估值方法包括现金流折现法、相对价值法以及其他合理的估值方法，也可聘请估值机构出具估值报告。企业应当根据具体条件恰当地选择评估方法，科学使用评估假设，并披露评估假设及其对评估结论的影响，形成评估结论。②同期引入外部机构投资者过程中相对公允的股票发行价格，发行价格不公允的除外。例如，由于换取了外部投资者为企业带来的资源或其他利益而确定了不合理的发行价格，应当被排除掉。

115. 评估（估值）应当具体披露哪些信息内容？

上市公司重大资产重组以评估值为交易标的定价依据的，应当披露相关资产的资产评估报告。上市公司重大资产重组不以资产评估结果作为定价依据的，应当披露相关资产的估值报告。估值报告应包括但不限于以下内容：估值目的、估值对象和估值范围、价值类型、估值基准日、估值假设、估值依据、估值方法、估值参数及其他影响估值结果的指标和因素、估值结论、特别事项说明、估值报告日等。资产评估机构或估值机构为本次重组而出具的评估或估值资料，应明确声明在评估或估值基准日后××月内（最长 12 个月）有效。

重大资产重组中相关资产以资产评估结果或估值报告结果作为定价依据的，应当至少披露以下信息：

（1）评估或估值的基本情况（包括账面价值、所采用的评估或估值方法、评估或估值结果、增减值幅度，下同），分析评估或估值增减值主要原因、不同评估或估值方法的评估或估值结果的差异及其原因、最终确定评估或估值结论的理由。

（2）对评估或估值结论有重要影响的评估或估值假设，如宏观和外部环境假设及根据交易标的自身状况所采用的特定假设等。

（3）选用的评估或估值方法和重要评估或估值参数以及相关依据。具体如下：

①收益法，一般要考虑具体模型、未来预期收益现金流、折现率确定方法、评估或估值测算过程、非经营性和溢余资产的分析与确认等。逐项披露重要评估或估值参数的预测依据及合理性。对于预测期数据与报告期、同行业可比公司存在较大差异的，应当逐项分析差异原因及合理性。

②市场法，一般要考虑具体模型、价值比率的选取及理由、可比对象或可比案例的选取原则、调整因素和流动性折扣的考虑测算等。

③资产基础法，一般要考虑主要资产的评估或估值方法及选择理由、评估或估值结果等，如房地产企业的存货、矿产资源类企业的矿业权、生产型企业的主要房屋和关键设备等固定资产以及对未来经营存在重大影响的在建工程、科技创新企业的核心技术等无形资产、持股型企业的长期股权投资等。主要资产采用收益法、市场法评估或估值的，应参照上述收益法或市场法的相关要求进行披露。

（4）引用其他评估机构或估值机构报告内容的（如矿业权评估报告、土地估价报告等）、特殊类别资产（如珠宝、林权、生物资产等）相关第三方专业鉴定等资料的，应对其相关专业机构、业务资质、签字评估师或鉴定师、评估或估值情况进行必要披露。

（5）存在评估或估值特殊处理、对评估或估值结论有重大影响事项的，应当进行说明并分析其对评估或估值结论的影响；存在前述情况或因评估或估值程序受限，造成评估报告或估值报告使用受限的，应提请报告使用者关注。

（6）评估或估值基准日至重组报告书签署日的重要变化事项及其对评估或估值结果的影响。

（7）该交易标的的下属企业构成该交易标的最近一期经审计的资产总额、营业收入、净资产额或净利润来源20%以上且有重大影响的，应参照上述要求披露。交易标的涉及其他长期股权投资的，应当列表披露评估或估值的基本情况。

116. 关于交易资产定价的合理性，有哪些信息披露的要求？

重大资产重组中相关资产以资产评估结果作为定价依据的，上市公司董事会应当对评估机构的独立性、评估假设前提的合理性、评估方法与评估目的的相关性以及评估定价的公允性发表明确意见；相关资产不以资产评估结果作为定价依据的，上市公司董事会应当对估值机构的独立性、估值假设前提的合理性、估值方法与估值目的的相关性发表明确意见，并结合相关资产的市场可比交易价格、同行业上市公司的市盈率或者市净率等通行指标，在重大资产重组报告书中详细分析本次交易定价的公允性。前两款情形中，上市公司独立董事应当出席董事会会议，对评估机构或者估值机构的独立性、评估或者估值假设前提的合理性和交易定价的公允性发表独立意见，并单独予以披露。

（1）上市公司董事会应当对本次交易标的评估或估值的合理性以及定价的公允性进行分析，包括但不限于：

①对资产评估机构或估值机构的独立性、假设前提的合理性、评估或估值方法与目的的相关性发表意见。

②结合报告期及未来财务预测的相关情况（包括各产品产销量、销售价格、毛利率、净利润等）、所处行业地位、行业发展趋势、行业竞争及经营情况等，详细说明评估或估值依据的合理性。如果未来预测与报告期财务情况差异较大的，应当分析说明差异的原因及其合理性。

③分析交易标的后续经营过程中政策、宏观环境、技术、行业、重大合作协议、经营许可、技术许可、税收优惠等方面的变化趋势、董事会拟采取的应对措施及其对评估或估值的影响。

④结合交易标的经营模式，分析报告期变动频繁且影响较大的指标（如成本、价格、销量、毛利率等方面）对评估或估值的影响，并进行敏感性分析。

⑤分析说明交易标的与上市公司现有业务是否存在显著可量化的协同效应。如有，说明对未来上市公司业绩的影响，及交易定价中是否考虑了上述协同效应。

⑥结合交易标的的市场可比交易价格、同行业上市公司的市盈率或者市净率等指标，分析交易定价的公允性。

⑦说明评估或估值基准日至重组报告书披露日交易标的发生的

重要变化事项，分析其对交易作价的影响。

⑧如交易定价与评估或估值结果存在较大差异，分析说明差异的原因及其合理性。

（2）上市公司重大资产重组审核规则还要求，上市公司应当充分披露本次交易资产定价的合理性至少包括下列事项：

①资产定价过程是否经过充分的市场博弈，交易价格是否显失公允。

②所选取的评估或者估值方法与标的资产特征的匹配度，评估或者估值参数选取的合理性。

③标的资产交易作价与历史交易作价是否存在重大差异及存在重大差异的合理性。

④相同或者类似资产在可比交易中的估值水平。

⑤商誉确认是否符合会计准则的规定，是否足额确认可辨认无形资产。

第六章

并购交易结构设计

117. 交易结构设计应考虑哪些因素?

交易结构设计应考虑法律法规、行业监管、证券监管、交易各方利益诉求、合并方式、估值与作价、对价支付、股份锁定期安排、业绩补偿与超额利润分配安排、标的债权债务处置、治理结构安排、同业竞争及关联交易安排、资产权属瑕疵处理方案、过渡期安排及损益归属等。

118. 交易结构设计应如何体现平衡原则?

(1) 风险、成本与复杂程度之间的平衡。安排复杂的交易结构的目的之一是降低交易风险,但过于复杂的交易结构本身却可能带来新的交易风险并提高交易成本,因而需要在结构的复杂程度、交易风险与交易成本之间取得某种微妙的平衡。

(2) 双方权利、义务与风险之间的平衡。交易双方的利益并不总是一致的,一般来说,对交易一方较为便利的交易结构对交易另一方有可能就是较不便利的,这种不便利常常集中体现在税收和风险承担方面。因而,在交易双方的权利、义务与风险承担方面也需要取得平衡。

119. 交易结构设计应关注哪些问题?

(1) 交易双方的需求及需要关注的问题。交易结构的设计本质上是更好地完成交易,使交易各方的利益最大化,所以应当充分体现交易双方的需求,解决交易双方关注的问题。例如,卖方如果更偏好现金方式的交易对价支付，则在交易结构设计时应当尽可能安排现金方式支付；买方认为标的资产的未来经营不确定性较大，风险较高，超出其可承受能力范围，则在交易结构设计时可考虑分步购买；交易各方对交易价格及标的资产未来盈利能力有较大分歧的，则在交易结构设计时可安排估值调整内容；如果买方担心交易完成后标的资产核心人员大量离职，则在交易结构设计时可考虑加入对标的资产核心人员离职比率的补偿性条款和竞业禁止性条款等。

（2）交易结构的合规性及可操作性。在进行上市公司并购重组交易结构设计时，需要考虑《公司法》《证券法》《上市公司重大资产重组管理办法》《上市公司收购管理办法》等法律法规的限制。如交易结构不具备合规性，则再好的交易结构设计也将是监管机构审核及交易实施的重大障碍。另外，交易结构设计还需要充分考虑方案的可操作性。例如，如果并购重组涉及重大资产剥离和人员安置，那么在交易结构设计时，就应当充分考虑资产剥离的难易程度、人员安置的可操作性等潜在风险。

（3）交易税负问题。从税务的角度看，资产收购对买方来说是较便利的，既可以降低收购后的风险（例如，承担或有负债的风险），也可以通过计提折旧获得税盾的利益。资产收购对卖方而言是较为不利的，因为它可能面临双重纳税——既要在即期为出售企业资产缴纳增值税，还要缴纳企业所得税；在将来卖方需要企业权益变现时，如果产生利得还需缴纳所得税。股权收购对买方而言是较为不利的，它承担了收购后的风险，同时，如果采用权益法进行收购后的会计处理，它将无法获得税收上的益处。股权收购对卖方来说是较有利的，卖方只需就股权出售时产生的利得缴纳所得税，甚至在满足条件时可以延迟纳税。另外，资产收购还可能面临多种税负，除增值税、所得税、印花税外，可能还需要缴纳金额较大的土地增值税、契税等，而股权收购一般只涉及所得税、印花税等。

120. 交易结构设计应关注哪些风险？

（1）与并购交易本身有关的风险，包括但不限于：一是卖方陈述与保证是否真实；二是其他投资者是否被允许参与竞争性报价；

三是交割条件是否充分、合理。

（2）并购交易完成后的风险，包括但不限于：或有负债、潜在诉讼及税务问题等是否会爆发，整合是否会成功，关键人员是否会外流，关键技术是否会外泄，是否会丧失对企业的实际控制力，预期的收入增长能否实现等。

121. 决定交易结构和交易手段应考虑哪些因素？

在上市公司市场化并购中，交易结构和交易手段的选择通常需考虑交易规模、上市公司状况、交易对方需求、交易标的状况、操作的可行性等多方面因素。同时，因为支付手段不同，也会使并购对上市公司的财务状况、股权结构、未来经营产生不同影响。重点包括以下几个方面：

（1）上市公司的资本结构及资金充裕程度。

（2）交易对方的变现需求。

（3）小规模并购使用现金，大规模并购使用股份。

（4）不同审核程序对交易时间的影响。

（5）市盈率较高时以股份支付能增加每股收益。

（6）大比例的股份支付可实现被并购对象的合理延迟纳税。

（7）交易对方对持有上市公司股份的意愿及上市公司出于锁定交易对方的意愿。

（8）实际控制人巩固控股权的需要。

（9）对并购重组操作过程及完成后股票价格的预期。

（10）可供选择的创新融资和支付工具的品种和数量。

（11）法律法规、政策导向和监管要求。

（12）规避监管审核的内在需求。

（13）节约资金、降低财务风险的需要。

（14）股份锁定期的偏好。

（15）整合与激励的计划。

122. 并购重组可以应用哪些并购支付工具和并购融资工具？

（1）现金。

（2）股票。

（3）优先股。

（4）定向可转债。

（5）认股权证。

（6）定向权证。

（7）债券。

（8）并购重组私募债。

（9）过桥贷款。

（10）并购贷款。

（11）夹层融资工具。

（12）零息可转换票据。

（13）债务违约互换（CDS）。

（14）风险缓释工具（CRM）。

（15）私募股权。

（16）信托融资。

（17）期权。

目前，我国上市公司并购中，境内企业并购一般采取现金、发行股份或者上述两个工具的组合，此外，定向可转换债券作为新的支付工具被使用得越来越多；而跨境并购，基本以现金支付为主。2024年8月15日，经商务部第13次部务会议审议通过，并经中国证监会、国务院国资委、税务总局、市场监管总局、国家外汇局同意，经修订的《外国投资者对上市公司战略投资管理办法》（以下简称《外资战投办法》）于2024年11月1日公布，并自2024年12月2日起施行。《外资战投办法》的出台为跨境换股打开了政策空间和市场空间。

123. 不同的交易结构和交易手段对公司并购产生的影响有哪些？

（1）股份支付程序较为复杂，操作周期长。

（2）发行股份的方式使股本扩大，控股权被稀释，每股收益被摊薄。

（3）股份支付可以使上市公司节约资金，降低财务风险。

（4）特殊的、复杂的交易结构容易引起监管机构的审核关注，甚至给吸收合并制造障碍。比如：吸收合并需要大量的现金选择，以备异议股东的现金选择权诉求；企业分立与吸收合并中债务债权的处理均是重要的关注点；上市公司分拆 IPO 和分拆重组上市目前政策收紧；上市公司以旗下控制的资产定向回购上市公司股东持有的股份没有法律支持；上市公司控股的股权如果不属于分拆 IPO 或者分拆重组上市，如果出现同一控制的分拆资产注入或者被其他上市公司以发行股份购买资产的方式并购。

（5）合理的交易结构可以避免复杂的监管审批。

124. 创新支付工具在交易结构设计中的应用有哪些？

（1）发行优先股购买资产或者发行优先股募集配套资金，可以在并购重组过程中不摊薄上市公司原有的控股权比例。

（2）优先股在募集固定回报的资金时补充了上市公司的资本，不降低公司的信用评级。

（3）发行定向可转债购买资产时，可以让交易对手方既能享受未来上市公司股票价格上涨的好处，又能在股票价格一旦下跌并且跌穿原有的定向可转债换股成本时，确保交易对手方避免受到估值损失的影响，可持续持有定向可转债甚至到期取得债券本金和利息，存在避险作用。

（4）认股权证具有融资、投资、股权估值调整平衡、分期支付及激励作用。认股权证的发行可以作为对不同股东、交易方的补偿手段，解决在并购重组中的利益平衡，也可以作为并购重组交易中的估值调整工具，通过认股权证实现发行股份购买资产交易对价的分期支付。认股权证既可以用于非上市公司，也可以用于上市公司。

（5）发行债券甚至是高收益债券进行融资并购，可以避免股份被摊薄，避免控股权被稀释。

（6）夹层融资工具是杠杆收购中的一种融资工具，它提供的是介于股权与债权之间的资金，其作用是填补股权和普通债权融资后的收购资金缺口。夹层融资的收益包括现金收益和股权收益两部分。

可以选择将融资金额的一部分转换为融资方的股权，如期权、认股权证、转股权或股权投资参与权等，从而有机会通过资本升值获利。夹层融资的本质是一种借贷，其提供资金与回收资金的方式和普通贷款方式大体相同，但在企业偿债顺序中位于银行贷款之后。因此，在并购融资中，银行贷款等有抵押的融资方式属于高级债权，夹层融资则属于次级债。

（7）零息可转换票据是美林证券在20世纪70年代创新的金融产品。零息可转换票据可以在保持未来转股的条件下实现融资成本为零，极大地降低了即期并购融资的财务费用，可以活跃并购融资市场，可以普遍用于资本市场和产业市场。

（8）早已在欧美流行的信用违约掉期（CDS），可以作为中国目前公司债券、企业债券担保问题的一种变通途径。CDS是国外债券市场中最常见的信用衍生产品之一。CDS的出现解决了信用风险的流动性问题，使信用风险可以像市场风险一样进行交易，转移担保方风险，同时也降低了企业发行债券的难度和成本。在公司债券发行中引入CDS，可以实现企业、CDS买方、CDS卖方三方的共赢。对企业来说，其发行附有CDS的公司债券，不仅可以降低债券的发行门槛，摆脱对银行担保的依赖，而且有利于提高债券的信用等级，降低融资成本。从CDS买方角度看，其支付一定费用可以实现对企业信用风险的有效规避，获取稳定的收益。从CDS卖方来看，公司可以通过收取相应费用实现自身的收益，并且可以通过出售CDS进行担保风险的对冲。

125. 交易结构设计中的一般核心条款有哪些？

（1）估值倍数与未来业绩增长承诺。交易初期一般根据未来业绩增长预测情况约定估值倍数区间，后续根据尽职调查、审计、评估结果确定交易对价。高估值需要有较高的利润增长承诺匹配，可以此降低交易对方的预期。

（2）对价中现金支付比例。根据标的特点及对方诉求，灵活调整现金支付比例，也可根据利润实现情况分期支付，以便调整现金的支付节奏。

（3）业绩承诺及补偿。上市公司向控股股东、实际控制人或者其控制的关联人之外的特定对象购买资产且未导致控制权发生变更的，已不再强制要求盈利补偿，但是基于保护上市公司的需要，对赌仍将普遍存在。交易估值倍数较高时，可要求对方延长承诺年限。重大资产重组中，后续不得变更业绩补偿承诺。

（4）超额完成业绩时的奖励对价。如需设置奖励对价，应约定上限金额，并尽量避免交易对方的短期行为。上市公司重大资产重组的业绩奖励安排，应基于标的资产实际盈利数大于预测数的超额部分，奖励总额不应超过其超额业绩部分的100%。上市公司应在重组报告书中充分披露设置业绩奖励的原因、依据及合理性，相关会计处理方法及对上市公司可能造成的影响。

（5）股份锁定期。符合中国证监会规定的法定锁定期是前提条件。控股股东、核心管理层尽量锁定较长时间，如需分批解禁，也应当保证解禁速度低于其利润实现速度。

（6）交易标的滚存利润的分配。原则上可以分配，但应保证分配后本次交易的市净率（PB）倍数合理。

（7）基准日至交割日间的期间损益。在标的资产使用收益法评估的情况下，期间损益如果盈利归上市公司所有，亏损时应由交易对方补足。在标的资产使用成本法评估的情况下，期间损益如果盈利，可以由标的资产的原股东所有。

（8）交易对方中核心管理层的任职期限及不竞业承诺。核心管理层承诺的任职期限越长越好，至少不应短于盈利承诺年限。核心管理层任职期间及离职后一定年限内，不得从事相同类似业务，如违反应进行补偿。

（9）交易完成后标的公司的管控。关于董事会席位和董事会权限，因为涉及承诺利润的实现，交易完成后往往由双方友好协商确定。

（10）交易中的税费。双方各自承担其应缴纳的税费。

126. 为什么说二级市场估值决定了并购交易结构设计的结果？

中国股票市场的估值水平与国际成熟市场的估值水平存在很大

的差异，表现为大多数中小市值股票估值较高。因此，无论是发行股份购买资产还是非公开募集资金再收购外部资产，都是成本较低的支付方式和融资方式，其成本低于上市公司自有资金和外部债务融资。这种表现不符合传统的金融学、财务管理学的理论，其主要原因就是股票价格被高估。

如果二级市场的估值持续维持高位，上市公司就更乐于采用发行股份购买资产的并购方式，或者采用非公开募集资金收购资产的并购方式。如果二级市场的估值维持正常估值或者估值较低，则购买同样规模的资产就需要发行更多的股份，股权融资成本也会随之上升，且上市公司不会首先选择大比例的股份支付，而是首先采用现金支付对价的方式进行收购，同时配套进行以债务融资为主的杠杆收购，或者采用“现金+股份”的方式进行收购。

在国际成熟市场上，股权融资是成本最高的融资方式，债务融资次之，自有资金的融资成本最低，因此出于融资成本的考虑，上市公司将更多地采用现金或者债务融资为主的杠杆收购模式。只有在市场大牛市的氛围中，交易对手方出于对股票未来上涨预期的考虑，才愿意接受股份对价。

127. 上市公司常用的收购方式有哪些？

上市公司常用的收购方式主要包括购买公司控股权和购买资产两种形式，具体表现为：收购标的公司股东持有的标的公司股权；向标的公司增资；承债式收购标的公司资产；收购标的公司资产等以实现对标的的控制。

如果从支付方式来看，主要为发行股份购买资产（或吸收合并）、现金购买或出售资产（包括资产置换）。

中国证监会将发行股份购买资产交易对象人数更改为原则上不超过200人后，发行股份购买资产，将标的公司变为上市公司控股子公司，已成为上市公司并购重组的主要形式。吸收合并这种并购方式反而已经很少使用了。但如果在上市公司之间进行换股式重组，由于涉及股东人数众多，吸收合并将成为重组的合并方式，比如上市公司之间的吸收合并。

128. 吸收合并的意义和利弊有哪些？

（1）吸收合并的定义。2023 年 12 月 29 日第十四届全国人民代表大会常务委员会第七次会议第二次修订，2024 年 7 月 1 日起施行的《公司法》第十一章“公司合并、分立、增资、减资”中的第二百一十八条规定：公司合并可以采取吸收合并或者新设合并。一个公司吸收其他公司为吸收合并，被吸收的公司解散。通俗地讲，吸收合并就是甲公司通过发行股份、支付库存股、现金或者其他支付工具，换取乙公司股东所持乙公司股份，使乙公司注销，而甲公司则承继、承接乙公司的全部资产、负债、权益、业务、人员、合同、资质、上市地位等一切权利与义务。

（2）吸收合并的意义：

①减少层级，梳理股权结构。

②债务转移腾挪。

③正向吸收合并中，换股溢价率作为价格调节器，有效地调节实际对价，达成发股购买资产方式下无法完成的交易。

④彻底消除现存及潜在的同业竞争、关联交易。

⑤允许标的股权质押或司法冻结的个体参与交易（原在被吸收合并方股份上的权利限制全部转移到所换得的吸收合并方的股份上）。

（3）吸收合并的利弊。

①吸收合并的优点。

a. 节省合并费用：吸收合并可以减少合并过程中的费用支出，因为合并方可以直接接管被合并方的资产和负债，避免大量现金流出，避免了重复的合并成本，保持了企业实力。

b. 合并手续方便快捷：与新设合并相比，吸收合并不需要创建一个新的法人实体，手续相对简单，能够快速完成合并。

c. 被吸收合并方股东 2/3 表决通过即可推进合并。不需要全体股东一致同意。

d. 确保经营的连续性：被合并方的经营活动可以在合并后继续进行，不会中断，有利于保持市场的稳定和客户的信任。

e. 提高规模和竞争力：通过吸收合并，企业可以迅速扩大规模，增加市场份额，提高市场竞争力。

f. 降低成本：整合资源，减少重复的部门和岗位，降低运营成本，提高整体效率。

g. 提高效率：管理和业务上的协同效应可以提升整体运营效率。

（2）吸收合并的缺点。

a. 财务风险：吸收合并虽然不一定涉及大量资金流动，但是被吸收合并方的或有负债可能会转移到吸收合并方，可能会增加财务风险。

b. 整合难度：不同企业文化和业务的整合需要时间和努力，可能面临整合难度和挑战，也会面临整合失败的风险。

c. 法律问题：吸收合并可能涉及复杂的法律问题，如股权转让、债务清偿等，需要专业的法律支持。

d. 被吸收合并方的员工面临安置问题。

e. 吸收合并过程中，被吸收合并方的房产、土地、矿权、业务资质等证照大多需要重新办理变更手续，增加了复杂性。

f. 股权结构改变：新发行的股票可能会改变原有股东的股权结构，导致股东权益被稀释，甚至失去对公司的控制权。

g. 烦琐的发行程序：股票发行受中国证监会和证券交易所的监管，发行程序烦琐且耗时。

129. 上市公司吸收合并的关注要点有哪些？

（1）上市公司吸收合并中的定价依据为：《上市公司重大资产重组管理办法》第五十条“换股吸收合并涉及上市公司的，上市公司的股份定价及发行按照本办法有关规定执行”。

（2）其他相关法规有：《首次公开发行股票并上市管理办法》（正向吸收合并中合并方需满足IPO发行人的相关要求）、《上市公司国有股权监督管理办法》（即36号令）、《上市公司收购管理办法》及《外国投资者对上市公司战略投资管理办法》。

（3）关注要点。

表 1　上市公司吸收合并的关注要点

<table>
<tr><td>项目</td><td colspan="5">正向吸收合并</td><td>反向吸收合并</td></tr>
<tr><td>交易目的</td><td>集团整体上市</td><td>实现“A+H”</td><td>解决 B 股问题</td><td>同一控制下上市平台整合</td><td>非同一控制下集团合并</td><td>上市公司吸收合并其控股股东实现整体上市</td></tr>
<tr><td>交易形式</td><td>A 股公司控股股东（未上市）吸收合并 A 股公司</td><td>H 股公司吸收合并其 A 股子公司</td><td>非上市公司或 A 股公司吸收合并 B 股子公司</td><td>A 股公司吸收合并其控股的 A 股上市公司</td><td>A 股公司吸收合并非关联 A 股公司</td><td>上市公司吸收合并其控股股东</td></tr>
<tr><td>适用情形</td><td>①合并方体内资产庞杂，难以梳理
②国资习惯于上级公司收购下级公司</td><td>①希望打造“A+H”架构
②两地股东对交易较为认可</td><td>解决 B 股问题，以灭失 B 股平台为代价换得一个 A 股平台</td><td>大 A 套小 A 的情形下，一家吸收合并另一家上市公司，解决潜在同业竞争、关联交易</td><td>国家战略部署，央企做大做强</td><td>①上市公司控股股东体内资产庞杂，希望整体上市
②上市公司控股股东债务较高，现金流紧张</td></tr>
<tr><td>交易案例</td><td>招商蛇口吸收合并招商地产</td><td>中国外运吸收合并外运发展</td><td>新城控股吸收合并新城 B</td><td>美的集团吸收合并小天鹅</td><td>宝钢股份吸收合并武钢股份</td><td>万华化学吸收合并万华化工
云南白药吸收合并白药控股
双汇发展吸收合并双汇集团</td></tr>
<tr><td>优势</td><td colspan="5">①交易方案灵活，可通过换股溢价来调节交易实际对价，使估值倍数较高的资产得以注入上市公司，平衡各方利益（合并方除持有上市公司股份以外的资产市盈率较高，通过普通发行股份购买资产形式难以通过股东会）
②估值灵活，通常无须对标的资产（合并方）进行评估</td><td>①通过吸收合并，使控股股东债务下沉到上市公司
②减少组织结构层级，降低税负</td></tr>
<tr><td>限制</td><td colspan="5">①合并方需满足 IPO 条件
②非关联非上市公司吸收合并 A 股公司尚不被允许</td><td>交易标的定价完全取决于其评估结果，无法通过换股溢价调节各方利益</td></tr>
</table>

（4）吸收合并关键指标：

①换股价格；②换股溢价率；③换股比例；④换股价格调整机制；⑤现金选择权；⑥债权人通知；⑦配套融资；⑧资产交割。

130. 上市公司吸收合并现金选择权一般由谁提供?

（1）《公司法》第八十九条规定：有下列情形之一的，对股东会该项决议投反对票的股东可以请求公司按照合理的价格收购其股权……（二）公司合并、分立、转让主要财产。以上情形现金选择权由有限责任公司自身主体收购。

《公司法》第一百六十二条规定：公司不得收购本公司股份。但是，有下列情形之一的除外……（四）股东因对股东会作出的公司合并、分立决议持异议，要求公司收购其股份。

（2）现金选择权提供方包括交易参与方或关联方、第三方。

（3）现金选择权提供方的履约能力：现金选择权的行权日在交割前，一般监管机构会要求提供方具备购买理论最大可行权数量股票的实力。

（4）交易相关方或其关联方充当现金选择权提供方，需要考虑是否触发要约收购，是否符合上市条件。

131. 发行股份收购与吸收合并有什么区别?

当标的公司规模较大，上市公司自有资金不充裕，或需要以持有上市公司股份绑定标的公司原股东、管理层时，上市公司可选择以发行股份购买资产或吸收合并的方式收购标的公司。对于一个行业中的优势企业而言，发行股份支付对价是能够被接受的，出让方未来的收益更多是由市场买单，这样可将交易时的讨价还价问题延后，使其在市场发展中得到消化。

发行股份收购与吸收合并收购的主要区别为：

（1）在公司主体方面，发行股份收购表现为上市公司控股标的公司，两个法人主体均存续；而吸收合并收购表现为上市公司拥有标的公司的全部资产、负债、人员，标的公司法人主体会被注销。

（2）在业务资质方面，发行股份收购表现为上市公司、标的公司均保持原有业务资质；而吸收合并收购表现为吸收合并后的新公司需重新申请被合并方的原有业务资质。

（3）在操作程序方面，发行股份收购表现为无须履行债权人公告程序；而吸收合并收购表现为需发出债权人公告，取得主要债权人同意函。

132. 企业合并的方式有哪些？

企业合并的方式主要包括以下几种。

（1）从法律角度考虑：

①吸收合并：合并方在企业合并中取得被合并方的全部净资产，并将有关资产、负债并入合并方自身的账簿和报表进行核算。企业合并后，会注销被合并方的法人资格，由合并方持有合并中取得的被合并方的资产、负债，在新公司的基础上继续经营。

②新设合并：参与合并的各方在企业合并后法人资格均被注销，重新注册成立一家新的企业，由新注册成立的企业持有参与合并各企业的资产、负债。

③控股合并：合并方通过企业合并交易或事项取得对被合并方的控制权，被合并方在企业合并后仍维持其独立法人资格继续经营；被合并方成为合并方的子公司，并纳入合并方的财务报表范围。

（2）从交易模式角度考虑：

①购买式合并：合并方用现金或其他有价证券购买被合并方的资产，取得对资产的全部经营权和所有权，被合并方的法人资格自行消失。这种形式主要在不同所有制或非同一控制企业之间进行。

②承担债务式合并：根据承担债务的程度不同，承担债务式合并可以分为两种情况。一种是完全有偿合并，即合并方以承担被合并方全部债务为条件，接收其全部资产和经营权；另一种是部分有偿合并，即合并方以承担被合并方部分债务、提供技术和管理为条件，取得被合并方的部分资产所有权和全部经营权。

③抵押式合并：以抵押形式转移产权，再以赎买手段进行产权再转移。这种形式主要在资不抵债的集体所有制企业与其最大的债

权人之间进行。

133. 什么是反向收购？

反向收购（Reverse Merger），又称买壳上市、借壳上市或重组上市，是指非上市公司通过收购一家已经上市的壳公司（上市公司）的股份，从而控制该公司，与此同时或者随后，再由这家上市公司反向收购非上市公司的资产和业务，使其成为上市公司的子公司。原非上市公司的股东通常可以获得上市公司50%～90%的控股权。

134. 上市公司反向收购有什么利弊？

（1）上市公司反向收购的优点。

①上市过程时间短：反向收购通常只需3～9个月，而首次公开发行上市（IPO）则需要一年左右甚至更长的时间。

②成功有保障：反向收购不受市场环境影响，只要找到合适的壳公司即可，相对而言，成功上市有保障。

③费用较低：反向收购的费率一般不会超过交易金额的1%，而IPO的费率则高达募集资金的3%～10%。在国外成熟市场，反向收购的费用一般为50万～70万美金，而IPO的费用则高达75万～100万美金，另加约8%的承销商佣金。

（2）上市公司反向收购的缺点。

①融资限制：反向收购后，公司需要等待成功收购上市公司后，才能通过公募或私募形式增发新股或配股进行二次融资，而IPO一旦完成即可立即实现融资。

②一般收购壳公司需要支付一定的壳费。

③反向收购如果不保留上市公司原有业务，需要付出一定的清壳成本。

135. 三角合并和反三角合并是如何操作的？

三角合并，是指公司合并发生在标的公司和并购公司的子公司之间，而不是发生在标的公司与并购公司之间。并购公司首先设立一家全资子公司，然后将标的公司与该子公司合并。标的公司的股东获得的对价，通常至少有50%对价是收购方母公司的股票，其余可以是现金、债券或其他。

三角合并又分为顺三角合并和反三角合并两种方式。若标的公司被子公司合并，则称为顺三角合并，标的公司注销，其资产和负债合并到并购公司的子公司中，标的公司的股东转而持有并购公司的股票。若并购公司的子公司被标的公司合并，则称为反三角合并。采用这种方式，是因为标的公司一般存在执照、租赁、贷款担保、管制要求等限制情形，所以有必要保留标的公司。

使用三角合并的好处：

（1）可以避免必须由并购公司股东对合并进行表决的复杂手续。因为新设立的子公司是独立的法人，股东就是母公司，母公司董事会有权决定子公司的兼并事宜。

（2）并购公司对标的公司的债务只承担间接责任。

在三角合并中应注意如下问题：

（1）标的公司的股东不是从并购公司的子公司而是从并购公司获得现金或适销有价证券。

（2）并购公司对标的公司的债务不承担责任，而由其子公司负责。

（3）并购公司对子公司的投资是象征性的，资本可以很小，因此又叫“壳子公司”。其设立的目的完全是收购公司而不是经营。

（4）并购公司一般是股份有限公司，其股票和债券是适销的。

第七章

并购融资

136. 什么是并购融资结构？

并购融资结构，是指企业在筹集资金时，由不同渠道取得的资金之间的构成及其比例关系，主要包括权益资本与债务资本的比例关系、长期融资和短期融资的比例关系、各种融资方式和融资类型间的比例关系。目前，上市公司进行收购时，除了使用自有资金外，一般有以下四种融资方式：商业银行并购贷款、向上市公司大股东锁价/询价定向增发股份融资、向第三方非公开发行股份配套融资或向发行公司债券募集资金或者发行定向可转换债券配套融资、向交易对方发行股份配套融资或定向可转换债券配套融资。

137. 并购融资结构设计的关键点是什么？

（1）融资成本的高低。资金的取得和使用都是有成本的。企业并购融资成本的高低将会影响企业并购的实施和并购后的整合。在不影响企业正常营运的情况下，企业在选择并购融资方式时应首先选择资金成本较低的内部资金，再选择资金成本较高的外部资金。在选择外部资金时，优先选择具有财务杠杆效应的债务资金，最后选择权益资金。

（2）融资风险的大小。融资风险是企业并购融资过程中不可忽视的因素。并购融资风险可划分为并购前融资风险和并购后融资风险。前者是指企业能否在并购活动开始前筹集到足额的资金，以保证并购的顺利进行；后者是指并购完成后，企业债务性融资面临还本付息的压力，还面临该项投资收益率是否能弥补融资成本的风险。对于权益性融资，假如股权融资规模过大，则实际控制人有可能失去对公司的控制权。因此，对融资风险应进行全方位衡量，做出客观的压力测试，且制定各种应变措施。

（3）对企业公司治理的影响。企业并购融资时必须考虑融资方式给企业治理结构带来的影响，通过外部财团进行股权融资或者发行可转换债券融资，可能会稀释公司的控制权，企业需要根据自身实力和股权偏好来选择合适的融资方式。

（4）并购融资的效率。并购融资结构设计还需考虑融资的效率性问题。很多并购对保密和支付的时效要求很高，企业往往先通过自有资金进行支付，然后再寻求外部融资。就上市公司而言，向商业银行申请并购贷款在效率和保密方面具有一定优势。而定向增发股份获取现金收购或换股收购，需经过交易所的审核和中国证监会的注册，可能会延长并购实施的时间。因此，上市公司在选择并购融资方式时需全方位地衡量各种因素，根据实际情况做出合理的选择。

138. 上市公司确定并购融资金额需要考虑哪些因素？

上市公司并购融资金额，是指上市公司作为收购方为了完成并购需要的资金数量。并购融资金额需要考虑以下几方面的因素：

（1）并购支付对价。

（2）被并购企业的整合需要。

（3）大股东的持股比例及资金实力。

（4）上市公司的资本结构及盈利指标。

（5）承担被并购企业表外负债或者或有负债所需要的支出。

（6）并购费用，比如注册或者发行的费用、中介机构费用、企业内部团队的管理费用等。

139. 上市公司债务融资的方式有哪些？

（1）金融机构借款。金融机构借款是最传统的并购融资方式。金融机构借款的优点是融资不需要监管部门审批，相对来说手续比较简便，融资成本比较低，融资金额也比较大，具有税盾的效应，融资保密性相对较好。金融机构借款的缺点是：①增加了企业的资产负债率，会使企业未来的现金流产生还本付息的压力；②企业要向银行披露自己的经营信息；③根据相关借款合同，企业经营还要在一定程度上受制于银行，比如可能在企业关键的资产上设置抵押和质押。

为了获得金融机构的借款，企业需要做出相关的消极或者积极的承诺，同时对企业财务状况设置违约条件，重大资产重组和投资等需要债权人同意，整体对企业的经营管理影响相对较大。

（2）发行债券。目前，上市公司可以发行公司债券、企业债券、公开发行/定向可转换公司债、交易商协会融资品种、其他债务融资工具等进行并购融资。债券融资和其他债务融资方式的明显优点是债券的利息可以在企业缴纳所得税前扣除，降低了企业的税负。此外，同发行股票进行融资相比，发行债券可以有效避免稀释股权。发行债券的缺点是融资规模一般受企业资产规模限制（如净资产的40%），发行债券需要相关监管机构（交易所、中国证监会、交易商协会）审批备案或者注册。此外，如果债券发行过多，会影响上市公司的资产负债结构，降低企业的信誉，增加企业的发债成本。

140. 上市公司股权融资的方式有哪些？

（1）发行股票。发行股票是指上市公司通过发行新股或者向原股东配售新股募集的资金进行并购价款的支付，一般可分为公开增发、非公开增发、配股、优先股等。发行股票融资方式的优点是不会增加企业的负债。发行股票融资会导致企业资产规模的扩大，增加企业的再融资能力。发行股票融资的缺点是：①需要交易所的审核和中国证监会的注册，程序时间较长；②融资的用途受限（配股、向上市公司大股东/拟任大股东或者战略投资者锁价发行股份融资除外）；③稀释了原有的股权比例，对公司的控制权有影响；④有可能降低每股收益。

（2）换股并购。换股并购融资方式，是指以收购方本身的股票作为并购的支付对价，以获得被并购方的股权。根据换股融资方式的不同，换股并购又可以分为增资换股、换股吸收合并等。换股并购融资方式的优点在于可以避免企业短时间内大量现金的流出，降低了由于上市公司并购引起的企业流动性风险，也使收购不受并购融资规模的限制。与此同时，换股并购会使被并购方的股东成为收购方的股东，有利于并购整合。除此之外，换股并购还可以起到税盾的作用，比如适用《财政部 国家税务总局关于企业重组业务企业所得税处理若干问题的通知》（财税〔2009〕59 号）的有关规定。换股并购的缺点是需经交易所审核、中国证监会注册，审核、注册手续复杂，耗时较长，同时会稀释上市公司原股东的股权比例。

141. 上市公司混合融资的方式有哪些？

（1）可转换债券。可转换债券的特点在于债券持有人在一定条件下可以将债券转为该上市公司的股票。在企业并购中，利用可转换债券进行融资，具有以下优点：①可转换债券的票面利率低，财务成本低于普通债券；②可转换债券具有较大的灵活性，企业可以根据具体情况设计不同报酬率和不同转换价格的可转换债券；③当可转换债券转换为普通股以后，债务无须偿还，降低了企业的财务压力。可转换债券的缺点是：①如果债券到期股票价格高涨，债券转股会变相使企业承担损失；②股票价格下跌，债券持有人到期还本付息，会对企业的现金流产生压力；③可转换债券到期转股也会使公司的控制权受到稀释。

（2）认股权证。认股权证是由股份有限公司发行的，能够按照特定的价格在特定的时间内购买一定数量该公司普通股票的选择权凭证。认股权证在本质上是一种普通股票的看涨期权。认股权证的优点在于可以避免并购完成后被并购企业的股东成为普通股股东，延迟股权稀释，也可以延迟支付股利，还可以起到分期支付的作用；缺点是一旦行权且股票价格高于认股权证约定的价格，就会使企业遭受一定的财务损失。

认股权证债券与普通债券的主要区别在于其转换特性。普通债券到期时通常只能获得固定的利息和本金，而认股权证债券则允许持有者在特定条件下将债券转换为股票，从而可能获得股票增值的收益。此外，认股权证债券的持有者在转换股票时不需要额外支付现金；而普通债券转换为股票，则需要支付相应的现金。此外，认股权证债券的承销费用高于普通债券融资。

142. 如何确定上市公司并购融资的期限？

上市公司并购融资的期限，首先取决于企业未来可用于偿还债务的现金流的情况，根据并购方和被并购方经营活动产生的现金流确定合理的期限和每期的偿还比例或者金额；其次，具体并购融资期限需要符合监管的规定，比如根据《商业银行并购贷款风险管理指引》，境内并购贷款的期限一般不超过7年（2025年5月《加快构建科技金融体制 有力支撑高水平科技自立自强的若干政策举措》选择在部分银行开展试点，将并购贷款期限延长至10年）；最后，要考虑上市公司自身的再融资能力。如果再融资能力强，可以选择较短的融资期限，以有效降低财务成本。

143. 如何合理安排上市公司并购融资的还款方式？

在企业开始进行并购时，就应该考虑并购完成后，企业债务性融资所面临的还本付息情况。在整合过程中，公司要对并购债务融资还款进行动态管理，以防并购整合失败后，公司难以偿还并购融资的债务。上市公司并购融资还款一般的处理方式有：

（1）依靠上市公司自身或者被并购方经营的现金流偿还债务。并购的重要动因，就是并购方和被并购方通过并购可以实现协同效应。并购债务融资主要的还款来源为上市公司自身和被并购方自身经营所产生的现金流。在并购融资中，应根据上市公司和被并购方现金流预测的情况，设定合理的还款期限和还款比例。

（2）出售资产以偿还债务。公司在收购后若出现利润或现金流不如预期时，或者并购本身就是杠杆收购时，公司应在利润还未大幅下滑时就考虑并购资产的处理问题；若公司某些资产不再适合公司整合的需要，但在市场上还有一定需求，则可将其出售以换取合理的现金流，而不是等到资产出现问题、价格下跌时才进行处理。

（3）以再融资方式（定向增发股份或二次借款或发债）偿还债

务。公司预期未来利润或现金流可能出现问题时，应提前做好现金流管理。在公司负债比率较高时，可对外增发股份；在公司负债比率不高时，可对外借款或发债筹集一部分资金，以备偿还到期的债务或借款。在公司使用贷款或债券方式进行并购融资时，即使没有出现整合问题，也应该对债务进行动态管理，如市场上有相对低利率的融资方式出现时，可以考虑以借新偿旧方式替换旧贷款，以优化债务结构。

144. 上市公司并购融资有哪些风险？

（1）审批及融资失败的风险。融资品种无法通过监管部门审批，或通过监管部门审批后，由于多种原因无法募集足够资金，最终造成本次并购失败的风险。

（2）汇率风险。上市公司跨境并购交易主要是通过外币完成，很多中资企业缺乏对未来汇率市场走势的预判，在后期还款阶段面临汇率损失风险，从而降低并购的资本回报率和融资还款能力。

（3）债务融资无法偿还风险。上市公司在债务到期后，无法偿还债务，会面临高额赔偿，影响上市公司市场形象的风险。

145. 如何正确地披露并购融资资金获得的合法性？

收购人进行上市公司的收购，应当向中国证监会提交“财务顾问关于收购人最近三年的诚信记录、收购资金来源合法性、收购人具备履行相关承诺的能力以及相关信息披露内容真实性、准确性、完整性的核查意见；收购人成立未满三年的，财务顾问还应当提供其控股股东或者实际控制人最近三年诚信记录的核查意见”。

在融资资金合法性披露方面，除需指出资金来源的合法性外，还需披露有无涉及关联方资金，有无利用收购标的进行抵押贷款等对公司其他利益相关方有影响的行为。

146. 上市公司并购融资过程中涉及的机构有哪些？

（1）证券公司，主要提供财务顾问服务，承担股票、可转换公司债、公司债等融资工具、产品的保荐承销工作，并且可以提供并购基金、资管计划等资金支持。

（2）商业银行，主要提供并购财务顾问、并购贷款融资、并购债务融资工具承销、并购结构化融资产品设计、并购交易资金监管或托管、并购后再融资等服务。

（3）信托公司等金融机构，通过企业债、公司债承销、发行信托计划、专项资产管理计划等方式为并购融资提供资金支持，并可以提供并购财务顾问服务。

（4）私募股权基金，通过设立股权基金的方式和上市公司形成财团，参加上市公司的收购行为。与此同时，一部分私募股权基金对特定行业或者跨境并购的经验，也可以帮助企业在并购整合、企业上市方面获得有益的经验。

（5）会计师事务所、律师事务所、税务师事务所，分别为并购提供财务审计、法律咨询、资产、股权价值评估、税务等相关咨询服务。

（6）评估公司，主要提供资产、股权价值评估等服务。

（7）评级公司，主要为并购中涉及的固定收益证券发行提供外部评级服务。

147. 上市公司并购融资顾问的主要工作是什么？

上市公司并购融资顾问需要充分分析上市公司融资能力，根据交易方案在并购融资交易中综合运用各种资源，为上市公司提供切实可行的交易结构设计、并购融资方案、交易对价支付安排、并购交易资金托管等各类融资型财务顾问服务。并购融资顾问可为企业全面解决并购战略实施中的融资问题，帮助其缩短融资周期，提高融资效率。

148. 上市公司并购融资对上市公司治理有哪些影响？

上市公司并购融资活动中，随着外部资金的进入，相关资金的投资人势必会增强其在上市公司中的影响力，从而对上市公司治理产生影响。具体而言：股权融资可能会稀释原有控股股东的股份比例，进而影响公司的控制权；私募股权基金、金融机构等机构投资者进行定向募集方式融资时，如果机构投资者持股比例较大，可能会派人进入公司的董事会，对公司的决策施加较大的影响；债务融资也会对公司经营决策产生一些苛刻的限制条件，如财务约束、对外融资限制、公司控制权转移限制、分红约束等，从而对公司的治理结构有明显的影响。这些影响都是上市公司并购融资时要注意的，上市公司需要根据自身的资信水平、股权机构、外部监管等因素综合考虑实施并购融资对公司治理的影响。

149. 上市公司控股股东参与上市公司并购融资需注意哪些事项？

（1）法律法规与监管要求方面。

①信息披露义务。控股股东在参与并购融资过程中，必须按照证券监管机构的要求，及时、准确、完整地披露相关信息。例如，披露其在并购融资中的角色，包括资金来源、参与方式（如是否提供担保、是否参与定向增发等）等细节。这是为了保证证券市场的公平、公正和透明，让其他投资者都能够充分了解并购融资活动可能对公司股权结构、财务状况等产生的影响。

对于重大事项，如控股股东提供的债务融资规模占比较大，可能会影响公司控制权稳定性的情况，需要发布临时公告进行详细说明，以防止内幕交易，维护证券市场秩序。

②合规性审查。要确保参与并购融资的行为符合国家法律法规和证券监管部门的规定。比如，在我国，控股股东参与上市公司定向增发时，其认购股份的价格应符合相关规定，不能通过不正当手段压低定向增发价格获取不当利益。

对于跨境并购融资，还需要遵守相关国家的外汇管理规定和跨境投资监管等政策。如果控股股东涉及外资，需要符合《外国投资者对上市公司战略投资管理办法》，审查其资金流入是否符合我国的外资准入政策和外汇管制要求。

③避免利益输送。控股股东不能利用并购融资的机会，将上市公司的利益输送给自己或关联方。例如，在并购标的估值过程中，不能操纵评估机构高估或低估标的资产价值，从而使自己在融资后的股权分配或资金回笼等环节获取不合理的利益。监管部门会重点

关注控股股东与并购标的之间是否存在关联关系，以及这种关联关系是否会影响并购融资的公正性。如果存在关联关系，需要进行详细的关联交易披露和合理的交易定价说明。

（2）对上市公司的影响方面。

①控制权稳定性。控股股东需要考虑参与并购融资后对公司控制权的影响。如果采用股权融资方式，如增发新股，要评估自身股权是否能够提升或者会被稀释，是否会导致控制权旁落。例如，如果控股股东的持股比例在并购融资后降低到接近其他大股东的持股水平，可能会引发公司控制权的争夺。

为了保持控制权稳定，控股股东可以通过一些方式，如采用优先股融资（在某些情况下可以保证一定的表决权）或者与其他战略投资者签订一致行动人协议等方式，来巩固自己在公司决策中的地位。

②财务风险对上市公司的传导。控股股东自身的财务状况和融资风险可能会对上市公司产生影响。如果控股股东通过高杠杆的方式参与并购融资，当遇到市场波动或自身经营不善时，可能会面临偿债压力。这种压力可能会传导至上市公司，例如，控股股东可能会要求上市公司提供资金支持或者通过关联交易等方式缓解自身财务困境，从而损害上市公司利益。

因此，控股股东在参与并购融资前，应该合理评估自己的财务承受能力，确保不会因自身的财务危机而拖累上市公司的正常运营。

（3）并购融资策略方面。

①融资方式选择。控股股东要根据自身财务状况、上市公司的资金需求和市场情况选择合适的融资方式。如果选择债务融资，要考虑债务的利率、期限和还款方式等因素。例如，短期债务融资利率较低，但还款压力大；长期债务融资可以缓解短期还款压力，但可能面临利率波动风险。

在股权融资方面，除了考虑对控制权的影响外，还要考虑股权融资的成本。如定向增发可能会对公司的每股收益产生稀释作用，控股股东需要权衡这种稀释作用与融资所带来的收益之间的关系。

②与上市公司战略协同。控股股东参与并购融资应与上市公司

的战略目标相契合。例如，如果上市公司的战略是拓展新的业务领域，控股股东参与的并购融资应重点支持对相关行业优质标的的收购。这样可以通过产业整合实现协同效应，提高上市公司的竞争力。同时，控股股东在选择并购标的时，还应考虑标的公司与上市公司在企业文化、管理模式等方面的兼容性，以降低并购后的整合难度。

150. 采用银行并购贷款需要了解哪些主要内容?

需要了解银行并购贷款的主要内容包括定义、用途、风险、监管要求以及具体流程。

（1）定义和用途。并购贷款是指商业银行向并购方企业或其子公司发放的，用于支付并购交易价款和相关费用的本外币贷款。并购交易可以通过受让现有股权、认购新增股权，或收购资产、承接债务等方式，实现合并或实际控制已设立并持续经营的目标企业或资产。

（2）并购贷款的用途灵活，可以用于受让股权、认购新增股权、收购资产或承接债务等多种并购方式。

（3）风险。并购贷款的主要风险点包括：

①战略风险：并购后企业是否能够达到预期的战略目标。

②法律与合规风险：并购过程中是否符合相关法律法规和政策要求。

③整合风险：并购后企业的整合效果和协同效应是否达到预期。

④经营及财务风险：并购后企业的经营状况和财务状况是否稳定。

（4）监管要求。商业银行开展并购贷款业务需要满足以下监管要求：

①风险管理机制：商业银行应建立完善的风险管理和内部控制机制。

②资本充足率：资本充足率不低于10%。

③专业团队：商业银行应有专门的尽职调查和风险评估团队。

④贷款比例：商业银行全部并购贷款余额占同期本行一级资本净额的比例不应超过50%，对单一借款人的并购贷款余额占同期本

行一级资本净额的比例不应超过5%，并购交易价款中并购贷款所占比例不应高于60%（部分银行目前开展试点并购贷款占比可提升至不高于80%）。

（5）具体流程。银行并购贷款的具体流程包括以下几个步骤：

①业务受理：商业银行受理并购贷款申请，确保并购方依法合规经营，信用状况良好。

②尽职调查：对并购交易进行全面的尽职调查和风险评估。

③合同签订及贷款发放：在尽职调查通过后，商业银行就可以签订合同并发放贷款。

④贷后管理：对贷款进行持续的贷后管理，确保贷款用途合规，及时监控风险。

151. 银行可以向并购基金贷款吗?

（1）银行在向并购基金提供贷款方面存在诸多限制和监管要求，因此，银行可以向并购基金贷款，但需要满足一定的条件和限制。

首先，银行可以向并购基金提供贷款，但通常这种贷款是通过并购贷款的形式进行的。并购贷款是商业银行向并购方或其子公司发放的贷款，用于支付并购交易价款和费用。虽然并购贷款为企业利用银行贷款开展资本运作打开了空间，但主要是支持企业的并购活动，而非直接投向并购基金。同时，并购贷款业务在商业银行体系内是唯一能够支持股权融资的信贷产品，其发放和审批都要受到严格的监管。从2008年开始，这种贷款已不再列入中国的商业银行体系了，主要用于支持企业并购活动。

（2）银行提供并购基金贷款的条件和限制。

①信用状况：并购企业必须依法合规经营，信用状况良好，没有信贷违约、逃避银行债务等不良记录。

②合法合规：并购交易必须合法合规，涉及国家产业政策、行业准入、反垄断、国有资产转让等事项的，应按适用法律法规和政策要求取得有关方面的批准，并履行相关手续。

③产业相关性：并购企业与目标企业之间应具有较高的产业相关度或战略相关性，并购企业通过并购能够获得目标企业的研发能

力、关键技术与工艺、商标、特许权、供应或分销网络等战略性资源以提高其核心竞争能力。

④贷款额度：并购贷款的最高额度一般为并购交易对价的60%。

⑤贷款期限：贷款期限一般不超过7年。

⑥担保要求：要求提供足额的有效担保。

（3）银行贷款资金流向并购基金的风险和合规性。银行贷款资金流向并购基金存在一定的风险和合规性问题。首先，银行贷款一般是转账贷款，如果放款账号直接流入投资账户，银行贷后管理可能会发现并要求提前还款。其次，并购业务通常存在较大的退出不确定性，可能导致还款风险增加。因此，企业在选择并购贷款时需要充分考虑自身的实际情况，选择最适合自己的银行和产品。

第八章
并购支付工具

152. 并购交易中的对价有哪些支付方式?

在上市公司作为收购人的产业并购中，支付方式没有限制，实践中一般是以现金或者上市公司增发的股份作为支付手段，两者可以混合使用。支付方式的选择与并购交易金额大小有关，交易金额越大，上市公司越倾向采取发行股份或现金加股份的方式，避免占用过多的资金，挤压正常经营活动。收购标的规模比较小，有可能完全使用现金支付。

如果并购过程中涉及外资或者国有资产，支付方式可能会受到限制。根据《关于外国投资者并购境内企业的规定》，如果并购标的是股权，可以采用货币现金或股份作为支付方式；如果并购标的是资产，不能采用股份作为支付方式。根据2018年7月1日起施行的《上市公司国有股权监督管理办法》，收购国有股份的支付方式为现金或非货币资产。

153. 现金支付有哪些优点和缺点?

（1）现金支付的优点：操作简单；卖方出售股权或资产可以获得确定的收入；卖方能尽快获得流动性；买方可以在交易其他条件上获得优惠。

（2）现金支付的缺点：买方短期内现金流的压力较大；上市公司股权融资仍然需要监管部门审核和注册；卖方取得收益面临即时纳税问题；对买方而言，现金支付使卖方可以迅速套现走人，和股权支付方式相比，不利于形成后续的人员锁定和利益分享机制。

154. 发行股份支付有哪些优点和缺点？

（1）发行股份支付的优点：①不需要大量现金，买方现金支付压力小。②分散估价风险。由于信息不对称，买方很难事先发现标的公司内部存在的全部问题，采用发行股份支付，卖方的权益体现为买方公司的股票，估价风险由买方与卖方共同承担。③延期纳税。对标的公司股东而言，大比例发行股份支付方式可推迟收益时间，享受延期纳税的好处。④有利于整合。通过股权支付，卖方成为买方或者其关联公司的股东，有利于形成利益一致的激励机制，降低并购整合风险。

（2）发行股份支付的缺点：①卖方不能立刻获得流动性。②买方的股份被稀释。③上市公司采取发行股份支付并购需要交易所审核和中国证监会注册。

155. 什么是定向可转债？

《可转换公司债券管理办法》中所称的可转换债券，简称“可转债”，是指公司依法发行、在一定期间内依据约定的条件可以转换成本公司股票的公司债券，属于《证券法》规定的具有股权性质的证券。定向可转债是一种具有特定发行对象和特殊条款设计的可转换债券，以下是其详细介绍。

（1）定义与基本性质。

①定义：定向可转债是指上市公司向特定对象发行的可转换公司债券，在一定期限内，债券持有人可以按照事先约定的转股价格将债券转换为公司股票。

②兼具债性和股性：在未转股前，它具有债券的性质，发行人需要按照约定支付利息，到期偿还本金。当满足一定条件且债券持有人选择转股后，它就转变为股票，持有人成为公司股东，享受股东权益。

（2）发行目的。

①并购重组支付工具：上市公司在并购重组时，可向特定的交

易对方发行定向可转债作为支付手段。它可以丰富并购支付方式，降低现金支付压力，同时能让交易对方在一定程度上分享上市公司未来的发展成果。

②引入战略投资者：通过向战略投资者定向发行可转债，能够吸引具有资源、技术、市场等优势的投资者与公司建立长期合作关系，为公司的发展提供支持。

③融资及优化资本结构：公司可获得资金用于项目投资、业务拓展等，与普通债券相比，定向可转债在转股前利息支出相对较低，若成功转股，还可减少公司的负债，优化资本结构。

（3）与普通可转债的区别。

①发行对象：普通可转债通常是面向社会公众公开发行，而定向可转债则是向特定的对象发行，如公司的大股东、战略投资者、并购交易中的交易对方等。

②发行条款：定向可转债的条款设计更加灵活，可根据发行人与特定对象的需求和协商结果，在转股价格、转股期限、赎回条款、回售条款等方面进行个性化设计。

③流动性：普通可转债在发行结束后，一般可在证券市场上自由交易，流动性较强；《可转换公司债券管理办法》第四条规定，发行人向特定对象发行的可转债不得采用公开的集中交易方式转让。定向可转债因为发行对象具有特定性，所以存在流通限制，流动性相对较弱。

（4）风险与收益特点。

①收益：投资者可获得固定的利息收益，在公司股价上涨时，可通过转股获得股票增值收益。

②风险：若公司股价表现不佳，低于转股价格，投资者可能面临无法转股的风险，只能持有债券获取利息，甚至可能在债券到期时面临发行人兑付压力。此外，发行人也面临若债券大量转股，股权被稀释，影响公司控制权和业绩等风险。

156. 定向可转债在并购交易中有哪些优点和缺点？

定向可转债作为一种特殊的并购支付工具，在并购交易中具有独特的优缺点，具体如下：

（1）优点。

①灵活的融资与支付：并购方可以根据自身财务状况和并购需求，灵活确定发行规模、转股价格、转股期限等条款，更精准地匹配并购资金需求和未来还款计划。同时，定向可转债结合了股权和债权的特性，并购方可选择在合适时机将债券转换为股票，避免股权立即被稀释，也为并购交易提供了多样化的支付方式。

②降低并购成本：相比直接发行股票并购，定向可转债在未转股前，并购方只需支付较低的利息，降低了融资成本。另外，若并购后目标公司业绩未达预期，转股数量可相应减少，使并购方避免了高价收购的风险，一定程度上降低了并购整体成本。

③稳定控制权：定向可转债在转股前，并购方的股权结构不会发生改变，原有股东的控制权得以维持。只有在转股条件满足且投资者选择转股时，才会增加公司股本，这种延迟性股权稀释，能有效避免并购初期对并购方控制权的冲击。

④提升并购协同效应：定向可转债可以与业绩承诺等条款相结合，若目标公司管理层或原股东获得定向可转债，为实现转股收益，他们会有更大的动力提升公司业绩，积极配合并购后的整合工作，有助于促进双方在业务、资源等方面的协同发展，提升并购后的整体运营效率和企业价值。

（2）缺点。

①估值定价复杂：定向可转债的价值受多种因素影响，如转股价格、转股期限、票面利率、标的股票价格波动、公司信用风险等，准确评估其价值难度较大。在并购交易中，双方可能对定向可转债估值存在较大分歧，所以使谈判成本增加，甚至影响并购交易的顺利进行。

②财务风险增加：若并购后目标公司经营不善、业绩下滑，可能导致定向可转债转股失败。此时，并购方需要承担还本付息的压力，加重了公司的财务负担，甚至可能引发财务危机，尤其是在公司现金流紧张的情况下，偿债风险会进一步加大。

③市场波动影响：股票市场的价格波动会直接影响定向可转债

的转股价值。如果股票市场整体下跌或并购方股价大幅下滑，低于转股价格，投资者可能选择不转股，使并购方面临债券无法转股的风险，还可能导致公司股价进一步下跌，陷入恶性循环。

④条款设计与监管限制：定向可转债的条款设计需要兼顾各方利益，考虑多种因素，设计过程复杂且耗时。同时，定向可转债的发行和交易受到严格的法律法规和监管要求限制，如发行条件、信息披露、审批程序等，这可能会增加并购交易的时间成本和合规成本，也可能因不符合监管要求使并购交易失败。

157. 定向可转债在并购交易中的注意事项有哪些?

定向可转债在并购交易中具有灵活性高、能平衡各方利益等优点，但操作过程较为复杂，需要注意很多事项，以下从发行条款设计、估值与定价、并购整合等方面介绍。

（1）发行条款设计。

①转股条款：要合理设置转股价格，通常需参考标的公司的估值、并购方的股价等因素，既要保障并购方原有股东的权益，又要吸引被并购方接受。同时，转股期限的确定也很关键，期限过短可能无法充分实现并购的协同效应，过长则可能给并购方带来长期股权被稀释的压力。

②赎回与回售条款：赎回条款可让并购方在特定情况下提前赎回债券，如股价大幅上涨等，以控制成本和风险。回售条款则赋予投资者在特定条件下将债券回售给发行方的权利，需明确回售触发条件和价格等，以平衡双方利益，保障投资者权益，增强债券吸引力。

③利率条款：利率水平直接影响融资成本和投资者收益。利率过高会增加并购方的财务负担，过低则可能降低债券对投资者的吸引力，需综合考虑市场利率水平、并购方信用状况、债券期限等因素来确定。

（2）估值与定价。

①标的资产估值：准确评估标的资产价值是关键，可采用多种估值方法，如收益法、市场法、成本法等，综合考虑标的公司的财

务状况、市场竞争力、行业前景等因素，减少估值偏差，避免并购方支付过高代价或被并购方权益受损。

②可转债定价：需考虑转股价格、利率、转股期限、标的股票波动率等因素，常用的定价模型有 B－S 模型、二叉树模型等，合理定价既能吸引投资者，又能保障并购交易的顺利进行。

（3）合规与风险。

①法律法规：并购交易涉及众多法律法规，如《公司法》《证券法》等，定向可转债的发行和交易也需符合《可转换公司债券管理办法》《上市公司向特定对象发行可转换公司债券购买资产规则》（〔2023〕58 号）等的相关规定，要确保交易流程合法合规，避免法律风险。

②信用风险：并购方需关注自身信用状况，信用评级的变化可能影响可转债的发行和交易价格，良好的信用有助于降低融资成本，增强投资者信心。

③市场波动风险：股票市场波动会影响可转债的价值和转股情况，并购方和被并购方都需关注市场动态，制定应对策略，如设置套期保值等风险管理措施。

（4）并购整合。

①业务整合：并购完成后，要对双方的业务进行有效整合，实现协同效应，需制订详细的业务整合计划，明确双方业务的定位和发展方向，优化资源配置，提高运营效率。

②财务整合：涉及财务制度、资金管理、财务人员等方面的整合，要统一财务核算体系和管理制度，加强资金统筹管理，防范财务风险，确保并购后企业财务的稳定和健康。

③人员与文化整合：要注重员工的安置和激励，留住关键人才，同时加强企业文化的融合，减少文化冲突，营造良好的企业氛围，保障企业的稳定运营和发展。

158. 定向权证在并购交易中的特点和应用有哪些？

定向权证是一种在并购交易中具有独特作用的金融工具，定向权证属于衍生金融工具。定向权证是指由特定发行人发行的，约定持有人在规定期间内或特定到期日，有权按约定价格向发行人购买或出售标的证券，或以现金结算等方式收取结算差价的有价证券。从法律角度分析，定向权证本质上为一权利契约，投资人支付权利金购得权证后，有权于某一特定期间或到期日，按约定的价格（行使价），认购或沽出一定数量的标的资产（如股票、股指、黄金、外汇或商品等）。《上市公司重大资产重组管理办法》在2014年7月7日中国证监会第52次主席办公会议修订后增加了定向权证作为并购支付工具的条款。目前，最新修订的《上市公司重大资产重组管理办法》第五十条第四款规定，上市公司可以向特定对象发行可转换为股票的公司债券、定向权证、存托凭证等用于购买资产或者与其他公司合并。以下是其在并购交易中的特点和应用。

（1）特点。

①特定性：定向权证通常是向特定的目标公司股东或其他特定投资者发行的，而不是面向市场上的所有投资者发行，具有明确的定向发行对象。

②灵活性：定向权证的发行条款可以根据并购交易的具体情况和各方需求进行定制，如行权价格、行权期限、行权条件等，能够更好地满足并购双方的特定目标和利益诉求。

③风险与收益的不对称性：对于权证持有人来说，其损失仅限于购买权证的成本，而如果标的资产价格朝着有利持有人的方向变动，其可能获得巨大的收益，具有以小博大的杠杆效应。

④并购协同性：定向权证的价值与并购后的公司业绩或资产价值等密切相关，能够促使目标公司股东或管理层积极配合并购整合，以提升公司价值，实现并购双方的协同效应。

⑤融资与并购的双重功能：发行定向权证可以为并购方提供一种融资方式，同时，定向权证作为并购支付手段，有助于解决并购交易中的资金问题，推动并购交易的顺利进行。

（2）应用。

①作为并购支付方式：并购方可以向目标公司股东发行定向权证，作为并购对价的一部分。这样可以减少现金支出，降低并购方的资金压力。同时，目标公司股东可以通过未来行权分享并购后公

司的成长收益。

②用于吸引战略投资者：在并购交易中，并购方可以向战略投资者发行定向权证，吸引其参与并购交易，借助战略投资者的资源和优势，提升并购后公司的竞争力和发展潜力。

③解决并购中的估值分歧：当并购双方对目标公司的估值存在分歧时，定向权证可作为一种调和工具。通过设定与目标公司未来业绩或股价挂钩的行权条件，让并购双方根据实际情况来确定权证的价值，从而在一定程度上解决估值分歧。

④作为并购防御工具：目标公司可以发行定向权证给友好股东，当敌意收购发生时，友好股东行权可增加持股比例，从而提高敌意收购的成本和难度，起到反收购的作用。

⑤激励目标公司管理层：并购方可以向目标公司管理层发行定向权证，将管理层的利益与并购后公司的业绩和股价表现挂钩，激励管理层在并购后积极工作，实现公司的整合目标和业绩增长。

159. 如何实现股份分期支付？

实现股份分期支付主要有以下几种方式：

（1）非上市公司层面。

①股东协商约定：有限责任公司的股东之间相互转让股权，或者股份有限公司的股东转让其持有的股份时，转让方与受让方可以通过协商，在股权转让协议中明确约定股份转让款的分期支付方式，包括各期支付的时间节点、支付金额等。

②利用公司章程规定：在公司设立或修改公司章程时，可对股份分期支付作出规定，为股东之间的股份分期支付提供依据和指引。

（2）上市公司层面。中国证监会于2024年9月24日发布的《关于深化上市公司并购重组市场改革的意见》（以下简称“并购六条”）和2025年5月发布的《关于修改〈上市公司重大资产重组管理办法〉的决定》等相关规定，提出建立重组股份对价分期支付机制。上市公司可申请一次注册、分期发行股份购买资产，批文有效期延长至48个月。在这种机制下，上市公司可根据并购后目标公司的实际运营状况及业绩实现情况，动态地决定后续各期股份的具体支付时间和数量。

引入对赌协议或者或有支付机制（Earn－out）条款：上市公司与交易对方可在并购交易中签订对赌协议或Earn－out条款，将股份支付与标的公司未来的业绩、业务指标等挂钩。若标的公司达到约定的业绩目标或实现特定的业务里程碑，上市公司则按照约定向交易对方支付相应的股份；反之，可调整股份支付的数量或时间。

（3）特殊类型公司。比如股份有限公司采取发起设立方式设立的，发起人可以分期缴纳出资。公司全体发起人自公司成立之日起两年内缴足；属于投资公司的，可以在5年内缴足。

（4）保障措施。

①设定担保条款：可要求受让方提供担保，如保证、抵押、质押等，以确保其按时履行分期支付股份款项的义务。若受让方未能按时支付，转让方可通过行使担保权利来弥补损失。

②明确违约责任：在股份转让协议或相关合同中，详细约定双方的违约责任。若一方未按照约定履行分期支付或交付股份等义务，应承担相应的违约金、赔偿对方因此遭受的损失等。

③引入监管机制：可引入第三方监管机构，对分期支付的资金流转、股份交割等进行监管，确保交易按照约定进行。

（5）在并购重组中实现股份分期支付主要可按以下方式和步骤进行。

①前期准备。

明确并购重组方案：并购双方需就并购的基本事宜，如并购目的、方式、估值、业绩承诺等达成初步共识，形成框架性的并购重组方案，确定股份分期支付的总体安排，包括分期的次数、各期支付的条件和时间节点等。

进行尽职调查：并购方对被并购方开展全面的尽职调查，涵盖财务、法律、业务等方面，以准确评估其价值和风险，为股份分期支付的定价和条件设定提供依据。

②协商与谈判。

确定支付条件：双方协商确定股份分期支付的具体条件，如以被并购方的业绩指标达成情况、特定业务目标实现、重大合同签订等作为支付后续股份的前提。

明确价格调整机制：根据被并购方的实际经营情况和市场变化等因素，设定股份价格的调整机制，以保障双方利益。

商讨锁定期安排：就被并购方获得的并购方股份锁定期进行商讨，确定合理的锁定期限，以稳定双方合作关系和市场预期。

③方案设计与审批。

制订详细方案：依据协商结果，制订包含股份分期支付具体内容的并购重组方案，如各期支付的股份数量、比例、支付时间、触发条件等，并提交各自公司内部决策机构审议，如董事会、股东会等。

申请监管审批：根据相关法律法规和监管要求，将并购重组方案及股份分期支付安排等材料报送交易所和证券监管部门等相关机构审核和注册。如中国证监会2024年发布“并购六条”和2025年5月正式实施的《关于修订〈上市公司重大资产重组管理办法〉的决定》中提出建立重组股份对价分期支付机制，将申请一次注册、分期发行股份购买资产交易的批文有效期延长至48个月。

④实施与后续管理。

股份发行与支付：在获得监管批准后，按照方案约定，在各期支付条件满足时，并购方履行股份发行和支付程序，向被并购方发行并交付相应的股份。

信息披露与监督：并购双方需按照监管要求，及时、准确地披露股份分期支付的实施情况、被并购方的经营业绩等相关信息，接受监管部门和市场的监督。

后续整合与管理：并购方对被并购方进行业务、财务、人员等方面的整合，同时持续关注被并购方的经营状况，确保其按照预期发展，以实现并购重组的目标和股份分期支付的顺利进行。

160. 或有支付机制的特点和应用？

或有支付机制（Earn - out），是并购交易中一种创新的定价和支付方式，是指由于交易双方对价值和风险的判断不一致，将传统的一次性付款方式转变成按照未来一定时期内的业绩表现进行支付的交易模式。Earn - out（对赌）是一种并购协议中的合同机制，它允许买方在特定条件下向卖方股东支付额外的款项。这种机制通常用于解决交易双方在估值上的分歧，特别是在股权交割后，如果目标公司达到某些预定的财务或其他方面的考核指标，卖方股东就有可能获得这部分额外的金额。Earn - out 类似于常说的对赌协议，但与通常的对赌协议又存在差异，主要差异是前者是在满足一定的条件后实行分期支付；而对赌通常是签订协议后一次性支付，在条件不能达成时才要求对方补偿的方式。以下是 Earn - out 在并购重组中的特点和应用。

（1）特点。

①解决估值分歧：买卖双方对目标公司的估值常常存在分歧，Earn - out 工具可以让买方在初始支付较低价款的情况下完成交易，卖方则有机会在未来通过公司达到某些绩效目标以获得额外的对价，从而解决双方在估值上的分歧。

②减少谈判成本：能有效缩短收购方与被收购方在股权估值方面的差距，并弥补双方对风险判断的差异，使双方更快找到利益平衡点，降低谈判成本，有助于并购交易合意的最终达成。

③风险共担：将部分交易风险转移到卖方身上。如果目标公司在未来表现不如预期，买方只需支付较低的对价；反之，如果表现优异，卖方则能获得额外收益。这样，通过将一次性付款变为分期付款或延期付款，Earn - out 有助于降低买方支付过高价格的风险，且减少初始投资风险；卖方也能够通过努力提升公司绩效来获得更高的报酬。

④激励卖方核心团队：Earn - out 可以作为一种激励机制，促使卖方核心团队在交割后继续留任并努力经营。卖方（或目标公司管理层）在评估期间内的绩效直接关系到他们能否获得额外对价，促使管理层在交易完成后继续努力工作，提升公司业绩，实现买卖双方的双赢。

⑤对价支付的灵活性：Earn - out 的核心特点是将部分交易对价与未来绩效挂钩。并购双方对标的资产估值有分歧时，可先确定基础交易价格，再根据标的公司未来业绩等指标达成情况，调整最终

支付给卖方的对价，解决估值争议。收购方并非一次性支付股权的对价，而是先行支付部分对价获得股权，剩余对价在双方约定的期限后，根据被收购方在该期限内的业绩或盈利情况计算支付。这样的支付方式使交易对价不固定，而是与被收购方未来的经营表现挂钩，可以使交易结构更加灵活。买方可以根据目标公司的未来表现逐步支付对价，从而减轻一次性大额支付的资金压力。

⑥约束性强：Earn - out 是一种事前防范、延期支付的制度，相比于业绩补偿的事后补偿，更有利于降低被并购方不履行义务的风险，对被并购方约束作用较强。

⑦条款设计复杂性：Earn - out 需明确规定衡量业绩的指标、支付总额、时间期限、支付安排等内容，涉及财务指标、非财务指标等多种因素，条款设计要平衡双方利益，考虑各种可能情况，设计难度较大。

（2）应用。

①应用场景。

高新技术领域等不确定性较高的并购标的：高增长潜力的初创企业、新兴行业领域企业的价值往往更多地体现在技术创新、知识产权等方面，未来发展不确定性高，难以准确估值。如生物医疗企业，其核心技术的研发进度、临床试验结果等对企业价值影响巨大，使用 Earn - out 条款可将对价与技术研发的里程碑事件、产品获批等指标挂钩。又如 A 股并购热点的芯片半导体、人工智能、电子信息等领域，这些领域的标的资产通常具有轻资产、知识密集型且营收不稳定等特点，所以这些领域的标的资产的未来增长存在较高的不确定性，通过 Earn - out 的或有部分支付的设计，捆绑交易双方利益，有利于降低并购风险。

并购非上市公司：非上市公司信息不透明，收购方的尽职调查难度大，双方对股权价值和风险的判断容易存在差异。Earn - out 条款可使双方在不确定被收购方未来业绩的情况下达成交易，如在一些小型制造业企业并购中，收购方对被收购方未来市场拓展能力存疑时，就可根据被收购方后续市场份额增长等业绩指标利用 Earn - out 条款支付剩余对价。

跨境并购：跨境并购的风险结构相对复杂，借助 Earn - out 支付机制，选择外部市场风险指标作为衡量指标，如大宗商品价格指标、汇率等作为衡量指标，能有效进行风险对冲，降低因宏观经济环境、行业波动等带来的经济风险。跨国并购涉及不同国家的企业并购时，面临文化、法律、市场等多方面差异，增加了估值和整合的难度。Earn - out 条款可帮助双方应对这些不确定性，如中国企业收购欧洲一家汽车零部件企业时，就可根据被收购企业在欧洲市场的销售业绩、客户满意度等指标通过 Earn - out 条款支付后续对价，降低并购风险。

管理层激励与留任：若卖方在交易后仍保留部分股权或继续担任管理层，Earn - out 可激励卖方管理层继续为公司发展努力，防止关键人员流失。如科技公司被并购后，原公司创始人兼技术总监可通过 Earn - out 条款（若公司在一定期限内达到新的技术突破或产品上线目标）获得额外对价，促使其留任并推动公司发展。

存在整合风险的并购交易：当并购涉及不同企业文化、管理模式等整合难题时，Earn - out 条款可促使卖方在过渡期间配合整合，助力公司实现业绩目标。

②衡量指标。

财务指标：一定程度上体现了标的资产的经营状况，如销售收入、净利润、息税前利润（EBIT）、息税折旧摊销前利润（EBITDA）等，上述财务指标可以作为单一的衡量标准，也可以组合使用。

非财务指标：业绩指标具有多样性，除了常见的财务指标，如净利润、收入、税息折旧及摊销前利润（EBITDA）等，还包含知识产权、政府许可等多样化的非财务指标及其他指标，能更全面地反映被收购方的经营状况和发展潜力。收购方通常会选取对标的公司价值产生重大影响的因素，主要适用于还处在发展阶段的标的资产，如获取新客户、市场份额增长、取得监管审批、新产品上市、研发进度成果等。在收购电商平台时使用的成交总额、日活跃用户（DAU）、月活跃用户（MAU）等数据指标也属于非财务指标。

③应用要点。

设定合理的绩效目标：绩效目标应明确、可量化且合理，既不能过高也不能过低，以避免将来收购方和被收购方因目标不合理而产生争议。

时间期限：时间期限根据标的公司行业特点、业务发展周期等因素确定。评估绩效目标的期间应考虑具体交易情况合理设定，一般为1年至5年的中长期。期限过短不利于准确评估公司的业绩，过长则会使卖方对价现值降低，也可能增加不确定性。

清晰的支付机制：收购方与被收购方应在协议中明确额外对价的计算方法和支付时间，确保支付机制透明、可操作。

争议解决机制：为避免将来因绩效评估和支付金额产生争议，收购方与被收购方应在协议中明确争议解决机制，如仲裁或诉讼。

控制权与管理：卖方可能会要求在评估期间保留一定的管理权，以确保目标能够实现；买方则需确保公司的日常经营不会因控制权安排而受到不利影响。

会计处理：买方需在财务报表中恰当反映Earn - out的估值和支付，符合相关会计准则的要求。

支付安排：支付安排应明确支付次数、支付时间节点及每次支付金额计算方式等，如采用分档设定奖励方式，设定最低支付、超额支付、支付上限等要素。

实际案例：洛阳某企业在跨境并购中引入Earn - out机制。交易双方约定，2018年1月1日至2019年12月31日的24个月内，若市场上出现了LME的A级铜现货月平均交割价的均值高于3.50美元/磅和LME钴官方现货月平均交割价的均值高于20美元/磅的情况，则该企业控股子公司应在不晚于2020年1月10日向PDK支付0.6亿美元和0.6亿美元对价。通过这种方式，该企业有效缓冲了外部市场风险，推动了交易的实现。

总之，Earn - out是一种有效的并购定价和支付方式，它有助于买卖双方达成共识，同时能激励卖方团队，降低买方风险。

161. 优先股能否作为并购支付手段？

2013年11月30日，国务院发布的《国务院关于开展优先股试点的指导意见》（国发〔2013〕46号）明确规定，优先股可以作为并购重组的支付手段。该指导意见同时规定，上市公司收购要约适用于标的公司的所有股东，但可以针对优先股股东和普通股股东提出不同的收购条件。根据《证券法》第六十九条，收购要约提出的各项收购条件，适用于被收购公司的所有股东。上市公司发行不同种类股份的，收购人可以针对不同种类股份提出不同的收购条件。《证券法》第三十九条规定，收购要约提出的各项收购条件，适用于被收购公司的所有股东。上市公司发行不同种类股份的，收购人可以针对持有不同种类股份的股东提出不同的收购条件。

计算收购人持有上市公司已发行股份比例，以及根据《证券法》第六十五条、第六十九条和第七十三条计算触发要约收购义务时，表决权未恢复的优先股不计入持股数额和股本总额。

中国证监会发布的《优先股试点管理办法》第五十七条规定，“上市公司可以按照《上市公司重大资产重组管理办法》规定的条件发行优先股购买资产，同时应当遵守本办法第三十三条，以及第三十五条至第三十八条的规定，依法披露有关信息、履行相应程序”。第五十八条规定，“上市公司发行优先股作为支付手段购买资产的，可以同时募集配套资金”。

162. 除了现金和股份之外，并购交易中还有哪些对价支付形式？

（1）付息本票。付息本票是卖方向收购人提供的信用便利。在这种方式下，收购人支付收购对价 20%～50% 的现金，余额以向卖方签发 1～3 个月到期的本票方式支付。本票的签发人（收购人）就是本票的付款人。收购人会向卖方支付融资期内的利息，并提供卖方要求的抵押物。如果收购人经营不善，业务迅速下滑，收购人将不能按时偿还余款，而卖方届时也难以收回相同价值的企业。并购方可以在后续投资阶段选择这种支付方式。

（2）聘用协议或咨询协议。并购方有时会采用部分现金加上一份聘用协议或咨询协议（Employment Agreement or Consulting Agreement）的方式完成收购，即在现金之外，新企业与原企业主签订个人聘用协议或咨询协议。根据聘用或咨询协议的总金额，并购方将相应减少现金支付的数额。采用聘用协议或咨询协议的主要目的是保证在并购方收购后企业能够持续稳健运营。另外，原企业主可以部分推迟缴纳所得税并使用较低的税率。

（3）债务承担。并购方往往会同意以承担被并购方部分已经到期或者未到期的或有债务的方式作为支付方式。该方式递延了现金的支付，同时，相关资金用于被并购方的生产经营，有利于并购方提前掌握被并购方的资产负债情况。对被并购方股东，则减少并购结束后原有融资责任的追索情况。

163. 混合支付有哪些优点？

上市公司并购混合支付，是指在收购过程中，收购方利用多种支付工具的组合，除了使用现金或者股票，还使用认股权证、可转换债券或者债务承担等多种支付方式的组合，从而在并购交易获取标的公司控制权的同时完成并购交易对价的支付。目前比较常见的是部分用现金方式支付，部分用股权方式支付。

上市公司并购的目的往往不是单一的。现金支付和发行股份支付两种方式各有利弊：发行股份支付会改变并购方原有的股权结构，在发行股份购买资产时还会使上市公司原股东股份被摊薄；如果使用现金支付，虽然股权结构不会发生改变，大股东仍保持之前的持股比例，但过多地使用自有资金，将会影响企业的长远发展。混合支付方式平衡了现金和发行股份支付的优点和缺点，有利于交易双方以灵活的方式进行现金管理，有利于并购交易双方利益的平衡，是一种比较折中的支付方式。几乎任何交易都可以运用混合支付的方式来完成。并购公司既可以避免支付过多的现金，保持良好的财务状况，又可以防止控制权的转移，从而避免单一的支付方式所带来的局限性。

164. 上市公司并购重组能否采取多样化支付手段？

在同一单并购重组交易中，股份、现金都可以作为支付手段。比如要收购一个标的公司百分之百的股权，标的公司有 10 个股东，每个股东既可以选择以股份作为对价，也可以选择以现金作为对价，甚至可以选择以股份加现金的形式作为对价。

上市公司在考虑确定多样化支付手段时候，主要考虑的因素包括：

（1）收购方财务状况，主要包括现金流和资产负债率的状况。

（2）收购方大股东及管理层的控制权。

（3）收购方股价水平。

（4）收购目的。

（5）收购方所处的发展阶段。

（6）被并购方的规模。

（7）被并购方的股权集中度。

（8）被并购方大股东及管理层的控制权等内部因素。

（9）外部政策因素。

165. 目前商业银行并购贷款主要支持的上市公司并购类型与产业有哪些？

商业银行并购贷款重点支持的并购类型为产业性并购或战略性并购，即收购人与标的公司之间具有较高的产业相关度或战略相关性，收购人通过并购能够获得标的公司的研发能力、关键技术与工艺、商标、特许权、资源、供应或分销网络等战略性资源以提高其核心竞争能力。以获得短期投资收益为目的的财务性并购不是并购贷款支持方向。

商业银行选择开展并购业务的行业，通常是根据目前国家经济结构调整、产业整合升级的经营环境及“十四五”规划的产业政策导向，充分结合各区域行业规划实际，同时考虑扩大内需、促进经济增长、产业整合升级及产业转移的宏观政策后确定的。

目前，商业银行并购贷款支持的主要行业有：

（1）支持国家重点工程建设领域的并购，包括国家重点高速公路、城市轨道交通、重点城际高铁、干线铁路、水利工程、煤运通道、城市电网改造、电力输送通道等领域。

（2）支持国家制定的十大需要振兴的钢铁、汽车、船舶、石化、纺织、轻工、有色金属、装备制造、电子信息以及物流业的并购。

（3）支持国家制定的战略性新兴产业，包括新一代信息技术产业、新能源产业、高端装备制造业、新材料产业、生物产业、新能源汽车产业、绿色环保产业、航空航天产业和海洋装备产业等行业的并购。

（4）支持传媒、金融、软件开发、服务外包等高端服务行业的并购。

（5）对于水泥、钢铁、纺织、平板玻璃、多晶硅、风电、煤化工等产能过剩的行业，同时又是并购业务发生较为频繁的行业，商业银行并购贷款优先支持其行业龙头企业的横向产业整合及纵向产业链的整合并购。

（6）审慎介入房地产、政府投融资平台等受宏观政策调控类企业的并购。

（7）严格控制高耗能、高污染、技术含量低、附加值低的行业的并购。

166. 商业银行并购贷款可以支持上市公司哪些并购交易支付对价？除了并购贷款之外的自筹资金的来源有哪些？

根据《商业银行并购贷款风险管理指引》，商业银行并购贷款系指商业银行向并购方或其子公司发放的，用于支付并购交易价款和费用的贷款。在上市公司并购中，具体用途包含受让现有股权、认购新增股权，或收购资产、承接相关债务等。

商业银行在设计并购贷款融资结构的时候，会关注收购人并购贷款以外资金的筹措来源、筹措方式、还款计划等。除了并购贷款以外，企业自筹的主要融资渠道还包括收购人自有资金、收购人发行的公司债券或者企业债等固定收益证券、发行新的股票或者混合型的证券筹集的资金等。

167. 商业银行并购贷款的期限通常是多长，金额是否有限额？

根据《商业银行并购贷款风险管理指引》的有关规定，并购的资金来源中并购贷款所占比例不应高于60%，并购贷款期限一般不超过7年。2025年5月，科技部、中国人民银行、金融监管总局等七部委联合印发的《加快构建科技金融体制 有力支撑高水平科技自立自强的若干政策举措》在部分银行开展试点，将贷款占并购交易价款比例提高到80%，贷款期限延长到10年。目前没有境外并购贷款的明确规定，由商业银行境外机构根据业务的实际情况，以及监管的政策指导按照商业原则进行确定。

168. 商业银行并购贷款申请的时间节点和一般流程是什么？

商业银行并购贷款通常在并购交易协议签署后、并购交易支付对价和主要并购交易结构确定以后方可正式申请。在特殊情况（如招投标或者上市公司要约收购）下，在并购交易要素基本确认时，并购方就可以发起申请银行贷款，但前提是最后确定的并购交易结构与要素与最初申请银行贷款的时候没有重大变化。

并购贷款申请的一般流程为：项目申请、业务初评、尽职调查、风险评估、信贷审批、贷款承诺、文本制备、银团筹组安排（如果是银团贷款）、放款条件落实与审核信用、股权托管与支付对价、贷款回收、贷后检查与后评估等。

169. 商业银行并购贷款发放的前置性审批条件一般有哪些？

（1）相关主管部门对并购交易出具的批复文件或证明文件。

（2）并购双方签署的收购文件，包括但不限于并购合同或协议、信息披露文件、股东协议、要约协议、不可撤销保证协议、信息备忘录等。

（3）被收购人原有债权、债务的处理方案。

（4）收购人和被收购人公司董事会或股东会同意并购的决议及相关公告。

（5）可行性研究报告（如有）。

（6）并购涉及资产或股权的评估报告或者估值报告，以及其他并购定价相关的支持性文件。

（7）并购交易的法律意见书。

（8）被收购人出让资产的产权证明，或有经营特许权的经营许可证等。

（9）自筹资金的筹资方案。

（10）并购贷款的用款计划、还款资金来源和还款计划。

（11）并购贷款还款保证措施及相关证明文件。

170. 商业银行并购贷款发放的担保手段一般有哪些？

并购贷款通常要求比一般贷款更高的担保条件，包括交割前的过渡性担保、发起人担保（过渡性担保或有限担保等）、股权质押、资产抵押、应收账款质押、浮动质押以及其他形式的担保等。

171. 商业银行并购贷款审批主要考虑上市公司的哪些因素？

商业银行会全面分析收购人的并购战略、收购人和被收购人各自信用情况和经营情况、并购交易的可行性、并购定价的合理性、并购交易的合规性、并购贷款还款来源和担保是否充足，并在此基础上评估是否批准并购贷款。

172. 设立特殊目的公司进行并购主要基于哪些策略上的考虑？

在企业并购交易中，除了收购人直接并购标的公司之外，还可以先专门设立一个特殊目的控股子公司（即 SPV，包括 100% 控股），该子公司无其他任何经营活动，仅作为收购人对标的公司进行并购。根据《商业银行并购贷款风险管理指引》的相关规定，我国上市公司并购贷款融资可以通过为并购交易专门设立无其他业务经营活动的全资或者控股子公司进行。一般而言，通过 SPV 并购主要是基于以下几方面的考虑。

（1）风险隔离的作用。

（2）灵活操作降低成本的需要。

（3）税收方面的考虑。

173. 上市公司跨境并购中特殊目的公司的设立需要重点考虑哪些因素？

上市公司跨境并购设立特殊目的公司（SPV），除了考虑上述一般 SPV 设立的因素以外，还要重点考虑：

（1）并购融资的便利性，一般选择在政策法规制度健全、投资环境良好、资本充裕或者投资便利的地区，如英属维京群岛、开曼群岛、中国香港等。

（2）跨境资本流动的便利性，资本要方便流入流出，同时成本要比较低。

（3）税收的因素，要考虑当地分红流出的税收成本的大小。

（4）未来并购以后资本运作的需要，比如上市的便利性、发债的便利性、引进机构投资者进行二轮私募融资的便利性；作为股东，通过并购方式退出的便利性。

174. 上市公司跨境并购中特殊目的公司设立的地点一般有哪些？

（1）上市公司跨境并购设立 SPV 重点选择的地点有深圳前海自贸区、上海自贸区等政策环境相对成熟的国内自贸区。

（2）和中国境内有税收协定的香港特别行政区。

（3）投资者保护做得比较好的英属维尔京群岛。

（4）便于后续在境外上市的英属开曼群岛。

（5）在欧盟国家有税收优惠协定和投资便利的卢森堡等。

175. 上市公司跨境并购的资金来源主要有哪些？

上市公司跨境并购的资金来自上市公司自有资金，上市公司进行外部股权融资的资金，上市公司、私募股权基金、被并购方管理层成立的员工持股计划（ESOP）共同成立财团获得的资金，上市公司发行公司债券、高收益债券或者从商业银行举借的商业贷款获得的债务性资金等。

176. 上市公司跨境并购贷款的常见融资方式和担保方式有哪些？

上市公司跨境并购贷款常见的融资方式包括境内商业银行并购贷款、境内商业银行离岸（OSA）贷款、境内商业银行非居民（NRA）贷款、境内商业银行自由贸易非居民（FTN）贷款、境内商业银行跨境人民币直接贷款、境外商业银行过桥贷款、境外商业银行中期并购贷款等。担保方式主要是内保外贷、股权质押、现金流监控、积极承诺和消极承诺等方式。

177. 上市公司非公开发行股票是否可以使用商业银行并购贷款?

非公开发行股票，是指上市公司采用非公开方式，向特定对象发行股票的行为。通过非公开发行股票，实现上市公司控制权的转移，是上市公司并购重组采用的重要方式之一。以维护或者获得上市公司控制权为目的的上市公司非公开发行可以申请商业银行并购贷款。

上市公司非公开发行申请并购贷款时，贷款银行通常会关注以下几个方面：

（1）并购贷款的借款人必须在非公开发行股票完毕后具备对上市公司的实际控制能力，增发的目的是现有第一大股东或者实际控制人对上市公司增强控制能力，或者是通过定向增发成为上市公司的第一大股东或者实际控制人，完成对上市公司的并购。

（2）上市公司的非公开发行股票募集资金投向符合国家法律法规的有关规定，相关重大资产重组应当是为了增强主业发展、解决同业竞争、减少关联交易而进行的市场化行为。

（3）通过非公开发行股票并购上市公司，收购人与上市公司之间就会形成较高的产业相关度或战略相关性。收购人通过并购能够获得上市公司的研发能力、关键技术与工艺、商标、特许权、供应或分销网络等战略性资源，以提高其核心竞争能力。

（4）商业银行并购贷款不支持以二级市场交易牟利为目的的财务性投资行为。

178. 并购中固定收益类工具的期限通常是多长，金额限额是多少?

国内固定收益类工具期限的设计方案，主要包括 1 年期以内、1 ~ 5 年、5 ~ 10 年和 10 年期以上。根据目前国内市场已经发行过的和并购直接相关的企业债、公司债和债务融资工具的实际案例，其期限为 3 ~ 15 年。目前，我国没有对企业债券和公司债券可以支付并购交易对价的比例进行法律层面的明确规定。目前，并购债务融资工具以私募发行为主，主要用途是归还并购贷款，可以支付并购交易对价的60%。

179. 目前对银行间债券市场发行并购债务融资工具有什么规定?

银行间债券市场并购债务融资工具，是指非金融企业在银行间债券市场发行的，募集资金用于企业并购活动，约定在一定期限内还本付息的短期融资票据或中期票据。

目前，银行间债券市场并购债务融资工具可以私募方式发行，也可以公募方式发行。并购债务融资工具的用途主要为替换商业银行并购贷款，一般不超过并购总金额的60%。非公开发行方式下，由发行人和投资人在发行协议中自行约定变更募集资金用途应履行的程序。

180. 并购中固定收益类工具相对于并购贷款的优缺点是什么?

与商业银行并购贷款相比，固定收益类工具的主要优点有：成本相对较低，利率与市场利率趋同，不受中国人民银行规定的贷款利率限制；债券多数为信用债券，可以释放抵质押物；未来募集的用以支付并购交易对价资金的比例可能比并购贷款多。

与商业银行并购贷款相比，固定收益类工具的主要缺点有：对债务融资工具发行人自身的要求较高，其经营状况要良好，主体信用评级要高，最好是有短期融资券或中期票据的发行历史，需要找寻市场投资者，存在市场认同风险；与非公开发行股票相关流程匹配，相对较为困难；不确定性较大，时间节点把握较为困难。

181. "并购贷款+并购债务融资工具"产品组合可以解决哪些问题?

"并购贷款+并购债务融资工具"的产品组合将信贷业务与非信贷业务结合，可以将上市公司的自有资金压力降至最低，降低并购融资的不确定性，融资利用率最高的同时也保证了并购交易的及时安全进行。

对于前期不能直接通过债务融资工具进行融资的上市公司，可以先行筹措并购贷款，在未来恰当的时点，用并购债券置换并购贷款，降低自身融资成本，降低企业担保抵质押成本，提高融资规模。

182. 上市公司跨境并购过程中资金支付的安全问题如何解决？

为了保证跨境并购交易价款的支付与股权或者资产过户交割的安全、通畅，拟转让标的公司股权的股东，可以委托相关金融机构对并购股权或者资产进行托管，收购人委托银行对其并购交易价款进行专项资金托管，并由商业银行、股权托管机构与收购人、标的公司股东签署三方账户监管协议，在满足并购交易支付对价款项的条件下，向标的公司股东支付交易对价款项，同时将并购股权或者资产转移到收购人的名下。

183. 认股权证在并购融资中的应用有哪些？

认股权证具有融资、投资、股权估值调整平衡及激励、股份分期支付的作用。认股权证的发行可以作为对不同股东、交易方的补偿手段，解决在并购重组中的利益平衡问题，也可以作为并购重组交易中的估值调整工具或者分期支付手段，既可以用于非上市公司，也可以用于上市公司。

第九章
并购会计处理

184. 通常需要满足哪些条件才能构成企业合并？

企业开展的并购活动通常是一个企业取得了对一个或一个以上企业或者业务的控制权，统称为“企业合并”。构成企业合并通常需要具备以下两个条件。

（1）买方通过并购交易必须取得一个或多个企业或者业务的控制权。并购标的控制权转移是企业合并的显著特点。在控股合并发生以后，买方能够对并购标的的相关活动实施控制，形成母子公司关系，涉及控制权的转移，从合并财务报告角度导致了报告主体的变化；在吸收合并发生以后，买方能够控制并购标的的全部净资产，并购标的在合并中失去法人资格，也涉及控制权及报告主体的变化。需要特别注意的是，在判断买方对并购标的是否形成控制时，不能仅仅根据投资比例而定。并非所有收购股权比例大于50%的交易都会使买方取得并购标的的控制权；当收购股权不超过50%时，买方如果满足一定条件，也可能对并购标的形成控制。买方应当全面考虑是否拥有对并购标的的权力，能否通过参与并购标的的相关活动而享有可变回报，并且是否有能力运用对并购标的的权力影响其回报金额，从而做出审慎判断。如果买方通过并购交易未能取得并购标的的控制权，但对并购标的具有重大影响或共同控制，买方就不能将并购标的纳入财务报表合并范围，而一般采用权益法核算。

权益法核算与合并财务报表的区别在于，权益法仅将买方享有的并购标的净利润的份额确认为投资收益，同时按照买方享有的并购标的净资产中的份额在资产负债表中确认长期股权投资，而不会将并购标的的资产、负债、利润以及现金流量反映到买方的合并财务报表中。

（2）并购标的必须构成业务。业务是指企业内部某些生产经营活动或资产的组合，该组合一般具有投入、加工处理过程和产出能力，能够独立计算其成本费用或所产生的收入。并购标的应当至少同时具有一项投入和一项实质性加工处理过程，且二者相结合对产出能力有显著贡献，才能构成一项业务。投入，指原材料、人工、必要的生产技术等无形资产以及构成产出能力的机器设备等其他长期资产的投入；加工处理过程，指具有一定的管理能力、运营过程，能够组织投入形成产出能力的系统、标准、协议、惯例或规则；产出，包括为客户提供的产品或服务，为投资者或债权人提供的股利或利息等投资收益，以及企业日常活动产生的其他收益。

185. 企业合并和资产收购对买方财务报表有什么不同影响?

企业合并通常是买方取得了对并购标的（企业或业务）的控制权，从而可以按企业合并会计处理的要求合并并购标的（企业或业务），企业合并成本大于合并中取得的并购标的可辨认净资产公允价值份额的差额，应确认为商誉。简单来说，资产收购就是买方购买的未形成业务的企业或多项资产或者资产与负债的组合（即净资产），例如，尚不具备生产能力的厂房和机器设备。并购标的资产如果是单项资产，会按照购买成本直接计入买方的财务报表；如果是多项资产（和负债），则需要将购买成本在各项资产（和负债）之间进行分配之后，计入买方的财务报表，分配的基础是购买日所取得的各项可辨认资产、负债的相对公允价值。因此，资产收购不会在买方财务报表中形成商誉。

判断一项并购属于企业合并还是资产收购，重要的不在于法律形式是买公司还是买资产，而在于对交易经济实质的判断，关键在于并购标的是否构成业务。例如，买方取得了对一家公司的控制权，而并购标的并不构成业务，则该交易也不构成企业合并，应作为资产收购处理。相反，以购买资产形式进行的重组整合。例如，通过收购并购标的的经营性资产（和有关负债）以及承接并购标的的员工等方式进行的并购，并购标的就有可能构成业务，从而满足企业合并的条件，应比照企业合并准则进行处理。

186. 什么是同一控制下的企业合并和非同一控制下的企业合并？

同一控制下的企业合并，是指买方和并购标的在合并前后均受同一方或相同的多方最终控制，且该控制并非暂时性的。所谓非暂时性，一般是指合并前同受最终控制方的控制时间在 1 年以上（含 1 年），合并后所形成的报告主体在最终控制方的控制时间也要达到 1 年以上（含 1 年）。非同一控制下的企业合并，是指买方和并购标的在合并前后不受同一方或相同的多方最终控制的合并交易，即同一控制下企业合并以外的其他企业合并。

（1）同一控制下的企业合并的影响。

①合并方在合并中取得的资产、负债仅限于被合并方在最终控制方财务报表中已确认的资产和负债，合并中不产生新的资产和负债。

②合并方在合并中取得的被合并方的各项资产、负债维持其在最终控制方财务报表中的账面价值不变。

③合并方在合并中取得的净资产的入账价值与为合并支付的对价账面价值之间的差额，可调整所有者权益相关项目，不计入企业合并当期损益。

④控股合并应视同合并后形成的报告主体自最终控制方开始实施控制时，一直是一体化存续下来的。无论合并发生在报告期的任一时点，合并利润表、合并现金流量表均反映的是由母子公司构成的报告主体自合并当期期初至合并日实现的损益及现金流量情况。合并资产负债表的期初数以及比较报表的相关项目均需要进行合并方的财务报表比较数据追溯调整的期间，应不早于双方处于最终控制方的控制之下孰晚的时间。

（2）非同一控制下的企业合并的影响。

①买方在合并中取得的资产、负债，并不仅限于并购标的账面上原已确认的资产、负债，合并中可能产生新的资产和负债，如无形资产、预计负债等。

②买方在合并中取得的并购标的各项可辨认资产、负债一般按照收购日的公允价值进行初始计量。

③买方在购买日合并成本的公允价值大于取得的并购标的的可辨认净资产公允价值份额的差额，确认为商誉；反之，则将差额计入合并当期损益。

④因非同一控制下的企业合并增加子公司或者业务，编制合并利润表、合并现金流量表时，应当将子公司或者业务自购买日至报告期末实现的损益以及现金流量纳入合并财务报表。合并资产负债表的期初数以及比较报表的相关项目不需要进行调整。

⑤买方在对企业合并成本进行分配、确认合并中，取得可辨认资产和负债时，并购标的在合并前已经确认的商誉不应予以考虑。

187. 同一控制下的企业合并从什么时点开始合并报表?

对于同一控制下的企业合并，从合并双方同受最终控制方控制开始，合并方就可以合并被合并方的财务报表。也就是说，被合并方在合并日之前的财务报表，只要相关会计期间与合并方同受最终控制方控制，合并方就需要将被合并方纳入合并范围。这样做的原因是合并双方在合并前后同受最终控制方控制，可以视为合并形成的主体从最终控制方开始实施控制时一直是一体化存续下来的，体现在合并财务报表上，即合并后形成的主体，无论是财务状况还是经营成果都应持续计算。因此，同一控制下企业合并中的合并日的认定，并不对合并财务报表产生直接影响，但是，需要注意的是，被合并方在合并前的净损益应计入非经常性损益，并在合并利润表中单独列示。对于已上市的企业，再融资如果对利润指标有要求，会以归属于母公司股东的净利润和扣除非经常性损益后的归属于母公司股东的净利润孰低计算；而对于拟上市的企业，上市条件中对净利润的要求也是归属于母公司股东的净利润和扣除非经常性损益后的归属于母公司股东的净利润孰低计算。

188. 非同一控制下的企业合并从什么时点开始合并报表?

非同一控制下的企业合并，买方自购买日开始合并并购标的的财务报表。购买日是指买方实际取得并购标的控制权的日期，即并购标的控制权转移的时点。同时满足了以下条件时，通常可认为实现了控制权的转移。

（1）企业合并合同或协议已获股东会等内部权力机构通过。

（2）按照规定，企业合并事项需要经过国家有关主管部门审批的，已获得批准。

（3）参与合并各方已办理了必要的财产权转移手续。

（4）买方已支付了购买价款的大部分（一般应超过50%），并且有能力、有计划支付剩余款项。

（5）买方实际上已经控制了并购标的的财务和经营政策，并享有相应的收益，承担相应的风险。

在发行股份收购股权的企业合并中，通常可能涉及一系列按先后顺序排列的重要日期。

股权收购基准日，代表在买卖双方谈判定价过程中，为了确定并购标的股权价值而设定的评估基准日，或者是为了界定买卖双方权利义务（比如利润分配的归属）而设定的基准日。

股权收购协议日，代表买方与股权出售方及并购标的就股权收购交易达成具有法律约束力的协议。

股东会批准日，代表企业合并合同或协议已获股东会等内部权力机构通过。

中国证监会等部门批准日，代表合并事项已获得相关部门的批准。

资产交割日或股权过户日，代表参与合并各方已办理了必要的财产权交割手续，如工商变更、登记过户手续等。

并购标的董事会改选日，代表买方实际上已经控制了并购标的的财务和经营政策，并享有相应的收益，承担相应的风险。

上市公司股份发行日，代表买方已支付了购买价款。买方通常认为股份发行日能够全部满足实现控制权转移的条件，因此将上市公司股份发行日作为购买日，但不排除实务中有控制权转移的时点在买方股份发行日之前或之后的情况。企业需要根据股权收购协议中约定的交割条件以及企业会计准则的相关规定对购买日做出审慎判断。

189. 企业合并中取得的可辨认资产、负债的公允价值在购买日后还可以调整吗？

按照购买法核算的企业合并，基本原则是确定公允价值，无论是作为合并对价付出的各项资产的公允价值，还是合并中取得并购标的各项可辨认资产、负债的公允价值，如果在购买日或合并当期期末，因各种因素影响无法合理确定的，在合并当期期末，买方应以暂时确定的价值为基础对企业合并进行核算。

在购买日后 12 个月内，如果取得进一步的信息表明在购买日存在相关情况，需要对原先暂时确定的企业合并成本或取得的可辨认资产、负债的价值进行调整的，应视同调整在购买日发生，即对原来已确认的合并中取得的资产、负债以及商誉进行追溯调整，如果涉及上一年度的财务报表，则调整比较财务报表信息。

对于在购买日后 12 个月内出现的、并非在购买日存在的相关情况需要对原来确认的事项做出调整，则在发现当期调整相关资产、负债的价值，不进行追溯调整，不得调整商誉。从购买日算起 12 个月以后，对企业合并成本或取得的可辨认资产、负债的价值的调整，应作为前期差错处理。

区分发现需要对原先确定或暂时确定的企业合并成本或取得的可辨认资产、负债的价值进行调整的信息的时点和判断导致调整的相关情况在购买日是否存在，是决定会计处理结果的关键。

190. 商誉对买方财务报表有什么影响？

从商业角度说，商誉是未来能为企业经营带来超额利润的潜在经济价值，或企业预期的获利能力超过可辨认资产正常获利能力（如社会平均投资回报率）的资本化价值，是企业整体价值的组成部分。从会计角度说，商誉是企业合并成本超过并购标的可辨认净资产公允价值的差额，也就是说，由于并购标的存在未来的潜在超额利润，买方愿意支付比取得的收购的可辨认净资产公允价值份额更高的对价。需要注意的是，在非同一控制下的企业合并中，历史上曾发生过企业合并中确认了商誉，并购标的财务报表中的这些商誉不构成购买日的可辨认资产，在买方计算企业合并形成的商誉时，不应将其作为单项资产从合并成本中扣除。

负商誉，是指合并成本低于并购标的可辨认净资产公允价值的差额。形成负商誉的原因可能是并购标的存在一些账面上未能表现出来的不利因素，例如，企业已出现经营不善或流动性困难的端倪，已存在一些不良的社会影响或经营活动，导致以后期间利润下降，现金流入减少，从而使合并双方的成交价格低于并购标的可辨认净资产的公允价值份额。从会计角度看，负商誉体现为企业合并付出的成本小于获得的净资产，因此，负商誉作为营业外收入计入合并当期的损益。实务中负商誉并不常见，因为大部分的收购行为是基于增加整体企业价值的收购，所以如果出现负商誉，需要仔细复核在计算合并成本和购买的可辨认资产、负债公允价值份额时，是否存在一些未充分考虑的因素。如果最终仍然判断收购时存在负商誉，企业需要在财务报表附注中充分披露相关交易的背景情况。

按照企业会计准则的规定，企业合并形成的商誉，在持有期间不要求摊销，但至少应当在每年末以及当识别出减值迹象时进行减值测试。商誉难以独立产生现金流，因此应当结合与其相关的资产组或资产组组合进行减值测试，一旦发现减值，就需要计提资产减值损失，减少企业当期利润，且商誉减值一经确认，在以后期间不得转回。在一些对轻资产标的公司的并购中，可能会出现较大的商誉，但是当轻资产公司的核心竞争力下降，例如，公司的业务团队解散或客户流失，就可能出现业绩下滑，导致商誉发生减值。

191. 以实物资产作为企业合并对价买方，可以确认相关资产的处置收益吗？

当买方收购并购标的时，以自有的实物资产作为收购对价，可能需要对实物资产进行重新估价，其价值可能高于原来的账面价值，相关的资产增值收益在不同类型的企业合并下，会有不同的会计处理。

对于同一控制下的企业合并，在合并日合并方取得的被合并方净资产账面价值的份额，大于合并方支付的实物资产的账面价值时，差额要计入合并方资本公积。而对于非同一控制下的企业合并，以实物资产作为对价的，该实物资产的公允价值与账面价值的差额，作为实物资产的处置损益，计入合并当期的利润表。

可见，以实物资产作为收购对价时，同一控制下的企业合并即使有资产增值，也不能转化为当期利润，而非同一控制下的企业合并相关资产增值会转化为合并当期利润。

192. 发行股票作为企业合并对价新发股票，对买方财务报表有何影响？

对于同一控制下的企业合并，以发行的股票作为收购对价时，合并方按发行股票的面值计入股本，取得的被合并方净资产账面价值的份额与发行股票面值总额的差额计入资本公积，因此，合并方所发行的股票在合并日的公允价值对其财务报表没有影响。

对于非同一控制下的企业合并，以发行的股票作为收购对价时，买方按发行股票的面值计入股本，发行股票在购买日的公允价值和面值总额之间的差额计入资本公积。同时，买方按照发行的股票在购买日的公允价值确定合并成本，合并成本的大小直接影响商誉的计算。上市公司在确定买方所发行股票的公允价值时，应基于收购日的股票价格确定。

发行股票作为收购对价时，母公司个别财务报表和合并财务报表的净资产都会增加，但不同的企业合并类型的净资产增加额可能存在很大差异。

193. 收购协议中存在或有对价条款，对买方财务报表有什么影响？

近年来，越来越多的收购涉及或有对价。或有对价通常表现为对并购标的未来业绩的对赌条款，如约定并购标的收购后一定年限的业绩达到某一标准，则买方向股权转让方追加支付一定款项；如未达标，则股权转让方向买方退还一定款项或无偿转让并购标的一定比例的股权。另外，也有一些或有对价涉及并购标的未来一定年限内能否取得某项经营许可权等不确定事项。对于这些根据未来一项或多项或有事项的发生或不发生调整收购对价的条款，买方应当评估或有对价在购买日的公允价值，将其计入企业合并成本。根据不同的约定，对赌条款可能最终表现为一项资产、负债或者权益。

购买日后12个月内出现对购买日已存在情况的新的或者进一步证据而需要调整或有对价的，应当予以确认并对原计入合并商誉的金额进行调整。其他情况，如对赌事项在购买日后逐渐明确，则对赌条款形成的资产和负债金额应随之调整，这些调整可能会影响收购当期及以后期间的损益。因此，企业需要仔细考虑对赌条款，结合对并购标的未来经营业绩的预测，充分考虑相关约定对收购当期和以后期间的财务影响，审慎设计收购协议中的对赌条款。

194. 为什么买方合并财务报表中会出现企业合并前并购标的财务报表中没有确认过的无形资产？

在非同一控制下的企业合并中，买方购买的其实是业务，而业务是由不同的资产和负债组成的，因此买方需要仔细辨别，这些取得的资产、承担的负债并不仅限于原来并购标的账面上已经确认的资产、负债。非同一控制下企业合并中可能出现新的在并购标的财务报表中未反映的资产，通常是无形资产。公允价值能够可靠计量的情况下，应区别于商誉单独确认的无形资产一般包括商标、版权及与其相关的许可协议、特许权、分销权等类似权利、专利技术、专有技术等。有些无形资产，如专利技术、专有技术、商标权、著作权、特许权、分销权、数据库、内部研发的软件等，可能原来并购标的为此发生的成本费用很小，或是发生的成本费用都已确认为损益，因此并未在财务报表中确认为无形资产，但这些技术、权利、信息所带来的经济利益在未来期间可能流入企业。当并购发生时，如果满足一定条件（即可辨认性标准），它们就会成为买方的无形资产，按照公允价值入账，入账价值可能远远超过并购标的原来的账面价值。还有一类值得关注的无形资产，就是在企业合并中产生的无形资产是客户类资产，如客户名单、客户关系等。这些无形的客户资源所带来的经济利益很可能流入企业，所以也可能成为合并中新产生的资产。

195. 为什么在被收购企业经营稳定的情形下，买方合并财务报表中仍可能出现利润大幅下滑甚至亏损的情况？

在非同一控制下企业合并中，因为并购标的的资产按购买日公允价值计入合并财务报表，其中，固定资产、无形资产等需要在后续期间分期计提折旧、摊销，计入当期成本费用，减少当期利润，所以购买日相关资产的公允价值大幅超过原来的账面价值，这意味着后续期间的折旧、摊销金额也会远大于并购标的在被收购前的折旧、摊销金额。也就是说，在收购完成后，即使并购标的经营稳定，收入、成本、费用均与收购前持平，但是由于折旧、摊销金额的大幅增长，合并财务报表中反映的净利润也会出现大幅下降。因此，企业在对收购后财务业绩进行预测时应充分考虑购买日长期资产评估增值因素的影响。通常，评估增值的幅度越大，对未来合并利润的负面影响也越大，未来经营业绩承压也会越大。如果采用买方与并购标的收购前的利润简单加总的预测方式，则很可能高估未来的盈利水平。

在同一控制下的企业合并后，《企业会计准则》要求双方的会计政策应保持一致，不会出现不一致的情况。但是如果考虑合并内部抵消，也有可能出现上述情况。

196. 并购标的在企业合并完成后可以用公允价值调整其资产和负债的账面价值吗？

一般而言，企业合并中并购标的可辨认资产、负债的公允价值调整，会在买方的合并财务报表层面以合并调整的形式反映，这也意味着并购标的在收购完成后会延续之前的财务报表。但是，《企业会计准则》也允许在非同一控制下的企业合并中，买方通过企业合并取得并购标的100%股权的，并购标的可以按照合并中确定的可辨认资产、负债的公允价值调整其账面价值。除此之外，其他情况下并购标的不应因企业合并改计有关资产、负债的账面价值。

197. 在分步购买实现的非同一控制下企业合并，为什么最终控制被购买企业时可能会产生投资收益？

通过多次交易分步实现的非同一控制下企业合并，企业在每一次交易时，都会分别确认对并购标的的投资。随着持股比例的逐步增加，在达到对并购标的形成控制时，在合并财务报表中，对于之前持有的并购标的的权益，应当按照取得控制时的公允价值进行重新计量，确认有关投资收益。

198. 企业合并对买方当年的每股收益计算会有什么影响？

基本每股收益等于归属于母公司股东的当期净利润除以当期发行在外普通股股数的加权平均数。收购中，如果买方没有发行股票作为支付对价，在假设买方股数不变的情况下，买方和并购标的合并利润增长，则基本每股收益上升；反之，则下降。如果买方发行股票作为支付对价，则需要分情况考虑。

（1）对于非同一控制下的企业合并，并购标的的净利润从购买日起并入买方。由于计算基本每股收益时，作为分母的普通股股数与作为分子的净利润的口径应当保持一致，发行的加权平均普通股股数也应当从合并日起次月计算。可见，非同一控制下企业合并基本每股收益的计算与一般企业新发行股票基本每股收益的计算，并无本质区别。

（2）对于同一控制下的企业合并，参与合并的企业在合并前后均受同一方或者相同的多方最终控制。从最终控制方角度看，视同合并后形成的主体在以前期间就一直存在，合并后主体的留存收益包括被收购方在合并前处于同一控制的期间实现的净利润的累积金额。因此，与分子净利润口径相一致，同一控制下企业合并中作为对价发行的普通股，也应当视同自最早处于同一控制之日与报告期期初孰晚的时点就已发行在外。因此，以前期间的基本每股收益将会被重新计算，有可能增加，也可能被摊薄。不过，如果是计算扣除非经常性损益的每股收益，同样是为了分子分母口径统一，由于分子扣除了同一控制下企业合并的被收购方在收购日前的净利润，则计算分母时买方发行的股数将从合并日起次月进行加权计算，而以前期间扣除非经常性损益的每股收益不需要重述。收购时买方需要考虑收购对企业每股收益的影响等各方面因素，决定是否采用发行股份作为支付对价以及发行多少股份。

第十章
并购税务筹划

199. 什么是税务筹划？并购企业时应该何时开始考虑税务筹划？

税务筹划就是通过预先的设计和安排，在税法允许的范围内，合理降低企业税负。对并购交易进行税务筹划，可以合理降低并购成本，实现交易效益最大化。并购交易的税务筹划与标的公司的税务情况相关，与交易的结构设计有关，因此，企业在找到合适的潜在标的公司时便可以开始考虑税务筹划。企业根据并购标的公司的情况，识别潜在的税务关注点，如标的公司税务架构的基本情况以及投资退出战略的税务分析。企业通过税务尽职调查，了解被购买企业的重大税务风险及影响，以评估标的公司是否存在节税并购规划的可能。在考虑合理、有效的商业安排的前提下，企业可以通过一定的税务筹划，合理规划交易结构，寻找提高交易效益的可行方案。

200. 税务筹划应主要关注哪些因素？

（1）是否有税收优惠政策，例如，被收购企业是否处于税收优惠地区或行业。

（2）商业安排优化筹划，例如，销售及其他主要经营安排是否已做到税务效率最大化。

（3）是否存在具有价值的税务资产，例如未弥补完的税务亏损。

（4）是否存在可以通过合理的关联交易及转让定价安排，降低并购后企业整体税负的水平。

201. 企业重组的税务处理方式有哪些？

企业重组的税务处理有一般性税务处理和特殊性税务处理。一般性税务处理，即在重组交易时需按公允价值确认重组所得或损失，并计算缴纳企业所得税，重组各方应以公允价值作为重组所涉及的股权或资产的计税基础。特殊性税务处理是交易中股权支付部分暂不确认有关股权或资产转让所得或损失，待相关股权再次被转让并且不符合特殊性税务处理规定时，才产生现时纳税义务。

202. 符合哪些条件时，企业重组才适用特殊性税务处理规定？

（1）具有合理的商业目的，且不以减少、免除或者推迟缴纳税款为主要目的。

（2）股权收购中，收购企业购买的股权不低于被收购企业全部股权的50%；资产收购中，受让企业收购的资产不低于转让企业全部资产的50%。

（3）企业重组后的连续12个月内不改变重组资产原来的实质性经营活动。

（4）重组交易对价中涉及股权支付金额不低于其交易支付总额的85%。

（5）企业重组中取得股权支付的原主要股东，在重组后连续12个月内不得转让所取得的股权。

203. 企业发生并购交易并适用特殊性税务处理的，应何时向税务机关备案？

交易各方应在该并购业务完成当年企业所得税年度申报时，填报“企业重组所得税特殊性税务处理报告表及附表”和申报资料。

204. 非同一控制下的企业合并与同一控制下的企业合并，在选择特殊性税务处理时的要求有什么不同？

对于非同一控制下的企业合并，如果企业股东在该企业合并时取得的股权支付金额比例不低于其交易支付总额的85%，可以选择特殊性税务处理。

同一控制下且不需要支付对价的企业合并，可以选择特殊性税务处理。这里的“同一控制”，是指参与合并的企业在合并前后均受同一方或相同的多方最终控制，且该控制并非暂时性的。

205. 企业间重组如果以划拨方式进行，税务处理是怎样的？

100%直接控制的居民企业之间，以及受同一或相同多方居民企业100%直接控制的居民企业之间，按账面净值划转股权或资产，凡具有合理商业目的，不以减少、免除或者推迟缴纳税款为主要目的，股权或资产划转后连续12个月内不改变被划拨股权或资产原来实质性经营活动，且划出方企业和划入方企业均未在会计上确认损益的，可以选择按以下规定进行特殊性税务处理。

（1）划出方企业和划入方企业均不确认所得。

（2）划入方企业取得被划转股权或资产的计税基础，以被划转股权或资产的原账面净值确定。

（3）划入方企业取得的被划转资产，应按其原账面净值计算折旧扣除。

交易一方在股权或资产划转完成日后连续12个月内在生产经营业务、公司性质、资产或股权结构等方面发生变化，致使股权或资产划转不再符合特殊性税务处理条件的，发生变化的交易一方应在情况发生变化的30日内报告其主管税务机关，同时书面通知交易的另一方。交易的另一方应在接到通知后30日内将有关变化报告其主管税务机关。

206. 不同的并购融资方式，税务成本有何不同？

（1）增资扩股。通常不需要偿还本金，但是会稀释控股权，摊薄每股收益。投资方根据企业经营状况及未来发展需要，适时向股东派发股利。股利以税后净利润分配，因此不能做税前抵扣，增加企业税负。如果股东为个人，作为被投资公司，在分配股息红利时需要为其代扣代缴个人所得税。如果涉及海外企业股东，被投资公司还需要代其扣缴预提所得税，具体的税率视中国与不同国家（地区）签订的双边税收协定（安排）内容而定。境外投资者从中国境内居民企业分配的利润，直接投资于非禁止类投资项目，包括境外投资者以分得利润进行的增资、新建、非关联方股权收购等权益性投资行为，但不包括新增、转增、收购上市公司股份行为（符合条件的战略投资除外），凡符合规定条件的，实行递延纳税政策，暂不征收预提所得税。股东日后退出时，需要就其资本利得缴纳企业所得税或个人所得税。

（2）投资方以借贷或发行债券进行并购融资。有关的借款利息或债券利息符合税法要求的，可作为财务费用在税前扣除，降低企业税负。但是贷款或债券到期时投资方需要偿还本金，企业可能面临较大的资金压力。如果投资方发行可转换公司债券，相关利息也可以在税前抵扣；如果企业业绩较好，转股价低于市价，债券持有人通常会将债券转换为股份，购买人可以免除债券到期时的还款压力。综上所述，发行可转换公司债券具有一定的灵活性，融资的税务成本也相对较低。此外，如果债权人为海外企业，作为国内企业的买方，还需要为债权人支付的利息费用代扣代缴预提所得税及增值税等，具体的所得税税率视中国与不同国家（地区）签订的双边税收协定（安排）内容而定。

207. 收购存在大量关联交易的企业时，需要额外关注哪些税务风险？

如果被收购企业存在较多的关联交易，收购企业在收购时需要额外关注其关联交易转让定价的税务风险。根据现行企业所得税法规的要求，企业与其关联方之间的业务往来定价应该和该企业与其他独立企业之间的业务定价相一致，即符合独立交易原则，并提供有关文件向税务机关备案。任何与独立交易原则不相符的安排都有可能出现关联交易风险，从而被税务机关进行转让定价调整，补征企业所得税。因此，买方需要对相关风险做出评估，并在交易定价、收购协议中做出考虑和安排。同时并购标的公司必须妥善准备和保管有关关联交易的文档，如关联交易的协议、定价政策、可比信息、预约定价安排。

208. 被收购企业存在股权激励计划或者拟实施股权激励计划，需要考虑哪些税务风险？

企业可按税法规定将股权激励成本按照一定的计算方法，作为企业当年的工资薪金支出，在企业所得税税前扣除。

根据《关于完善股权激励和技术入股有关所得税政策的通知》（财税〔2016〕101 号）的规定，非上市境内居民企业（包括在全国中小企业股份转让系统挂牌的公司）授予本公司员工的股票期权、股权期权、限制性股票和股权奖励，在员工取得上述股权激励时可先暂不纳税；待股权转让时，股权转让收入减除股权取得成本以及合理税费后的差额，要按照财产转让所得适用 20% 的税率计算缴纳个人所得税。企业实施符合递延纳税条件的股权激励计划，应向主管税务机关备案，未经备案，不得享受递延纳税政策。被授予人即员工，在实际行权时，实施股权激励计划的企业为个人所得税的扣缴义务人。

递延纳税期间，非上市公司情况发生变化，不再同时符合递延纳税的七个条件的，应于情况发生变化之次月 15 日内，按有关规定计算缴纳个人所得税。以在一个公历月份中员工取得的股票（权）形式的工资薪金所得为一次。员工取得符合条件、实行递延纳税政策的股权激励，与不符合递延纳税条件的股权激励分别计算。员工在一个纳税年度中多次取得不符合递延纳税条件的股票（权）形式的工资薪金所得的，应按有关规定计算应纳税款。

非上市公司实施符合条件的股权激励，个人选择递延纳税的，非上市公司应于股票（权）期权行权、限制性股票解禁、股权奖励获得之次月 15 日内，向主管税务机关报送相关资料（即非上市公司股权激励个人所得税递延纳税备案表、股权激励计划、董事会或股东会决议、激励对象任职或从事技术工作情况说明等）。

上市公司实施股权激励，个人选择在不超过 12 个月期限内缴税的，上市公司应于股票期权行权、限制性股票解禁、股权奖励获得之次月 15 日内，向主管税务机关报送相关资料（即上市公司股权激励个人所得税延期纳税备案表；上市公司初次办理股权激励备案时，还应一并向主管税务机关报送股权激励计划、董事会或股东会决议；

激励对象任职或从事技术工作情况说明等）。

企业实施的股权激励计划可能不满足递延纳税的条件，或在享受递延纳税期间，企业有关情况发生变化，从而不能再享受递延纳税政策时，应按规定计算缴纳个人所得税。一些企业由于对税法不了解，股权激励成本可能未进行准确的税前扣除，或可能未按规定做好个人所得税的代扣代缴或递延纳税的备案，从而引发相关的税务风险。此外，股权激励的会计处理会确认相关的股份支付成本，从而影响企业利润，进而影响被收购企业的估值。

209. 海外并购的税务筹划通常需要考虑哪些问题？交易结构设计又需要注意哪些问题？

（1）海外并购架构是否具有合理的商业目的。如果企业实施不具有合理的商业目的的安排而减少其应纳税收入或所得额的，税务机关有权按照合理方法调整。

（2）是否能利用税收协议。选择海外控股公司的地点时，可以考虑该国家或地区是否与中国有税收协议。另外，申请享受股息、利息和特许权使用费等税收协定（安排）待遇时，如申请5%的股息预提所得税税率，需要提供能证明其具有受益所有人身份的相关资料。

（3）受控外国企业的税务风险。由中国居民企业设立在实际税负明显低于中国法定税率水平50%（即低于12.5%）的国家或地区的企业，如果境外公司没有合理的经营需要而对利润不进行分配或者减少分配的，中国税务机关有权对相关利润中应归属于居民企业的部分征税。

（4）境外中资企业被认定为中国税收居民的税务风险。设立在境外的公司，如果在境内形成实际管理机构，有可能被认定为中国居民企业，就其来源于中国境内、境外的所得征收企业所得税。

（5）汇回收入的境外税负抵扣问题。一般企业，若其境外投资有超过5层的架构，汇回收入不能完全抵扣境外已缴税负，可能需要做出适当的重组。

（6）控股公司是否存在实质得以根据税收协定享受优惠税率。

出于当地税法的考虑，控股公司需要满足一定的条件以获得当地税务居民身份。所涉及的被投资国家地区对于商业实质可能有不同的要求，有些国家可能还要求满足受益所有人相关条件。这些条件通常包括在当地拥有办公室或员工、有活跃的贸易或商业或者其他商业活动、董事会议的召开等。

交易结构的设计从税务方面还需注意以下几点：交易实施过程中的税负，如有关股权收购和资产收购的税务考虑；在日后经营产生的包括经营利润、资本利得、股息分配等的税负；退出投资过程中的税负。

210. 收购有中国子公司的海外集团，需要注意什么？

非居民企业通过实施不具有合理商业目的的安排，间接转让中国居民企业股权等财产，规避企业所得税纳税义务的，应按照《企业所得税法》的规定，重新定性该间接转让交易，确认为直接转让中国居民企业股权等财产。

符合以下情形，应直接认定为不具有合理商业目的：

（1）境外企业股权75%以上价值直接或间接来自中国应税财产。

（2）间接转让中国应税财产交易发生前一年内任一时点，境外企业资产总额（不含现金）的90%以上直接或间接由在中国境内的投资构成，或间接转让中国应税财产交易发生前一年内，境外企业取得收入的90%以上直接或间接来源于中国境内。

（3）境外企业及直接或间接持有中国应税财产的下属企业虽在所在国家（地区）登记注册，以满足法律所要求的组织形式，但实际履行的功能及承担的风险有限，不足以证实其具有经济实质。

（4）间接转让中国应税财产交易在境外应缴所得税税负低于直接转让中国应税财产交易在中国的可能税负。

间接转让股权所得按规定应缴纳企业所得税的，依照有关法律规定或者合同约定，对股权转让方直接负有支付相关款项义务的单位或者个人为扣缴义务人（通常情况下可以认定为收购方具有代扣代缴义务）。扣缴义务人未扣缴，且股权转让方未缴纳应纳税款的，主管税务机关可以按照《税收征管法》及其实施细则的相关规定，追究扣缴义务人责任，但扣缴义务人已在签订股权转让合同或协议之日起30日内按相关规定提交资料的，可以减轻或免除责任。扣缴义务人未依法扣缴或者无法履行扣缴义务的，取得所得的非居民企业应当按规定向所得发生地主管税务机关申报缴纳未扣缴税款，非居民企业未按规定申报缴纳税款的，税务机关可以责令限期缴纳，非居民企业应当按照税务机关确定的期限申报缴纳税款；非居民企业在税务机关责令限期缴纳前自行申报缴纳税款的，视为已按期缴纳税款。在收购含有中国子公司的海外集团时，买方需要针对卖方是否因间接转让中国企业而存在被中国税务机关征税的可能，则可在交易合同中寻求法律保护，包括向中国税务机关的申报义务或权利。

“中外中”的架构会导致底层中国子公司缴纳的中国企业所得税和预提所得税，不能在上层中国企业计算企业所得税时享受境外税收抵减，从而增加整体的税务成本。因此，企业在收购含有中国子公司的海外集团后，要根据实际情况考虑集团重组。

第十一章
并购实施与过渡期安排

211. 并购谈判前需要做哪些准备工作？

企业进行并购交易成功与否的关键就是与目标公司之间的谈判、磋商。企业与目标公司通过谈判达到双方利益的最大化，形成企业发展的一致性战略，进而形成共同的企业价值观。从广义上来说，并购谈判贯穿交易的整个过程，直到并购完成以及并购完成后的整合。并购谈判前的准备工作如下：

（1）深入了解目标公司的基本情况，包括但不限于目标公司的主营业务、股东及股权结构、所处行业及国家监管政策与行业发展前景、员工人数、基本财务情况；如已进行尽职调查工作，则可以综合审计机构、法律顾问、财务顾问提供的相关书面报告为基础，做到了然于胸。

（2）详细列示谈判计划、拟谈判问题清单，包括但不限于以下问题：核心问题是什么；企业是否有并购谈判的筹码；目标公司发展及经营的瓶颈以及并购交易的需求；目标公司并购交易的可能要求；谈判的底线是什么；目标公司有哪些需求；目标公司与企业是否存在战略协同点；双方利益最大化的平衡点在哪里。

（3）组建谈判团队。并购交易谈判涉及的方面较多，如财务、法律、行业、并购整合等问题，并购交易成功与否的关键因素是谈判团队是否切实把握了并购交易的实质条件，是否取得了目标公司的强烈认同感。

212. 并购谈判需要关注的焦点问题是什么？

（1）并购交易价格的谈判。并购价格的谈判是一个至关重要的议题，由于并购双方处于信息不对称的地位，在价格谈判中收购方通常处于不利地位：目标公司基于自身利益的考虑，一般不愿意多透露信息给收购方，所以收购方只能通过必要的尽职调查尽可能多地认识、了解目标公司，同时通过各种渠道间接获得目标公司的相关信息，判断目标公司的潜在收购价值。在价格谈判中，如果目标公司先出价，收购方只有充分了解到目标公司的真实情况以及未来可能发掘出的潜在价值，才能提出相应的收购价格。收购方既要根据目标公司未来的盈利能力、发展前景、规范的成本等方面确定收购价格的上限，也要与同行业企业相比较，参照重置价格，并结合同行业并购交易的情况、目标公司存在的各种风险和不确定因素来确定收购价格的上限。此外，在重大资产重组过程中，目标公司的收购价格还需要参考市场可以接受的评估价格或者其他估值价格。

目标公司通常不会透露其可接受的价格下限，而收购方也不会贸然给出真正的价格上限。但如果收购方透露给目标公司的价格上限过低，可能造成目标公司没有进一步谈判的欲望，之后若再主动提高，则相当于将自己置身于被动局面。另外，如果目标公司提出的价格超过收购方能够承受的价格上限，收购方可能认为卖方无法找到出更高价格的买主。在此情况下，收购方也许会不急于收购而宁可等下去，坚持不超过上限价格。在这种情况下谈判就会陷入僵局，只要有一方操之过急，就容易陷于被动，失去了先机。

（2）并购条件的谈判。并购条件一般包括支付方式、支付期限、交割、交易保护、损害赔偿、并购后人事安排、税负、违约责任、公司管控等。其实，并购价格也是并购条件的一部分。在收购谈判陷入僵局时，为促成交易的达成，谈判双方必须在并购价格或某些并购条件上做出一定的让步。

并购双方在协商收购交易时，收购方争取的不仅是尽可能低的价格，还包括有利的付款条件及交易上的安全性措施，如预防目标企业提供虚假陈述、不实财务资料或者未如实揭露负债时的损害赔偿的措施。目标企业除了争取尽可能高的价格外，还要争取尽可能低的所得税负的交易方式及避免承诺无法履行等不利于目标企业的交易条件。

这些问题可能不是企业并购谈判的核心议题，但是如果并购条件的谈判不顺利，也会对整个谈判产生重要影响，也许谈判双方就并购价格已达成了一致意见，但是也可能出现因为并购条件的某个小议题无法达成一致而最终导致整个并购活动流产的情况，所以，收购方对并购条件的谈判也不能掉以轻心。这种情形在实务中也屡见不鲜。

213. 并购谈判的注意事项有哪些？

并购谈判需要讲究高超的谈判技巧及合适的谈判方式和方法，下面我们列示了并购谈判应该注意的技巧和事项。

（1）营造良好的谈判氛围与条件。谈判氛围讲究务虚，而谈判条件需要非常明确。一般谈判条件分为硬性条件和软性条件：硬性条件有设备、场所的保密性是否符合要求，是否有防止出现内幕消息的保密措施等；软性条件有参与人员的保密意识、法律风险防范意识、以公司利益为重的集体和大局意识等。

（2）在谈判的时候，谈判人员尽量以第三方的立场陈述。

①做好倾听者。成功的谈判人员在谈判时把50%以上的时间用来听。他们边听、边想、边分析，并不断地向对方提出问题，以确保自己完全正确理解了对方的意思，同时，仔细听对方说的每一句话。谈判员常常可以从对方说的看似不重要的话语中获得大量宝贵信息，这些信息可能会增加谈判的筹码。在谈判中，我们要尽量鼓励对方多说，并提出问题请对方回答，使对方多谈他们自己的情况，以达到尽量了解对方的目的。

②巧提问题。通过提问，自己一方不仅能获得平时无法得到的信息，而且还能证实以往的判断。应用开放式的问题（即答复不是“是”或“不是”，而是需要特别解释的问题）以了解对方的需求，因为这类问题可以使谈判对手畅谈他们的需求。谈判时，应将对方回答的重点和关键问题记下来备用。在提问时，谈判员应尽量使用更具试探性的条件问句进一步了解对方的具体情况，以调整谈判

策略。

③把控好谈判节奏。不要急于求成，给自身留一定的空间与时间，要求对方先提出建议或条件，以供己方参考。要注意求同存异，发现双方之间的共性问题和价值融合点，以引起共鸣。

（3）尊重目标公司，平等谈判，并购谈判的目标是合作共赢，而不是“谁兼并谁、谁吃掉谁”，应把“和谐共生、互助共赢”的理念宣传到位。同时，在条件允许的情况下，可以适当轮换角色，设身处地地站在对方公司角度来考虑问题。

214. 并购谈判失败后如何处理？

任何交易都不可能一蹴而就，发生并购谈判失败或并购谈判陷入僵局的情况时有发生。对于这种情况，谈判员应深入分析并购谈判失败的原因，并根据谈判情况制订谈判的应急预案。如陷入并购谈判僵局，应暂时中止谈判，同时综合考量双方需求，寻找双方并购交易的平衡点，并以恰当的方式传递给对方，待对方接受并表达进一步协商的意愿时再启动下一轮谈判。如谈判宣告彻底失败，双方应依据并购意向书、备忘录等相关文件的规定以及相关法律法规的要求履行信息披露义务，同时妥善处理后续事宜。

215. 并购协议签署前的意向性文件有哪些？

并购协议签署前，并购各方需共同对洽商及阶段性成果进行确认。这个阶段通常采取备忘录、保密协议、框架性文件、意向书与约束性报价等形式。

（1）备忘录。并购双方在并购前期谈判、磋商过程中会就某些双方关注的问题、解决的方案等事项形成书面的备忘文件。备忘录在形式上一般比较简单，备忘录通常不具有法律效力；如果明确约定所签署的备忘录对双方都具有法律约束力，那么在该备忘录上签字的各方都要遵约执行。

（2）保密协议。在达成初步意向时，并购双方一般会签订保密协议，就双方在洽商过程中知晓的任何一方的商业秘密约定在一定期限内承担保密责任。保密协议一经签署，一般即产生法律效力。

上市公司在收购时尤其是触及重大资产重组标准的，还需要委托方与接受委托的中介机构、交易对象签订保密协议。

（3）框架文件。框架文件是并购双方在洽商过程中就交易模式（架构）、主要内容等达成一致意见后而订立的阶段性文件。并购双方在签订正式的合同前一般会签订相应的框架性协议，约定各方的权利义务、合作的基本原则等内容，正式合同的签署一般以框架性协议为基础。具备合同要素有明确的权利义务以及违约责任的约定的框架性协议一经签署，一般即产生法律效力。

（4）意向书与约束性报价。意向书一般是并购双方在初步沟通后对并购都有意向时就双方设想予以确认的书面文件。一般列明各方当事人、初步达成的意向性意见、排他性条款等。意向书中未明确排除法律约束力的，一方履行义务后，另一方应当遵照执行，即具有一定的法律效力。并购双方在沟通初期基于对估值的初步判断而约定一个初步的报价，该报价有可能是约束性的报价，也可能是非约束性的报价。约束性报价一般明确一个具体的价格区间，并约定在未来订立正式的并购（合同）协议时，不得超出该价格区间。而非约束性报价，虽然该报价经双方协商并均已接受，但后期可能会因并购事项发生变化而变化。

216. 重大资产重组主要披露哪些协议及内容？

上市公司重大资产重组主要披露资产购买、出售或资产置换协议，如果还有业绩补偿安排和配套融资的，还应一并披露业绩补偿协议、募集配套资金股份认购协议，存在其他协议的，也应一并披露。

资产购买、出售或资产置换协议的主要内容包括但不限于：合同主体、签订时间；交易价格及定价依据；支付方式（一次或分次支付的安排或特别条款、股份发行条款等）；资产交付或过户的时间安排；交易标的自定价基准日至交割日期间损益的归属、过渡期安排；与资产相关的人员安排；合同的生效条件和生效时间；合同附带的任何形式的保留条款、补充协议和前置条件；违约责任条款。

发行股份购买资产协议是并购重组中最常用的一个协议，较资产购买、出售或资产置换协议增加了发行方式、发行对象和认购方式、发行股票的种类和面值、发行股份的价格和数量、锁定期等与增发股份相关的条款。该协议是整个交易的核心，不仅是披露和上报交易所审核的材料之一，也是在取得中国证监会注册后，去工商部门办理过户并去登记公司办理新股登记的重要依据。

业绩补偿协议也是并购重组中较为常见的协议，一般会约定交割后出售方对标的资产的业绩承诺，并对完不成业绩承诺的补偿措施等进行了明确的约定。

217. 股份转让协议主要包括哪些内容？

股份转让协议的主要内容包括协议转让的当事人名称、转让股份的数量和比例、股份性质及性质变动情况、转让价款、股份转让的支付对价（如现金、资产、债权、股权或其他安排）、付款安排、协议签订时间、生效时间及条件、过渡期安排、特别条款等。

218. 框架性协议与补充性文件有哪些？

并购双方达成一致交易意见后，通过签订框架性协议及补充性文件的方式就双方的一致性意见以书面形式予以确定。框架性协议及补充性文件主要包括并购交易方案、各方权利和义务、实施程序、法律责任等。补充性文件作为并购协议的重要组成部分，除交易双方另有约定外，一般与并购协议具有同等的法律效力。

交易方案是并购协议的核心，包括但不限于估值及作价、业绩承诺和补偿、业绩奖励、支付手段与方式、时机、并购后的整合安排等内容。交易方案一般需要交易双方的董事会、股东会审议通过，上市公司发行股份购买资产、重组上市还需要通过中国证监会的审批。因此，并购协议一般约定为经交易双方董事会、股东会审议通过和经交易所审核通过、中国证监会注册后生效。

219. 上市公司收购过程中的锁定期如何安排？

在上市公司收购中，收购人持有的被收购的上市公司的股票，在收购行为完成后的18个月内不得转让。也就是说，通过竞价交易、协议转让、要约收购、收购人参与上市公司锁价定增等收购存量股份方式或者新增股份方式实现对上市公司收购的，其所持有的股份 18 个月内不得转让。

属于《上市公司重大资产重组管理办法》第十三条第一款规定的交易情形的，构成重组上市，上市公司原控股股东、原实际控制人及其控制的关联人，以及在交易过程中从这些主体直接或间接受让该上市公司股份的特定对象应当公开承诺，在本次交易完成后 36 个月内不转让其在该上市公司中拥有权益的股份。对于重组上市，特定对象通过认购本次发行的股份取得上市公司的实际控制权情形的，36 个月内不得转让其取得的上市公司股份。

2024 年 12 月 31 日，最高人民法院和中国证监会印发《关于切实审理好上市公司破产重整案件工作座谈会纪要》的通知（法〔2024〕309 号）。中国证监会于 2025 年 3 月 14 日公告《上市公司监管指引第 11 号——上市公司破产重整相关事项》（中国证监会公告〔2025〕2 号）。根据《上市公司监管指引第 11 号——上市公司破产重整相关事项》第九条，重整计划草案应当对相关方持股期限作出约束，以确保重整后公司股权、经营相对稳定。重整投资人自根据重整计划取得股份之日起 12 个月内，不得转让或者委托他人管理其直接和间接持有的上市公司股份。重整投资人成为上市公司的控股股东、实际控制人的，上述期限为 36 个月，其一致行动人应当一同遵守前述锁定要求。重整后上市公司控制权未发生变更的，控股股东、实际控制人自重整计划裁定批准之日起 36 个月内不得转让或者委托他人管理其直接和间接持有的上市公司原有股份。控股股东、实际控制人根据重整计划新取得的股份，自取得之日起 36 个月内，不得转让或者委托他人管理。控股股东、实际控制人的一致行动人应当一同遵守前述锁定要求。按照重整计划对股权调整完毕后，上市公司披露无控股股东、实际控制人的，其第一大股东应当比照控股股东、实际控制人遵守上述股份锁定期的相关规定，但是第一大股东持股比例不足 5% 的除外。

《深圳证券交易所上市公司自律监管指引第 14 号——破产重整等事项（2025 年修订）》第四十六条规定，破产重整相关方的股份锁定期安排应当符合中国证监会相关规定。上海证券交易所于 2025

年3月14日颁布了《上海证券交易所上市公司自律监管指引第13号——破产重整等事项（2025年修订）》（上证发〔2025〕30号），适用于主板、科创板上市公司。根据《上海证券交易所上市公司自律监管指引第13号——破产重整等事项（2025年修订）》第四十六条，破产重整相关方的股份锁定期安排应当符合中国证监会相关规定。

220. 发行股份购买资产锁定期如何安排？

特定对象以资产认购而取得的上市公司股份，自股份发行结束之日起12个月内不得转让；属于下列情形之一的，36个月内不得转让：

（1）特定对象为上市公司控股股东、实际控制人或者其控制的关联人。

（2）特定对象通过认购本次发行的股份取得上市公司的实际控制权。

（3）特定对象取得本次发行的股份时，对其用于认购股份的资产持续拥有权益的时间不足12个月。

属于重组上市的，上市公司原控股股东、原实际控制人及其控制的关联人，以及在交易过程中从这些主体直接或间接受让该上市公司股份的特定对象应当公开承诺，在本次交易完成后36个月内不转让其在该上市公司中拥有权益的股份；除收购人及其关联人以外的特定对象应当公开承诺，其以资产认购而取得的上市公司股份自股份发行结束之日起24个月内不得转让。

特定对象为私募投资基金的，还有除外情形：

（1）上市公司关于本次重大资产重组的董事会决议公告时，私募投资基金对其用于认购股份的资产持续拥有权益的时间已满48个月，且不存在为上市公司控股股东、实际控制人或其控制的关联人，或者通过认购本次重组发行的股份取得上市公司的实际控制权的情形的，以资产认购而取得的上市公司股份自股份发行结束之日起6个月内不得转让。

（2）属于重组上市的，私募投资基金对其用于认购股份的资产持续拥有权益的时间已满 48 个月，且为除收购人及其控制的关联人以外的特定对象的，以资产认购而取得的上市公司股份自股份发行结束之日起 12 个月内不得转让。

221. 交易完成后，股价下跌的锁定期有何要求？

上市公司向控股股东、实际控制人或者其控制的关联人发行股份购买资产，或者发行股份购买资产将导致上市公司实际控制权发生变更的，认购股份的特定对象应当在发行股份购买资产报告书中公开承诺：本次交易完成后 6 个月内如上市公司股票连续 20 个交易日的收盘价低于发行价，或者交易完成后 6 个月期末收盘价低于发行价的，其持有公司股票的锁定期自动延长至少 6 个月。

222. 上市公司是否需要对标的公司做盈利预测？

一般而言，标的公司是否需要做盈利预测，主要取决于选择何种评估方法。如果采用基于未来收益的评估方案，如收益现值法、假设开发法等，则需要对标的公司进行盈利预测。该盈利预测一般都是在资产评估报告或者估值报告中得到体现。盈利预测报告可以根据上市公司自愿选择是否披露，由有相关证券业务资格的会计师事务所审核。上市公司自愿披露盈利预测报告的，该报告应当经符合《证券法》规定的会计师事务所审核，与重大资产重组报告书同时公告。

223. 哪种情形下需要进行业绩补偿？

采取收益现值法、假设开发法等基于未来收益预期的方法，对拟购买资产进行评估或者估值并作为定价参考依据的，上市公司应当在重大资产重组实施完毕后 3 年内的年度报告中单独披露相关资产的实际盈利数与利润预测数的差异情况，并由会计师事务所对此出具专项审核意见；交易对方应当与上市公司就相关资产实际盈利数不足利润预测数的情况签订明确可行的补偿协议。

预计本次重大资产重组将摊薄上市公司当年每股收益的，上市公司应当提出填补每股收益的具体措施，并将相关议案提交董事会和股东会进行表决。负责落实这些具体措施的相关责任主体应当公开承诺，保证切实履行其义务和责任。

上市公司向控股股东、实际控制人或者其控制的关联人之外的特定对象购买资产且未导致控制权发生变更的，不适用上述规定，上市公司与交易对方可以根据市场化原则，自主协商是否采取业绩补偿和每股收益填补措施及相关具体安排。也就是说，如果上市公司向控股股东、实际控制人或者其控制的关联人购买资产的，且标的资产采用基于未来收益预期的方式进行评估或者估值的，则需要交易对方做出业绩补偿和每股收益填补措施及相关具体安排。

交易对方为上市公司控股股东、实际控制人或者其控制的关联人，无论标的资产是否为其所有或控制，也无论其参与此次交易是否基于过桥等暂时性安排，上市公司控股股东、实际控制人或者其控制的关联人均应以其获得的股份和现金进行业绩补偿。

在交易定价采用资产基础法估值结果的情况下，如果资产基础法中对一项或几项资产采用了基于未来收益预期的方法，上市公司控股股东、实际控制人或者其控制的关联人也应就此部分进行业绩补偿。

224. 重组方做出业绩承诺，是否可以变更业绩承诺？

上市公司重大资产重组中，重组方的业绩补偿承诺是基于其与上市公司签订的业绩补偿协议做出的，该承诺是重组方案的重要组成部分。因此，重组方应当严格按照业绩补偿协议履行承诺。除中国证监会明确的情形外，重组方不得适用《上市公司监管指引第4号——上市公司实际控制人、股东、关联方、收购人以及上市公司承诺及履行》第五条的规定，变更其做出的业绩补偿承诺。

225. 并购实施主要包括哪些内容？

（1）并购实施的内容主要包括：并购双方确定并购实施小组；并购双方制订并购实施工作计划；确定基准日并开展尽职调查活动；根据尽职调查结果进行洽商并拟订并购交易的相关协议；根据并购交易的相关协议约定确定并购交割的范围、并购交割的时点；履行并购承诺和并购协议约定的内容；对并购交易实施的情况进行信息披露等。

（2）并购实施的关键在于并购交割。并购交割一般包括以下内容：资产（债务）；财务；权证印章；文件合同档案资料；人员；管理；权证变更（工商变更）。

（3）股份登记、上市公告等程序。

226. 什么叫并购交割基准日？

并购交割基准日，是并购交易双方对交易标的权利义务归属划分的分界时点。通常，交割基准日前交易标的的权利义务归属于被收购方的股东，交割基准日后归属于收购方。为了便于交割审计，交割基准日通常定在月末。

227. 什么是并购交割审计？

并购交易中，在签署并购交易协议时，并购双方会对交易标的约定交易价格。该交易价格，是以某个时点作为作价的基础，该时点即协议作价的基准日。上市公司进行的并购交易中，通常要对交易标的进行审计和评估，以此作为交易作价的依据。该审计评估基准日，通常作为协议作价的基准日。在协议作价基准日后至交易标的交割基准日前，交易标的资产、债务和损益情况会发生变化。对于这期间发生的变化，通常经过交割审计后由并购交易双方来确认，该部分资产、债务和损益变化的归属一般在交易协议中由双方共同约定。

228. 并购实施过程中资产交割的主要内容有哪些？

资产交割，包括流动资产的交割和长期资产（非流动资产）的交割。流动资产包括货币资金、交易性金融资产、应收票据、银行存款、应收款项、存货等。长期资产（非流动资产）包括机器设备、运输工具、长期股权投资、房屋建筑物、土地、无形资产等。对于不需要办理变更登记手续的资产（如流动资产和机器设备等），于交割日由交割双方清点确认、转移占有后，即为交割完成；对于需要办理变更登记手续的资产（如长期股权投资、房屋建筑物、土地、无形资产和部分运输工具等），于交割日由交割双方清点确认、转移占有后，相关资产的权利义务归属即发生转移，但要待权属变更登记完成后，交割才算最终完成。交割双方要积极配合，完成相关的权属变更登记工作。对于应收款项的交割，要向债务人履行相应的告知或通知程序。

229. 并购实施过程中人员交割的主要内容有哪些？

人员交割，是并购交易中最难把握的内容，涉及人员的稳定和未来的并购整合工作。人员交割，包括法律上的交割和管理上的交割。对于不涉及劳动合同变更（如股权收购行为）的人员交割，不需要办理相关的法律手续。对于需要办理劳动合同变更的，主要交割工作包括：继续聘用人员劳动合同的文本交割、解聘人员劳动合同的解除；解聘人员的补偿工作；离退休人员的后续管理安排工作。管理上的交割，主要是基于并购双方在人力资源管理体系的差异和差异解决措施，包括被并购方续聘人员的岗位职级安排、工龄的连续安排、薪酬考核体系等，也包括并购方派驻人员的管理安排。

230. 并购实施过程中如何有效完成管理交割？

过渡期期间交易标的仍然在出售方的控制下，通常并购协议对该期间出售方的行为要进行约束和限定，要求其履行善良保管义务和重大事项告知程序，如不得进行重大资产处置，不得签订重大合同，不得借贷和对外担保等，对于日常经营活动外的重大事项，要告知收购方并获得其同意，以确保交易标的资产和运营状况不发生重大变化。通常，在交割日，对重大支付和采购的岗位要进行更换和交割，以防范收购方的风险。交割日后，收购方要尽快进行董事会的改选和主要经营团队的改选，并实现对交易标的的经营控制。

在过渡期内，收购方不得通过控股股东提议改选上市公司董事会，确有充分理由改选董事会的，来自收购方的董事不得超过董事会成员的 1/3；目标公司不得为收购方及其关联方提供担保；目标公司不得公开发行股份募集资金，不得进行重大资产购买、出售及重大投资行为或者与收购方及其关联方进行其他关联交易，但收购方为挽救陷入危机或者面临严重财务困难的上市公司的情形除外。

231. 什么是法律意见书？其作用是什么？

法律意见书是并购活动的重要文件，主要揭示和反映律师在并购尽职调查活动中发现的问题、风险，并进行分析、评价，进而发表法律意见和做出处置方案等内容。法律意见书是律师应委托方的委托，为委托方的并购目的，根据监管机构的要求，对并购所涉事项的基本法律状态和合法合规性、法律风险做出分析判断与结论性意见，供委托方、监管机构、投资人等掌握和了解并购交易的合法合规性。

法律意见书主要由引言和以下八个方面构成，具体如下：

（1）目标公司的基本情况，包括但不限于目标公司的设立、变更、存续的基本情况；目标公司生产经营取得的各项资质和许可、各项法律资格等。

（2）目标公司的财产情况，如房产、土地、无形资产、在建工程、车辆等。

（3）目标公司的重大债权债务情况，包括但不限于目标公司签订的重大合同、对外担保、侵权等债权债务。

（4）关联方和关联交易情况，包括关联方的基本信息、关联方与目标公司发生的各项交易涉及的合同、关联方的批准等。

（5）劳动关系，包括但不限于目标公司与劳动者签署劳动合同的情况、社保和公积金的缴纳情况，以及潜在的解聘补偿金支付等。

（6）税收和财政补贴，包括但不限于目标公司执行的税种、税率，享受的税收优惠和财政补贴情况。

（7）重大法律纠纷、行政处罚情况，包括尚未了结或潜在的诉讼、仲裁、行政处罚事项。

（8）本次收购需注意的法律问题。

除上述主要内容外，法律意见书可根据具体的尽职调查情况、委托方或监管部门的要求增加相应的内容。

公司首次公开发行股票和已上市公司增发股份、配股，以及已上市公司发行可转换公司债券等，律师应按该规则出具法律意见书、律师工作报告并制作工作底稿。该规则对法律意见书和律师工作报告的内容均做出了具体的规定，但该规则的部分内容不适用于增发股份、配股、发行可转换公司债券等。发行人律师应结合实际情况，根据有关规定进行调整，并提供适当的补充法律意见。在涉及上市公司、公开资本市场的并购活动中，法律意见书和律师工作报告是法定的申报必备文件之一。

232. 并购过渡期的起止期限是否有规定？

除了《上市公司收购管理办法》对过渡期做了明确的定义和界定外，其他与上市公司并购重组相关的法律法规并未明确规定过渡期的定义。《上市公司收购管理办法》第五十二条规定："以协议方式进行上市公司收购的，自签订收购协议起至相关股份完成过户的期间为上市公司收购过渡期（以下简称过渡期）。在过渡期内，收购人不得通过控股股东提议改选上市公司董事会，确有充分理由改选董事会的，来自收购人的董事不得超过董事会成员的1/3；被收购公司不得为收购人及其关联方提供担保；被收购公司不得公开发行股份募集资金，不得进行重大购买、出售资产及重大投资行为或者与收购人及其关联方进行其他关联交易，但收购人为挽救陷入危机或者面临严重财务困难的上市公司的情形除外。"除了上市公司收购领域外，过渡期一般是指交易双方所约定的评估基准日至交易交割日（上市公司成为目标公司股东的工商变更登记完成之日或上市公司成为标的资产所有人的登记完成之日）的期间，具体以交易双方约定为准。

233. 并购过渡期通常需要注意哪些问题？

由于受各种因素影响以及可能存在的不确定性，过渡期的期限可能较短，也可能较长，而目标公司的状况或标的资产的状况在过渡期内并非一成不变。

在过渡期需要注意下列问题：

（1）就过渡期目标公司或标的资产所产生的盈利和损失的承担进行约定。

（2）就过渡期目标公司的经营及其股东的义务进行约定，就标的资产的维护及其所有人的义务进行约定。

234. 并购过渡期内目标公司的损益如何进行安排?

过渡期目标公司或标的资产的损益，通常会约定自评估基准日至交割日期间的盈利由收购方享有，亏损则由目标公司的股东负担。在并购交易完成后，收购方需要委托会计师事务所对过渡期内目标公司或标的资产在基准日后的盈亏情况进行审计，如果过渡期内目标公司或标的资产为盈利或增值状态，则一般不涉及对收购方的现金补偿；如果过渡期内目标公司或标的资产为亏损或减值状态，则需要对收购方进行现金补偿。

根据《监管规则适用指引——上市类第 1 号》1 ~ 6 过渡期损益安排及相关时点认定：上市公司重大资产重组中，对以收益现值法、假设开发法等基于未来收益预期的估值方法作为主要评估方法的，拟购买资产在过渡期间（自评估基准日至资产交割日）等相关期间的收益应当归上市公司所有，亏损应当由交易对方补足。具体收益及亏损金额应按收购资产比例计算。

235. 并购过渡期应当对目标公司进行哪些限制?

并购过渡期应当对目标公司进行的限制通常会在交易文件中约定，在过渡期内未经收购方同意，目标公司不得采取下列行为：

（1）停止经营任何能为目标公司带来盈利或虽不能带来盈利但对目标公司经营具有正面意义的业务、变更经营范围或主营业务、扩张非主营业务或在正常业务之外经营任何其他业务。

（2）变更股本结构（包括增资、减资）。

（3）发行任何类型的证券或发行取得任何类型证券的权利。

（4）制订与任何员工相关的利润分享计划。

（5）进行合并、分立、收购、清算、兼并、重组或类似行为。

（6）购买、出售、租赁或以其他方式处置任何资产，但在正常业务过程中发生的除外。

（7）缔结、在任何重大方面修订或变更、终止任何重大合同，放弃或转让其项下的任何重大权利，但在正常业务过程中发生的除外。

（8）启动、中止或终止对公司经营具有重要影响的任何诉讼、仲裁或其他法律程序。

（9）设立或终止子公司、分公司，或与第三方合资、合伙或其他形式的合作。

（10）转让、许可或以其他方式处理知识产权。

（11）为第三方提供保证、抵押、质押或其他担保。

（12）改变决策机构（包括董事会）的规模、代表分配和表决机制。

（13）向股东分配红利或其他任何形式的分配。

（14）豁免债务，或取消、放弃、免除任何权利请求。

（15）交易双方所约定的其他事项。

236. 并购过渡期内上市公司不得从事哪些行为？

上市公司为收购的目标公司时，作为被收购的上市公司禁止进行下列行为：

（1）在过渡期内，上市公司不得为收购方及其关联方提供担保。

（2）在过渡期内，上市公司不得公开发行股份募集资金，不得进行重大购买、出售资产及重大投资行为或者与收购方及其关联方进行其他关联交易，但收购方为挽救陷入危机或者面临严重财务困难的上市公司的情形除外。

（3）收购方做出提示性公告后至要约收购完成前，上市公司除继续从事正常的经营活动或者执行股东会已经做出的决议外，未经股东会批准，董事会不得通过处置公司资产、对外投资、调整公司主要业务、担保、贷款等方式，对公司的资产、负债、权益或者经营成果造成重大影响。

237. 法律法规关于过渡期董事会有哪些规定？

（1）以协议方式进行上市公司收购的，自签订收购协议起至相关股份完成过户的期间为上市公司收购过渡期。在过渡期内，收购方不得通过控股股东提议改选上市公司董事会，确有充分理由改选董事会的，来自收购方的董事不得超过董事会成员的1/3。

（2）在要约收购期间，被收购公司董事不得辞职。

238. 对上市公司并购实施方式与整合有哪些规定？

（1）要约收购。投资者自愿选择以要约方式收购上市公司股份的，可以向被收购公司所有股东发出收购其所持有的全部股份的要约（以下简称“全面要约”），也可以向被收购公司所有股东发出收购其所持有的部分股份的要约（以下简称“部分要约”）。

以要约方式收购上市公司股份的，收购人应当编制要约收购报告书，聘请财务顾问，通知被收购公司，同时对要约收购报告书摘要做出提示性公告。

本次收购依法应当取得相关部门批准的，收购人应当在要约收购报告书摘要中做出特别提示，并在取得批准后公告要约收购报告书。

收购人为终止上市公司的上市地位而发出全面要约的，或者因不符合《上市公司收购管理办法》第六章的规定而发出全面要约的，应当以现金支付收购价款；以依法可以转让的证券（以下简称“证券”）支付收购价款的，应当同时提供现金方式供被收购公司股东选择。

收购期限届满，被收购公司股权分布不符合证券交易所规定的上市交易要求，该上市公司的股票由证券交易所依法终止上市交易。在收购行为完成前，其余仍持有被收购公司股票的股东，有权在收购报告书规定的合理期限内向收购人以收购要约的同等条件出售其股票，收购人应当收购。

（2）协议收购。收购人通过协议方式在一个上市公司中拥有权益的股份达到或者超过该公司已发行股份的5%，但未超过30%的，按照《上市公司收购管理办法》第二章关于“权益披露”的规定办理。

（3）间接收购。收购人虽不是上市公司的股东，但通过投资关系、协议、其他安排导致其拥有权益的股份达到或者超过一个上市公司已发行股份的5%但未超过30%的，应当按照《上市公司收购管理办法》第二章“权益披露”的规定办理。

收购人拥有权益的股份超过该公司已发行股份的30%的，应当向该公司所有股东发出全面要约；收购人预计无法在事实发生之日起30日内发出全面要约的，应当在前述30日内促使其控制的股东将所持有的上市公司股份减持至30%或者30%以下，并自减持之日起2个工作日内予以公告；之后，收购人或者其控制的股东拟继续增持的，应当采取要约方式。

符合《上市公司收购管理办法》第六章第六十二条、第六十三条规定情形的，投资者及其一致行动人可以：①免于以要约收购方式增持股份；②存在主体资格、股份种类限制或者法律、行政法规、中国证监会规定的特殊情形的，免于向被收购公司的所有股东发出收购要约。

不符合《上市公司收购管理办法》第六章规定情形的，投资者及其一致行动人应当在30日内将其或者其控制的股东所持有的被收购公司股份减持到30%或者30%以下；拟以要约以外的方式继续增持股份的，应当发出全面要约。

收购人按照《上市公司收购管理办法》第六章规定的情形免于发出要约的，应当聘请符合《证券法》规定的律师事务所等专业机构出具专业意见。

以协议方式进行上市公司收购的，自签订收购协议起至相关股份完成过户的期间为上市公司收购过渡期。在过渡期内，收购人不得通过控股股东提议改选上市公司董事会，确有充分理由改选董事会的，来自收购人的董事不得超过董事会成员的1/3；被收购公司不得为收购人及其关联方提供担保；被收购公司不得公开发行股份募集资金，不得进行重大购买、出售资产及重大投资行为或者与收购人及其关联方进行其他关联交易，但收购人为挽救陷入危机或者面临严重财务困难的上市公司的情形除外。

239. 跨境并购中的实施与过渡期有哪些特点?

跨境并购实施需要综合考虑国家间法律、监管的巨大差异，其中，境内外的机构监管、货币兑换与支付管理、反垄断与国家经济安全审查等是跨境并购实施和过渡期的突出特点。

（1）境内资本境外收购的核准与备案。对于投资涉及敏感国家和地区、敏感行业的，应当交由商务部和省级商务主管部门实行核准管理；其他情形的境外并购投资，实行备案管理。对于核准的境外并购投资应当征求我国驻外使（领）馆（经商处室）意见。对于中方投资额10亿美元及以上的境外投资项目，由国家发展改革委核准；涉及敏感国家和地区、敏感行业的境外投资项目不分限额由国家发展改革委核准。境内机构的境外直接投资在获得境外直接投资主管部门核准后，还应当到所在地外汇管理局办理境外直接投资外汇登记。

（2）境外资本境内收购申报与核准。外国投资者并购境内企业，导致以国有资产投资形成的股权变更或国有资产产权转移时，应当遵守国有资产管理的相关规定。如果被并购企业为境内上市公司，外国投资者对上市公司实施战略投资，根据《外国投资者对上市公司战略投资管理办法》的规定，应当按照《中华人民共和国证券法》和国务院证券监督管理机构、证券交易所的相关规定履行信息披露及其他法定义务。外国投资者并购境内企业并取得实际控制权，涉及重点行业、存在影响或可能影响国家经济安全或者导致拥有驰名商标或中华老字号的境内企业实际控制权转移的，当事人应就此向商务部进行申报。外国投资者战略投资上市公司，影响或可能影响国家安全的，应当依照《外商投资安全审查办法》等相关规定进行安全审查。

（3）过渡期安排涉及事项更为复杂。在跨境并购的过渡期安排中，应对过渡期内并购双方或一方获得境内外政府审批、审查（国家安全审查、反垄断/反托拉斯审查、特殊行业准入审查）、申报做出安排。此外，还要对完成各项交割的先决条件、重大不利变化时买方的退出交易权等做出约定。

（4）跨境并购交易的信息不对称更为凸显，结构更为复杂。由于地域、语言、文化、风俗习惯、法律制度等方面的不同，收购方与被收购方对目标公司的信息占有更加不对称。基于投资保护、税务筹划、过渡期安排等目的，跨境并购交易架构往往会设置一系列特殊目的公司（SPV）以达成商业目的。

（5）跨境并购交易的法律适用及争议解决更为复杂。跨境并购交易不仅适用于收购方、被收购方所在地法律，而且也适用于第三方国家或地区的法律，以及国际法、国际惯例等。争议解决方面，除协商、国内诉讼、仲裁外，还会涉及国际仲裁。

（6）跨境并购交易面临外汇、汇率风险。与跨境大额交易伴生的是资本项下外汇进出境管理与汇率波动的巨大风险。

240. 在投资者关系和媒体关系管理方面上市公司应做哪些工作？

（1）谈判阶段。上市公司需要将信息控制在最小的范围内，防止信息的泄露导致公司股价异动，同时向参与谈判的公司控制人及高管普及信息披露规则以及重要性。公司要密切关注媒体是否有关于公司筹划事项的报道，如果有相关报道，公司要视情况决定是否回应或是停牌。

（2）上市公司披露筹划的事项后，特别是对于股权较为分散的上市公司，在制订并购重组方案时，要将机构投资者、中小投资者等因素考虑在内，并为本次并购重组制订专门的投资者关系管理方案。密切关注媒体的报道，做好可能出现的媒体关注问题的回应准备，公司及时披露并购重组工作的进展，防止出现媒体过度猜测或者夸大报道的情况。

（3）公告方案阶段。在公告方案之前，要做好媒体可能关注的重点问题的回复准备。在公告方案之后，要及时跟踪媒体的报道及关注问题，对关注度高、影响较大的问题，公司要及时、真诚地与主要媒体、监管部门进行沟通，在必要的情况下召开媒体说明会，或者通过临时公告等方式及时回应，防止媒体过度报道，引导媒体导向，让二级市场投资者知悉真相，防止出现不理性的投资行为。

（4）交易所问询、股东会审议、交易所审核及问询阶段。股东会召开之前要做好与重要股东的沟通工作，充分说明本次并购重组对公司的重要意义，说明并购重组方案的制订已经充分考虑到了股东的权益。公司要持续关注媒体的聚焦及报道，对传播负面消息或不实消息、可能引起强烈反响或大面积转载的报道，公司要及时商讨应对方案，积极与媒体进行沟通，同时，与监管机构、媒体、投资者沟通相关事项，以及时、真实、真诚为原则，努力做到并购重组项目顺利通过各个环节的审议、审核和注册。

（5）完成整合阶段。并购重组完成后，投资者将通过手中的股票进行“二次投票”，倘若机构等重要投资者沟通不充分，很可能会影响公司股价的市场表现。面对不同声音，公司应主动发声，通过媒体、深交所“互动易”等平台完整传达信息。若并购重组最终效果不及预期，甚至出现商誉减值等不良后果，就更需要主动开展有针对性的投资者沟通工作，争取将影响降低到最低程度。如果投资者向监管部门、媒体投诉，上市公司还应及时做好与监管部门、媒体的沟通工作，采取有效措施解决问题并及时反馈给投资者。

241. 上市公司并购重组相关事宜及公告发布容易引起哪些媒体关注？

可能会对并购重组相关事宜发布敏感报道的媒体主要有以下几类：

（1）长期关注资本市场重大事项的核心媒体，包括法定信息披露媒体及活跃的财经媒体等。

（2）并购双方所在地域的地方性媒体。

（3）并购双方所属行业的行业性媒体。

（4）各类活跃在微信、微博、抖音等社交网络平台的自媒体。

应对上述媒体的主要方法有：第一，要梳理公司内部的危机风险点，对公司在本次并购重组中的媒体质疑点进行潜在模拟问答。第二，建立对外信息窗口和制度，组建专门的媒体应对工作小组，指定对接人，统一对外口径。第三，做好媒体采访预案工作，可要求媒体提供书面采访提纲，公司书面答复更有助于完整准确地传递信息；提示被并购标的企业要建立媒体沟通机制，以及不得以个人身份代表公司接受媒体采访，上市公司是唯一发声途径。第四，做好舆情监控，把握信息传播主动权，及时获取相关报道信息。

242. 什么情况下上市公司需要召开重大资产重组媒体说明会？

深圳证券交易所发布的《上市公司自律监管指引第 8 号——重大资产重组》（2025 年修订），明确要求当上市公司重大资产重组事项涉及下列情形之一的，应当按照本指引第三十四条的规定召开媒体说明会：

（1）属于《上市公司重大资产重组管理办法》第十三条规定的交易情形的；

（2）涉嫌规避重组上市监管要求的；

（3）受到重大媒体质疑或者投诉举报的；

（4）中国证监会及其派出机构和深圳证券交易所认为必要的其他情形。

上市公司发现上述第三项情形的，应当主动、及时向深圳证券交易所报告。因涉嫌规避重组上市监管要求召开媒体说明会的，上市公司现任控股股东、实际控制人以及独立财务顾问应当明确说明本次重大资产重组是否构成重组上市。

243. 并购重组过程中发生舆情危机应如何处置？

公司在并购重组进程中，针对已发生的舆情危机，应根据应对预案迅速行动，开展应对工作。公司应成立危机处理领导小组，以董秘办公室或证券部为对外信息披露的窗口部门。充分做好应对股东、投资者、媒体等外界问询的准备，拟好相应的回答并传达给公司主要高管及窗口人员，以保证信息口径的一致性。

舆情危机处置的一般流程如下：

（1）舆情危机发生后，相关人员应第一时间收集相关信息，了解事态真相，根据对危机的评估结论来决定下一步的工作。

（2）如果该舆情危机仅为谣言或片面不实报道，则视情节轻重，通过公司公告、法定信息披露媒体及“互动易”平台等渠道及时进行事实澄清，并与监管层、投资者进行沟通，同时做好危机发生后的媒体采访应对及其他沟通工作。

如果该舆情危机报道了并购重组的其他未披露信息，且对并购重组造成不利影响，则需要视情节轻重，与财务顾问、律师等中介机构协商应对方案，实施公司股票临时停牌、公司公告等措施，并与监管部门进行沟通。同时做好危机管理，包括原发媒体沟通、其他媒体采访应对、投资者沟通等工作。针对舆情危机涉及的问题，公司应尽快对外公布解决方案、整改或改进措施，以树立公众及投资者的信心，推动事件的解决。

第十二章
并购整合

244. 根据并购策略企业应分别采取怎样的整合战略？

（1）吸收合并。吸收合并的战略目标是利用被并购品牌的实力，增加收入机会，增强或补充现有品牌/产品组合。整合的关键在于快速实现与被并购企业的价值链整合，吸收合并方的商业部门应快速参与，建立前端营销和后端供应链的高度协同的流程和组织机制，使每个部门的负责人都清楚地意识到自己和他人的责任。构建整合工作进展的追踪工具，对于确保吸收合并的交易价值的实现至关重要。

存在的风险是太多人员被派到新公司协助整合，使吸收合并方人员成本增加，同时，被吸收合并方人员也会无所适从。

（2）规模并购。规模并购的战略目标是创造规模经济、扩大市场占有率，同时实现成本协同效应。规模并购的整合关键是尽早识别潜在的协同效应，同时通过固化流程管理风险。整合过程需要计划周密且严谨，并购双方需尽早识别潜在的协同效应，从而共同理解双方不同功能或者区域之间的相互依存性，共同为合并后的组织创建愿景，确保客户确切地知道并购对他们的影响，特别是如何创造新价值；快速确定决策方法、共同流程和系统；在整个组织中分享领先经验；建立统一的绩效文化，衡量绩效并确定价值来源。

但是等待的时间越长，潜在的协同效应就越难实现。同时，并购初期出现混乱情况，也有将大客户“送给”竞争对手的风险。

（3）战略增长并购。战略增长并购的目标是扩大市场供应或地理范围，关注收入协同效应。整合需要注意确保双方核心业务部门尽早实现商业协作，保留并利用关键商业关系，使两个组织的文化保持一致。制定中期财务和运营报告结构，同时规划和设计长期结构。

在相关业务部门未积极参与的情况下确认协同机会可能会导致缺乏有效性，并导致团队设定无法实现的目标，损害商业连续性。

（4）转型并购。转型并购的战略目标是寻找进入新市场和改变行业运作方式的机会。整合需要在确保商业增长和实现规模经济之间取得平衡。如果在目标公司的地理位置或行业中没有经验或经验很少，可能会转化为一种融合速度较慢的整合方法。需要规划和整合的协作，价值创造将基于商业的稳定和增长，注意保持关键商业领导团队的完整性。该战略可能存在失去原本管理专长的风险。

245. 整合过程中有哪些关键问题？

（1）留住关键人员。正确对待高层团队，明确个人的角色和成果，为商业关系和商业连续性保留关键人员，克服个人竞争情绪。

（2）留住关键客户。通过稳定运营保持客户和关键关系，确定有价值的合同和具有增长潜力的客户，管理更广泛的利益相关者群体。

（3）管理技术。识别关键技术风险和实现价值的促成因素，制订符合收购整合时间表的务实解决方案，实事求是地估计变革的成本。

（4）清晰地传达愿景。围绕关键目标、优先事项和时间表调整董事会，定义详细的最终状态操作模型，赢得员工的认可。

（5）管理文化差异。识别文化关键差异和相似性，明确新组织中的适当行为和运作方式，灵活调整行为以实现预期战略目标，克服变革阻力。

（6）决定整合的程度。在保留被并购方运营完全独立和实现对被并购方的完全整合之间取得适当平衡，针对面向客户功能和后台支持功能采取不同的方案和做法。

（7）发挥协同作用。通过降低成本提高利润率，通过非核心业务的合理化提高投资回报，通过交叉销售和知识共享提高销售。

（8）改组组织结构。因事制宜，正确对待新的组织结构，建立治理和控制措施，以降低中期运营风险，在不确定环境中推动变革。

（9）实施控制和维持控制。建立治理框架和充分授权，临时维持财务和经营控制，确保第一天及以后的业务连续性。

246. 如何做好社会文化冲突管理？

社会文化的差异来自我们作为个体成长的文化、历史和政治环境。仅通过一个并购整合项目，就让双方互相接受甚至改变对方的社会文化属性是不可能的。在并购前期，有必要向参与项目的成员介绍对方的社会文化习惯，特别要介绍双方社会文化差异较大的特点。在交流过程中，双方应当避免特意模仿对方的社会文化风格，在确保对方了解自己的风格的前提下，采用最自然的方式进行沟通，进而避免双方在社会文化方面的冲突。

247. 如何做好企业文化冲突管理？

在并购整合过程中，双方企业文化的冲突不可避免，必然会使企业遭受损失。企业文化冲突管理的目标是将产生的损失尽量减少，双方对整合目标认可后，可通过形成约定的企业文化来促进整合价值的实现，甚至增加整合价值。作为整合计划的一部分，可以在沟通方式、思维模式、决策风格和工作习惯四个方面，对双方的差异进行测评。就同一个维度，了解对方的现状、自己的现状和对方未来的状态，同时，针对前中后台和不同层级的测评结果进行分类分析。这种测评的目的，不在于明确哪一方的文化更优劣，而是应尽可能了解双方企业文化的差异。通过对细节和根源的分析，双方均可更好地了解对方，并且根据双方明确的未来的业务整合需要，确定合理的规划和执行比例，使工作得到更为有效的推进。

248. 为什么不宜过早考虑组织整合？

无论双方的业务协同点如何契合，并购双方都不宜过早考虑组织的整合。组织是企业运营模式的重要一环，各个企业往往采用不同的组织模式，并以此为基础形成各自不同的决策体系和运营流程。

过于关注组织模式的整合，往往使并购双方将关注点从对市场和客户的影响上转移到对内的安排上，放大双方的差异。反之，我们建议企业在并购整合初期，尽可能遏制整合组织的冲动，以项目组（或者专题组）的方式，推进业务整合进展，哪怕是在所谓的交割百日之后，也不要贸然通过组织整合来达成所谓的业务运营日常化。

249. 为什么应尽可能快速完善治理架构下的授权体系？

管理团队的整合，往往是企业在人力资源整合中最为复杂和挑战的部分，这是因为，管理团队的选配，实际上体现了并购双方在公司治理和管理界面上的诉求和博弈。双方在股东利益层面达成的共识，需要通过在治理体系和承接治理的最高管理层的安排上，进行细节层面的规划和落实。双方在并购谈判期间，对治理架构谈判的细节越不完善，管理层的选配和授权体系就越难产。很多企业在整合初期不得不规避这个问题，而是希望通过时间的推移，逐渐消化难题。维持一定的稳定是应该的，在交割初期稳定尤为必要，但是一旦交割完成，企业应当尽可能快速完善治理架构下的授权体系，并以此为基础完成管理层的整合和选配：组织的整合可以放缓，以便于并购双方更好地关注市场和客户；而管理团队的整合需要加速，以确保企业运营可以快速有效决策。

250. 如何进行经营模式与组织设计？

（1）审视当前经营状况并找出差距。对企业当前经营和财务状况进行全面的分析，包括客户关系、流程、人员、技术、供应商关系、资产负债和现金等；收集领先同行和市场竞争对手的经营信息，并与自身对比，找出差距，同时将当前的经营指标与预算指标进行对比，找出差距。分析差距，确定导致经营状态不佳的原因。

（2）确定目标经营模式。阐明战略愿景，结合内外部分析，以高层次视角设计和选择目标经营模式，以及设计并购整合方案，确定结束阶段的“成功样子”。

确定过渡阶段要求，详细制定过渡阶段的经营模型，并确定相对应的流程和组织模式，着手解决任何悬而未决的问题和决策。

（3）确定整合需求。基于差距评估以实现目标经营模式，评估对客户、员工的影响，以确定整个合并组织的过渡要求。

（4）确定整合行动和整合计划。根据目标运营模式和过渡要求，为整合计划的制订提供信息，并根据预算、资源和交易价值进行测试。

251. 什么是资源整合？

资源整合，指价值链的两端，即采购资源与营销客户资源，包括上游供应商采购资源的整合，以及下游客户资源、营销渠道资源的整合。根据企业不同产品的不同采购策略，供应商资源的整合，有利于通过采购量的加码与战略供应商保持长期稳定的深度合作关系，与比选供应商保持充分竞争的低价采购订单关系，也可开发选择更为优质的备选供应商。下游客户与营销渠道资源的整合，有利于企业开拓交叉销售，获取更大的市场份额。然而，资源的整合也必将落地于具体的业务流程，因此，资源的整合是管理协同、深度整合的核心所在。

252. 什么是价值链整合？

价值链整合，是指波特价值链模型[①]中直接产生利润的价值链部

---

① 由美国哈佛商学院著名战略学家迈克尔·波特提出的价值链分析法，把企业内外价值增加的活动分为基本活动和支持性活动。基本活动涉及企业生产、销售、进料后勤、发货后勤、售后服务，支持性活动涉及人事、财务、计划、研究与开发、采购等。基本活动和支持性活动构成了企业的价值链。不同的企业参与的价值活动中，并不是每个环节都创造价值，实际上，只有某些特定的价值活动才真正创造价值，这些真正创造价值的经营活动，就是价值链上的战略环节。企业要保持的竞争优势，实际上就是企业在价值链某些特定的战略环节上的优势。运用价值链的分析方法来确定核心竞争力，就是要求企业密切关注组织的资源状态，要求企业特别关注和培养在价值链关键环节上获得重要的核心竞争力，以形成和巩固企业在行业内的竞争优势。企业的优势既可以来源于价值活动所涉及的市场范围的调整，也可来源于企业间协调或合用价值链所带来的最优化效益。波特在《竞争优势》中指出："每个企业都是用来进行设计、生产、营销、交货以及对产品起辅助作用的各种活动的集合。"他提出的价值链，就是把企业创造价值的战略性活动予以结构上的分析和流程上的分析，再将其整合为一个完整的体系，进而从结构和流程的相关性角度确定企业的竞争战略。所以说，价值链整合，是指根据波特价值链分析模型将直接产生利润的价值链部分进行的整合。

分，包括采购管理、生产管理、销售管理等环节。从流程管理的角度，价值链至少包含了采购管理、存货管理、固定资产管理、生产及成本管理、质量管理、销售管理六大流程，而每一个流程又由若干子流程组成，例如，采购管理流程涉及供应商选择、供应商管理和评价、供应商信息管理、物流管理、质量控制、仓库收货、开票付款等若干环节的流程。

当然，不同行业的流程框架，流程中的内容会略有不同，但整体包含的内容基本一致。当我们需要将这些价值链流程进行深度整合时，首先需要制订清晰的计划、时间表和标准。如果买方自身本来就制定了详细的流程文档以及标准操作流程（SOP），而且标准操作流程中的每个关键业务活动和关键控制活动均有明确的评价标准。那么，整合可能就是一次管理体系输出与本地化落地的过程。

如果买方当初自身的管理颗粒度较粗，没有相应细化的管理标准，那么在整合过程中制定标准就是一件非常繁复和充满挑战的事情。通常，双方管理流程的深度整合，由一方往另一方靠相对容易，但在双方之间找到一个双方都认同的中间地带，可能会因为缺乏标准和权威，难上加难。即使是管理体系的输出与本地化落地，也可能要耗时若干年。

例如，将流程中的风险与活动分解成基础、关键、优化三个等级类别，每个等级类别分为金、银、铜牌三档执行标准。首先，落地基础的所有活动，从组建项目团队，到识别流程中的基础风险和基础控制活动，再到将这些基础控制活动培训本地化落地于被并购企业的流程中，才达到测试评价的铜牌运行标准，然后持续稳定有效运行一年，才能开始实施基础类别的银牌标准。依次类推，完成关键类别的铜、银、金牌标准升级，直到完成优化类别的金牌标准，才算整个整合与落地工作的完成。事实上，很多跨国企业在整合流程与管理输出方面的实践所涉及的标准、指标数量、评价难度比上述举例的标准要复杂数百倍。

253. 什么是资金整合？

资金整合是整合过程中的敏感话题，虽然资金的整合给整个集团带来的优势是显而易见的。例如，使整体资金使用效率更高，降低集团整体资金成本，强化集团整体资金安全性等。如果双方对资金整合达成一致，可能涉及的方面将包括资金管理制度的集团化统一、资金池的建立、资金权限的确定、融资权限的确定、资金预算的流程等。

254. 什么是支持流程的整合？

支持流程的整合包括财务、法务、风控和其他波特价值链模型中支持类流程的整合。财务的整合包括全面预算流程、财务核算与报告流程、会计手册整合、财务分析流程、费用报销流程等。其中，涉及会计政策与会计估计的统一、会计科目的统一、财务信息系统的统一、财务组织架构与职能的统一、费用和报销流程的统一、财务分析和管理报表的统一、全面预算填列和时间表的统一等。法务的整合包括合同管理、诉讼管理等。风控整合的关键在于风险的识别，而不是机械地进行流程和控制活动的整合。

对于集团公司而言，要识别哪些风险是并购后当务之急的、公司整体不可承受的风险，哪些风险是一直存在于流程中，影响了效率但对公司整体没有决定性影响的风险。风控体系整合前，需要开展一次完整的风险评估。在识别了风险后，需要在价值链、财务、法务整合的基础上，在公司整体范围内，统一内部控制体系的评价标准，统一内部审计的团队和工作，进而评价现有内部控制的有效性。

255. 如何进行文化层面的整合？

企业文化是企业核心价值观的体现，表现在企业每个员工日常工作的每件事上，影响着企业每个流程的每个标准及其执行效果。两个不同的企业文化在融合过程中，常常会具体表现为，来自不同企业的员工对同一件事情的流程和标准认定不同，处理方式和效率不同。如果两个企业的核心价值观在本质上存在背离，可以想象，在执行层面，让员工统一标准的难度是极大的，因此，文化层面的整合难度也极大。

例如，一个企业在质量、利润、客户满意、市场占有率上的排序是：利润、市场占有率、客户满意、质量；另一个企业的排序是：质量、客户满意、市场占有率、利润。在此情况下，可以想象，两家企业在价值链的各个流程中，在财务、风控、法务的支持流程中，定义的关键业务活动和控制活动是天差地别的，所有员工的激励导向也是极为不同的，甚至连预算目标都有很大差别，因此，所形成的企业文化自然也是背道而驰的。这样的两个企业是很难仅通过并购就长远地走到一起，顺利地整合成功的。

文化融合落地的前提是两个企业的核心价值观基本相符，而这项判断并非在并购完成之后才可以开展。在并购开始之初，在初步接触标的公司时，并购方就应当有意识地在价值观层面进行判断，预估企业文化整合的难度。价值观可以趋同，但难免存在分歧，有时候交易双方协商出一个合理的“中期目标”，且找到适合双方的合作方式，是落地的可行方案，特别是面临文化差异相当大的海外并购时。对于海外并购而言，“中期成功”的一个主要因素是中国投资者与标的公司高级管理层之间的关系。高级管理层的工作像翻译一样，要搭建一个不同的视角、计划和文化中的桥梁。财务顾问可能在开始时有帮助，但最终中国投资者和当地管理层需要建立一个联合团队。由于双方文化差异和对公司增长预期方面的不同，后期整合阶段的工作更具挑战性。因此，对于投资者来说，与所投公司的管理层建立信任关系非常重要。

256. 整合过程中团队如何沟通？

并购领导团队需要定义总体并购策略和价值目标，确定并购执行优先级，确认尽职调查方法和优先事项。

并购执行团队负责在适当的情况下协调整个公司以完成并购活动，计划并优先考虑尽职调查和签约活动。

尽职调查工作组负责确保完成尽职调查工作流程，实现尽职调查目标，参加管理会议、工作会议和内部进度会议。准备中期和最终调查结果和建议，与目标公司进行适当的沟通，以完成分析并建立融洽关系，确定交易的关键风险和问题以及可能的整合工作。

成立整合管理办公室（PMI Office），负责定义治理和整合战略，提供用于规划和报告的整合方法、模板和工具。

整合工作委员会需要按时参加工作会议，负责确保团队完成整合标准要求和整合阶段性目标。

跨职能团队需要和来自相关领域的代表推动需要密切协调的活动：价值观、客户和员工，在过渡期间评估影响并降低风险，以支持客户和员工。

257. 如何通过沟通与绩效为整合提供保障？

无论对哪种类型的公司，整合中最为关键的是对人的整合。企业中的人，承载了所有方面的整合内容，从战略到业务再到文化的整合，无一不在人的层面进行落地。

对标的公司原有的强势人物，如创始人、团队领袖等，在收购前需要深入沟通，确保在理念上保持一致，在价值观上相互认同，并且在整合过程中，持续保持关键人物的稳定及认同的稳定。

对核心职业经理层团队，需要制定长期激励措施来保持稳定，避免人才流失，可以考虑制定预防措施和激励措施两个方面。预防措施包括与管理层或核心团队签署竞业禁止协议，延长管理层或核心团队持股的锁定期等；激励措施应针对不同人才，建立具体的保留、激励计划，如并购后过渡期的薪酬维持策略、并购整合任务专项奖励基金计划、新的长期激励计划（含股权激励计划）。同时，要有清晰的业绩考核机制，考核机制应当能综合反映战略、管控、管理、绩效等因素。

在很多中小企业尤其是技术加工企业中，技术工人的经验是存在于既有知识产权之外的重要无形资产。要使这些雇员感到舒适并保持良好的状态，福利和待遇固然重要，但并购方的沟通和决策方式同样重要。

在整个人力资源管理体系整合中，需要通过变革管理方法降低员工对整合、改革的抵触心理。要找到受整合方案影响最大的员工类别，以他们作为人力资源整合推进过程中的重点沟通对象，可采取多种沟通和宣导方式，促使组织管理变革思路深入员工之心，共同实现并购后人力资源整合的目标。

258. 什么是价值创造和协同作用？

协同效应是交易闭环中不可分割的一部分，协同效应可分为四个阶段：协同识别、协同验证、详细的协同规划、协同跟踪和交付。

（1）协同识别。在所需的工作上保持一致是很重要的。如果没有一致性，就很有可能出现无法比较且不准确的协同效应估计，从而导致错误的决策。所有协同作用都是可衡量的。如果不可衡量，则不太可能带来商业利益。确定潜在的优势非常重要——这将为未来实现协同效应提供额外的便利；同时，风险也是制定潜在应急措施的关键。

（2）协同验证。了解历史绩效和预测绩效。如果被收购的业务后期表现更差，则需要详细审查假设的内部协同效应以缩小绩效差距。如果目标公司在被收购之前已经宣布了实现目标的数量、阶段和成本，则必须将其考虑在内。制定商业案例，最终形成工作流程引导、整合指导和预算负责人/职能领导之间的“合同”。

（3）详细的协同规划。确立原则是协同计划长期成功的关键，这些原则可能涉及人员、治理结构、时间表、整合级别、资产。使协同实施和跟踪治理与整体交易后的整合保持一致，并按照工作流程编制详细的实施计划，且与总体实施计划保持一致；识别快速成功点；确保IT相互依赖关系清晰，与企业商定目标，并将其与损益表挂钩；将高级别目标分解为运营驱动因素。

（4）协同跟踪和交付。建立集中而非分散的协同跟踪团队；创建工具、模板和流程；建立协同量化方法、频率和报告；同意跟踪和报告的指标；定义奖励/与记分卡的一致性。

移交协同目标，包括解释评估依据；协同方法/方法的同步培训；确保关键利益相关者了解其目标，认同其可实现性，并了解如何报告这些目标。

跟踪手段：

牵头措施是早期识别和前瞻性评估“有风险”的协同目标；滞后措施是根据目标报告绩效并庆祝成功；好处为指导利益相关者帮助确定进一步的协同作用。

第二部分
上市公司重大资产重组

第一章
重大资产重组的基本概念

259. 重大资产重组如何界定?

（1）上市公司及其控股或者控制的公司购买、出售资产，达到下列标准之一的，构成重大资产重组：

①购买、出售的资产总额占上市公司最近一个会计年度经审计的合并财务会计报告期末资产总额的比例达到50%以上；

②购买、出售的资产在最近一个会计年度所产生的营业收入占上市公司同期经审计的合并财务会计报告营业收入的比例达到50%以上，且超过5000万元人民币；

③购买、出售的资产净额占上市公司最近一个会计年度经审计的合并财务会计报告期末净资产额的比例达到50%以上，且超过5000万元人民币。

购买、出售资产未达到前款规定标准，但中国证监会发现涉嫌违反国家产业政策、违反法律和行政法规、违反中国证监会的规定、可能损害上市公司或者投资者合法权益等重大问题的，可以根据审慎监管原则，责令上市公司暂停交易，按照《上市公司重大资产重组管理办法》的规定补充披露相关信息，聘请符合《证券法》规定的独立财务顾问或者其他证券服务机构补充核查并披露专业意见。

（2）上市公司自控制权发生变更之日起36个月内，向收购人及其关联人购买资产，导致上市公司发生以下根本变化情形之一的，构成重大资产重组（即重组上市），应当按照《上市公司重大资产重组管理办法》的规定履行相关义务和程序：

①购买的资产总额占上市公司控制权发生变更的前一个会计年度经审计的合并财务会计报告期末资产总额的比例达到 100% 以上；

②购买的资产在最近一个会计年度所产生的营业收入占上市公司控制权发生变更的前一个会计年度经审计的合并财务会计报告营业收入的比例达到 100% 以上；

③购买的资产净额占上市公司控制权发生变更的前一个会计年度经审计的合并财务会计报告期末净资产额的比例达到 100% 以上；

④为购买资产发行的股份占上市公司首次向收购人及其关联人购买资产的董事会决议前一个交易日的股份的比例达到 100% 以上；

⑤上市公司向收购人及其关联人购买资产虽未达到上述第①至第④项标准，但可能导致上市公司主营业务发生根本变化；

⑥中国证监会认定的可能导致上市公司发生根本变化的其他情形。

260. 重大资产重组应该符合哪些规定？

上市公司重大资产重组应符合下列规定：

①符合国家产业政策和有关环境保护、土地管理、反垄断等法律和行政法规的规定；

②不会导致上市公司不符合股票上市条件；

③重大资产重组所涉及的资产定价公允，不存在损害上市公司和股东合法权益的情形；

④重大资产重组所涉及的资产权属清晰，资产过户或者转移不存在法律障碍，相关债权债务处理合法；

⑤有利于上市公司增强持续经营能力，不存在可能导致上市公司重组后主要资产为现金或者无具体经营业务的情形；

⑥有利于上市公司在业务、资产、财务、人员、机构等方面与实际控制人及其关联人保持独立，符合中国证监会关于上市公司独立性的相关规定；

⑦有利于上市公司形成或者保持健全有效的法人治理结构。

261. 如何计算购买、出售资产的比例？

（1）购买的资产为股权的，其资产总额以被投资企业的资产总额与该项投资所占股权比例的乘积和成交金额二者中的较高者为准，营业收入以被投资企业的营业收入与该项投资所占股权比例的乘积为准，资产净额以被投资企业的净资产额与该项投资所占股权比例的乘积和成交金额二者中的较高者为准；出售的资产为股权的，其资产总额、营业收入以及资产净额分别以被投资企业的资产总额、营业收入以及净资产额与该项投资所占股权比例的乘积为准。

购买股权导致上市公司取得被投资企业控股权的，其资产总额以被投资企业的资产总额和成交金额二者中的较高者为准，营业收入以被投资企业的营业收入为准，资产净额以被投资企业的净资产额和成交金额二者中的较高者为准；出售股权导致上市公司丧失被投资企业控股权的，其资产总额、营业收入以及资产净额分别以被投资企业的资产总额、营业收入以及净资产额为准。

（2）购买的资产为非股权资产的，其资产总额以该资产的账面值和成交金额二者中的较高者为准，资产净额以相关资产与负债的账面值差额和成交金额二者中的较高者为准；出售的资产为非股权资产的，其资产总额、资产净额分别以该资产的账面值、相关资产与负债账面值的差额为准；该非股权资产不涉及负债的，不适用资产净额标准。

（3）上市公司同时购买、出售资产的，应当分别计算购买、出售资产的相关比例，并以二者中比例较高者为准。

（4）上市公司在12个月内连续对同一或者相关资产进行购买、出售的，以其累计数分别计算相应数额。已按照规定编制并披露重大资产重组报告书的资产交易行为，无须纳入累计计算的范围。中国证监会对《上市公司重大资产重组管理办法》第十三条第一款规定的重大资产重组的累计期限和范围另有规定的，从其规定。

交易标的资产属于同一交易方所有或者控制，或者属于相同或者相近的业务范围，或者中国证监会认定的其他情形下，可以认定为同一或者相关资产。

（5）如涉及上市公司分期发行股份支付购买资产对价的，在计算《上市公司重大资产重组管理办法》第十三条第一款规定的相关标准时，应当将分期发行的各期股份合并计算。

262. 重大资产重组包括哪些资产交易？

（1）上市公司及其控股或者控制的公司在日常经营活动之外购买、出售资产。

（2）与他人新设企业、对已设立的企业增资或者减资。

（3）受托经营、租赁其他企业资产或者将经营性资产委托他人经营、租赁。

（4）接受附义务的资产赠予或者对外捐赠资产。

（5）中国证监会根据审慎监管原则认定的其他情形。

上述资产交易实质上构成购买、出售资产，且按照《上市公司重大资产重组管理办法》规定的标准计算的相关比例达到50%以上的，应当按照《上市公司重大资产重组管理办法》的规定履行相关义务和程序。

第二章
重大资产重组的基本程序

263. 重大资产重组主要有哪些程序？

（1）与交易对方初步接触。在进行初步接触时，应当立即采取必要且充分的保密措施，避免上市公司股价异动。

（2）达成交易意向，初步确定核心条款。在初步尽职调查的基础上，交易双方均已表现出对并购重组交易的浓厚兴趣，为进一步推进上市公司并购重组交易打下坚实基础。

（3）及时披露交易进展。上市公司与交易对方达成实质性意向或者虽未达成实质性意向但预计筹划信息难以保密的，如为发行股份购买资产，可以按照证券交易所的有关规定申请停牌。关于重大资产重组的董事会决议公告前，相关信息已在媒体上传播或者公司股票交易出现异常波动的，上市公司应当立即将有关计划、方案或者相关事项的现状以及相关进展情况和风险因素等予以公告，并按照有关信息披露规则办理其他相关事宜。

（4）上市公司召开董事会审议通过并购重组等事项。根据会计师事务所、资产评估机构等证券服务机构对标的资产、上市公司等审计、评估工作的进展情况，上市公司可以分别召开两次董事会审议通过并购重组事项，并分别出具上市公司并购重组预案和重组报告书草案；上市公司也可以只召开一次董事会审议通过并购重组事项，直接出具上市公司重组报告书草案。

（5）上市公司召开股东会审议通过并购重组事项。上市公司重大资产重组事项根据现行法规需要经出席会议的股东所持表决权的

2/3以上通过。除上市公司的董事、监事、高级管理人员、单独或者合计持有上市公司5%以上股份的股东以外，其他股东的投票情况应当单独统计并予以披露。上市公司并购重组业务涉及国资审核程序的，应当在股东会召开前取得国资管理部门的批复文件。

（6）独立财务顾问协助上市公司向证券交易所报送重大资产重组申请文件并取得证券交易所受理。

（7）证券交易所对上市公司重大资产重组申请文件进行审核，出具问询意见，并由独立财务顾问组织交易各方、其他证券服务机构等在规定的期限内对证券交易所出具的问询意见问题进行回复。

（8）《上市公司重大资产重组管理办法》规定，需要提交证券交易所上市公司并购重组委审核的并购重组事项，应取得证券交易所上市公司并购重组委审核通过。

（9）中国证监会基于证券交易所的审核意见依法履行注册程序。

（10）独立财务顾问组织交易各方、其他证券服务机构等按照上市公司重大资产重组申请文件的披露内容进行资产交割，涉及发行股份的，要进行新增股份登记和上市。

（11）独立财务顾问按照法律法规的要求在规定期限内对上市公司并购重组事项进行持续督导。

264. 实施重大资产重组的时间要求和信息披露要求有哪些？

（1）时间要求。本次交易资产未交付或者过户完毕的，上市公司应当于期满后次一工作日将实施进展情况报告，并予以公告。此后每30日应当公告一次，直至本次交易资产交付或者过户完毕。属于《上市公司重大资产重组管理办法》第四十五条规定的交易情形的，自收到中国证监会注册文件之日起超过12个月未实施完毕的，注册决定失效。上市公司发行股份购买资产申请一次注册、分期发行股份支付购买资产对价的，自收到中国证监会注册文件之日起超过48个月未实施完毕的，注册决定失效。募集配套资金申请一次注册、分期发行的，注册决定有效期按照相关规定执行。

（2）信息披露要求。上市公司重大资产重组完成相关批准程序后，应当及时实施重组方案，并于实施完毕之日起3个工作日内编制实施情况报告书，向证券交易所提交书面报告，并予以公告。上市公司聘请的独立财务顾问和律师事务所应当对重大资产重组的实施过程、资产过户事宜和相关后续事项的合规性及风险进行核查，发表明确的结论性意见。独立财务顾问和律师事务所出具的意见应当与实施情况报告书同时报告、公告。

265. 初步磋商阶段如何保密？

上市公司与交易对方就重大资产重组事宜进行初步磋商时，应当立即采取必要且充分的保密措施，制定严格有效的保密制度，限定相关敏感信息的知悉范围。上市公司及交易对方聘请证券服务机构的，应当立即与所聘请的证券服务机构签署保密协议。在上市公司关于重大资产重组的董事会决议公告前，相关信息已在媒体上传播或者公司股票交易出现异常波动的，上市公司应当立即将有关计划、方案或者相关事项的现状、相关进展情况和风险因素等予以公告，并按照有关信息披露规则办理其他相关事宜。

266. 重大资产重组交易公告前股价出现异常波动该如何处置？

上市公司股票交易价格因重大资产重组的市场传闻发生异常波动时，上市公司应当及时核实有无影响上市公司股票交易价格的重组事项并予以澄清，不得以相关事项存在不确定性为由不履行信息披露义务。

此外，上市公司的股东、实际控制人以及参与重大资产重组筹划、论证、决策等环节的其他相关机构和人员，应当做好保密工作。对于依法应当披露的信息，应当及时通知上市公司，并配合上市公司及时、准确、完整地进行披露。相关信息发生泄露的，应当立即通知上市公司，并督促上市公司依法披露。

267. 因筹划重大资产重组申请停牌如何实施？

（1）公司筹划发行股份购买资产的，可以申请停牌，停牌时间不得超过10个交易日。公司应当在停牌期限届满前披露经董事会审议通过的重组预案或者报告书，并申请复牌；未能按期披露重组预案或者报告书的，应当终止筹划本次重组并申请复牌。

公司不停牌筹划发行股份购买资产的，应当做好信息保密工作，在重组预案或者报告书披露前，不得披露所筹划重组的相关信息。相关信息发生泄露的，公司应当及时申请停牌。

公司筹划其他类型重组的，应当分阶段披露相关情况，不得申请停牌。

（2）公司应当向交易所提交以下文件：

①经董事长签字、董事会盖章的上市公司重大资产重组停牌申请表；

②涉及筹划重大资产重组的停牌公告；

③经本次重组的交易对手方或其主管部门盖章确认的关于本次重组的意向性文件或框架协议；

④交易对手方关于不存在《上市公司监管指引第7号——上市公司重大资产重组相关股票异常交易监管》第十三条情形的说明文件。

（3）公司申请重组停牌的，应当确保该事项构成发行股份购买资产，同时应当披露交易标的名称、主要交易对手方、交易方式、本次重组的意向性文件或框架协议、本次重组涉及的证券服务机构名称（如有）等基本信息。

重组交易涉及通过竞拍方式进行，在停牌公告中披露交易标的名称可能不利于公司参与竞拍的，公司可以暂缓披露。财务顾问（如有）应当就此发表核查意见并对外披露。暂缓披露的原因已消除的，公司应当及时披露交易标的名称及进展情况。

交易标的涉及海外上市公司，在停牌公告中披露交易标的名称可能影响交易标的在境外市场交易的，公司可以暂缓披露交易标的及交易对手方名称，但需要在停牌公告中披露交易标的行业类型。财务顾问（如有）应当就此发表核查意见并对外披露。公司应当与境外上市公司同步披露交易标的及交易对手方。

（4）公司筹划发行股份购买资产申请停牌的，应当在复牌前披露截至停牌前一个交易日的公司前十大股东和前十大流通股股东的名称、持股数量和所持股份类别。

（5）公司筹划重组至披露重组报告书期间，应当编制交易进程备忘录。

公司应当每个月披露一次相关事项的具体进展情况及筹划的事项是否发生变更等具体信息，逾期未披露的，交易所可以视情况对公司所筹划重组事项的真实性予以核查。

（6）公司可以在不停牌的情况下分阶段披露所筹划重组（涉及发行股份购买资产的除外）的有关情况，首次披露应当包括该次重组交易方式、交易标的所属行业、是否已签署交易意向性文件、是否可能不构成重组等信息。

（7）公司筹划涉及发行股份购买资产，可以在披露重组预案或报告书后，以对相关方案做出重大调整为由申请停牌，停牌时间不得超过5个交易日。公司应及时披露重大调整的具体情况、当前进展、后续安排以及尚需履行的程序等事项，并申请复牌。

（8）公司披露重组预案或报告书后，交易所按规定进行信息披露审查问询及公司回复交易所问询期间，公司股票及其衍生品种原则上不停牌。

（9）公司发行定向可转债购买资产可参照发行股份购买资产事项的规定。

268. 因筹划重大资产重组申请停牌且停牌时间较长的，应如何处理？

上市公司无法在停牌期限届满前完成相关事项筹划，但国家有关部门对相关事项的停复牌时间另有要求的，公司可以在充分披露筹划事项的进展、继续停牌的原因和预计复牌时间后，向交易所申请继续停牌，但连续停牌时间原则上不得超过25个交易日。涉及国家重大战略项目、国家军工秘密等事项，对停复牌时间另有要求的，从其要求。

269. 重大资产重组事项什么时间向市场首次公告？

通常，上市公司筹划重大事项，确有需要申请停牌的，公司应当明确停牌事由，合理确定停牌时间，在停牌公告中首次向市场公告重大资产重组事项。

如不涉及上市公司股票停牌，上市公司通常应当在首次董事会审议通过重大资产重组预案或者报告书时，首次向市场公告重大资产重组事项。

270. 重大资产重组董事会会议有何要求？

上市公司进行重大资产重组，应当由董事会依法做出决议，并提交股东会批准。上市公司董事会应当就重大资产重组是否构成关联交易做出明确判断，并作为董事会决议事项予以披露。

重大资产重组构成关联交易的，应当经上市公司全体独立董事过半数同意后，提交董事会审议。独立董事可以另行聘请独立财务顾问就本次交易对上市公司非关联股东的影响发表意见。上市公司应当积极配合独立董事调阅相关材料，并通过安排实地调查、组织证券服务机构汇报等方式，为独立董事履行职责提供必要的支持和便利。

上市公司应当在董事会做出重大资产重组决议后的次一工作日至少披露下列文件：董事会决议；上市公司重大资产重组预案或者重大资产重组报告书；本次重组构成关联交易的，还应当披露独立董事专门会议审议情况。

本次重组的重大资产重组报告书、独立财务顾问报告、法律意见书以及重组涉及的审计报告、资产评估报告或者估值报告至迟应当与召开股东会的通知同时公告。上市公司自愿披露盈利预测报告的，该报告应当经符合《证券法》规定的会计师事务所审核，与重大资产重组报告书同时公告。

上市公司应当在证券交易所的网站和一家符合中国证监会规定条件的媒体公告董事会决议、重大资产重组报告书及其摘要、相关证券服务机构的报告或者意见等信息披露文件。

271. 董事会审议重组事项应包括哪些议案？

（1）《关于公司进行重大资产重组的议案》，至少应当包括：本次重大资产重组的方式、交易标的和交易对方，交易价格或者价格区间（如有），定价方式或者定价依据，相关资产自定价基准日至交割日期间损益的归属，相关资产办理权属转移的合同义务和违约责任，决议的有效期，对董事会办理本次重大资产重组事宜的具体授权，以及其他需要明确的事项（需逐项表决）。

（2）《关于评估机构或估值机构的独立性、评估（估值）假设前提的合理性、评估（估值）方法与评估（估值）目的的相关性以及评估（估值）定价的公允性的议案》（如有）。

（3）《关于本次重组是否构成关联交易的议案》。

（4）《关于签订重组相关协议的议案》（如有）。

（5）《关于批准本次重组有关审计、评估和盈利预测报告的议案》（如有）。

（6）《重大资产重组预案》或《重大资产重组报告书及其摘要》。

（7）《关于提请股东大会审议同意相关方免于按照有关规定向全体股东发出（全面）要约的议案》（如适用）。

（8）《关于本次重组符合〈重组办法〉第十三条规定的议案》（适用于构成重组上市的情形）。

（9）《关于召开上市公司股东大会的议案》（如有）。

272. 重组预案应包括哪些内容?

（1）重大事项提示、重大风险提示。

（2）本次交易的背景和目的。

（3）本次交易的方案概况。方案介绍中应当披露本次交易是否构成《上市公司重大资产重组管理办法》第十三条规定的交易情形（以下简称“重组上市”）及其判断依据。

（4）上市公司最近36个月的控制权变动情况，最近三年的主营业务发展情况以及因本次交易导致的股权控制结构的预计变化情况。

（5）主要交易对方基本情况。主要交易对方为法人的，应当披露其名称、注册地、法定代表人，与其控股股东、实际控制人之间的产权及控制关系结构图；主要交易对方为自然人的，应当披露其姓名（包括曾用名）、性别、国籍、是否取得其他国家或者地区的居留权等；主要交易对方为其他主体的，应当披露其名称、性质，如为合伙企业，还应当披露合伙企业相关的产权及控制关系、主要合伙人等情况。

上市公司以公开招标、公开拍卖等方式购买或出售资产的，如确实无法在重组预案中披露交易对方基本情况，应当说明无法披露的原因及影响。

（6）交易标的基本情况，包括报告期（此处所述报告期指最近两年及一期，如初步估算为重组上市的情形，报告期指最近三年及一期）主营业务（主要产品或服务、盈利模式、核心竞争力等概要情况）、主要财务指标（可为未审计数）、预估值及拟定价（如有）等。未披露预估值及拟定价的，应当说明原因及影响。

相关证券服务机构未完成审计、评估或估值、盈利预测审核（如涉及）的，上市公司应当做出“相关资产经审计的财务数据、评估或估值结果，以及经审核的盈利预测数据（如涉及）将在重大资产重组报告书中予以披露”的特别提示以及“相关资产经审计的财务数据、评估或估值最终结果可能与预案披露情况存在较大差异”的风险提示。

交易标的属于境外资产或者通过公开招标、公开拍卖等方式购买的，如确实无法披露财务数据，应说明无法披露的原因和影响，并提出解决方案。

（7）重组支付方式情况。上市公司支付现金购买资产的，应当披露资金来源。上市公司发行股份购买资产的，应当披露发行股份的定价及依据、本次发行股份购买资产的董事会决议明确的发行价格调整方案等相关信息。上市公司通过发行优先股、向特定对象发行可转换为股票的公司债券、定向权证、存托凭证等购买资产的，应当比照前述发行股份的要求披露相关信息。

交易方案涉及吸收合并的，应当披露换股价格及确定方法、本次吸收合并的董事会决议明确的换股价格调整方案、异议股东权利保护安排、债权人权利保护安排等相关信息。

交易方案涉及募集配套资金的，应当简要披露募集配套资金的预计金额及相当于发行证券购买资产交易价格的比例、证券发行情况、用途等相关信息。

（8）本次交易存在其他重大不确定性因素，包括尚需取得有关主管部门的批准等情况的，应当对相关风险做出充分说明和特别提示。

（9）上市公司的控股股东及其一致行动人对本次重组的原则性意见，控股股东及其一致行动人、董事、监事、高级管理人员自本次重组复牌之日起至实施完毕期间的股份减持计划。上市公司披露为无控股股东的，应当比照前述要求，披露第一大股东及持股5%以上股东的意见及减持计划。

（10）相关证券服务机构对重组预案已披露内容发表的核查意见（如有）。

273. 发出股东会通知前应持续披露哪些信息？

（1）上市公司首次披露重组方案，可以披露重组预案，也可以直接披露重组报告书。

（2）上市公司应当在首次披露重组方案的同时披露一般风险提示公告，就本次重组进程可能被暂停或可能被终止做出风险提示。

（3）重大资产重组报告书、独立财务顾问报告、法律意见书以及重组涉及的审计报告、资产评估报告或者估值报告最迟应当与召开股东会的通知同时公告。

（4）上市公司披露重组报告书的，独立财务顾问应当按照《上市公司重大资产重组管理办法》《公开发行证券的公司信息披露内容与格式准则第26号——上市公司重大资产重组》（以下简称《26号准则》）《上市公司并购重组财务顾问业务管理办法》等规定，出具独立财务顾问报告和相关核查意见。

（5）上市公司在召开股东会审议重组方案之前，应当披露内幕信息知情人股票交易自查报告。股票交易自查期间为首次披露重组事项或者就本次重组申请股票停牌（孰早）前6个月至披露重组报告书。

（6）上市公司首次披露重组方案后，应当每30日公告一次筹划、尽职调查、审计、评估、取得有权部门事前审批意见等工作进展情况，直至发出召开股东会通知。

（7）上市公司首次披露重组事项至召开相关股东会前，如该重组事项涉嫌内幕交易被中国证监会立案调查或者被司法机关立案侦查的，公司应当暂停本次重组进程，不得将重组事项提交股东会进行审议，并及时披露相关信息，以及就本次重组可能被终止等情况进行风险提示。

274. 就重大资产重组召开股东会应注意哪些事项？

（1）上市公司股东会就重大资产重组事项做出决议，必须经出席会议的股东所持表决权的2/3以上通过。

（2）上市公司重大资产重组事宜与本公司股东或者其关联人存在关联关系的，股东会就重大资产重组事项进行表决时，关联股东应当回避表决。

（3）交易对方已经与上市公司控股股东就受让上市公司股权或者向上市公司推荐董事达成协议或者默契，可能导致上市公司的实际控制权发生变化的，上市公司控股股东及其关联人应当回避表决。

上市公司就重大资产重组事宜召开股东会，应当以现场会议形式召开，并应当提供网络投票和其他合法方式为股东参加股东会提供便利。除上市公司的董事、监事、高级管理人员、单独或者合计持有上市公司5%以上股份的股东以外，其他股东的投票情况应当单独统计并予以披露。

275. 股东会做出的决议应包括哪些事项？

（1）本次重大资产重组的方式、交易标的和交易对方。

（2）交易价格或者价格区间（如有）。

（3）定价方式或者定价依据。

（4）相关资产自定价基准日至交割日期间损益的归属。

（5）相关资产办理权属转移的合同义务和违约责任。

（6）决议的有效期。

（7）对董事会办理本次重大资产重组事宜的具体授权。

（8）其他需要明确的事项。

276. 报送申请文件需要注意哪些问题？

（1）材料完备性。《26号准则》规定的申请文件目录是上市公司重大资产重组申请文件的最低要求；不论准则是否有明确规定，凡对上市公司股票及其衍生品交易价格可能产生较大影响或对投资者做出投资决策有重大影响的信息，上市公司均应当披露或提供；《26号准则》某些具体要求对当次重大资产重组确实不适用的，上市公司可以根据实际情况，在不影响内容完整性的前提下予以适当调整，但应当在披露或申请时做出说明。中国证监会、证券交易所可以根据监管实际需要，要求上市公司补充披露其他有关信息或提供其他有关文件。

（2）报送文件的签字页要求。申请文件所有需要签名处，均应为签名人亲笔签名，不得以名章、签名章等代替。申请文件中需要由律师鉴证的文件，律师应在该文件首页注明“以下第××页至第××页与原件一致”，并签名和签署鉴证日期，律师事务所应在该文件首页加盖公章，并在第××页至第××页侧面以公章加盖骑缝章。

（3）报送文件有效性的要求：上市公司进行需经中国证监会注册的资产交易行为，应当通过证券交易所审核业务系统报送申请文件。报送的电子文件应当和原始纸质文件一致。律师事务所应当对所报送电子文件与原始纸质文件的一致性出具鉴证意见。报送的电子文件与原始纸质文件具有同等的法律效力。

（4）报送文件的相关格式要求。

277. 在交易所重组审核机构审核期间应披露哪些事项？

（1）上市公司重大资产重组事项需由交易所审核、中国证监会注册的，在向交易所提交重组相关申请文件后，重组申请被交易所做出受理、不予受理、中止审核、恢复审核或者终止审核决定的，或者被交易所出具审核问询等函件的，以及其他部门在行政审批程序中做出相关决定的，上市公司应当及时披露有关情况，并做出风险提示。

上市公司应当在本次重组方案中就重组可能无法获得批准的风险做出特别提示。

（2）交易所对重组方案审核期间，上市公司拟申请中止审核、恢复审核的，应当及时召开董事会审议并披露。

（3）上市公司收到交易所出具的审核问询等函件的，应当及时提供书面回复意见并予以披露，相关证券服务机构应按照要求出具专业意见。涉及需履行决策程序的，应当及时履行决策程序。

（4）上市公司重大资产重组需提交交易所并购重组委员会（以下简称“并购重组委”）审议的，应当在收到拟召开并购重组委工作会议的通知时，披露并购重组委审议提示性公告。上市公司应当密切关注交易所网站公告，在并购重组委工作会议召开日期明确后，及时披露并购重组委工作会议安排公告。上市公司在交易所并购重组委工作会议召开当日原则上无须申请停牌。

（5）上市公司收到并购重组委审议结果后，应于次一交易日公告相关情况。公告应当说明，上市公司在收到交易所做出的认为本次交易符合重组条件和信息披露要求的审核意见或终止审核的决定、中国证监会做出的予以注册或不予注册的决定后将再行公告。

278. 公告预案后对重组方案进行调整有何要求？

（1）股东会做出重大资产重组的决议后，上市公司拟对交易对象、交易标的、交易价格等做出变更，构成对原交易方案重大调整的，应当在董事会表决通过后重新提交股东会审议，并及时公告相关文件。

证券交易所审核或者中国证监会注册期间，上市公司按照上述第（1）项规定对原交易方案做出重大调整的，应当按照《上市公司重大资产重组管理办法》的规定向证券交易所重新提出申请，同时公告相关文件。

（2）关于交易对象。拟增加交易对象的，应当视为构成对重组方案重大调整。拟减少交易对象的，如交易各方同意将该交易对象及其持有的标的资产份额剔除出重组方案，且剔除相关标的资产后按照《〈上市公司重大资产重组管理办法〉第二十九条、第四十五条的适用意见——证券期货法律适用意见第15号》中关于交易标的变更的规定不构成重组方案重大调整的，可以视为不构成重组方案重大调整。拟调整交易对象所持标的资产份额的，如交易各方同意交易对象之间转让标的资产份额，且转让份额不超过交易作价20%的，可以视为不构成重组方案重大调整。

（3）关于交易标的。拟对标的资产进行变更，原则上视为构成对重组方案重大调整，如同时满足以下条件，可以视为不构成重组方案重大调整：拟增加或减少的交易标的的交易作价、资产总额、资产净额及营业收入占原标的资产相应指标总量的比例均不超过20%；变更标的资产对交易标的的生产经营不构成实质性影响，包括不影响标的资产及业务完整性等。

（4）关于配套募集资金。新增或调增配套募集资金，应当视为构成对重组方案重大调整。调减或取消配套募集资金不构成重组方案的重大调整。重组委会议可以审议通过申请人的重组方案，但要求申请人调减或取消配套募集资金。

279. 购买标的曾拆除可变利益实体（VIE）架构的有哪些信息披露要求？

（1）VIE协议控制架构搭建和拆除过程、VIE协议执行情况，以及拆除前后的控制关系结构图。

（2）标的资产是否曾筹划境外资本市场上市。如果是，应当披露筹划上市进展、未上市原因等情况。

（3）VIE协议控制架构的搭建和拆除过程是否符合外资、外汇、税收等有关规定，是否存在行政处罚风险。

（4）VIE协议控制架构是否彻底拆除，拆除后标的资产股权权属是否清晰，是否存在诉讼等法律风险。

（5）VIE协议控制架构拆除后，标的资产的生产经营是否符合国家产业政策相关法律法规等规定。

（6）如构成重组上市，还应当重点说明VIE协议控制架构拆除是否导致标的资产近三年主营业务和董事、高级管理人员发生重大变化、实际控制人发生变更，是否符合IPO相关规定。

独立财务顾问应当对以上情况进行核查并发表明确意见。

280. 上市公司并购重组“小额快速”审核的适用情形有哪些，有何要求？

根据《监管规则适用指引——上市类第1号》有关规定，上市公司发行股份购买资产满足下列情形之一的，即可适用“小额快速”审核。

（1）最近12个月内累计交易金额不超过5亿元。

（2）最近12个月内累计发行的股份不超过本次交易前上市公司总股本的5%且最近12个月内累计交易金额不超过10亿元。累计交易金额是指以发行股份方式购买资产的交易金额；累计发行的股份是指用于购买资产而发行的股份。未适用“小额快速”审核的发行股份购买资产行为，无须纳入累计计算的范围。

按照“分道制”分类结果属于审慎审核类别的，不适用“小额快速”审核。

适用“小额快速”审核的，独立财务顾问应当对以上情况进行核查并发表明确意见。

281. 并购重组审核分道制下，适用“豁免/快速通道”的，有哪些产业政策的具体要求？

根据《监管规则适用指引——上市类第1号》有关规定，适用快速审核通道的并购重组项目须属于以下行业：汽车、钢铁、水泥、船舶、电解铝、稀土、电子信息、医药、农业产业化龙头企业、高档数控机床和机器人、航空航天装备、海洋工程装备及高技术船舶、先进轨道交通装备、电力装备、新一代信息技术、新材料、环保、新能源、生物产业；党中央、国务院要求的其他急需加快整合、转型升级的产业。

独立财务顾问应就上述事项开展专项核查并发表明确意见。

第三章
重大资产重组的申请文件

282. 申请文件应包括哪些内容?

（1）上市公司重大资产重组报告书及相关文件：重大资产重组报告书；重大资产重组的董事会决议和股东会决议；上市公司独立董事意见；公告的其他相关信息披露文件。

（2）独立财务顾问和律师事务所出具的文件：独立财务顾问报告；法律意见书；关于本次交易产业政策和交易类型的独立财务顾问核查意见；关于本次交易适用快速审核通道的独立财务顾问核查意见（如适用）；关于本次交易符合“小额快速”审核机制的独立财务顾问核查意见（如适用）。

（3）本次重大资产重组涉及的财务信息相关文件：

①本次重大资产重组涉及的拟购买资产最近两年及一期的财务报告和审计报告（确实无法提供的，应当说明原因及相关资产的财务状况和经营成果）；

②本次重大资产重组涉及的拟购买资产的评估报告及评估说明，或者估值报告；

③本次重大资产重组涉及的拟出售资产最近两年及一期的财务报告和审计报告（确实无法提供的，应当说明原因及相关资产的财务状况和经营成果）；

④本次重大资产重组涉及的拟出售资产的评估报告及评估说明，或者估值报告；

⑤根据本次重大资产重组完成后的架构编制的上市公司最近一

年及一期的备考财务报告及其审计报告；

⑥盈利预测报告和审核报告（如有）；

⑦上市公司董事会、注册会计师关于上市公司最近一年及一期的非标准保留意见审计报告的补充意见（如有）；

⑧交易对方最近一年的财务报告和审计报告（如有）以及独立财务顾问、会计师事务所对交易标的业绩真实性的专项核查意见。

（4）关于重组上市的申请文件要求：

①内部控制鉴证报告；

②最近三年及一期的财务报告和审计报告；

③最近三年原始报表及其与申报财务报表的差异比较表及会计师事务所出具的意见；

④最近三年及一期非经常性损益明细表及会计师事务所出具的专项说明；

⑤最近三年及一期的纳税证明文件；

⑥根据本次重大资产重组完成后的架构编制的上市公司最近一年及一期的备考财务报告及其审计报告。

（5）本次重大资产重组涉及的有关协议、合同、决议及承诺函：

①重大资产重组的协议或合同；

②涉及本次重大资产重组的其他重要协议或合同；

③交易对方与上市公司就相关资产实际盈利数不足利润预测数的情况签订的补偿协议（如有）；

④涉及本次重大资产重组的承诺函；

⑤涉及本次重大资产重组的媒体说明会召开情况、对证券交易所问询函的回复等已披露信息。

（6）本次重大资产重组的其他文件：有关部门对重大资产重组的审批、核准或备案文件；债权人同意函（如有）；拟购买资产的权属证明文件；与拟购买资产生产经营有关的资质证明或批准文件；内幕信息知情人名单，包括名称/姓名、职务、组织机构代码、统一社会信用代码/公民身份证号码或其他身份信息等；上市公司及其董事、监事、高级管理人员，上市公司控股股东、实际控制人及其董事、监事、高级管理人员（或主要负责人），交易对方及其控股股东、实际控制人、董事、监事、高级管理人员（或主要负责人），相关证券服务机构和其他知悉本次重大资产重组内幕信息的单位和自然人以及上述相关人员的直系亲属在董事会就本次重组申请股票停牌前或首次作出决议前（孰早）六个月至重大资产重组报告书披露之前一日止，买卖该上市公司股票及其他相关证券情况的自查报告，并提供证券登记结算机构就前述单位及自然人二级市场交易情况出具的证明文件；资产评估结果备案或核准文件（如有）；中国证监会要求提供的其他文件。

283. 重组报告书应包括哪些内容？

（1）封面、目录、释义。

（2）重大事项提示。上市公司应当在重组报告书扉页中，遵循重要性和相关性原则，以简明扼要的方式，就与本次重组有关的重大事项，进行重大事项提示。

（3）重大风险提示。上市公司应当在重组报告书扉页中针对本次重组的实际情况，遵循重要性和相关性原则，在“风险因素”基础上，选择若干可能直接或间接对本次重组及重组后上市公司生产经营状况、财务状况和持续盈利能力等产生严重不利影响的风险因素，进行重大风险提示。

（4）本次交易概述。简要介绍本次重组的基本情况，包括本次交易的背景和目的、本次交易决策过程和批准情况、本次交易具体方案、本次重组对上市公司的影响。

（5）交易各方情况。

（6）交易标的情况。

（7）交易标的评估或估值。

（8）本次交易主要合同。

（9）交易的合规性分析。

（10）管理层讨论与分析。上市公司董事会就本次交易对上市公司的影响进行的讨论与分析，包括本次交易前上市公司财务状况和经营成果、交易标的行业特点和经营情况、本次交易对上市公司的影响分析等。

（11）财务会计信息。

（12）同业竞争和关联交易。本次交易完成后，上市公司与实际控制人及其关联企业之间是否存在同业竞争或关联交易、同业竞争或关联交易的具体内容和拟采取的具体解决或规范措施。

（13）风险因素。上市公司应以简明扼要的方式，遵循重要性原则，对本次重组及重组后上市公司的相关风险予以揭示，并进行定量分析，无法进行定量分析的，应有针对性地做出定性描述。

（14）其他重要事项。

（15）上市公司重大资产重组构成重组上市、涉及拟发行股份购买资产、换股吸收合并以及募集配套资金的，均应详细披露所涉及的内容。

284. 重大事项提示应包括哪些内容?

（1）本次重组方案简要介绍。

（2）按《上市公司重大资产重组管理办法》规定计算的相关指标、本次重组是否构成关联交易（如构成关联交易，应披露构成关联交易的原因、涉及董事和股东的回避表决安排）、是否构成重组上市及判断依据。

（3）如披露本次交易不构成重组上市，但交易完成后，持有上市公司5%以上股份的股东或者实际控制人持股情况或者控制公司的情况以及上市公司的业务构成都将发生较大变化，应当披露未来60个月上市公司是否存在维持或变更控制权，调整主营业务的相关安排、承诺、协议等，如存在，应当详细披露主要内容。

（4）本次重组支付方式、募集配套资金安排简要介绍（如涉及）。

（5）交易标的评估或估值情况简要介绍。

（6）本次重组对上市公司影响的简要介绍，列表披露本次重组对上市公司股权结构的影响及对上市公司主要财务指标的影响。

（7）本次重组已履行的和尚未履行的决策程序及报批程序，本次重组方案实施前尚需取得的有关批准。涉及并联审批的，应当明确取得批准前不得实施本次重组方案。

（8）列表披露本次重组相关方做出的重要承诺。

（9）上市公司的控股股东及其一致行动人对本次重组的原则性意见，控股股东及其一致行动人、董事、监事、高级管理人员自本次重组复牌之日起至实施完毕期间的股份减持计划。上市公司披露为无控股股东的，应当比照前述要求，披露第一大股东及持股5%以上股东的意见及减持计划。

（10）本次重组对中小投资者权益保护的安排，包括但不限于股东会表决情况、网络投票安排、并购重组摊薄当期每股收益的填补回报安排等。

（11）其他需要提醒投资者重点关注的事项。

285. 重大风险提示应包括哪些内容？

上市公司应当在重组报告书扉页中针对本次重组的实际情况，遵循重要性和相关性原则，在“风险因素”基础上，选择若干可能直接或间接对本次重组及重组后上市公司生产经营状况、财务状况和持续经营能力等产生严重不利影响的风险因素，进行“重大风险提示”。不得简单重复“风险因素”的相关内容。

286. 重组报告书摘要应包括哪些内容？

编制重组报告书摘要的目的是向公众提供有关本次重组的简要情况，摘要内容必须忠实于重组报告书全文，不得出现与全文相矛盾之处。上市公司编制的重组报告书摘要应当至少包括以下内容：

（1）封面、目录、释义。

（2）重大事项提示。

（3）重大风险提示。

上市公司应当在重组报告书摘要的显著位置载明：“本重大资产重组报告书摘要的目的仅为向公众提供有关本次重组的简要情况，并不包括重大资产重组报告书全文的各部分内容。重大资产重组报告书全文同时刊载于×××网站。”“本公司及全体董事、监事、高级管理人员保证重大资产重组报告书及其摘要内容的真实、准确、完整，对报告书及其摘要的虚假记载、误导性陈述或重大遗漏负相应的法律责任。”

287. 交易对方情况应当包括哪些内容？

（1）交易对方为法人的，应当披露其名称、企业性质、注册地、主要办公地点、法定代表人、注册资本、统一社会信用代码、历史沿革、经营范围，最近三年注册资本变化情况、主要业务发展状况和最近两年主要财务指标，最近一年简要财务报表并注明是否已经审计。

以方框图或者其他有效形式，全面披露交易对方相关的产权及控制关系，包括交易对方的主要股东或权益持有人、股权或权益的间接控制人及各层之间的产权关系结构图，直至自然人、国有资产管理部门或者股东之间达成某种协议或安排的其他机构；以文字简要介绍交易对方的主要股东及其他关联人的基本情况；列示交易对方按产业类别划分的下属企业名目。

交易对方成立不足一个完整会计年度、没有具体经营业务或者是专为本次交易而设立的，则应当按照上述要求披露交易对方的实际控制人或者控股公司的相关资料。

（2）交易对方为自然人的，应当披露其姓名（包括曾用名）、性别、国籍、身份证号码、住所、通信地址、是否取得其他国家或者地区的居留权、最近三年的职业和职务，并注明每份职业的起止日期和任职单位，是否与任职单位存在产权关系，以及其控制的企业和关联企业的基本情况。

（3）交易对方为其他主体的，应当披露其名称、性质及相关协议安排，并比照上述第（1）项相关要求，披露该主体的基本情况及其相关产权及控制关系，以及该主体下属企业名目等情况。如为合伙企业，应当穿透披露至最终出资人，同时还应披露合伙人、最终出资人与参与本次交易的其他有关主体的关联关系（如有）；交易完成后合伙企业成为上市公司第一大股东或持股5%以上股东的，还应当披露最终出资人的资金来源，合伙企业利润分配、亏损负担及合伙事务执行（含表决权行使）的有关协议安排，本次交易停牌前6个月内及停牌期间合伙人入伙、退伙、转让财产份额，有限合伙人与普通合伙人转变身份的情况及未来存续期间内的类似变动安排（如有）。如为契约型私募基金、券商资产管理计划、基金专户及基金子公司产品、信托计划、理财产品、保险资管计划、专为本次交易设立的公司等，应当比照对合伙企业的上述要求进行披露。

（4）交易对方为多个主体的，应当披露交易对方之间是否存在关联关系及其情况说明。

（5）交易对方与上市公司之间是否存在关联关系及其情况说明，交易对方向上市公司推荐董事或者高级管理人员的情况。

（6）交易对方及其主要管理人员最近 5 年内受过行政处罚（与证券市场明显无关的除外）、刑事处罚或者涉及与经济纠纷有关的重大民事诉讼或者仲裁的，应当披露处罚机关或者受理机构的名称、处罚种类、诉讼或者仲裁结果，以及日期、原因和执行情况。

（7）交易对方及其主要管理人员最近 5 年的诚信情况，包括但不限于：交易对方及其主要管理人员未按期偿还大额债务、未履行承诺、被中国证监会采取行政监管措施或受到证券交易所纪律处分的情况等。

288. 交易标的为完整经营性资产的，应披露哪些内容？

（1）该经营性资产的名称、企业性质、注册地、主要办公地点、法定代表人、注册资本、成立日期、统一社会信用代码。

（2）该经营性资产的历史沿革，包括设立情况、历次增减资或股权转让情况、是否存在出资瑕疵或影响其合法存续的情况。该经营性资产最近 3 年增减资及股权转让的原因、作价依据及其合理性，股权变动相关方的关联关系，是否履行必要的审议和批准程序，是否符合相关法律法规及公司章程的规定，是否存在违反限制或禁止性规定而转让的情形。

（3）该经营性资产的产权或控制关系，包括其主要股东或权益持有人及持有股权或权益的比例、公司章程中可能对本次交易产生影响的主要内容或相关投资协议、高级管理人员的安排、是否存在影响该资产独立性的协议或其他安排（如让渡经营管理权、收益权等）。

（4）该经营性资产及其对应的主要资产的权属状况、对外担保情况及主要负债、或有负债情况，说明产权是否清晰，是否存在抵押、质押等权利限制，是否涉及诉讼、仲裁、司法强制执行等重大争议或者存在妨碍权属转移的其他情况。

（5）该经营性资产是否因涉嫌犯罪被司法机关立案侦查或者涉嫌违法违规被中国证监会立案调查，是否受到行政处罚或者刑事处罚，如存在，应当披露相关情况，并说明对本次重组的影响。

（6）最近3年主营业务发展情况。如果该经营性资产的主营业务和产品（或服务）分属不同行业，则应按不同行业分别披露相关信息。

（7）报告期经审计的财务指标。除主要财务指标外，还应包括扣除非经常性损益的净利润，同时说明报告期非经常性损益的构成及原因，扣除非经常性损益后净利润的稳定性，非经常性损益（如财政补贴）是否具备持续性。

（8）交易标的为企业股权的，应当披露该企业是否存在出资瑕疵或影响其合法存续的情况；上市公司在交易完成后将成为持股型公司的，应当披露作为主要交易标的的企业股权是否为控股权；交易标的为有限责任公司股权的，应当披露是否已取得该公司其他股东的同意或者符合公司章程规定的股权转让前置条件。

（9）该经营性资产的权益最近3年曾进行与交易、增资或改制相关的评估或估值的，应当披露相关评估或估值的方法、评估或估值结果及其与账面值的增减情况，交易价格、交易对方和增资改制的情况，并列表说明该经营性资产最近3年评估或估值情况与本次重组评估或估值情况的差异原因。

（10）该经营性资产的下属企业构成该经营性资产最近一期经审计的资产总额、营业收入、净资产额或净利润来源20%以上且有重大影响的，应参照上述要求披露该下属企业的相关信息。

289. 交易标的不构成完整经营性资产的，应披露哪些内容？

（1）相关资产的名称、类别。

（2）相关资产的权属状况，包括产权是否清晰，是否存在抵押、质押等权利限制，是否涉及诉讼、仲裁、司法强制执行等重大争议或者存在妨碍权属转移的其他情况。

（3）相关资产最近3年的运营情况和报告期经审计的财务数据，包括但不限于资产总额、资产净额、可准确核算的收入或费用额。

（4）相关资产在最近3年曾进行评估、估值或者交易的，应当披露评估或估值结果、交易价格、交易对方等情况，并列表说明相关资产最近3年评估或估值情况与本次重组评估或估值情况的差异原因。

290. 涉及重大资产购买的，应披露拟购买资产主营业务哪些具体情况？

（1）主要产品（或服务）所处行业的主管部门、监管体制、主要法律法规及政策等。

（2）主要产品（或服务）的用途及报告期的变化情况。如从事多种产品（或服务）生产经营的，产品（或服务）分类的口径应当前后一致。如产品（或服务）分属不同行业，则应按不同行业分别披露相关信息。

（3）主要产品的工艺流程图或主要服务的流程图。

（4）主要经营模式（通常包括采购模式、生产模式、销售模式）、盈利模式和结算模式。

（5）列表披露报告期各期主要产品（或服务）的产能、产量、期初及期末库存、销量、销售收入，产品（或服务）的主要消费群体、销售价格的变动情况；报告期各期向前5名客户合计的销售额占当期销售总额的百分比，向单个客户的销售比例超过总额的50%或严重依赖于少数客户的，应当披露其名称及销售比例。如该客户为交易对方及其关联方，则应当披露产品最终实现销售的情况。受同一实际控制人控制的销售客户，应当合并计算销售额。

（6）报告期主要产品的原材料和能源及其供应情况，主要原材料和能源的价格变动趋势、主要原材料和能源占成本的比重；报告期各期向前5名供应商合计的采购额占当期采购总额的百分比，向单个供应商的采购比例超过总额的50%或严重依赖于少数供应商的，应当披露其名称及采购比例。受同一实际控制人控制的供应商，应当合并计算采购额。

（7）报告期董事、监事、高级管理人员和核心技术人员，其他主要关联方或持有拟购买资产 5% 以上股份的股东在前 5 名供应商或客户中所占的权益。如无，也应明确说明。

（8）如在境外进行生产经营，应当对有关业务活动进行地域性分析；如在境外拥有资产，应当详细披露该资产的资产规模、所在地、经营管理和盈利情况等具体内容。

（9）存在高危险、重污染情况的，应当披露安全生产和污染治理制度及执行情况、因安全生产及环境保护原因受到处罚的情况、最近 3 年相关费用成本支出及未来支出的情况，说明是否符合国家关于安全生产和环境保护的要求。

（10）主要产品和服务的质量控制情况，包括质量控制标准、质量控制措施、出现的质量纠纷等。

（11）主要产品生产技术所处的阶段，如处于基础研究、试生产、小批量生产或大批量生产阶段。

（12）报告期核心技术人员特点分析及变动情况。

291. 独立财务顾问报告应包括哪些内容?

（1）结合对《公开发行证券的公司信息披露内容与格式准则第 26 号——上市公司重大资产重组》第三章规定的内容进行核查的实际情况，逐项说明本次重组是否符合《上市公司重大资产重组管理办法》第十一条的规定；拟发行股份购买资产的，还应当结合核查的实际情况，逐项说明是否符合《上市公司重大资产重组管理办法》第四十三条的规定。

（2）本次交易是否构成重组上市，如构成，还应当结合核查的实际情况，逐项说明是否符合《上市公司重大资产重组管理办法》第十三条的规定。

（3）上市公司拟发行股份募集配套资金的，应当结合核查的实际情况，逐项说明是否符合《上市公司证券发行注册管理办法》第十一条的规定。拟发行可转债募集配套资金的，应当逐项说明是否符合《上市公司证券发行注册管理办法》第十三条、第十四条及《可转换公司债券管理办法》的相关规定。

（4）对本次交易所涉及的资产定价和股份定价（如涉及）进行全面分析，说明定价是否合理。

（5）本次交易根据资产评估结果定价，应当对所选取的评估方法的适当性、评估假设前提的合理性、重要评估参数取值的合理性发表明确意见。本次交易不以资产评估结果作为定价依据的，应当对相关资产的估值方法、参数选择的合理性及其他影响估值结果的指标和因素发表明确意见。

（6）结合上市公司管理层讨论与分析以及盈利预测（如有），分析说明本次交易完成后上市公司的盈利能力和财务状况、本次交易是否有利于上市公司的持续发展、是否存在损害股东合法权益的问题。

（7）对交易完成后上市公司的市场地位、经营业绩、持续发展能力、公司治理机制进行全面分析。

（8）对交易合同约定的资产交付安排是否可能导致上市公司交付现金或其他资产后不能及时获得对价的风险、相关的违约责任是否切实有效，发表明确意见。

（9）对本次重组是否构成关联交易进行核查，并依据核查确认的相关事实发表明确意见。涉及关联交易的，还应当充分分析本次交易的必要性及本次交易是否损害上市公司及非关联股东的利益。

（10）交易对方与上市公司根据《上市公司重大资产重组管理办法》第三十五条的规定，就相关资产实际盈利数不足利润预测数的情况签订补偿协议或提出填补每股收益具体措施的，独立财务顾问应当对补偿安排或具体措施的可行性、合理性发表意见（如有）。

292. 法律意见书应包括哪些内容?

（1）上市公司和交易对方是否具备相应的主体资格，是否依法有效存续。

（2）本次交易是否构成重组上市，如构成，上市公司购买的资产对应的经营实体是否为股份有限公司或者有限责任公司，且是否符合《首次公开发行股票注册管理办法》规定的其他发行条件。

（3）本次交易是否已履行必要的批准或授权程序，相关的批准和授权是否合法有效；本次交易是否构成关联交易；构成关联交易的，是否已依法履行必要的信息披露义务和审议批准程序；本次交易涉及的须呈报有关主管部门批准的事项是否已获得有效批准；本次交易的相关合同和协议是否合法有效。

（4）交易标的（包括标的股权所涉及企业的主要资产）的权属状况是否清晰，权属证书是否完备有效；尚未取得完备权属证书的，应说明取得权属证书是否存在法律障碍；交易标的是否存在产权纠纷或潜在纠纷，如有，应说明对本次交易的影响；交易标的是否存在抵押、担保或其他权利受到限制的情况，如有，应说明对本次交易的影响。

（5）本次交易所涉及的债权债务的处理及其他相关权利、义务的处理是否合法有效，其实施或履行是否存在法律障碍和风险。

（6）上市公司、交易对方和其他相关各方是否已履行法定的披露和报告义务，是否存在应当披露而未披露的合同、协议、安排或其他事项。

（7）本次交易是否符合《上市公司重大资产重组管理办法》和其他相关规范性文件规定的原则和实质性条件。

（8）参与上市公司本次交易活动的证券服务机构是否具备必要的资格。

（9）本次交易是否符合相关法律、法规、规章和规范性文件的规定，是否存在法律障碍，是否存在其他可能对本次交易构成影响的法律问题和风险。

293. 发行股份购买资产的应补充披露哪些内容？

（1）在重组报告书的“交易标的”部分后，加入“发行股份情况”。在“发行股份情况”部分应当披露以下内容：

①上市公司发行股份的价格、定价原则及合理性分析。上市公司应当披露按照《上市公司重大资产重组管理办法》第四十五条计算的董事会就发行股份购买资产做出决议公告日前20个交易日、60

个交易日或者120个交易日的公司股票交易均价，以及发行股份市场参考价的选择依据及理由，并进行合理性分析。

②本次发行股份购买资产的董事会决议明确的发行价格调整方案。发行价格调整方案应当建立在大盘和同行业因素调整基础上，触发发行价格调整的情形应当明确、具体、可操作，并充分说明理由。如出现上市公司发行价格的调整，还应当说明调整交易标的的定价及理由、发行股份数量的变化情况等。

③上市公司拟发行股份的种类、每股面值。

④上市公司拟发行股份的数量、占发行后总股本的比例。

⑤特定对象所持股份的转让或交易限制，股东关于锁定所持股份的相关承诺。

（2）在“交易标的评估或估值”部分，披露董事会结合股份发行价对应的市盈率、市净率水平以及本次发行对上市公司盈利能力、持续发展能力的影响等对股份发行定价合理性所做的分析。

（3）在“交易的合规性分析”部分，逐项说明是否符合《上市公司重大资产重组管理办法》第四十三条的规定。

（4）上市公司拟发行优先股购买资产的，应在重组报告书“发行股份情况”部分除披露前述信息外，结合《公开发行证券的公司信息披露内容与格式准则第34号——发行优先股募集说明书》第四节、第六节第三十五条的相关要求，披露相关信息。如本次优先股发行涉及公司章程的，还应披露公司章程相应修订情况。

（5）上市公司拟通过向特定对象发行可转换为股票的公司债券、定向权证等其他支付方式购买资产的，也应当披露上述相关内容。

294. 重组上市需要补充披露哪些内容？

上市公司重大资产重组构成重组上市的，除应按规定编制重组报告书外，还应当按照《公开发行证券的公司信息披露内容与格式准则第57号——招股说明书》（以下简称《57号准则》）相关章节的要求，对重组报告书的相关内容加以补充。需要补充披露的内容包括但不限于：

（1）在“风险因素”部分，补充《57号准则》“风险因素”的相关内容。

（2）在“交易标的”部分，补充《57号准则》“发行人基本情况”“业务与技术”“董事、监事、高级管理人员与核心技术人员”的相关内容。

（3）在“管理层讨论与分析”部分，补充《57号准则》“管理层讨论与分析”“业务发展目标”的相关内容。

（4）在“财务会计信息”部分，补充《57号准则》“财务会计信息”的相关内容。

（5）在“同业竞争和关联交易”部分，补充《57号准则》“同业竞争与关联交易”的相关内容。

（6）在“其他重要事项”部分，补充《57号准则》“公司治理”“股利分配政策”“其他重要事项”的相关内容。

295. 相关财务资料披露有哪些要求？

上市公司应当披露本次交易所涉及的相关资产的财务报告和审计报告。经审计的最近一期财务资料在财务报告截止日后6个月内有效；本次交易涉及发行股份的，特别情况下可适当延长，但延长时间至多不超过3个月。

交易标的的财务资料虽处于上述有效期内，但截至重组报告书披露之日，该等资产的财务状况和经营成果发生重大变动的，应当补充披露最近一期的相关财务资料（包括该等资产的财务报告、备考财务资料等）。

交易标的财务报告截止日至提交中国证监会注册的重组报告书披露日之间超过7个月的，应当补充披露截止日后至少6个月的财务报告和审阅报告。

有关财务报告和审计报告应当按照与上市公司相同的会计制度和会计政策编制。如不能披露完整财务报告，应当解释原因，并出具对相关资产财务状况、经营成果的说明及审计报告。交易标的涉及红筹企业的，应当按照《公开发行证券的公司信息披露编报规则第24号——注册制下创新试点红筹企业财务报告信息特别规定》及其他相关业务规则披露交易标的财务会计信息。

296. 管理层讨论与分析披露有何要求?

上市公司董事会就本次交易对上市公司的影响进行的讨论与分析。该讨论与分析的内容应当着重于董事会已知的、从一般性财务报告分析难以取得且对上市公司未来经营具有影响的重大事项。

第一，结合上市公司情况，对交易标的所属细分行业特点和经营情况的讨论与分析。

（1）行业特点。

①行业竞争格局和市场化程度，行业内主要企业及其市场份额，市场供求状况及变动原因，行业利润水平的变动趋势及变动原因等。

②影响行业发展的有利和不利因素，如境内外产业政策、技术替代、行业发展瓶颈、国际市场冲击等。

③进入该行业的主要障碍。

④行业技术水平及技术特点，经营模式，以及行业在技术、产业、业态、模式等方面的发展情况和未来发展趋势等。

⑤行业周期性，以及区域性或季节性特征。

⑥所处行业与上下游行业之间的关联性，上下游行业发展状况对该行业及其发展前景的有利和不利影响。

⑦交易标的的境外购销业务比例较大的，还应当披露产品进出口国的有关对外贸易政策，相关贸易政策对交易标的生产经营的影响，以及进口国同类产品的竞争格局等情况。

（2）交易标的核心竞争力及行业地位。技术及管理水平、产品（或服务）的市场占有率最近三年的变化情况及未来变化趋势等体现交易标的核心竞争力与行业地位的相关情况。

（3）交易标的财务状况分析。

①资产、负债的主要构成。对于报告期各期末占比较高的资产、负债项目，应当逐项分析各项资产或者负债项目的具体构成、形成原因，对于重要资产类项目（如应收款项、存货、固定资产、商誉、其他应收款等），应当充分论证其减值损失计提的充分性。报告期内，资产结构、负债结构发生重大变化的，还应当分析说明导致变化的主要因素。对于报告期各期末变动较大的资产、负债项目，还应当逐项分析变动原因及合理性。

②报告期流动比率、速动比率、资产负债率、息税折旧摊销前利润、利息保障倍数的变动趋势以及与同行业可比公司的对比情况。交易标的报告期经营活动产生的现金流量净额为负数或者远低于当期净利润的，应当分析原因。

③报告期应收账款周转率、存货周转率等反映资产周转能力的财务指标的变动趋势，并结合市场发展、行业竞争状况、生产模式及物流管理、销售模式及赊销政策等情况，分析说明交易标的的资产周转能力。

④最近一期末持有金额较大的财务性投资的，应当分析其投资目的、对交易标的资金安排的影响、投资期限、交易标的对投资的监管方案、投资的可回收性及减值准备的计提是否充足。

（4）交易标的盈利能力分析。

①基于交易标的报告期营业收入的分部数据，结合交易标的具体情况，分别按各产品（或服务）类别及各业务、各地区的收入构成，分析营业收入变化的情况及原因。营业收入存在季节性波动的，应当分析季节性因素对各季度经营成果的影响。如交易标的存在经销模式、线上销售、境外销售等特殊情形的，应当进行针对性分析，并说明终端销售情况。

②报告期营业成本的分部数据、主要成本项目构成及变动原因。结合主要原材料、能源等采购对象的数量与价格变动，分析营业成本变化的影响因素。

③结合交易标的所从事主营业务、采用的经营模式及行业竞争情况，分析报告期利润的主要来源、可能影响盈利能力持续性和稳定性的主要因素。

④结合利润构成及资产周转能力等说明盈利能力的驱动要素及其可持续性。

⑤按照利润表项目逐项分析报告期经营成果变化的原因，对于变动幅度较大的项目应当重点说明。

⑥列表披露并分析报告期交易标的的综合毛利率、分产品（或服务）毛利率的数据及变动情况。报告期发生重大变化的，还应当用数据说明相关因素对毛利率变动的影响程度。存在同行业可

比公司相同或相近产品（或服务）的，应当对比分析毛利率差异和原因。

⑦报告期非经常性损益的构成及原因，非经常性损益（如财政补贴）是否具备持续性，非经常性损益对盈利稳定性的影响及影响原因。

⑧报告期投资收益、少数股东损益对经营成果有重大影响的，应当分析原因及对盈利稳定性的影响。

⑨报告期销售费用、管理费用、研发费用、财务费用的主要构成，如存在较大变动的，应当披露变动原因。期间费用水平的变动趋势，与同行业可比公司存在显著差异的，应当结合业务特点和经营模式分析原因。

（5）交易标的报告期财务指标变化较大或报告期财务数据不足以真实、准确、完整反映交易标的经营状况的情况下，应当披露反映交易标的经营状况的其他信息。

第二，上市公司应当披露并分析对拟购买资产的整合管控安排，包括在业务、资产、财务、人员、机构等方面的具体整合管控计划。

第三，还需要就本次交易对上市公司的持续经营能力、未来发展前景、当期每股收益等财务指标和非财务指标的影响进行详细分析。

（1）本次交易对上市公司的持续经营能力影响的分析。

①从本次交易完成后的规模效应、产业链整合、运营成本、销售渠道、技术或资产整合等方面，分析本次交易对上市公司盈利能力驱动因素及持续经营能力的影响。

②本次交易完成后形成多主业的，结合财务指标分析说明未来各业务构成、经营发展战略、业务管理模式以及对上市公司持续经营能力的影响。

③结合本次交易完成后将从事的新业务的市场情况、风险因素等，分析说明上市公司未来经营中的优势和劣势。

④结合本次交易完成后的资产、负债的主要构成及行业分析说明交易后上市公司资产负债率是否处于合理水平。结合上市公司的现金流量状况、可利用的融资渠道及授信额度、或有负债（如担保、

诉讼、承诺）等情况，分析说明上市公司的财务安全性。

⑤结合与本次交易有关的企业合并的会计政策及会计处理，分析本次交易对上市公司财务状况、持续经营能力的影响。

⑥本次交易前交易标的商誉的形成过程、金额及减值情况，本次交易完成后上市公司商誉的金额及相当于净利润、净资产额、资产总额的比例，以及后续商誉减值的具体应对措施。

⑦科创板上市公司还应当披露本次交易对上市公司科研创新能力的影响。

（2）本次交易对上市公司未来发展前景影响的分析。

①结合本次交易的具体整合管控计划，分析对上市公司未来发展的影响；

②交易当年和未来两年拟执行的发展计划，包括提高竞争能力、市场和业务开拓等方面。

（3）本次交易对上市公司当期每股收益等财务指标和非财务指标影响的分析。

①分析本次交易对上市公司主要财务指标及反映上市公司未来持续经营能力的其他重要非财务指标（如每股储量、每股产能或每股用户数等）的影响。如预计交易后将摊薄上市公司当年每股收益的，根据《上市公司重大资产重组管理办法》第三十五条披露填补每股收益的具体措施。

②预计本次交易对上市公司未来资本性支出的影响，以及上市公司为满足该等资本性支出初步拟定的融资计划。

③结合本次交易职工安置方案及执行情况，分析其对上市公司的影响。

④结合本次交易成本（包括但不限于交易税费、中介机构费用等）的具体情况，分析其对上市公司的影响。

297. 财务会计信息披露有何要求？

（1）交易标的为完整经营性资产的，要披露报告期的简要财务报表。

（2）依据交易完成后的资产、业务架构编制的上市公司最近一年及一期的简要备考财务报表。

（3）上市公司或相关资产盈利预测的主要数据（如有，包括主营业务收入、利润总额、净利润等）。

298. 重大资产重组实施情况报告书应披露哪些内容？

（1）本次重组的实施过程，相关资产过户或交付、相关债权债务处理以及证券发行登记等事宜的办理状况。

（2）相关实际情况与此前披露的信息是否存在差异（包括相关资产的权属情况及历史财务数据是否如实披露，相关盈利预测或者管理层预计达到的目标是否实现，控股股东及其一致行动人、董事、监事、高级管理人员等特定主体自本次重组复牌之日起至实施完毕期间的股份减持情况是否与计划一致等）。

（3）董事、监事、高级管理人员的更换情况及其他相关人员的调整情况。

（4）重组实施过程中，是否发生上市公司资金、资产被实际控制人或其他关联人占用的情形，或上市公司为实际控制人及其关联人提供担保的情形。

（5）相关协议及承诺的履行情况。

（6）相关后续事项的合规性及风险。

（7）其他需要披露的事项。

第四章
重大资产重组的审核关注要点

299. 重组方案合理性判定标准是什么？

（1）符合国家产业政策和有关环境保护、土地管理、反垄断、外商投资、对外投资等法律和行政法规的规定。

（2）不会导致上市公司不符合股票上市条件。

（3）重大资产重组所涉及的资产定价公允，不存在损害上市公司和股东合法权益的情形。

（4）重大资产重组所涉及的资产权属清晰，资产过户或者转移不存在法律障碍，相关债权债务处理合法。

（5）有利于上市公司增强持续经营能力，不存在可能导致上市公司重组后主要资产为现金或者无具体经营业务的情形。

（6）有利于上市公司在业务、资产、财务、人员、机构等方面与实际控制人及其关联人保持独立，符合中国证监会关于上市公司独立性的相关规定。

（7）有利于上市公司形成或者保持健全有效的法人治理结构。

300. 其他主管部门批复有何要求？

《上市公司重大资产重组管理办法》第十一条规定："上市公司实施重大资产重组，应当就本次交易符合下列要求做出充分说明，并予以披露：（一）符合国家产业政策和有关环境保护、土地管理、反垄断、外商投资、对外投资等法律和行政法规的规定"。

根据《上市公司并购重组行政许可并联审批工作方案》和实际

情况，不再将发展改革委实施的境外投资项目核准和备案、商务部实施的外国投资者战略投资上市公司核准、经营者集中审查等三项审批事项，作为中国证监会上市公司并购重组行政许可审批的前置条件，改为并联式审批。

301. 收购交易定价关注点有哪些？

（1）上市公司是否提供交易标的的评估报告和评估技术说明。

（2）评估报告与盈利预测报告、公司管理层讨论与分析之间是否存在重大矛盾。

（3）评估基准日的选择是否合理；基准日后至审核期间是否发生了重大变化，导致评估结果与交易标的当前公允价值存在重大偏差；如发生了重大变化，评估机构是否已视情况重新出具评估报告。

（4）交易标的在基准日之前3年是否进行过评估；两次评估之间是否存在较大差异，如存在，是否已详细说明差异的合理性。

（5）评估方法、评估参数的选择是否得当；不同评估方法下评估参数的取值是否存在重大矛盾等。

302. 中小投资者合法权益保护关注点有哪些？

中小投资者合法权益保护关注点有：股东大会表决情况、网络投票的落实情况、资产定价公允性、并购重组摊薄当期每股收益的填补回报安排等。

303. 不同的评估方法关注点有哪些？

（1）收益现值法的关注点有：评估的假设前提是否具有可靠性和合理性；对未来收益预测是否具有合理性；折现率的计算是否在无风险利率（通常取长期国债利率）的基础上考虑了行业风险（以方差或其他形式求出）及公司个别风险并进行了调整。

（2）成本法（资产基础法）的关注点有：重置成本的确定是否有充分、合理的依据，取值是否符合有关部门最新颁布的标准；成新率的计算是否符合实际；寿命期的测算是否通过对大量实际数据的统计分析得出。

(3) 市场法的关注点有：参照对象与评估标的是否具有较强的可比性；是否针对有关差异进行了全面、适当的调整。例如，是否充分考虑参照对象与评估标的在资产负债结构、流动性、股权比例等方面的差异。

304. 不以法定评估报告为依据的交易项目定价关注点有哪些？

相关资产不以资产评估结果作为定价依据的，上市公司应当在重大资产重组报告书中详细分析说明相关资产的估值方法、参数及其他影响估值结果的指标和因素。上市公司董事会应当对估值机构的独立性、估值假设前提的合理性、估值方法与估值目的的相关性发表明确意见，并结合相关资产的市场可比交易价格、同行业上市公司的市盈率或者市净率等通行指标，在重大资产重组报告书中详细分析本次交易定价的公允性。

305. 以资产评估结果作为定价依据对评估方法和结论有何要求？

《上市公司重大资产重组管理办法》规定，重大资产重组中相关资产以资产评估结果作为定价依据的，资产评估机构应当按照资产评估相关准则和规范开展执业活动；上市公司董事会应当对评估机构的独立性、评估假设前提的合理性、评估方法与评估目的的相关性以及评估定价的公允性发表明确意见。

上市公司重大资产重组的评估对象可以分为完整经营性实体和非完整经营性实体两大类。完整的经营性实体主要指股权。非完整经营性实体主要包括机器设备、房地产、土地使用权、矿业权、无形资产等单项资产或资产组合。注册资产评估师应当根据评估对象、价值类型、资料收集情况等相关条件，恰当选择评估方法，形成合理评估结论。

(1) 股权。评估股权的基本方法包括收益法、市场法和资产基础法。注册资产评估师应当分析三种方法的适用性，选择恰当的评估方法，不得只采用更接近预先设定的交易价格的评估方法进行评估。

在持续经营前提下，原则上应当采用两种以上方法进行评估。

如果只采用了一种评估方法，应当有充分依据并详细论证不能采用其他方法进行评估的理由。

对同一股权采用多种评估方法时，应当对使用不同评估方法产生的结果差异进行分析，复核各种方法的适用条件、重要参数的选取依据、评估方法的运用过程等，结合差异原因判断评估结果的差异程度是否属于合理范围。

《资产评估执业准则——企业价值》规定，对同一评估对象采用多种评估方法时，应当结合评估目的、不同评估方法使用数据的质量和数量，采用定性或者定量分析方式形成最终评估结论。如果按照一定的价值分析原理或计算模型等方法综合确定标的资产评估值的，应当充分披露这些方法的合理性及其理由。

对于国有资产评估项目，根据《关于加强企业国有资产评估管理工作有关问题的通知》（国资委产权〔2006〕274号）的规定，涉及企业价值的资产评估项目，以持续经营为前提进行评估时，原则上要求采用两种以上方法进行评估，并在评估报告中列示，依据实际状况充分、全面分析后，确定其中一个评估结果作为评估报告使用结果。

（2）机器设备。成本法是机器设备评估中最常使用的方法之一。市场法适用于有成熟的市场、交易比较活跃的机器设备评估。收益法可用于具有独立获利能力的机器设备评估，如生产线、成套设备等。大部分单项机器设备一般不采用收益法进行评估。

（3）房地产。收益法被广泛运用于收益性房地产价值的评估，如商场、写字楼、酒店、公寓等。市场法是房地产评估方法中最常用的基本方法之一。成本法一般适用于房地产市场发育不成熟、成交实例不多、无法利用市场法和收益法等方法进行评估的情况。

（4）土地使用权。评估土地使用权的主要方法有市场比较法、收益还原法和成本逼近法等基本方法，以及剩余法、基准地价系数修正法等衍生方法。收益还原法适用于有现实收益或潜在收益的土地估价。市场比较法主要用于地产市场发达，有充足的具有替代性的土地交易实例的地区。成本逼近法一般适用于新开发土地或土地市场欠发育、交易实例少的地区的土地价格评估。剩余法适用于具有投资开发或再开发潜力的土地估价，允许运用的情形包括待开发房地产或待拆迁改造后再开发房地产的土地估价、仅将土地开发整理成可供直接利用的土地估价。基准地价系数修正法适用于房地产市场不太发达但完成了基准地价评估的城镇的土地评估。

如果从土地用途进行划分，评估方法的选择一般如下：居住用地估价，宜选用市场比较法、剩余法、收益还原法和基准地价系数修正法；对新开发完成的居住用地，可以使用成本逼近法。工业用地估价宜采用市场比较法、成本逼近法和基准地价系数修正法，在特殊情况下，也可采用收益还原法。商业、旅游、娱乐用地，宜采用市场比较法、收益还原法、剩余法和基准地价系数修正法估价。综合用地宜采用市场比较法、收益还原法、剩余法估价。

（5）矿业权。矿业权包括探矿权和采矿权。成本、收益和市场途径是被公认的反映矿业权价值的技术路径。矿业权评估方法是三种技术途径原理、计算模型及其参数的细化。成本途径主要包括勘察成本效用法和地质要素评序法。收益途径主要包括折现现金流量法、折现剩余现金流量法、折现现金流量风险系数调整法、剩余利润法和收入权益法。市场途径主要包括可比销售法、单位面积探矿权价值评判法和资源品级探矿权价值估算法。

基于矿业权市场现状，目前市场途径的评估方法在矿业权评估时基本无法使用。国内矿业权评估一般依据矿业权的勘查程度进行评估方法的选取，低勘查程度（预查、普查）的探矿权通常采用成本途径进行评估，高勘查程度的探矿权和采矿权通常采用收益途径进行评估。其中，折现现金流量法应用最广，适用于拟建、在建、改扩建矿山的采矿权评估，以及具备折现现金流量法适用条件的生产矿山的采矿权评估，详查及以上勘查阶段的探矿权评估和赋存稳定的沉积型大中型矿床的普查探矿权评估。收入权益法一般仅适用于小型矿山、资源枯竭矿山和服务年限较短矿山。折现现金流量风险系数调整法适用于赋存稳定的沉积型矿种的大中型矿床中勘查程度较低的预查及普查区的探矿权评估。折现剩余现金流量法、剩余利润法基本无法使用。

（6）无形资产。无形资产主要包括专利权、商标权、著作权、专有技术、销售网络、客户关系、特许经营权、合同权益等。由于大部分无形资产具有价值与成本的弱对应性，除了计算机软件著作权等可以采用成本法进行评估外，其余无形资产一般采用收益法或市场法进行评估，并且现阶段应用最为广泛的是收益法。采用收益法的前提条件是无形资产的未来收益可以预测和合理计量，且其风险可以合理度量。

评估无形资产时，还需结合无形资产的发展阶段选择评估方法。比如，对处于研制、小试阶段的技术，虽可预见其技术能取得成功，但其未来商业模式、市场参数、财务参数和投资参数的不确定性较大，则不宜采用收益法进行评估。

306. 资产评估对价值类型和评估假设的设定有何要求？

（1）价值类型。在上市公司股权交易的资产评估中，最常见的价值类型是市场价值和投资价值。市场价值，是指自愿买方和自愿卖方在各自理性行事且未受任何强迫的情况下，评估对象在评估基准日进行正常公平交易的价值估计数额。投资价值，是指评估对象对于具有明确投资目标的特定投资者或者某一类投资者所具有的价值估计数额，亦称特定投资者价值。两者的主要区别在于前者没有考虑特定的收购方在收购行为完成后所能形成的协同效应，后者则体现了该协同效应。

对同一评估对象选择不同的价值类型可能会得到完全不同的评估结论。因此，应当综合考虑评估目的、市场条件、评估对象自身条件等因素，恰当选择价值类型。当对市场条件和评估对象的使用等并无特别限制和要求时，通常应当选择市场价值作为评估结论的价值类型；当针对的是特定投资者或者某一类投资者，并在评估业务执行过程中充分考虑并使用了仅适用于特定投资者或者某一类投资者的特定评估资料和经济技术参数时，应当选择投资价值作为评估结论的价值类型。

目前，上市公司公开披露的涉及股权交易的资产评估报告一般采用市场价值。为上市公司股权交易进行评估，并以市场价值作为定价参考依据的，评估过程及结果不应当体现收购行为完成后的协同效应。

（2）评估假设。评估假设是在价值类型已经确定的基础上对相关评估条件的设定。评估假设直接影响评估参数，进而影响评估结论。因此，不得根据不切实际的各种简单假设进行随意评估，应当充分考虑企业所处政治、经济和法律环境，技术发展，市场前景，资产状况，经营能力，商业化程度等，合理设定与之相适应的假设条件，并确信相关假设有可靠证据表明其很有可能在未来发生，或者虽然缺乏可靠证据，但没有理由认为这些假设明显不切合实际。对于重要的评估假设，应当说明其使用理由。

307. 资产评估对收益法的运用关注点有哪些？

（1）收益法的适用性。评估师应当结合企业的历史经营情况、未来收益可预测情况和所获取评估资料的充分程度，恰当考虑收益法的适用性。对于产品或服务尚未投入市场、无盈利历史记录、持续经营存在不确定性的企业，应谨慎使用收益法。

（2）委托方或被评估企业提供的盈利预测资料。评估师应审慎使用委托方或被评估企业提供的盈利预测资料。一方面要尽量搜集企业战略发展规划、经营计划和财务计划等预测依据，获得未来盈利数据的支持；另一方面要结合被评估企业的资本结构、经营状况、历史业绩、发展前景，考虑宏观和区域经济因素、所在行业现状与发展前景对股权价值的影响，进行必要的分析、判断和调整，不能简单假设盈利预测能够如期实现。其中，在对盈利预测基础历史数据进行核实时，必要时可聘请注册会计师对相关历史财务数据进行审计，或要求被评估企业提供经审计的财务数据。

（3）预测趋势的差异。当盈利预测趋势与企业历史业绩和现实经营状况存在重大差异时，应当对差异原因及其合理性进行分析。

（4）非经营性资产和溢余资产。评估师应与委托方和相关当事方进行沟通，了解企业资产配置和使用的情况，重点关注不同时点企业的资产构成和规模变化，并结合行业特点和行业资产配置的平均水平，谨慎识别非经营性资产和溢余资产。

（5）行业分析。评估师应充分了解企业所在行业或地区的特殊产业政策，在预测收益和风险时恰当考虑上述产业政策的影响。

（6）收益期。评估师应根据国家有关法律法规、企业所在行业现状与发展前景、协议与章程约定、企业经营状况、资产特点和资源条件等，恰当确定收益期。

（7）评估参数与假设。未来收益预测中主营业务收入、毛利率、营运资金、资本性支出等主要参数应与评估假设及各相关参数相匹配。

（8）销售规模。预测未来收益时，不仅要考虑企业的生产能力，还应对市场需求进行充分了解和分析，合理预测未来年度的销售规模。

（9）关联交易。对历史上采用关联方销售定价的企业，在预测企业未来收益时应分析定价的公允性及可持续性，恰当选择预测价格。

（10）周期性企业。对存在明显周期性波动的企业，在预测企业未来收益时应充分考虑市场需求和价格的变动趋势，特别是对预测期后长期销售价格和数量的预测，应避免采用波峰或波谷价格和销量等不具有代表性的指标来预测收入水平。

（11）税收优惠。对享有税收优惠政策的企业，在预测企业未来收益时应分析优惠政策到期后企业持续享有该政策的可能性，谨慎考虑长期税负水平。

（12）折现率。评估师应综合考虑评估基准日的利率水平、市场投资收益率等资本市场相关信息，以及企业所在行业和企业本身的特定风险等相关因素，合理确定折现率。

308. 资产评估对资产基础法的关注点有哪些？

（1）资产基础法的适用性。采用资产基础法，应当根据企业会计政策、生产经营等情况，识别企业资产负债表表内及表外的各项资产、负债，并根据具体情况分别选用适当的方法进行评估。对存在大量不可识别和评估的账外资产或负债的企业，应谨慎使用资产基础法。

（2）账外无形资产。对于重要的可识别的账外无形资产，评估师应从资产取得、使用、维护等角度，分析其对股权价值的影响，并对其进行评估。

（3）经济性贬值。评估师应当考虑经济性贬值对资产基础法评估结果的影响，结合企业的收益和资产使用状况，关注持续经营前提下单项资产存在经济性贬值的可能性。

（4）引用其他单项资产评估报告。引用矿业权、土地使用权等单项资产评估报告时，应遵守《资产评估执业准则——利用专家工作及相关报告》的要求。

（5）专业判断分歧。如果不同中介机构（如评估机构与审计机构）对同一事项的专业判断结果存在重大差异，除非有充分依据证明双方判断都符合相关专业技术规范，否则应当消除重大分歧或说明差异原因。

309. 资产评估对市场法的关注点有哪些？

（1）市场法的适用性。评估师应当根据收集到的可比企业数量及其经营和财务数据的充分性和可靠性，恰当考虑市场法的适用性。

（2）可比企业的选择。评估师应当对被评估企业和可比企业所属的行业、业务结构、经营模式、企业规模、资产配置和使用情况、企业所处经营阶段、成长性、经营风险、财务风险等因素进行分析、比较，合理选择可比企业。

（3）交易案例和交易价格。对股权交易的对象、交易背景、交易条件和交易时间等进行调查，恰当选择交易案例或对交易价格进行相应的修正。

（4）价值比率的选择。对被评估企业所在行业的价值驱动因素进行分析，结合证券市场、产权交易市场股权定价规律，选择有利于合理确定评估对象价值的价值比率和差异调整方法。

（5）价值比率的计算。对各项数据的真实性、准确性和完整性进行必要的分析和判断，计算价值比率时恰当选择相关数据，合理确定数据的时间分布和统计方法，确信被评估企业和可比企业在价值比率的计算方法和数据口径上的一致性。

（6）流动性和控制权。评估师应当关注流动性和控制权对股权价值的影响。如果对由此产生的溢价或者折价进行评估，应当有充分合理的依据支持评估结论。

310. 无形资产评估有哪些关注点？

（1）无形资产的权属状况，包括产权是否清晰，是否存在抵押、质押等权利限制，是否涉及诉讼、仲裁、司法强制执行等重大争议或者存在妨碍权属转移的其他情况，是否存在对外许可使用的情形。评估报告中是否考虑上述因素对评估结论的影响。

（2）是否从国家注册登记管理部门等外部渠道对无形资产的数量、权属状况、他项权利设定情况等进行了查验核实。

（3）评估对象是否具备产生显著、持续的可辨识经济利益的能力，评估对象是单项无形资产还是无形资产组合。是否对无形资产进行了合理的分离或者合并，无形资产组合的确定是否合理。

（4）无形资产以往的评估及交易情况。不同评估机构对相同无形资产评估结论的差异情况及原因。

（5）评估方法的选择是否合理，运用是否合规；如采用成本法评估时，是否考虑了无形资产贬值情况。采用收益法评估时，收益预测范围与无形资产实际适用范围是否一致，剩余经济寿命的确定是否合理，折现率是否合理等。

（6）各重要参数的来源、分析、比较与测算是否合理，依据是否充分。

（7）评估报告中是否使用了不合理的假设或限制条件。

311. 资产评估报告应包括哪些内容？披露方面应关注哪些事项？

（1）资产评估报告，一般由评估报告书、评估说明和评估明细表构成。评估报告书包括标题和文号、声明、摘要、正文、附件五部分。其中，评估报告书正文一般包括：①绪言。②委托人及其他资产评估报告使用人。③评估目的。④评估对象和评估范围。⑤价值类型。⑥评估基准日。⑦评估依据。⑧评估方法。⑨评估程序实施过程和情况。⑩评估假设。⑪评估结论。⑫特别事项说明。⑬评估报告使用限制说明。⑭评估报告日。⑮签字盖章。

（2）在资产评估报告披露方面，通常关注以下事项：①评估报告披露的信息是否过于简单，或者没有突出评估项目的特点，不利于报告阅读者了解评估过程和理解评估结论。②对重大事件是否做出违背事实真相的虚假记载、误导性陈述，或者存在重大事实遗漏或不恰当披露。③是否正确使用免责声明。对于应当由注册资产评估师进行必要分析和判断的事项，不能简单地进行免责声明处理，应履行必要的调查、分析和核实等评估程序，并对评估结论的合理性承担责任。④评估范围与已经审计财务报表之间的对应关系，以及相关审计报告类型。⑤对履行现场调查情况的说明。如果未实施必要的现场调查，应说明具体原因及其对评估结论可能产生的影响。⑥对评估结论有重大影响的评估假设。特别是针对行业特点的特殊假设或非持续经营前提等，并说明上述假设不成立时对评估结论的影响。⑦评估结论是否考虑了流动性和控制权对股权价值的影响。⑧对于重要的敏感性较强的评估参数，在评估报告中应当将分析结果予以披露。⑨特别事项说明对评估结论的影响及影响程度：一是产权瑕疵事项，包括但不限于产权证明文件中记载的事项（名称、规格、用途、他项权利等）与实际情况不符、未取得产权证明文件或相关律师意见等。二是被评估股权和对应资产的抵押、质押事项（数量、期限）与涉及的未决诉讼、未执行判决事项。三是评估基准日后、报告日前已获知的可能影响评估结论的重大事项。四是与其他中介机构或所引用的土地估价报告、矿业权评估报告等判断或处理原则不同的事项。

312. 对拟注入资产的盈利能力有何要求？

上市公司发行股份购买资产，应当充分说明并披露本次交易有利于提高上市公司资产质量和增强上市公司持续经营能力，不会导致财务状况发生重大不利变化，不会导致新增重大不利影响的同业竞争及严重影响独立性或者显失公平的关联交易。

313. 收入和盈利关注点有哪些？

（1）交易标的报告期内收入、盈利的稳定性，以及主营业务税金和所得税项目是否与收入或利润匹配。

（2）交易标的的产品销售是否严重依赖于重组方或其他关联方，如是，需要进一步核查该产品销售价格的合理性。

（3）交易标的报告期内毛利率与同行业相比是否存在异常，如存在异常，需要进一步分析核查其合理性。

（4）交易标的报告期内的净利润是否主要依赖非经常性损益，对扣除非经常性损益后净利润的稳定性是否做出说明，非经常性损益项目（如财政补贴）是否具备持续性和可实现性等。

314. 标的公司资产和负债关注点有哪些？

（1）巨额应收或预付款项是否存在关联方占款情形。

（2）交易标的是否存在固定资产折旧少提、坏账准备少提、资产减值少计等情形，如存在，需要分析对交易标的历史经营业绩造成的影响。

（3）交易标的是否存在报告期内应收账款余额大幅增长，期后迟迟未能收回的情形，如存在，需考虑公司收入确认的真实性。

（4）短期借款项目是否存在大额到期借款未偿还情形，是否会导致上市公司面临财务风险。

（5）资产负债表与利润表相关项目及现金流量表之间的勾稽关系是否对应。

315. 资产权属及完整性关注点有哪些？

（1）标的资产是否已取得相应权证并详细披露，对于未取得权证的，是否披露相关资产的详细情况以及权证办理的进展情况，预计办毕期限，相关费用承担方式，以及对本次交易和上市公司的具体影响。

（2）标的资产的权属是否存在争议或限制，如抵押、质押等担保权利限制或相关权利人未放弃优先购买权等情形，申请人是否逐项披露消除争议和限制的措施和期限，以及不能按期消除的风险和影响，并做出风险提示。

（3）如果标的资产作为担保物对应的债务金额较大，是否已充分分析债务人的偿债能力，证明其具有较强的偿债能力和良好的债务履行记录，不会导致上市公司重组后的资产权属存在重大不确定性。

（4）标的资产的资产评估及作价是否已充分考虑标的资产的权属瑕疵，如未考虑，是否已提出切实可行的价值保障措施。

（5）上市公司拟购买的资产涉及完整经营实体的，关注相关资产是否整体注入上市公司，包括生产经营所需的商标权、专利权、非专利技术、特许经营权等无形资产。如包括，是否详细披露权属变动的具体安排和风险；如未包括，是否需要向关联方支付或收取使用费，如何确定金额和支付方式。

（6）拟注入上市公司的标的资产涉及立项、环保、用地、规划、施工建设、行业准入、外资管理、反垄断等有关报批事项的，关注是否办理了许可证书或相关主管部门的批复文件。

（7）标的资产业务涉及特许经营的，关注特许经营授权具有的排他性、不可撤销性等特殊属性。

316. 收购股权关注点有哪些？

（1）目标公司的历史沿革中的设立、历次增资资金来源及其合法性。

（2）是否存在股份代持的情况。

（3）目标公司股权是否被质押或被采取扣押、查封等限制权利行使的措施。

（4）上市公司收购目标公司部分股权，其他股东是否同意放弃优先购买权（如涉及）。

（5）目标公司股权是否存在权属纠纷。

317. 收购少数股权关注点有哪些？

上市公司发行股份拟购买的资产为企业股权时或上市公司重大资产重组涉及购买股权时，原则上在交易完成后应取得标的企业的控股权，如确有必要购买少数股权，应当同时符合以下条件：

（1）少数股权与上市公司现有主营业务具有显著的协同效应，或者与本次拟购买的主要标的资产属于同行业或紧密相关的上下游行业，通过本次交易一并注入有助于增强上市公司独立性、提升上市公司整体质量。

（2）交易完成后上市公司需拥有具体的主营业务和相应的持续经营能力，不存在净利润主要来自合并财务报表范围以外的投资收益情况。

对于少数股权对应的经营机构为金融企业的，需符合金融监管机构及其他有权机构的相关规定；且最近一个会计年度对应的营业收入、资产总额、资产净额三项指标，均不得超过上市公司同期合并报表对应指标的20%。

上市公司重大资产重组涉及购买股权的，也应当符合前述条件。

318. 目标资产尚未办理权属证书如何处理?

可取得其他能够证明出售方合法拥有相关资产所有权或使用权的文件，或者取得权属证书颁发机关出具的能够证明权属证书办理无实质法律障碍的文件。此外，应重点关注无权属证书的资产占比以及资产性质，若涉及核心资产则需要提供明确的解决方案。

319. 标的资产完整性情况关注点有哪些?

（1）上市公司拟购买（或出售）的资产涉及完整经营实体的，关注相关资产是否将整体注入（或置出）上市公司。

（2）涉及完整经营实体中部分资产注入上市公司的，关注重组完成后上市公司能否（如何）实际控制标的资产，相关资产在研发、采购、生产、销售和知识产权等方面能否保持必要的独立性。

（3）标的资产涉及使用他人商标、专利或专有技术的，关注是否已披露相关许可协议的主要内容，是否充分说明本次重组对上述许可协议效力的影响，这些商标、专利及技术对上市公司持续经营影响。

320. 标的资产权证关注点有哪些?

（1）标的资产的权证办理情况是否已分类详细披露。

（2）对于土地使用权、房屋建筑物未取得相应权证的，应关注：

①申请人是否补充披露尚未取得相应权证资产对应的面积、评估价值、分类比例，相应权证办理的进展情况，预计办毕期限，相关费用承担方式，以及对本次交易和上市公司的具体影响等。②在明确办理权证的计划安排和时间表的基础上，关注是否提供了相应层级土地、房屋管理部门出具的办理权证无障碍的证明。③本次交易标的资产评估及作价是否已充分考虑前述瑕疵情况，如未考虑，是否已提出切实可行的价值保障措施。

（3）对于采矿权证、探矿权证、特许经营许可证、药品食品注册证、商标权证、专利权证等其他相应权属或资质证书的办理情况，比照土地使用权、房屋建筑物权证的关注要点把握。

321. 标的资产存在争议或限制情况下的关注要点有哪些？

（1）标的资产（包括目标公司股权及目标公司持有的主要资产）权属存在抵押、质押等担保权利限制或相关权利人未放弃优先购买权等情形的，申请人应逐项披露标的资产消除权利限制状态等或放弃优先购买权等办理进展情况及预计办毕期限，列明担保责任到期及解除的日期和具体方式。针对不能按期办妥的风险，应充分说明其影响，做出充分的风险提示，提出切实可行的解决措施。标的资产作为担保物对应的债务金额较大的，应充分分析说明相关债务人的偿债能力，证明其具有较强的偿债能力和良好的债务履行记录，不会因为担保事项导致上市公司重组后的资产权属存在重大不确定性。

（2）标的资产涉及被行政处罚的，应披露处罚的具体事由、处罚进展或结果，分析其对上市公司的影响。独立财务顾问和律师是否就该等处罚对本次交易的影响发表明确意见。涉及诉讼、仲裁、司法强制执行或其他争议的，比照办理。

322. 标的资产股权存在代持的情况下关注点有哪些？

（1）股权代持情况是否真实存在，被代持人是否真实出资，是否存在因被代持人身份不合法而不能直接持股的情况。

（2）解除代持关系是否彻底，被代持人退出时是否签署解除代持的文件，是否存在潜在的法律风险。

323. 存在同业竞争的情况下关注点有哪些?

（1）经披露或核查确认存在现实的同业竞争的，关注相关各方是否就解决现实的同业竞争及避免潜在同业竞争问题做出明确承诺和安排，包括但不限于解决同业竞争的具体措施、时限、进度与保障，是否对此进行了及时披露。重点关注解决同业竞争的时间进度安排是否妥当、采取特定措施的理由是否充分，具体措施是否详尽，是否具有操作性。

（2）相关各方为消除现实或潜在同业竞争采取的措施是否切实可行，通常关注具体措施是否包括（但不限于）限期将竞争性资产/股权注入上市公司、限期将竞争性业务转让给非关联第三方、在彻底解决同业竞争之前将竞争性业务托管给上市公司等；对于这些承诺和措施，重点关注其后续执行是否仍存在重大不确定性，可能导致损害上市公司和公众股东的利益；重点关注上市公司和公众股东在后续执行过程中是否具有主动权、优先权和主导性的决策权。涉及竞争性业务委托经营或托管的，关注委托或托管的相关安排对上市公司财务状况的影响是否已充分分析和披露，有关对价安排是否公允，如可能存在负面影响，申请人是否就消除负面影响做出了切实有效的安排。

324. 收购业务与控股股东构成同业竞争是否会影响收购?

根据《上市公司重大资产重组管理办法》第十一条，“上市公司实施重大资产重组，应当就本次交易符合下列要求做出充分说明，并予以披露……（六）有利于上市公司在业务、资产、财务、人员、机构等方面与实际控制人及其关联人保持独立，符合中国证监会关于上市公司独立性的相关规定……”因此，收购的股权或资产的业务与控股股东构成同业竞争会影响收购，有可能会被监管部门否决重组方案。

325. 报告书披露不存在现实同业竞争的应进一步关注哪些问题?

经披露或核查确认不存在现实同业竞争的，关注收购人或重组交易对方及其实际控制人是否进一步对避免潜在的同业竞争做出明确承诺，承诺交易完成后收购人、收购人的实际控制人及该实际控制人的下属企业（或重组交易对方、交易对方的实际控制人及该实际控制人的下属企业）与上市公司不存在同业竞争情形，并放弃将来可能与上市公司产生同业竞争及利益冲突的业务或活动。重点关注对不存在现实或潜在同业竞争（利益冲突）关系的解释说明是否充分、确切，普通投资者能否据此判断相关企业与上市公司在业务发展方面的划分定位、判断相关承诺是否限制上市公司的正常商业机会。

326. 重大资产重组在什么情况下构成关联交易？

上市公司的关联交易，是指上市公司或者其控股子公司与上市公司关联人之间发生的交易。上市公司的关联人包括关联法人和关联自然人，具体关联人的范围可参考交易所颁布的《股票上市规则》及中国证监会的相关规定。与关联人之间进行的并购重组构成关联交易。

独立财务顾问和律师事务所应当审慎核查重大资产重组是否构成关联交易，并依据核查确认的相关事实发表明确意见。重大资产重组涉及关联交易的，独立财务顾问应当就本次重组对上市公司非关联股东的影响发表明确意见。

327. 重大资产重组对关联交易的影响体现在哪些方面？

（1）本次重组前后的关联交易变化情况。

（2）重组是否有利于上市公司增强经营独立性，减少和规范关联交易。

（3）重组方案是否严格限制因重组而新增可能损害上市公司独立性的持续性关联交易。

（4）对于重组完成后无法避免或可能新增的关联交易，是否采取切实有效措施加以规范，相关各方是否做出了明确具体的承诺或签订了完备的协议，以提高关联交易的决策透明度和信息披露质量，促进定价公允性。

具体关注事项包括：①是否充分披露关联方和关联人员。②是否充分披露关联交易在重组前后的变化及其原因和影响。③是否充分披露关联交易定价依据，以及是否详细分析交易定价公允性。④对于交易对方或其实际控制人与交易标的之间存在特定债权债务关系的，结合关联方应收款项余额占比及其可收回性的分析情况，重点关注是否可能导致重组完成后出现上市公司违规对外担保、资金资源被违规占用，是否涉及对关联财务公司的规范整改，对此类问题能否在确定最终重组方案前予以彻底规范和解决。⑤特殊情况下涉及重组方将其产业链的中间业务注入上市公司，重组后的持续关联交易难以避免的，是否已考虑采取有效措施（督促上市公司）建立对持续性关联交易的长效独立审议机制、细化信息披露内容和格式，并适当提高披露频率。⑥是否存在控股股东、实际控制人及其关联方通过本次重组占用上市公司资金、资源或增加上市公司风险的其他情形，相关影响和解决措施是否已充分披露。

328. 对构成关联交易的重大资产重组独立董事应如何处理？

重大资产重组构成关联交易的，独立董事可以另行聘请独立财务顾问就本次交易对上市公司非关联股东的影响发表意见。上市公司应当积极配合独立董事调阅相关材料，并通过安排实地调查、组织证券服务机构汇报等方式，为独立董事履行职责提供必要的支持和便利。

329. 重大资产重组对持续经营能力影响的关注点有哪些？

（1）重组完成后上市公司是否做到人员、资产、财务方面独立。财务方面独立包括但不限于独立开设银行账户、独立纳税，以及独立做出财务决策。

（2）重组完成后上市公司资产负债率是否过大（如超过70%），导致上市公司财务风险很高。

（3）重组完成后上市公司是否将承担重大担保或其他连带责任，导致上市公司财务风险明显偏高。

（4）重组完成后控股股东或关联方是否占用上市公司资金，或上市公司是否为控股股东或关联方提供担保。

（5）重组完成后上市公司与控股股东及其实际控制人之间是否存在同业竞争问题，如存在，是否已就同业竞争问题做出合理安排。

（6）交易完成后上市公司收入是否严重依赖于关联交易，关联交易收入及相应利润在上市公司收入和利润中所占比重是否合理。

330. 债权债务处置及对债权人的保护应履行哪些程序？

（1）独立财务顾问和律师是否已对上市公司重组中债权、债务的处理的过程和结果的合法性明确发表专业意见，包括但不限于是否已及时通知债权人，是否已有效地提前偿还债务，是否提供了充分的担保，银行等特殊债权人出具的同意函是否取得相应层级或上级主管部门的有效批准或授权。

（2）申请材料是否已经详细披露本次交易拟转移的债务总金额及债权人的总数目，在此基础上，是否披露已经同意本次重组的债权人对应的债务金额占债务总金额的比例。如确实存在无法联系到债权人或债权人对本次重组债权处理方式不发表意见的，是否明确披露其对应的债权债务金额。

（3）如果存在明确表示不同意本次重组的债权人，则其对应的债务是否在合理期限内已经偿还完毕，独立财务顾问和律师是否就此事项对本次重组的影响发表明确意见。

（4）上市公司、重组交易对方、原有控股股东或实际控制人等，是否对没有取得债权人明确意见的占比较小的债务处理提出明确的、切实可行的方案，独立财务顾问和律师是否就方案的合法性和可行性明确发表意见，律师是否就以上方案是否存在潜在的法律纠纷发表明确意见，如存在，相关方是否提供了担保等保障措施，确保上市公司、股东和相关债权人的利益不受损害。

（5）部分债权人因前期无法联系或发表意见不及时，但在后续审核过程中又明确发表同意或不同意意见的，是否已经按以上的原则进行处理，上市公司和相关中介机构是否及时充分披露了债权债务处置的最新进展和影响。

331. 对行业其他公司的保护应有哪些措施？

（1）对上市公司及相关专业机构的一般要求。经营者集中是指下列情形：经营者合并；经营者通过取得股权或者资产的方式取得对其他经营者的控制权；经营者通过合同等方式取得对其他经营者的控制权或者能够对其他经营者施加决定性影响。

经营者集中达到国务院规定的申报标准的，经营者应当事先向国务院反垄断执法机构申报，未申报的不得实施集中。

在对上市公司收购、重大资产重组、吸收合并等事项的审核过程中，对行政许可申请人及相关专业机构提出以下要求：①上市公司应当在申报材料中说明其经营者集中行为是否达到国务院规定的申报标准并提供有关依据；②对于达到申报标准的，上市公司应当提供国务院反垄断执法机构做出的不实施进一步审查的决定或对经营者集中不予禁止的决定，否则不得实施相关并购重组行为；③上市公司聘请的财务顾问应就相关经营者集中行为是否达到国务院规定的申报标准、是否符合有关法律规定等进行核查，并发表专业意见；④上市公司聘请的法律顾问应就相关经营者集中行为是否符合《反垄断法》的有关规定、是否已经有权部门审查批准、是否存在法律障碍等问题发表明确意见；⑤上述上市公司的有关说明、国务院反垄断执法机构做出的有关决定以及相关专业机构出具的专业意见，均应作为信息披露文件的组成部分予以公告。

（2）涉及外资并购的特殊要求。对外资并购境内企业或者以其他方式参与经营者集中，涉及国家安全的，除依照本法规定进行经营者集中审查外，还应当按照国家有关规定进行国家安全审查。

外国投资者对境内上市公司实施并购重组，涉及国家安全的，除应按照前述“一般要求”提供有关文件外，还应当提供国家安全审查的相关文件及行政决定，并由财务顾问、法律顾问发表专业意见。

332. 重大资产重组中对其他股东的保护有哪些具体措施？

（1）回避表决制度。上市公司审议重组事项的首次董事会会议应就本次重组是否构成关联交易做出明确判断，并作为董事会决议事项予以披露；存在关联关系的董事、股东是否依照法律法规和章程规定，在相关董事会、股东会会议上回避表决；重组交易对方已经与上市公司控股股东就受让上市公司股权或者向上市公司推荐董事达成协议或者默契，可能导致上市公司的实际控制权发生变化的，这些股东应回避表决。

（2）现金选择权和异议股东退出请求权。为切实保护中小股东利益，在上市公司拟实施资产重组、合并、分立等重大事项时，可安排第三方或控股股东及其关联方为上市公司的原中小股东提供现金选择权，投票反对本次重组的股东可行使现金选择权，从而将股票变现退出。另外，也可安排第三方为中小股东提供异议股东退出请求权，投票反对本次重组、合并、分立的股东可行使异议股东退出请求权，从而将股票变现退出。

333. 重大资产重组中对职工的保护有哪些具体措施？

上市公司本次并购重组的独立财务顾问需对本次资产重组是否涉及职工安置，职工安置是否符合国家政策，安置方案是否经职工代表大会表决等涉及职工权益的事项发表独立财务顾问意见。

本次重组涉及国有资产的，坚持维护职工合法权益，保障职工对企业重组、改制等改革的知情权、参与权、监督权和有关事项的决定权，充分调动和保护广大职工参与国有企业改革重组的积极性。转让企业国有产权导致转让方不再拥有控股地位的，应当按照有关政策规定处理好与职工的劳动关系，解决转让标的企业拖欠职工的工资、欠缴的各项社会保险费以及其他有关费用，并做好企业职工各项社会保险关系的接续工作。

334. 股份转让和权益变动关注点有哪些？

（1）上市公司重组或收购涉及的上市公司股份转让、权益安排（包括股份转让、实质权益托管或让渡等）是否已充分披露。

（2）是否取得相关部门批准。

（3）是否违反特定主体的股份锁定规则或承诺。

（4）是否可能导致不正当的利益输送。

（5）是否可能导致控制权不稳定或因控制权恶性争夺致使公司

陷入僵局。

（6）是否可能产生规避信息披露和要约义务等法定义务的效果。

（7）是否存在侵害上市公司和公众股东利益的其他情形。

（8）对于上述权益变动的风险，是否已充分披露并采取必要的应对措施。

335. 标的公司股权沿革关注点有哪些？

（1）目标公司在重组前增减资或发生股权转让的，是否详细说明历次增减资及股权转让的原因和必要性，增减资或转让股权的作价依据及其合理性，每次增减资或转让涉及的价款来源是否合法、支付是否到位；是否详细披露股权变动相关各方的关联关系；目标公司存在出资不实或变更出资方式的，关注相关股东是否已补足未到位资金或资产，消除了出资不到位的法律风险，对出资不实或未及时到位对上市公司的影响是否已充分披露。

（2）结合相关内部决策文件和股权转让协议，说明股权转让是否履行必要的审议和批准程序，是否符合相关法律法规及公司章程的规定，是否存在违反限制或禁止性规定而转让的情形；属于有限责任公司的，还需关注相关股权转让是否已取得其他股东的同意或符合公司章程的规定，是否取得其他股东放弃优先购买权的承诺，相关政府部门对产权的确认是否具备足够的法律效力；是否引致诉讼、仲裁或其他形式的纠纷。

（3）目标公司股权转让、增资是否符合相关法律、法规的规定，是否完成必要的外部审批。需要格外关注的是，目标公司存在国有股权的，是否完成了进场交易，是否依法进行了评估、评估备案等。

（4）历次增减资及股权转让是否存在利益输送问题。向上市公司转让目标公司股权时，是否存在过高估价的情形。

336. 股份支付关注点有哪些？

（1）作价依据及合理性，与本次交易作价差异的合理性。

（2）是否涉及股份支付，如涉及，需按照《企业会计准则第11号——股份支付》进行会计处理并补充披露对公司业绩的影响。

337. 过渡期间损益应如何安排？

对于以收益现值法、假设开发法等基于未来收益预期的估值方法作为主要评估方法的，拟购买资产在过渡期间（自评估基准日至资产交割日）等相关期间的收益应当归上市公司所有，亏损应当由交易对方补足。上市公司拟发行股份购买资产，对于以收益现值法、假设开发法等基于未来收益预期的估值方法作为主要评估方法的，关注拟购买资产在过渡期间（从评估基准日至资产交割日）等相关期间的损益承担安排是否可能损害上市公司和公众股东利益，期间盈利是否归上市公司所有。如期间盈利按约定非由上市公司享有，则关注是否影响标的资产估值作价的合理性，关注交易双方是否做出了其他对等性安排（如双方约定资产出售方不享受上市公司在过渡期间的收益，并采取具体措施确保资产出售方不能享有上市公司该项收益）。

上市公司拟发行股份购买资产，标的资产作价自始确定不变的，关注标的资产在过渡期间如发生亏损，资产出售方是否向上市公司以现金等合理方式补足亏损部分。

338. 国有持股主体之间转让股权如何判断实际控制人变化？

《上市公司收购管理办法》对上市公司股权在国有持股主体之间转让的规定："收购人与出让人能够证明本次股份转让是在同一实际控制人控制的不同主体之间进行，未导致上市公司的实际控制人发生变化"的理解为：

（1）存在以下情形之一的，属于股权转让完成后上市公司的实际控制人未发生变化：①收购人与出让人在同一控股集团内，受同一自然人或法人控制；②收购人与出让人属于同一出资人出资且控制。对于国有控股的，同一出资人是指同属于国务院国资委或者属于同一省、自治区、直辖市地方人民政府。

（2）上市公司国有股在不同省、自治区、直辖市的国有企业之间，国务院国资委和地方国有企业之间进行转让时，视为实际控制人发生变化。

根据有关规定，因国有资产监督管理需要，国务院或者省级人民政府国有资产监督管理机构无偿划转直属国有控股企业的国有股权或者对这些企业进行重组等导致发行人控股股东发生变更的，如果符合以下情形，可视为公司控制权没有发生变更：有关国有股权无偿划转或者重组等属于国有资产监督管理的整体性调整，经国务院国有资产监督管理机构或者省级人民政府按照相关程序决策通过，且发行人能够提供有关决策或者批复文件；发行人与原控股股东不存在同业竞争或者大量的关联交易，不存在故意规避其他发行条件的情形；有关国有股权无偿划转或者重组等对发行人的经营管理层、主营业务和独立性没有重大不利影响。

按照国有资产监督管理的整体性调整，国务院国有资产监督管理机构直属国有企业与地方国有企业之间无偿划转国有股权或者重组等导致发行人控股股东发生变更的，比照前款规定执行，但是应当经国务院国有资产监督管理机构批准并提交相关批复文件。

339. 自然人与其配偶、兄弟姐妹等近亲属是否为一致行动人？

自然人及其近亲属属于《上市公司收购管理办法》（2020 年修订）第八十三条第（九）项，“持有投资者 30% 以上股份的自然人和在投资者任职的董事、监事及高级管理人员，其父母、配偶、子女及其配偶、配偶的父母、兄弟姐妹及其配偶、配偶的兄弟姐妹及其配偶等亲属，与投资者持有同一上市公司股份”以及第（十二）项“投资者之间具有其他关联关系”的情形，如无相反证据，则应当被认定为一致行动人。

340. 审计报告关注点有哪些？

（1）标的资产是否提供最近两年及一期经审计的标的资产财务报告。

（2）审计机构是否符合《证券法》规定。

（3）非标准审计报告：对于有保留意见的审计报告，关注保留事项所造成的影响是否已消除；对于带强调事项段的无保留意见的审计报告，关注强调事项可能给上市公司带来的影响。

341. 审计机构与评估机构独立性关注点有哪些？

（1）公司聘请的对标的资产进行审计的审计机构与对资产进行评估的评估机构是否存在主要股东相同、主要经营管理人员双重任职、受同一实际控制人控制等情形。

（2）是否由同时具备注册会计师及注册资产评估师的人员对同一标的资产既执行审计业务，又执行评估业务。

342. 选择不同的合并会计方法有什么不同的经济后果？

若为非同一控制下企业合并，会因合并成本和并购标的可辨认净资产公允价值份额的差额而确认大额商誉。同一控制下企业合并与并购标的不构成业务的反向购买，这两种情况合并时不产生商誉。

每一期期末，公司以非同一控制企业合并取得的子公司为资产组进行减值测试，经测试存在减值的，计提商誉减值准备。商誉减值不仅冲减净利润，同时也会冲减净资产，并且商誉减值准备一旦计提，不得转回。

如果重组完成后上市公司某年因经营团队变动、客户流失等各种原因计提大额减值准备，会对当年企业的利润造成很大波动，不利于企业的发展。

343. 如何对收购资产做出减值测试？

目前，以收益现值法、假设开发法等基于未来收益预期的估值方法对拟购买资产进行评估或估值的，在补偿期限届满时，上市公司对拟购买资产进行减值测试的计算方法为：

$$\frac{\text{标的资产期末减值额}}{\text{标的资产的价格}} > \frac{\text{承诺年度期限内已补偿股份总数标的股份总数}}{\text{认购股份总数}}$$

如此，认购人应向发行人另行补偿，另需补偿的股份数量为：

$$\frac{\text{标的资产期末减值额}}{\text{每股发行价格}-\text{补偿期限内已补偿的股份总数}}$$

前述标的资产期末减值额为标的资产的价格减去期末标的资产的评估值并扣除承诺年度期限内标的资产股东增资、减资、接受赠与以及利润分配的影响。

344. 标的公司的会计政策关注点有哪些?

（1）交易标的的会计政策与会计估计是否与上市公司一致。

（2）交易标的是否存在重组前调整会计政策、变更会计估计或者更正前期差错的情形，如存在，核查相关调整、变更或者更正是否符合相关企业会计准则规定，以及对交易标的的历史经营业绩产生的影响等。

345. 收购相关税务事项关注点有哪些?

（1）律师和独立财务顾问应充分核查拟注入上市公司的标的公司或资产以往合理期间内的纳税合规情况，是否已提供相关税务部门关于公司纳税合规情况的证明文件。

（2）拟注入上市公司的资产是否存在盈利严重依赖税收返还、税收优惠，是否充分说明相关税收返还或优惠的依据以及税收政策的持续性和影响。

（3）拟注入资产为资源类企业股权的，是否充分说明资源税政策对标的资产未来盈利能力及评估作价的影响。

（4）资产交易产生较大税负的，是否说明相关税负的具体金额、交易各方如何分担，以及对上市公司未来业绩的影响等。

346. 配套募集资金需符合哪些政策法规?

配套融资规模需符合《〈上市公司证券发行注册管理办法〉第九条、第十条、第十一条、第十三条、第四十条、第五十七条、第六十条有关规定的适用意见——证券期货法律适用意见第 18 号》，即拟发行的股份数量不得超过本次发行前总股本的 30%。配套融资期限间隔等无须按照“本次发行董事会决议日距离前次募集资金到位日原则上不得少于 6 个月”执行。

此外，还需要满足《监管规则适用指引——上市类第 1 号》1－1 的具体要求。

347. 收购方在收入确认方面的关注点有哪些?

应披露被收购方收入确认时点及收入确认是否符合《企业会计

准则》相关规定，关注公司的收入确认方式是否符合其商业模式，公司的收入是否完整的确认，确认的收入是否符合准则的要求，收入确认的期间是否合理等。

348. 收购方与被收购方的协同效应关注点有哪些？

（1）交易完成后上市公司主营业务构成、未来经营发展战略和业务管理模式。

（2）交易在业务、资产、财务、人员、机构等方面的整合计划、整合风险以及相应管理控制措施。

（3）交易完成后，收购方与被收购方协同效应的具体表现和发挥协同效应的具体措施。

349. 行业定位关注点有哪些？

根据《上市公司行业统计分类与代码》，上市公司某类业务的营业收入比重大于或等于50%，则将其划入该业务相对应的行业。

当上市公司没有一类业务的营业收入比重大于或等于50%，按以下原则划分行业：

（1）只有一类业务的营业收入和毛利润比重均大于或等于30%的，划入该业务对应行业。

（2）有两类及以上业务的营业收入和毛利润比重均大于或等于30%，若某一类业务毛利润比重大于或等于50%的，划入该业务对应行业；若不存在任何一类业务毛利润比重大于或等于50%的，划入营业收入最高的业务对应行业。

（3）有业务的营业收入比重大于或等于30%，且没有一类业务毛利润比重大于或等于30%的，划入营业收入最高的业务对应行业。

不能按照上述分类原则确定行业归属的，综合评估各方面因素，审慎确定上市公司行业归属。归属不明确的，划为综合类。

350. 业绩奖励关注点有哪些？

（1）上市公司重大资产重组方案中，对标的资产交易对方、管理层或核心技术人员设置业绩奖励安排时，应基于标的资产实际盈利数大于预测数的超额部分，奖励总额不应超过其超额业绩部分的100%，且不超过其交易作价的20%。

（2）上市公司应在重组报告书中充分披露设置业绩奖励的原因、依据及合理性，相关会计处理及对上市公司可能造成的影响。

（3）上市公司应在重组报告书中明确业绩奖励对象的范围、确定方式。交易对方为上市公司控股股东、实际控制人或者其控制的关联人的，不得对上述对象做出奖励安排。

（4）涉及国有资产的，应同时符合国有资产管理部门的规定。

351. 房地产公司存在违法违规行为是否影响重大资产重组?

有影响。2013年2月26日发布的《国务院办公厅关于继续做好房地产市场调控工作的通知》规定，对存在闲置土地和炒地、捂盘惜售、哄抬房价等违法违规行为的房地产开发企业，有关部门要建立联动机制，其中，要求证券监管部门暂停批准其上市、再融资或重大资产重组。

352. 发行股份购买资产应满足哪些要求?

根据《上市公司重大资产重组管理办法》，应当符合下列规定：

（1）上市公司发行股份购买资产，应当充分说明并披露本次交易有利于提高上市公司资产质量和增强上市公司持续经营能力，不会导致财务状况发生重大不利变化，不会导致新增重大不利影响的同业竞争及严重影响独立性或者显失公平的关联交易；充分说明并披露上市公司发行股份所购买的资产为权属清晰的经营性资产，并能在约定期限内办理完毕权属转移手续。

（2）上市公司最近一年及一期财务会计报告被会计师事务所出具无保留意见审计报告；被出具保留意见、否定意见或者无法表示意见的审计报告的，须经会计师事务所专项核查确认，该保留意见、否定意见或者无法表示意见所涉及事项的重大影响已经消除或者将通过本次交易予以消除。

（3）上市公司及其现任董事、高级管理人员不存在因涉嫌犯罪正被司法机关立案侦查或涉嫌违法违规正被中国证监会立案调查的情形。但是，涉嫌犯罪或违法违规的行为已经终止满三年，交易方案有助于消除该行为可能造成的不良后果，且不影响对相关行为人追究责任的除外。

（4）充分说明并披露上市公司发行股份所购买的资产为权属清晰的经营性资产，并能在约定期限内办理完毕权属转移手续。

（5）中国证监会规定的其他条件。

353. 是否可以购买不具明显协同效应的资产？

根据《上市公司重大资产重组管理办法》，上市公司所购买资产与现有主营业务没有显著协同效应的，上市公司应当充分说明并披露最近十二个月的规范运作情况、本次交易后的经营发展战略和业务管理模式，以及业务转型升级可能面临的风险和应对措施。

根据《深圳证券交易所上市公司重大资产重组审核规则》，创业板上市公司应当充分披露拟购买资产所属行业是否符合创业板定位，或者与上市公司处于同行业或者上下游。如不具有显著协同效应的，应当充分说明并披露本次交易后的经营发展战略和业务管理模式，以及业务转型升级可能面临的风险和应对措施。

根据《上海证券交易所上市公司重大资产重组审核规则》，科创板上市公司实施重大资产重组的，拟购买资产应当符合科创板定位，所属行业应当与科创板上市公司处于同行业或者上下游，且与科创板上市公司主营业务具有协同效应。

354. 发行股份如何定价？

上市公司发行股份的价格不得低于市场参考价的80%。市场参考价为本次发行股份购买资产的董事会决议公告日前20个交易日、60个交易日或者120个交易日的公司股票交易均价之一。本次发行股份购买资产的董事会决议应当说明市场参考价的选择依据。交易均价的计算公式为：

$$\text{董事会决议公告日前若干个交易日公司股票交易均价} = \frac{\text{决议公告日前若干个交易日公司股票交易总额}}{\text{决议公告日前若干个交易日公司股票交易总量}}$$

355. 发行价格是否可以调整？

在中国证监会注册前，上市公司的股票价格相比最初确定的发行价格发生重大变化的，董事会可以按照已经设定的调整方案对发行价格进行一次调整。

发行价格调整方案应当明确、具体、可操作，详细说明是否相应调整拟购买资产的定价、发行股份数量及其理由，在首次董事会决议公告时充分披露，并按照规定提交股东会审议。

356. 关于“发行价格调整方案应当明确、具体、可操作”的规定，应如何理解？

（1）发行价格调整方案应当建立在市场和同行业指数变动基础上，且上市公司的股票价格相比最初确定的发行价格须同时发生重大变化。

（2）发行价格调整方案应当有利于保护股东权益，设置双向调整机制；若仅单向调整，应当说明理由，是否有利于中小股东保护。

（3）调价基准日应当明确、具体。股东会授权董事会对发行价格调整进行决策的，在调价条件触发后，董事会应当审慎、及时履职。

（4）董事会决定在重组方案中设置发行价格调整机制时，应对发行价格调整方案可能产生的影响以及是否有利于股东保护进行充分评估、论证并做信息披露。

（5）董事会在调价条件触发后根据股东会授权对是否调整发行价格进行决议。决定对发行价格进行调整的，应对发行价格调整可能产生的影响、价格调整的合理性、是否有利于股东保护等进行充分评估、论证并做信息披露，并应同时披露董事会就此决策的勤勉尽责情况；决定不对发行价格进行调整的，应当披露原因、可能产生的影响以及是否有利于股东保护等，并应同时披露董事会就此决策的勤勉尽责情况。

357. 如何设定锁定期？

特定对象以资产认购而取得的上市公司股份，自股份发行结束之日起 12 个月内不得转让；属于下列情形之一的，36 个月内不得转让：

（1）特定对象为上市公司控股股东、实际控制人或者其控制的关联人。

（2）特定对象通过认购本次发行的股份取得上市公司的实际控制权。

（3）特定对象取得本次发行的股份时，对其用于认购股份的资产持续拥有权益的时间不足 12 个月。

358. 标的资产为公司股权时，如何确定前述特定对象“持续拥有权益时间”的起算时点？

上市公司发行股份购买的标的资产为公司股权时，“持续拥有权益的时间”自公司登记机关就特定对象持股办理完毕相关登记手续之日起算。特定对象足额缴纳出资晚于相关登记手续办理完毕之日的，自其足额缴纳出资之日起算。

359. 向控股股东等发行股份的锁定期有什么要求？

上市公司向控股股东、实际控制人或者其控制的关联人发行股份购买资产，或者发行股份购买资产将导致上市公司实际控制权发生变更的，认购股份的特定对象应当在发行股份购买资产报告书中公开承诺：本次交易完成后 6 个月内如上市公司股票连续 20 个交易日的收盘价低于发行价，或者交易完成后 6 个月期末收盘价低于发行价的，其持有公司股票的锁定期自动延长至少 6 个月。

前款规定的特定对象还应当在发行股份购买资产报告书中公开承诺：如本次交易因涉嫌所提供或披露的信息存在虚假记载、误导性陈述或者重大遗漏，被司法机关立案侦查或者被中国证监会立案调查的，在案件调查结论明确以前，不转让其在该上市公司拥有权益的股份。

360. 上市公司购买资产股权过户应何时披露？

向特定对象购买的相关资产过户至上市公司后，上市公司聘请的独立财务顾问和律师事务所应当对资产过户事宜和相关后续事项的合规性及风险进行核查，并发表明确意见。上市公司应当在相关资产过户完成后3个工作日内就过户情况进行公告，公告中应当包括独立财务顾问和律师事务所的结论性意见。

361. 何时为交易对方办理新股登记手续？

上市公司所购买资产完成过户并履行相关信息公告后，才可以到证券交易所、证券登记结算公司为认购股份的特定对象申请办理证券登记手续。

362. 上市公司发行股份购买资产的同时是否可以进行配套融资？

上市公司在发行股份购买资产的同时可以进行配套融资，其定价方式参考中国证监会《上市公司证券发行注册管理办法》等相关规定执行。

363. 发行股份购买资产与配套融资主要区别是什么？

二级市场流动性将股份作为交易作价的支付手段，而配套融资主要是为满足上市公司在并购重组交易中应运而生的融资需求，在方案中一并经行政许可批复。具体而言，二者的主要差异如下：

（1）定价基准日。发行股份购买资产为董事会决议公告日，配套融资则按照《上市公司证券发行注册管理办法》的要求，定价基准日为董事会决议公告日或发行股票发行期的首日。

（2）定价原则。发行股份购买资产发行股份的价格不得低于市场参考价的80%。市场参考价为本次发行股份购买资产的董事会决议公告日前20个交易日、60个交易日或者120个交易日的公司股票交易均价之一；配套融资发行价格不低于定价基准日前20个交易日公司股票均价的80%。

（3）交易均价计算公式：

$$\text{发行股份购买资产为董事会决议公告日前若干个交易日公司股票交易均价}=\frac{\text{决议公告日前若干个交易日公司股票交易总额}}{\text{决议公告日前若干个交易日公司股票交易总量}}$$

$$\text{配套融资为定价基准日前20个交易日股票交易均价}=\frac{\text{定价基准日前20个交易日股票交易总额}}{\text{定价基准日前20个交易日股票交易总量}}$$

二者的计算公式无实质差异。

（4）认购对象。上市公司发行股份购买资产的发行对象一般不超过200人，发行对象数量超过200人的，标的资产应符合《非上市公众公司监督管理办法》及《非上市公众公司监管指引第4号——股东人数超过200人的未上市股份有限公司申请行政许可有关问题的审核指引》中关于公司依法设立、合法存续、股权清晰、经营规范、持股处理等的相关要求。

（5）配套融资的认购对象不超过35人。上市公司发行股份购买资产的同时虽然可以配套融资，但募集配套资金部分与购买资产部分应当分别定价，视为两次发行。二者最大的区别在于二者发行价格定价基准日和定价原则不同，实质上在于是否采取锁价发行。

364. 上市公司控股股东、实际控制人及其一致行动人通过认购募集配套资金或取得标的资产权益巩固控制权的，有何监管要求？

在认定是否构成《上市公司重大资产重组管理办法》第十三条规定的交易情形时，上市公司控股股东、实际控制人及其一致行动人拟认购募集配套资金的，相应股份在认定控制权是否变更时剔除计算，但已就认购股份所需资金和所得股份锁定做出切实可行安排，能够确保按期、足额认购且取得股份后不会出现变相转让等情形的除外。

上市公司控股股东、实际控制人及其一致行动人在本次交易停牌前6个月内及停牌期间取得标的资产权益的，以该部分权益认购的上市公司股份，相应股份在认定控制权是否变更时剔除计算，但上市公司董事会首次就重大资产重组做出决议前，前述主体已通过足额缴纳出资、足额支付对价获得标的资产权益的除外。

独立财务顾问应就前述主体是否按期、足额认购配套募集资金相应股份，取得股份后是否变相转让，取得标的资产权益后有无抽逃出资等开展专项核查。

365. 募集配套资金的用途有何要求？

考虑到募集资金的配套性，所募资金可以用于支付本次并购交易中的现金对价，支付本次并购交易税费、人员安置费用等并购整合费用和投入标的资产在建项目建设，也可以用于补充上市公司和标的资产流动资金、偿还债务。募集配套资金用于补充公司流动资金、偿还债务的比例不应超过交易作价的25%；或者不超过募集配套资金总额的50%。

366. 如企业在申报IPO被否决后拟作为标的资产参与上市公司重组交易，请问对此有何监管标准？

企业申报IPO被中国证监会做出不予核准或注册决定后，拟作为标的资产参与上市公司重组交易，构成重组上市的，企业自中国证监会做出不予核准或注册决定之日起6个月后方可筹划重组上市；不构成重组上市的其他交易，上市公司及中介机构应重点披露IPO未获核准或注册的具体原因及整改情况、相关财务数据及经营情况与IPO申报时相比是否发生重大变动及原因等情况。

367. 对上市公司并购重组业绩承诺方保障业绩补偿义务实现有何要求？

上市公司重大资产重组中，交易对方拟就业绩承诺做出股份补偿安排的，应当确保相关股份能够切实用于履行补偿义务。如业绩承诺方拟在承诺期内质押重组中获得的、约定用于承担业绩补偿义务的股份（以下简称“对价股份”），重组报告书应当载明业绩承诺方保障业绩补偿实现的具体安排，包括但不限于就以下事项做出承诺：

业绩承诺方保证对价股份优先用于履行业绩补偿承诺，不通过质押股份等方式逃废补偿义务；未来质押对价股份时，将书面告知质权人根据业绩补偿协议上述股份具有潜在业绩承诺补偿义务情况，并在质押协议中就相关股份用于支付业绩补偿事项等与质权人做出明确约定。

上市公司发布股份质押公告时，应当明确披露拟质押股份是否承担业绩补偿义务，质权人知悉相关股份具有潜在业绩补偿义务的情况，以及上市公司与质权人就相关股份在履行业绩补偿义务时处置方式的约定。

独立财务顾问应就前述事项开展专项核查，并在持续督导期间督促履行相关承诺和保障措施。

368. 并购重组中私募投资基金及资产管理计划关注事项有哪些?

上市公司并购重组中，涉及私募投资基金备案及资产管理计划设立的相关事项明确如下：

（1）资产重组行政许可申请中，独立财务顾问和律师事务所应当对本次重组是否涉及私募投资基金以及备案情况进行核查并发表明确意见。涉及私募投资基金的，应当在重组方案实施前完成备案程序。

如提交申请材料时尚未完成私募投资基金备案，申请人应当在重组报告书中充分提示风险，并对备案事项做出专项说明，承诺在完成私募投资基金备案前，不能实施本次重组方案。

（2）私募投资基金作为收购人拟免于发出要约的，应当在披露《收购报告书摘要》前完成备案程序。财务顾问（如有）、律师事务所应当在《财务顾问报告》《法律意见书》中对涉及的私募投资基金以及备案完成情况进行核查并发表明确意见。

（3）资产管理计划参与配套募集资金且尚未成立的，在重组方案提交上市公司股东大会审议时，应当已有明确的认购对象以及确定的认购份额。

369. 上市公司重组前业绩异常或拟置出资产的核查要求有哪些?

上市公司重大资产重组前一会计年度净利润下降50%以上、由盈转亏，或本次重组拟置出资产超过现有资产50%的，为避免相关方通过本次重组逃避有关义务、责任，独立财务顾问、律师、会计师和评估师应当勤勉尽责，对上市公司以下事项（包括但不限于）进行专项核查并发表明确意见：

（1）上市后承诺履行情况，是否存在不规范承诺、承诺未履行或未履行完毕的情形。

（2）最近三年规范运作情况，是否存在违规资金占用、违规对外担保等情形，上市公司及其控股股东、实际控制人、现任董事、监事、高级管理人员是否曾受到行政处罚、刑事处罚，是否曾被交易所采取监管措施、纪律处分或者被中国证监会派出机构采取行政监管措施，是否有正被司法机关立案侦查、被中国证监会立案调查或者被其他有权部门调查等情形。

（3）最近三年业绩真实性和会计处理合规性，是否存在虚假交易、虚构利润，是否存在关联方利益输送，是否存在调节会计利润以符合或规避监管要求的情形，相关会计处理是否符合企业会计准则规定，是否存在滥用会计政策、会计差错更正或会计估计变更等对上市公司进行"大洗澡"的情形，尤其关注应收账款、存货、商誉大幅计提减值准备的情形等。

（4）拟置出资产的评估（估值）作价情况（如有），相关评估（估值）方法、评估（估值）假设、评估（估值）参数预测是否合理，是否符合资产实际经营情况，是否履行必要的决策程序等。

上市公司应当在公布重组报告书的同时，披露上述专项核查意见。

370. 上市公司并购重组对中介机构有哪些要求？

（1）财务顾问。财务顾问应当遵守法律、行政法规、中国证监会的规定和行业规范，诚实守信，勤勉尽责，对上市公司并购重组活动进行尽职调查，对委托人的申报文件进行核查，出具专业意见，并保证其所出具的意见真实、准确、完整。

财务顾问应进一步强化重组项目内部控制，重组项目内部控制应当纳入财务顾问公司整体层面的合规和内部控制体系。反馈意见回复报告、重组委意见回复报告等文件的财务顾问专业意见，举报信核查报告等均应履行内部审核程序。

重组报告书、财务顾问报告等申报文件，反馈意见回复报告、重组委意见回复等文件的财务顾问专业意见，举报信核查报告等原则上应当由财务顾问法定代表人签字。

在法定代表人授权其代表人签字时，应当建立明确的授权制度，不得概括授权，而应针对具体项目环节履行授权程序，且被授权对象应当为内控、风控、投行等业务条线的公司负责人，授权委托书应当与签字文件一并提供。

（2）审计机构和评估机构。为上市公司重大资产重组活动提供服务的审计机构及其人员、评估机构及其人员应当在以下方面保持独立性：①不存在主要股东相同、主要经营管理人员双重任职、受同一实际控制人控制等情形。②不存在由同一人员对同一标的资产既执行审计业务又执行评估、估值业务的情形。

第三部分
上市公司收购

第一章
上市公司收购的定义与分类

371. 上市公司收购的定义是什么？

现行法规中没有对上市公司收购进行定义，从上市公司收购制度的立法框架和条文内容来看，上市公司收购是指收购人通过取得股份的方式成为一个上市公司的控股股东或巩固其控股股东地位；或者收购人通过投资关系、协议或其他安排，成为一个上市公司实际控制人或巩固其实际控制人地位；或者收购人同时采取上述方式和途径，以取得或巩固其上市公司的控制权。

372. 上市公司收购常用的方式有哪些？

（1）要约收购。要约收购是指收购人向被收购的上市公司全体股东发出收购其所持股份的要约行为。要约收购直接面向上市公司全体股东，且在收购要约中一次性列明拟收购的股份数量、收购价格等，收购过程公开，收购力度强劲。但要约收购所需流程繁复，时间较长，要约的结果也存在不确定性。投资者自愿选择以要约方式收购上市公司股份的，可以向被收购公司所有股东发出收购其所持有的全部股份的要约（全面要约），也可以向被收购公司所有股东发出收购其所持有的部分股份的要约（部分要约）。

（2）协议收购。协议收购，即现有控股股东通过协议转让方式将其所持上市公司股份转让给收购人，操作流程较为简单，是最为常见的收购方式。收购人通过协议方式在一个上市公司中拥有权益的股份达到或者超过该公司已发行股份的 5%，但未超过 30% 的，按照《上市公司收购管理办法》第二章“权益披露”的规定办理。

（3）间接收购。间接收购是指收购人通过取得上市公司现有股东（一般为控股股东）的控制权而间接地控制上市公司。较为常见的交易结构包括收购人收购上市公司控股股东的控股权、向控股股东增资进而取得控股权等。收购人虽不是上市公司的股东，但通过投资关系、协议、其他安排导致其拥有权益的股份达到或者超过一个上市公司已发行股份的5%未超过30%的，应当按照《上市公司收购管理办法》第二章“权益披露”的规定办理。

（4）二级市场增持收购，指收购人通过证券交易系统购买股份实现收购。二级市场交易包括竞价交易、大宗交易，均属于标准化交易。该种收购方式耗时相对较长，且容易引起股价的波动。

373. 上市公司收购主要包括哪些流程？

上市公司收购的流程主要包括谈判磋商、决策、签署协议或相关收购文件、信息披露及实施过户、收购后整合。

374. 如何认定拥有上市公司控制权？

根据《上市公司收购管理办法》第八十四条，有下列情形之一的，为拥有上市公司控制权：

（1）投资者为上市公司持股50%以上的控股股东。

（2）投资者可以实际支配上市公司股份表决权超过30%。

（3）投资者通过实际支配上市公司股份表决权能够决定公司董事会半数以上成员选任。

（4）投资者依其可实际支配的上市公司股份表决权足以对公司股东会的决议产生重大影响。

（5）中国证监会认定的其他情形。

第二章 上市公司收购的信息披露要求

375. 上市公司收购的信息披露制度及要求有哪些？

我国现行的上市公司收购的信息披露制度，主要是从上市公司收购、上市公司信息披露两大维度建立起完整的规范体系，旨在为证券市场参与各方提供安全、便捷、高效和公平的市场环境，激发市场活力、强化上市公司的自律自控以及市场参与主体之间的相互制衡功能。包含上市公司收购信息披露相关的规范法律、行政法规和部门规章，主要有《证券法》以及《上市公司收购管理办法》《上市公司信息披露管理办法》（以下简称《信披办法》）。部门规章以下，包含或涉及对上市公司收购信息披露的具体规范性文件，已实现中国证监会行政监管与交易所自律监管有效衔接，覆盖沪深交易所主板（含原深交所中小板）、上交所科创板、深交所创业板、北交所，各板块求同存异，以真实、准确、完整、及时的信息披露为统一目标。

376. 上市公司收购的信息披露义务人有哪些？

《证券法》《上市公司收购管理办法》中所称上市公司收购，系广义的收购行为，不仅包括收购人以取得或巩固控制权为目的的上市公司收购行为，也包括其他投资者因股票增（减）持情形而发生的股份权益变动行为。上市公司收购的信息披露主体，不同于首次公开发行信息披露、持续公开信息披露的主体为发行人或上市公司，而是以上市公司的收购及相关权益变动所涉收购人、投资者（包含增持方和减持方）作为信息披露的核心主体；同时，上市公司及其董事、高级管理人员等关键少数，为上市公司收购信息披露的补充和辅助主体。上市公司控股股东、实际控制人及其一致行动人应当及时、准确地告知上市公司是否存在拟发生的股权转让、资产重组或者其他重大事件，并配合上市公司做好信息披露工作。

377. 上市公司收购中如何认定一致行动人？

一致行动关系可分为约定的一致行动关系和推定的一致行动关系。

（1）协议和其他安排约定的一致行动关系。协议约定的一致行动关系，指投资者通过签订协议的方式对涉及公司的事项决策保持一致行动关系。对于上市公司而言，比较典型的是以股东身份签署，通过行使股东权利的方式对公司重大事项做出意思表示相同的决策，包括在行使股东会、董事会的召集权、提案权、提名权、表决权等权利，决定股权转让、质押及其他处置，以及提名董事、监事候选人等方面保持一致。

实践中，如果签署协议的股东同时担任或委派公司董事的，也可能约定在董事会中保持一致，包括在行使《公司法》第四十六条规定的董事会各项职权时一致行动。但也有观点认为，董事对公司负有忠实勤勉义务，如果协议约定董事在董事会决策中保持一致，将架空董事会并严重损害公司治理结构。相关方一般根据实际需要约定一致行动的范围，比如出于巩固控制权的需要，可能将尽可能多的决策权纳入一致行动范围。

一致行动协议的核心条款包括：事项范围、纠纷解决、期限和解除、违约责任等。其中，当出现意见分歧时如何保持决策一致，是一致行动协议的核心机制。典型的分歧决策机制一般是将一致行动人内部充分协商作为前置程序，当不能达成一致时，可能采取三种终决方式：核心方自行决定、少数服从多数、无法一致则不参与决策或者不提交议案。多数一致行动关系都是围绕一个或少数几个核心方签订的，因此约定以核心方意见为准的做法比较常见，尤其是实际控制人作为协议方的情况下，实际控制人就是协议团体的领导者，其他方在信息获取和决策能力上的劣势十分明显，决策动机也不强。核心方决定的方式相对简洁清晰，有利于消除矛盾、维护稳定性，因此容易被监管机构认可。此外，在协议各方势均力敌或存在其他商业考量的情况下，可能采取少数服从多数的方式。而第三种终决方式，即出现分歧时一律不参与决策或者提交议案，类似于议事程序中的合议制，容易导致僵局的出现或者削弱一致行动人的影响力，因此一般避免被采用。

一致行动协议作为一种合同，当事各方可根据需要约定协议有效期。但如果是在上市公司收购过程中，为巩固控制权或取得监管机构的认可而签订的，则监管机构一般不认可签署有效期过短的一致行动协议（一般根据规则明确的锁定期等因素综合判定），以防产生控制权不稳定或者过分投机的质疑。一致行动协议带有固定期限还可能影响对会计处理上是否构成控制的判定，中国证监会在《监管规则适用指引——会计类第 1 号》中规定，一致行动协议带有期限，且期限结束后投资方不拥有对被投资方控制权的，很可能表明投资方无法对被投资方可变回报具有重大影响的事项（如重大资产的购建、处置、重大投融资等）进行决策。在这种情况下，投资方不具有主导对被投资方价值产生重大影响的活动的权力，不应因一致行动协议而认定对被投资方拥有控制。

（2）推定的一致行动关系。从股东的角度而言，确定一致行动关系可能产生正反两方面效果，积极效果包括巩固控制权、提高决策效率等，消极效果包括因合并计算股份而履行信息披露义务、履行要约收购义务等。如果面临消极效果，那么股东有规避被认定为一致行动人、隐瞒一致行动人关系的较强动机。我国《上市公司收购管理办法》第八十三条除规定一致行动协议外，也规定了一系列可以推定为具有一致行动关系的事实，体现了法律和事实视角的平衡，贯彻了实质判断原则。根据该条规定，除非有相反证据，否则符合以下 12 种情形的即推定为一致行动人：①投资者之间有股权控制关系；②投资者受同一主体控制；③投资者的董事、监事或者高级管理人员中的主要成员，同时在另一个投资者担任董事、监事或者高级管理人员；④投资者参股另一投资者，可以对参股公司的重大决策产生重大影响；⑤银行以外的其他法人、其他组织和自然人为投资者取得相关股份提供融资安排；⑥投资者之间存在合伙、合作、联营等其他经济利益关系；⑦持有投资者30%以上股份的自然人，与投资者持有同一上市公司股份；⑧在投资者任职的董事、监事及高级管理人员，与投资者持有同一上市公司股份；⑨持有投资者30%以上股份的自然人和在投资者任职的董事、监事及高级管理人员，其父母、配偶、子女及其配偶、配偶的父母、兄弟姐妹及其配偶、配偶的兄弟姐妹及其配偶等亲属，与投资者持有同一上市公司股份；⑩在上市公司任职的董事、监事、高级管理人员及其前项所述亲属同时持有本公司股份的，或者与其自己或者其前项所述亲属直接或者间接控制的企业同时持有本公司股份；⑪上市公司董事、监事、高级管理人员和员工与其所控制或者委托的法人或者其他组织持有本公司股份；⑫投资者之间具有其他关联关系。

此处的“相反证据”并非证明不存在上述12种情形，而是证明虽存在该等情形但不符合《上市公司收购管理办法》对于“一致行动人”的定义，即能够证明投资者对其他投资者的表决权不具有支配力或不具备共同扩大表决权的意图，因而不是一致行动人。按规定，相关方应当向中国证监会提供“相反证据”并得到认可。实践中，投资者一般不会事前提出证据来排除一致行动人的推定，多数情况下中国证监会或交易所在审核过程中发现可疑情形并向相关方问询时，相关方才提交证据。从近年案例来看，监管机构多数情况下尊重当事方对一致行动关系的论证，但也要具体问题具体分析。比如，在某个国资收购上市公司项目中，某国资主体为收购人，其100%控股的私募基金管理人所管理的私募股权基金也是该上市公司股东，与该国资主体符合情形“（四）投资者参股另一投资者，可以对参股公司的重大决策产生重大影响”，但该基金认为其投资、退出等重要决策均由投决会进行专业判断决策，从投决会构成来看该国资主体无法对其实现控制，双方出具了《关于不构成一致行动关系的声明》，但该声明并未得到监管机构的认可，后续私募股权基金仍然被认定为一致行动人，与收购人一同履行信息披露和股份锁定义务。

378. 上市公司收购的信息披露时点是什么？在不同时点的信息披露要求是什么？

上市公司收购的信息披露时点，可以分成大额持股预警披露、要约收购及免于要约披露、增减持预先披露等主要情形，主要取决于投资者拥有上市公司股份及相关权益的绝对比例和变动比例，也就是通常说的股份刻度和变动幅度。

通过上市公司收购的强制性信息披露对收购行为进行干预，于投资者或收购人而言，一定程度上加大和延长了收购成本和交易时间；于未参与交易的上市公司其他股东而言，股东均拥有对股价有重大影响的信息的知情权，体现了公平、公正原则，也被赋予了以公允价格参与特定交易的机会或权利；亦能在很大程度上发挥遏制上市公司并购重组中的内幕交易、市场操纵、欺诈行为等禁止性行为的重要作用。

（1）大额持股预警披露。收购人或投资者拟取得上市公司有表决权的股份数量和股份比例，往往是其做出对上市公司进行收购或投资决策的首要内容，体现其成为控股股东、实际控制人、战略投资者或财务投资者的不同交易目的。根据《证券法》《上市公司收购管理办法》等法律法规，上市公司收购的信息披露主要从股份及相关权益的绝对比例（如5%、20%、30%、50%等）和变动比例（如1%、2%、5%等）上设置持股预警。

收购人或投资者拟交易取得的股份权益数量、比例和价格，以及具体采取证券交易所内的证券交易、协议转让、要约收购、或者司法拍卖等不同交易路径和方式，决定了收购人或投资者是否会触发信息披露，以及如果触发，具体披露时间、程序、内容等具体要求的不同。而披露时间、程序和内容等具体要求的不同，反之又会影响投资者对交易方案要素的选择和决策，甚至直接影响收购人或投资者是否进行收购的决策。具体请见下图：

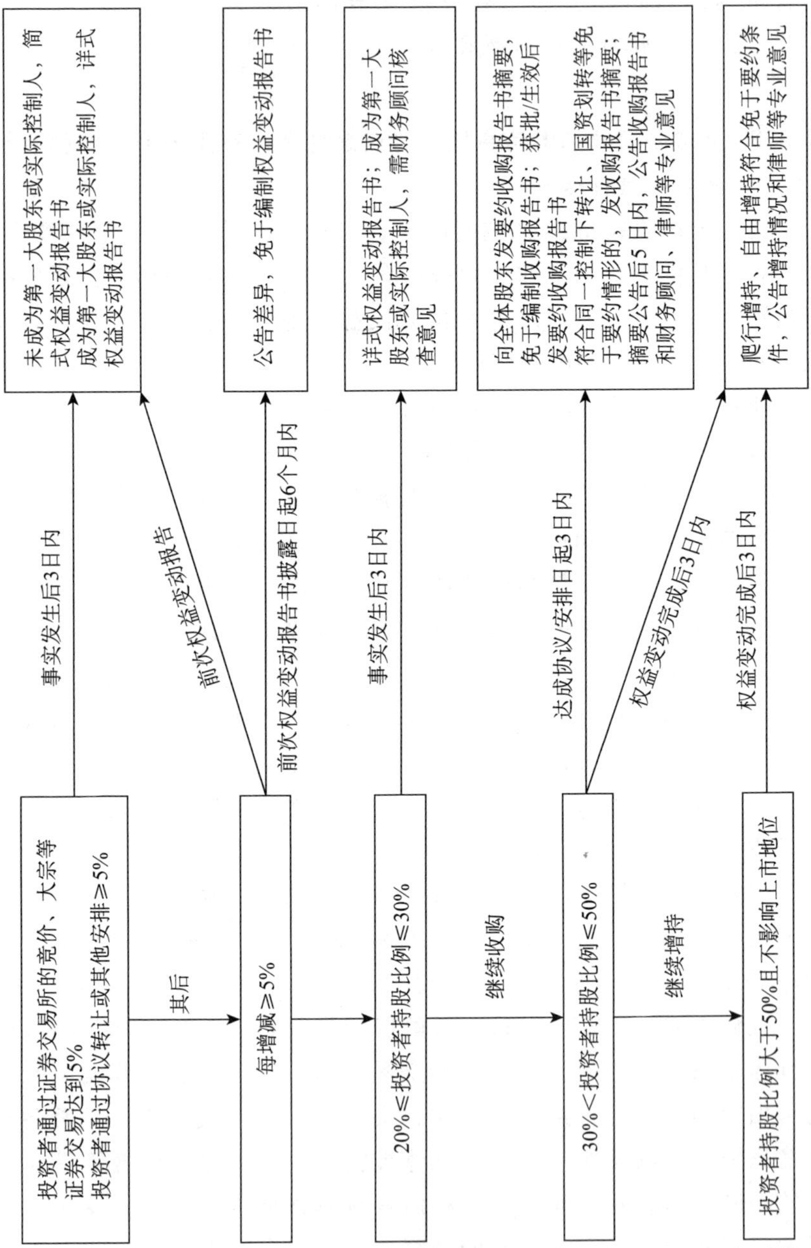
投资者通过证券交易所的竞价、大宗等证券交易达到5%
投资者通过协议转让或其他安排≥5%
其后
每增减≥5%
20%≤投资者持股比例≤30%
继续收购
30%＜投资者持股比例≤50%
继续增持
投资者持股比例大于50%且不影响上市地位
事实发生后3日内
前次权益变动报告
前次权益变动报告书披露日起6个月内
事实发生后3日内
达成协议/安排日起3日内
权益变动完成后3日内
权益变动完成后3日内
未成为第一大股东或实际控制人，简式权益变动报告书
成为第一大股东或实际控制人，详式权益变动报告书
公告差异，免于编制权益变动报告书
详式权益变动报告书；成为第一大股东或实际控制人，需财务顾问核查意见
向全体股东发要约收购报告书摘要，免于编制收购报告书；获批/生效后发要约收购报告书
符合同一控制下转让、国资划转等免于要约情形的，发收购报告书摘要；摘要公告后5日内，公告收购报告书和财务顾问、律师等专业意见
爬行增持、自由增持符合免于要约条件，公告增持情况和律师等专业意见

（2）要约收购披露。投资者通过证券交易所的证券交易、协议或者其他方式，持有一个上市公司的股份达到该公司已发行股份的30%时，继续收购应采取要约方式进行，向上市公司的股东发出全面要约或部分要约。要约收购及免于发出要约的主要流程及披露要求见本书第三部分第四章“上市公司要约收购”所述。

实务中易忽视的是投资者爬行增持、自由增持两种情形下的信息披露要求。根据《上市公司收购管理办法》第六十三条规定，在一个上市公司中拥有权益的股份达到或者超过该公司已发行股份的30%的，自上述事实发生之日起一年后，每12个月内增持不超过该公司已发行股份的2%的，投资者可以免于发出要约（爬行增持）；而在一个上市公司中拥有权益的股份达到或者超过该公司已发行股份的50%的，继续增加其在该公司拥有的权益不影响该公司的上市地位的，投资者同样可以免于发出要约（自由增持）。无论是爬行增持还是自由增持，投资者均应在权益变动行为完成后3日内就股份增持情况做出公告，律师应就相关投资者权益变动行为发表符合规定的专项核查意见并由上市公司予以披露。

（3）5%以上股东和董监高增减持预先披露。增减持预先披露不同于持股预警披露，从时间上而言，前者主要指在相关权益变动行为发生前，预先按相关交易所的公告格式要求进行披露，而后者要求投资者在上市公司收购及相关权益变动行为的相关事实发生日起限期依法披露；从主体上而言，预先披露主要针对拟进行相关增减持的上市公司控股股东、实际控制人、其他持股5%以上股东，以及上市公司董事、监事、高级管理人员；从行为上而言，预先披露有的针对证券市场的竞价交易、大宗交易，有的则不区分任何增减持方式；从效力上而言，预先披露分为法定预先披露及相关股东、董监高自愿承诺预先或提前披露的情形。

379. 上市公司收购的信息披露适用文件及披露内容是什么？

上市公司收购和权益变动的信息披露内容，可从不同维度进行划分。通常主要是从投资者的信息披露文件格式和内容上，分为简式权益变动报告书、详式权益变动报告书、收购报告书、要约收购报告书等信息披露主体文件。

实务中，除上述主要规范分类外，还可从信息披露的时间顺序上，划分为收购筹划（收购前）、上市公司收购和权益变动报告书编制和披露（收购中）、收购进展和实施、收购后（交易相关方履行收购后承诺等）等各阶段对应的信息披露内容；从信息披露义务人的主体上，划分为投资者、收购人、标的上市公司等不同主体对应的信息披露格式和内容；从信息披露内容的性质上，划分为强制性信息披露内容、自愿性信息披露内容。

380. 简式、详式、收购、要约收购等报告书格式和内容规范是怎样的？

中国证监会发布的《公开发行证券的公司信息披露内容与格式准则》第15、第16、第17、第55号规定的信息披露内容，是对投资者在一个上市公司中拥有权益的股份变动的强制性信息披露的最低要求，具体请见下表：

简式、详式、收购、要约收购等报告书适用情形和主要内容

报告书	适用情形	报告书主要披露内容
简式权益变动报告书	信息披露义务人增加或减少其在一个上市公司中拥有权益的股份变动达到5%的，不属于依法须编制收购报告书、要约收购报告书、详式权益变动报告书的情形	（1）信息披露义务人基本情况（含信息披露义务人基本信息摘要、拥有境内外上市公司股份达到或超过5%的简要信息；信息披露义务人为多人的，其关联或一致行动关系） （2）持股目的（含投资者未来12个月增/减持计划） （3）权益变动具体方式 （4）前6个月买卖上市交易股份情况（含每月按买入、卖出分别统计交易数量、价格区间） （5）其他重大事项（包括信息披露义务人签字声明等）

续表

报告书	适用情形	报告书主要披露内容
详式权益变动报告书	信息披露义务人因增加其在一个上市公司中拥有权益的股份，导致其在该上市公司中拥有权益的股份达到或超过该公司已发行股份20%但未超过30%，或虽未超过20%但成为该公司第一大股东或实际控制人	简式权益变动报告书格式内容外，主要增加（比照收购报告书对收购人的要求编制详式权益变动报告书）： （1）信息披露义务人是否存在《上市公司收购管理办法》第六条规定的情形 （2）信息披露义务人是否能够按照《上市公司收购管理办法》第五十条的规定提供相关文件 （3）财务顾问对详式权益变动报告书中所披露的内容出具的核查意见和财务顾问及其法定代表人或授权代表人、财务顾问主办人在权益变动报告书的签字声明
收购报告书	通过协议收购、间接收购和其他合法方式，在上市公司中拥有权益的股份超过该上市公司已发行股份的30%的投资者及其一致行动人	（1）收购人情况（收购人基本信息、控制权结构、主要业务及近3年财务状况、收购人及董监高近5年处罚等合规情况、收购人及其实控人拥有境内外上市公司或金融机构权益达到或超过5%的简要信息；收购人为多人的，其关联或一致行动关系） （2）收购决定和收购目的（含未来12个月增/减持计划） （3）收购具体方式 （4）资金来源 （5）免于发出要约的情形（含免于发出要约的具体使用情形、收购前后上市公司股权结构、免于发出要约的法律意见） （6）收购人后续计划（含收购人未来12个月对上市公司主营业务重大调整或资产重组计划；董监高变更及其他对上市公司业务和组织结构有重大影响的计划） （7）对上市公司影响分析（含独立性、关联交易和同业竞争等方面） （8）报告日前24个月收购人与上市公司之间重大交易 （9）前6个月买卖上市交易股份情况（覆盖收购人及各自的董监高或主要负责人，以及上述人员直系亲属，按每月买入、卖出分别统计和披露交易数量、价格区间） （10）收购人财务资料 （11）其他重大事项（包括收购人、财务顾问、法律顾问签字声明等） 报告书摘要需至少包含上述（1）、（2）、（3）、（5）、（11）项

续表

报告书	适用情形	报告书主要披露内容
要约收购报告书	以要约收购方式增持上市公司股份	(1) 收购人情况（同收购报告书要求） (2) 要约收购目的（含是否为取得上市公司控制权、为履行法定要约收购义务、为终止上市公司的上市地位，及未来12个月增减持计划） (3) 要约收购详细方案 (4) 收购资金来源（收购报告书要求外，收购人保证其具备履约能力的安排） (5) 收购人后续计划（同收购报告书要求） (6) 对上市公司影响分析（同收购报告书要求） (7) 报告日前24个月收购人与上市公司之间重大交易（同收购报告书要求） (8) 前6个月买卖上市交易股份情况（同收购报告书要求） (9) 专业机构意见 (10) 收购人财务资料 (11) 其他重大事项（包括收购人、财务顾问、法律顾问签字声明等） 报告书摘要需至少包含上述（1）、（2）项和专业机构结论意见

对于权益变动报告书或（要约）收购报告书中有关收购协议的披露问题，尤须重视。收购协议的主要内容披露应包括但不限于：协议当事人、涉及股份的种类、数量、比例、股份性质及性质变动情况、价款、支付对价（如现金、资产、债权、股权或其他安排）及其来源、付款安排、协议签订时间、生效时间及条件、特别条款等；交易是否附加特殊条件、是否存在补充协议、协议双方是否就股份表决权的行使存在其他安排、是否就出让人在该上市公司中拥有权益的其余股份存在其他安排。如上市公司收购过程中未披露补充协议或者补充协议的内容披露不完整，信息披露义务人或其董事、监事、高级管理人员可能会被采取行政处罚、监管措施、交易所纪律处分；致使上市公司、其他股东或公众投资者在证券交易中遭受

损失的，信息披露义务人应当承担赔偿责任。

381. 上市公司收购的筹划阶段停牌、保密和披露要求有哪些?

根据相关规定，上市公司及相关信息披露义务人筹划控制权变更、要约收购等重大事项，应当分阶段披露所筹划事项的具体情况，及时提示相关风险，不得以“相关事项结果尚不确定”为由随意申请停牌，也不得仅以“相关事项结果尚不确定”为由不予披露。

上市公司应当维护证券交易连续性，审慎申请停牌，保护公众投资者的交易权利，不得以停牌代替相关方的信息保密义务。上市公司及其股东、实际控制人，董事、监事、高级管理人员和其他交易各方，以及提供服务的中介机构，在筹划重大事项过程中，应当严格履行保密义务，建立健全保密制度，做好信息管理和内幕信息知情人登记工作，及时履行相关审议程序和信息披露义务。鉴于上市公司收购交易达成前，交易双方的谈判博弈及法律法规、股票市场等变化导致交易具有较大不确定性，且相关各方需履行相应的决策程序后方可确定交易，如立即披露可能会损害公司利益或者误导公众投资者，则当有关内幕信息知情人已书面承诺保密，且有关尽调、谈判、非约束性意向协议等前期收购信息获得严格保密的，上市公司可以暂不披露。

根据《信披办法》和各证券交易所股票上市规则，上市公司及相关信息披露义务人应当最迟在涉及的重大事项触及下列任一时点及时履行信息披露义务：①董事会或者监事会做出决议；②签署意向书或者协议（无论是否附加条件或期限）；③公司（含任一董事、监事或者高级管理人员）知悉或者应当知悉该重大事项发生。

实务中，对于并购交易的有关各方如签署交易备忘录、意向协议、框架协议的，是否触发应披露事项，尺度经常不好把握。当上市公司作为交易对方（如上市公司收购采取增发新股方式，则交易主体涉及上市公司）或交易协助方（如采取股东转让股份方式，虽上市公司非直接交易主体，但可能涉及配合、协助交易主体事项）参与签署意向书或者框架协议（无论是否附加条件或期限）等法律文件，或上市公司的董事、监事或者高级管理人员知悉相关决议或协议事项，均应触发前述信息披露义务。

382. 上市公司收购进展的披露要点有哪些？

上市公司收购和权益变动通常涉及签约、披露、生效、实施和完成等一系列流程，尤其是涉及股份协议转让、认购增发股东、要约收购等收购方式的，往往程序和步骤较多、历经时间较长。根据《信披办法》第二十五条和各证券交易所的股票上市规则，上市公司披露重大事件后，已披露的重大事件出现可能对上市公司证券及其衍生品种交易价格产生较大影响的进展或者变化的，上市公司应当及时披露进展或者变化情况、可能产生的影响。

针对采取要约收购方式的收购人，如自做出要约收购提示性公告起60日内，未公告要约收购报告书的，收购人应当在期满后次一个工作日通知被收购公司，并予公告；此后每30日应当公告一次，直至公告要约收购报告书。

针对采取协议收购方式的收购人，如收购人在收购报告书公告后30日内仍未完成相关股份过户手续的，应当立即做出公告，说明理由；在未完成相关股份过户期间，应当每隔30日公告相关股份过户办理进展情况。

383. 上市公司收购后承诺的披露、变更和豁免要点有哪些？

在上市公司收购交易的实务中，交易各方除对各自在交易前、交易中的有关情形，在股份转让协议等交易协议中向交易对方进行陈述保证，或在权益变动报告书等披露文件中公开承诺外，还会涉及交易各方在收购完成后各自需遵守的“应为”或“不应为”等承诺保证事项。

根据不同的收购目的和交易安排，买方、收购人通常做出的收购后承诺主要包括：通过上市公司收购取得的股份在一定期限内不转让的承诺、避免同业竞争有关的承诺（如存在同业竞争，竞争性资产在一定期限内注入）等。

根据不同的股份出售目的和交易安排，卖方通常做出的收购后承诺主要包括：不谋求控制权的承诺等。

就交易各方应遵守的收购后承诺的法律性质而言，上述承诺有的属于法定强制性承诺，即使当事人没有约定，根据《证券法》《上市公司收购管理办法》等法律法规也应遵守，例如，收购人持有的被收购的上市公司股份，在收购行为完成后的18个月内不得转让的承诺；有的属于当事人主动自愿性承诺，例如，收购人承诺更长的股份锁定期；有的甚至未采用“承诺”的字样，例如，收购人公开披露收购后的12个月内没有继续增持上市公司股份的计划，但该种情形在实务中可能被视同承诺处理。

就交易各方承诺的主要格式和内容而言，依据股份协议转让、要约收购、认购新增股份、司法拍卖等不同的交易方式，相关承诺内容主要体现在关于上市公司收购的交易协议承诺函中，例如，不同情形下适用的股份转让协议、股份认购协议、股东协议、单方声明和承诺函等，并体现在投资者需编制和披露的权益变动报告书、收购报告书、要约收购报告书等信息披露文件中。

并购交易各方协议约定的重要承诺应予公开披露，禁止“抽屉协议”。该等承诺事项对于公众投资者而言，具有做出价值判断和投资决策的重大影响，因此该等承诺不仅在交易各方之间具有内部约束力，对公众投资者而言，也具有外部约束力。

2019年《证券法》增加了对公开承诺的信息披露规定，即第八十四条第二款明确规定：“发行人及其控股股东、实际控制人、董事、监事、高级管理人员等做出公开承诺的，应当披露。不履行承诺给投资者造成损失的，应当依法承担赔偿责任。”并且，结合实务中出现的承诺人所做承诺内容不规范、后续难以履行等突出问题，中国证监会在2022年《上市公司监管指引第4号——上市公司及其相关方承诺》（以下简称《4号指引》）中进一步明确了承诺做出时有关各方的信息披露要求。承诺人做出承诺，有关各方必须及时、公平地披露或者提供相关信息，保证所披露或者提供信息的真实、准确、完整，不得有虚假记载、误导性陈述或者重大遗漏。

无论是法律强制的还是自愿承诺的，并购交易各方一旦涉及收购后承诺事项，承诺人应当严格履行其做出的各项承诺，采取有效措施确保承诺的履行，不得擅自变更或者豁免。例如，上市公司控制权的收购人在收购完成后需遵守18个月的法定锁定期，或者相关协议中收购人自愿且不可撤销地承诺更长的锁定期，该等情形即属于《4号指引》所列的不得变更或豁免的承诺。在相关锁定期届满前，收购人不应转让通过协议转让、认购增发股份等方式所收购的上市公司股份。各证券交易所也在其股票上市规则中均明文规定，投资者及董事、监事和高级管理人员等对上市公司股份的持有比例、持有期限、变动方式、变动价格等做出承诺的，应当严格履行所做出的承诺。投资者出售已解除限售的股票及其衍生品种应当严格遵守所做出的各项承诺，不得影响所做承诺的继续履行。

除属于法律强制性的承诺以及属于《4号指引》所列的不得变更或豁免的承诺以外，就自愿承诺的范畴内，当因相关法律法规、政策变化、自然灾害等自身无法控制的客观原因导致承诺无法履行的，或其他确已无法履行或履行承诺不利于维护上市公司权益的，相关承诺方可变更或豁免履行。但上市公司及承诺人应充分披露变更或豁免履行承诺的原因，并及时提出替代承诺或提出豁免履行承诺义务；且承诺变更、豁免需履行严格的决策程序。变更、豁免承诺的方案应提交股东会审议，上市公司应向股东提供网络投票方式，承诺人及其关联方应回避表决。独立董事、监事会应就承诺人提出的变更方案是否合法合规、是否有利于保护上市公司或其他投资者的利益发表意见。

384. 涉及外资、国资、反垄断或特殊行业的上市公司收购需履行什么特殊程序？

（1）外资收购。信息报告义务：外国投资者对上市公司战略投资应当履行外商投资信息报告义务，真实、准确、完整披露和报送投资信息。

审批与备案：一般情况下，如果外资收购不涉及特别的限制类行业等，在过去相关规定下需要商务部门批准的程序已有所变化。外商投资法实施后，取消了商务主管部门的相关审批，改为备案制，但具体操作和要求需根据当地的具体规定和政策执行。如果收购的上市公司属于特殊行业，如涉及国家安全、关键技术、重要基础设施等，还可能需要额外获得相关行业主管部门的批准或审查。例如，在一些敏感技术领域的收购，可能需要国家相关科技部门的审查，以确保国家的技术安全和产业安全。

证券监管要求：在信息披露方面收购人应当按照证券监管的要求，及时、准确地披露收购的相关信息，包括收购方的基本情况、收购的目的、收购的方式和资金来源等。在达成收购协议的次日需向中国证监会报送上市公司收购报告书，同时抄报上市公司所在地的中国证监会派出机构，抄送证券交易所，通知被收购公司，并对上市公司收购报告书摘要做出提示性公告。在合规审查方面，中国证监会会对收购行为的合规性进行审查，确保收购过程符合证券法律法规的要求。如果涉及跨境的证券交易和资金流动，还需要符合外汇管理的相关规定。

（2）国资收购。内部决策程序：国有企业作为收购方，在开展收购前需要进行内部的决策程序，包括经企业自身的董事会、股东会等权力机构审议通过收购方案。这是确保收购行为符合国有企业的战略规划和投资决策机制的重要环节。

国资审批程序：根据相关国资监管规则，收购方案须经国资主管部门审核批准。例如，国有股东通过证券交易系统增持、协议受让、间接受让、要约收购上市公司股份和认购上市公司发行股票等导致上市公司控制权转移的情况，都需要经过国资监管机构的审批。同时，国有股东收购上市公司控股权时，通常还需要聘请财务顾问对上市公司出具尽职调查报告和估值报告。

评估与定价：对于国有资产的交易，需要对拟收购的资产进行评估备案，以经国资监管机构备案的资产评估结果作为定价依据。这是防止国有资产流失、确保国有资产交易公平合理的重要措施。

（3）涉及反垄断审查。申报义务：如果上市公司收购行为可能对市场竞争产生影响，达到反垄断法规定的申报标准，收购方需要向反垄断监管机构进行申报。例如，收购后可能导致市场集中度大幅提高、限制或排除相关市场竞争等情况，就需要进行反垄断申报。

审查程序：反垄断监管机构会对申报的收购行为进行审查，包括对相关市场的定义、市场份额、市场占有率、市场进入门槛等进行分析，以判断收购行为是否会产生垄断效果。审查期限可能会根据具体情况有所不同，如果审查过程中发现问题，可能会要求收购方提供进一步的信息或进行整改。

附加条件或禁止：如果反垄断监管机构认为收购行为可能产生垄断问题，可能会附加一些限制条件，如要求收购方剥离部分资产、限制业务范围等，以确保市场竞争不受过度影响。在严重的情况下，甚至可能禁止收购行为的发生。

第三章
协议收购上市公司

385. 什么是协议收购？

上市公司协议收购，是指投资者在证券交易场所之外与目标公司的股东就股票价格、股票数量等方面进行私下协商并达成收购协议，购买目标公司的股票，以期达到对目标公司的控股或兼并目的的交易。

386. 协议收购的类型有哪些？

协议收购一般可以分为两种类型，即直接收购和间接收购。其中，直接收购是指通过协议方式从上市公司股东处直接收购存量老股，交易后，收购人成为上市公司的直接股东。间接收购则是通过收购上市公司股东的股权（受让该股东之老股或者认购该股东的增资扩股）而间接取得上市公司权益。在这种方式下，交易后，收购人成为上市公司的间接股东。我们通常说的协议收购指直接收购。

387. 协议收购如何定价及转让下限是什么？

协议收购一般遵循市场化定价的原则，由交易双方谈判协商确定，但相关规则规定了协议收购的下限。

根据证券交易所协议转让相关指引，股份转让价格不得低于转让协议签署日（当日为非交易日的顺延至次一交易日）公司股份大宗交易价格范围的下限（即主板上市公司为协议签署日的前一交易日收盘价九折，科创板与创业板上市公司为协议签署日的前一交易日收盘价八折）。此外，如出售方为国有股东，则协议转让的价格还需符合《上市公司国有股权监督管理办法》规定的定价下限。

388. 协议收购主要包括什么流程？

协议收购的流程主要包括交易双方达成初步意向、开展尽职调查、谈判及签署协议、支付价款及完成交割。

389. 协议收购过渡期通常如何安排？

以协议方式进行上市公司收购的，自签订收购协议起至相关股份完成过户的期间为上市公司收购过渡期。

通常情况下，股份转让协议签订生效后，受让方并不能马上行使股东权利，须转让方将股份交付给受让方后，受让方才能以股东身份行使股东权利。对于上市公司来说，股份交付必须由中国证券登记结算公司完成过户登记才能视为交付。为防止这段时间内控股股东、被收购的上市公司、收购人三方或者两方合谋损害上市公司公众投资者利益，有关法律规定对这一过渡期做出了特别规定。

根据《上市公司收购管理办法》第五十二条的有关规定，在过渡期内：①收购人不得通过控股股东提议改选上市公司董事会，确有充分理由改选董事会的，来自收购人的董事不得超过董事会成员的1/3；②被收购公司不得为收购人及其关联方提供担保；③被收购公司不得公开发行股份募集资金，不得进行重大购买、出售资产及重大投资行为或者与收购人及其关联方进行其他关联交易，但收购人为挽救陷入危机或者面临严重财务困难的上市公司的情形除外。

390. 国有股东转让上市公司股份需要履行哪些程序？

上市公司国有股权变动行为适用《上市公司国有股权监督管理办法》规定，国有股东转让上市公司股份通常包括通过证券交易系统转让、公开征集转让、非公开协议转让。不同转让方式下需要履行的程序如下：

序号	转让形式	审批单位或审批流程	审批文件
1	国有股东所持上市公司股份通过证券交易系统转让	国有股东通过证券交易系统转让上市公司股份，按照国家出资企业内部决策程序决定，有以下情形之一的，应报国有资产监督管理机构审核批准： (1) 国有控股股东转让上市公司股份可能导致持股比例低于合理持股比例的 (2) 总股本不超过 10 亿股的上市公司，国有控股股东拟于一个会计年度内累计净转让（累计转让股份扣除累计增持股份后的余额，下同）达到总股本 5% 及以上的；总股本超过 10 亿股的上市公司，国有控股股东拟于一个会计年度内累计净转让数量达到 5000 万股及以上的 (3) 国有参股股东拟于一个会计年度内累计净转让达到上市公司总股本 5% 及以上的	国家出资企业、国有资产监督管理机构决定或批准国有股东通过证券交易系统转让上市公司股份时，应当审核以下文件： (1) 国有股东转让上市公司股份的内部决策文件 (2) 国有股东转让上市公司股份方案，内容包括但不限于：转让的必要性，国有股东及上市公司基本情况、主要财务数据，拟转让股份权属情况，转让底价及确定依据，转让数量、转让时限等 (3) 上市公司股份转让的可行性研究报告 (4) 国家出资企业、国有资产监督管理机构认为必要的其他文件
2	国有股东所持上市公司股份公开征集转让	(1) 国有股东拟公开征集转让上市公司股份的，在履行内部决策程序后，应书面告知上市公司，由上市公司依法披露，进行提示性公告。国有控股股东公开征集转让上市公司股份可能导致上市公司控股权转移的，应当一并通知上市公司申请停牌 (2) 上市公司发布提示性公告后，国有股东应及时将转让方案、可行性研究报告、内部决策文件、拟发布的公开征集信息等内容通过管理信息系统报送国有资产监督管理机构 (3) 公开征集信息内容包括但不限于：拟转让股份权属情况、数量，受让方应当具备的资格条件，受让方的选择规则，公开征集期限等。公开征集信息对受让方的	国家出资企业、国有资产监督管理机构批准国有股东所持上市公司股份公开征集转让时，应当审核以下文件： (1) 受让方的征集及选择情况 (2) 国有股东基本情况、受让方基本情况及上一年度经审计的财务会计报告

续表

序号	转让形式	审批单位或审批流程	审批文件
2	国有股东所持上市公司股份公开征集转让	资格条件不得设定指向性或违反公平竞争要求的条款，公开征集期限不得少于10个交易日 （4）国有资产监督管理机构通过管理信息系统对公开征集转让事项出具意见。国有股东在获得国有资产监督管理机构同意意见后书面通知上市公司发布公开征集信息 （5）国有股东收到拟受让方提交的受让申请及受让方案后，应当成立由内部职能部门人员以及法律、财务等独立外部专家组成的工作小组，严格按照已公告的规则选择确定受让方 （6）公开征集转让可能导致上市公司控股权转移的，国有股东应当聘请具有上市公司并购重组财务顾问业务资格的证券公司、证券投资咨询机构或者其他符合条件的财务顾问机构担任财务顾问。财务顾问应当具有良好的信誉，近3年内无重大违法违规记录，且与受让方不存在利益关联 （7）财务顾问应当勤勉尽责，遵守行业规范和职业道德，对上市公司股份的转让方式、转让价格、股份转让对国有股东和上市公司的影响等方面出具专业意见；并对拟受让方进行尽职调查，出具尽职调查报告。尽职调查应当包括但不限于以下内容：①拟受让方受让股份的目的；②拟受让方的经营情况、财务状况、资金实力及是否有重大违法违规记录和不良诚信记录；③拟受让方是否具有及时足额支付转让价款的能力、受让资金的来源及合法性；④拟受让方是否具有促进上市公司持续发展和改善上市公司法人治理结构的能力	（3）股份转让协议及股份转让价格的定价说明 （4）受让方与国有股东、上市公司之间在最近12个月内股权转让、资产置换、投资等重大情况及债权债务情况 （5）律师事务所出具的法律意见书 （6）财务顾问出具的尽职调查报告（适用于上市公司控股权转移的） （7）国家出资企业、国有资产监督管理机构认为必要的其他文件

续表

序号	转让形式	审批单位或审批流程	审批文件
2	国有股东所持上市公司股份公开征集转让	(8) 国有股东确定受让方后，应当及时与受让方签订股份转让协议。股份转让协议应当包括但不限于以下内容：①转让方、上市公司、拟受让方的名称、法定代表人及住所；②转让方持股数量、拟转让股份数量及价格；③转让方、受让方的权利和义务；④股份转让价款支付方式及期限；⑤股份登记过户的条件；⑥协议生效、变更和解除条件、争议解决方式、违约责任等 (9) 国有股东公开征集转让上市公司股份的价格不得低于下列两者之中的较高者：①提示性公告日前 30 个交易日的每日加权平均价格的算术平均值；②最近一个会计年度上市公司经审计的每股净资产值 (10) 国有股东应在股份转让协议签订后 5 个工作日内收取不低于转让价款 30% 的保证金，其余价款应在股份过户前全部结清。在全部转让价款支付完毕或交由转让双方共同认可的第三方妥善保管前，不得办理股份过户登记手续	
3	国有股东所持上市公司股份非公开协议转让	(1) 非公开协议转让是指不公开征集受让方，通过直接签订协议转让上市公司股份的行为 (2) 符合以下情形之一的，国有股东可以非公开协议转让上市公司股份：①上市公司连续两年亏损并存在退市风险或严重财务危机，受让方提出重大资产重组计划及具体时间表的；②企业主业处于关系国家安全、国民经济命脉的重要行业和关键领域，主要承担重大专项任务，对受让方有特殊要求的；③为实施国有资源整合或	国家出资企业、国有资产监督管理机构批准国有股东非公开协议转让上市公司股份时，应当审核以下文件： (1) 国有股东转让上市公司股份的决策文件 (2) 国有股东转让上市公司股份的方案，内容包括但不限于：不公开征集受让方的原因，转让价格及

续表

序号	转让形式	审批单位或审批流程	审批文件
3	国有股东所持上市公司股份非公开协议转让	资产重组，在国有股东、潜在国有股东（经本次国有资源整合或资产重组后成为上市公司国有股东的，以下统称“国有股东”）之间转让的；④上市公司回购股份涉及国有股东所持股份的；⑤国有股东因接受要约收购方式转让其所持上市公司股份的；⑥国有股东因解散、破产、减资、被依法责令关闭等原因转让其所持上市公司股份的；⑦国有股东以所持上市公司股份出资的 （3）国有股东在履行内部决策程序后，应当及时与受让方签订股份转让协议。涉及上市公司控股权转移的，在转让协议签订前，应按规定聘请财务顾问，对拟受让方进行尽职调查，出具尽职调查报告 （4）国有股东非公开协议转让上市公司股份的价格不得低于下列两者之中的较高者：①提示性公告日前30个交易日的每日加权平均价格的算术平均值；②最近一个会计年度上市公司经审计的每股净资产值	确定依据，转让的数量，转让收入的使用计划等 （3）国有股东基本情况、受让方基本情况及上一年度经审计的财务会计报告 （4）可行性研究报告 （5）股份转让协议 （6）以非货币资产支付的说明 （7）拟受让方与国有股东、上市公司之间在最近12个月内股权转让、资产置换、投资等重大情况及债权债务情况 （8）律师事务所出具的法律意见书 （9）财务顾问出具的尽职调查报告（适用于上市公司控股权转移的） （10）国家出资企业、国有资产监督管理机构认为必要的其他文件

第四章
上市公司要约收购

391. 什么是要约收购？

要约收购，是指收购人通过向目标公司的股东发出购买其所持该公司股份的书面意见表示，并按照依法公告的收购要约中所规定的收购条件、价格、期限以及其他规定事项，收购目标公司股份的收购方式。

其特点是在所有股东平等获取信息的基础上由股东自主做出选择，因此被视为完全市场化的、规范的收购模式；要约收购有利于防止各种内幕交易，保障全体股东尤其是中小股东的利益。

要约收购包含自愿要约与强制要约两种要约类型。自愿要约收购，是指收购人依据目标公司总股本确定预计收购的股份比例，在该比例范围内向目标公司所有股东发出收购要约，预受要约的数量超过收购人要约收购的数量时，收购人应当按照同等比例收购预受要约的股份。强制要约收购，是指投资者持有目标公司股份或投票权达到法定比例，或者在持有一定比例之后一定期间内又增持一定的比例，依法律规定必须向目标公司所有股东发出公开收购要约的法律制度。

392. 触发要约收购的条件有哪些？

通过证券交易所的证券交易，收购人持有一个上市公司的股份达到该公司已发行股份的30%时，继续增持股份的，应当采取要约方式进行，发出全面要约或者部分要约收购。

收购人拟通过协议方式收购一个上市公司的股份超过30%的，超过30%的部分，应当改以要约方式进行。协议收购超过30%的部分，应当改以要约方式进行；但符合《上市公司收购管理办法》规定情形的，收购人可以免于发出要约，符合规定情形的，收购人可以履行其收购协议；不符合规定情形的，在履行其收购协议前，应当发出全面要约。

393. 要约收购价格如何确定？

收购人按照《上市公司收购管理办法》规定进行要约收购的，对同一种类股票的要约价格，不得低于要约收购提示性公告日前6个月内收购人取得该种股票所支付的最高价格。要约价格低于提示性公告日前30个交易日该种股票的每日加权平均价格的算术平均值的，收购人聘请的财务顾问应当就该种股票前6个月的交易情况进行分析说明是否存在股价被操纵、收购人是否有未披露的一致行动人、收购人前6个月取得公司股份是否存在其他支付安排、要约价格的合理性等。

394. 可以提出免于以要约方式增持股份申请的情形有哪些？

（1）收购人与出让人能够证明本次股份转让是在同一实际控制人控制的不同主体之间进行，未导致上市公司的实际控制人发生变化。

（2）上市公司面临严重财务困难，收购人提出的挽救公司的重组方案取得该公司股东会批准，且收购人承诺3年内不转让其在该公司中所拥有的权益。

（3）中国证监会为适应证券市场发展变化和保护投资者合法权益的需要而认定的其他情形。

395. 可以提出免于发出要约申请的情形有哪些？

（1）经政府或者国有资产管理部门批准进行国有资产无偿划转、变更、合并，导致投资者在一个上市公司中拥有权益的股份占该公司已发行股份的比例超过30%。

（2）因上市公司按照股东会批准的确定价格向特定股东回购股份而减少股本，导致投资者在该公司中拥有权益的股份超过该公司已发行股份的30%。

（3）经上市公司股东会非关联股东批准，投资者取得上市公司向其发行的新股，导致其在该公司拥有权益的股份超过该公司已发行股份的30%，投资者承诺3年内不转让本次向其发行的新股，且公司股东会同意投资者免于发出要约。

（4）在一个上市公司中拥有权益的股份达到或者超过该公司已发行股份的30%的，自上述事实发生之日起一年后，每12个月内增持不超过该公司已发行的2%的股份。

（5）在一个上市公司中拥有权益的股份达到或者超过该公司已发行股份的50%的，继续增加其在该公司拥有的权益不影响该公司的上市地位。

（6）证券公司、银行等金融机构在其经营范围内依法从事承销、贷款等业务导致其持有一个上市公司已发行股份超过30%，没有实际控制该公司的行为或者意图，并且提出在合理期限内向非关联方转让相关股份的解决方案。

（7）因继承导致在一个上市公司中拥有权益的股份超过该公司已发行股份的30%。

（8）因履行约定购回式证券交易协议购回上市公司股份导致投资者在一个上市公司中拥有权益的股份超过该公司已发行股份的30%，并且能够证明标的股份的表决权在协议期间未发生转移。

（9）因所持优先股表决权依法恢复导致投资者在一个上市公司中拥有权益的股份超过该公司已发行股份的30%。

（10）中国证监会为适应证券市场发展变化和保护投资者合法权益的需要而认定的其他情形。

396. 对于要约收购，被收购上市公司董事会有哪些义务？

（1）标的公司董事会应当对收购人的主体资格、资信情况及收购意图进行调查，对要约条件进行分析，对股东是否接受要约提出建议，并聘请独立财务顾问提出专业意见。在收购人公告要约收购报告书后20日内，标的公司董事会应当公告标的公司董事会报告书与独立财务顾问的专业意见。

（2）收购人对收购要约条件做出重大变更的，标的公司董事会应当在3个工作日内公告董事会及独立财务顾问就要约条件的变更情况所出具的补充意见。

（3）收购人做出提示性公告后至要约收购完成前，标的公司除继续从事正常的经营活动或者执行股东会已经做出的决议外，未经股东会批准，标的公司董事会不得通过处置公司资产、对外投资、调整公司主要业务、担保、贷款等方式，对公司的资产、负债、权益或者经营成果造成重大影响。

（4）在要约收购期间，标的公司董事不得辞职。

397. 要约收购报告书需包含哪些内容？

（1）收购人的姓名、住所；收购人为法人的，其名称、注册地及法定代表人，与其控股股东、实际控制人之间的股权控制关系结构图。

（2）收购人关于收购的决定及收购目的，是否拟在未来12个月内继续增持。

（3）上市公司的名称、收购股份的种类。

（4）预定收购股份的数量和比例。

（5）收购价格。

（6）收购所需资金额、资金来源及资金保证，或者其他支付安排。

（7）收购要约约定的条件。

（8）收购期限。

（9）公告收购报告书时持有被收购公司的股份数量、比例。

（10）本次收购对上市公司的影响分析，包括收购人及其关联方所从事的业务与上市公司的业务是否存在同业竞争或者潜在的同业竞争，是否存在持续关联交易；存在同业竞争或者持续关联交易的，收购人是否已做出相应的安排，确保收购人及其关联方与上市公司之间避免同业竞争以及保持上市公司的独立性。

（11）未来12个月内对上市公司资产、业务、人员、组织结构、公司章程等进行调整的后续计划。

（12）前24个月内收购人及其关联方与上市公司之间的重大交易。

（13）前6个月内通过证券交易所的证券交易买卖被收购公司股票的情况。

（14）中国证监会要求披露的其他内容。

收购人发出全面要约的，应当在要约收购报告书中充分披露终止上市的风险、终止上市后收购行为完成的时间及仍持有上市公司股份的剩余股东出售其股票的其他后续安排；收购人发出以终止公司上市地位为目的的全面要约，无须披露前述第（10）项规定的内容。

398. 目标公司股东如何应对要约收购?

要约收购是一种市场化的收购模式，目标公司股东可以基于其自身情况、商业利益选择接受要约，或通过其他方式减持上市公司股票，或继续持有上市公司股票。

同意接受收购要约的股东（以下简称“预受股东”），应当委托证券公司办理预受要约的相关手续。收购人应当委托证券公司向证券登记结算机构申请办理预受要约股票的临时保管。证券登记结算机构临时保管的预受要约的股票，在要约收购期间不得转让。

前款所称预受，是指被收购公司股东同意接受要约的初步意思表示，在要约收购期限内不可撤回之前不构成承诺。在要约收购期限届满3个交易日前，预受股东可以委托证券公司办理撤回预受要约的手续，证券登记结算机构根据预受要约股东的撤回申请解除对预受要约股票的临时保管。在要约收购期限届满前3个交易日内，预受股东不得撤回其对要约的接受。在要约收购期限内，收购人应当每日在证券交易所网站上公告已预受收购要约的股份数量。

出现竞争要约时，接受初始要约的预受股东撤回全部或者部分预受的股份，并将撤回的股份售予竞争要约人的，应当委托证券公司办理撤回预受初始要约的手续和预受竞争要约的相关手续。

收购期限届满，被收购公司股权分布不符合证券交易所规定的上市交易要求，该上市公司的股票由证券交易所依法终止上市交易。在收购行为完成前，其余仍持有被收购公司股票的股东，有权在收购报告书规定的合理期限内向收购人以收购要约的同等条件出售其股票，收购人应当收购。

399. 要约收购的支付方式有哪些？有什么限制？

收购人可以采用现金、证券、现金与证券相结合等合法方式支付收购上市公司的价款。收购人以证券支付收购价款的，应当提供该证券的发行人最近3年经审计的财务会计报告、证券估值报告，并配合被收购公司聘请的独立财务顾问的尽职调查工作。收购人以在证券交易所上市的债券支付收购价款的，该债券的可上市交易时间应当不少于一个月。收购人以未在证券交易所上市交易的证券支付收购价款的，必须同时提供现金方式供被收购公司的股东选择，并详细披露相关证券的保管、送达被收购公司股东的方式和程序安排。

收购人聘请的财务顾问应当对收购人支付收购价款的能力和资金来源进行充分的尽职调查，详细披露核查的过程和依据，说明收购人是否具备要约收购的能力。收购人应当在做出要约收购提示性公告的同时，提供以下至少一项安排保证其具备履约能力：

（1）以现金支付收购价款的，将不少于收购价款总额的20%作为履约保证金存入证券登记结算机构指定的银行；收购人以在证券交易所上市交易的证券支付收购价款的，将用于支付的全部证券交由证券登记结算机构保管，但上市公司发行新股的除外。

（2）银行对要约收购所需价款出具保函。

（3）财务顾问出具承担连带保证责任的书面承诺，明确如要约期满收购人不支付收购价款，财务顾问进行支付。

第五章
其他方式的上市公司收购

400. 除协议转让和要约收购外，还有什么方式可以实现收购上市公司？

除协议转让和要约收购外，还可以通过认购上市公司发行的股份（以下简称“定增收购”）、无偿划转、二级市场举牌、间接收购、原大股东表决权委托或放弃及参与破产重整的方式实现上市公司收购。

401. 通过定增收购上市公司的流程和注意事项是什么？

通过定增收购上市公司一般的流程为：

（1）前期与上市公司控股股东、实际控制人谈判，就收购上市公司方案基本达成一致。

（2）上市公司停牌（如需）发布筹划控制权事项变更的公告。

（3）上市公司复牌（如需），并同步披露定增预案。

（4）定增预案通过股东会审核后申报至交易所。

（5）交易所审核通过定增预案后进行注册。

（6）注册后完成新股上市发行。

一般而言，通过定增取得上市公司控制权往往需要搭配协议转让或表决权委托/表决权放弃等安排；以达到原有控股股东让出控制权的平衡；在配合协议转让的定增收购案例中，往往要求协议转让交易完成过户后再申报定增方案。

402. 通过国资无偿划转收购上市公司的流程和注意事项是什么？

国有股东所持上市公司股份无偿划转属于《上市公司国有股权监督管理办法》第七条规定情形的，由国家出资企业审核批准，其他情形由国有资产监督管理机构审核批准。

国家出资企业、国有资产监督管理机构批准国有股东所持上市公司股份无偿划转时，应当审核以下文件：

（1）国有股东无偿划转上市公司股份的内部决策文件。

（2）国有股东无偿划转上市公司股份的方案和可行性研究报告。

（3）上市公司股份无偿划转协议。

（4）划转双方基本情况、上一年度经审计的财务会计报告。

（5）划出方债务处置方案及或有负债的解决方案，及主要债权人对无偿划转的无异议函。

（6）划入方未来12个月内对上市公司的重组计划或未来3年发展规划（适用于上市公司控股权转移的）。

（7）律师事务所出具的法律意见书。

（8）国家出资企业、国有资产监督管理机构认为必要的其他文件。

国有资产监督管理机构关于国有股东无偿划转上市公司股份的批准文件或国有资产监督管理机构、管理信息系统出具的统一编号的备案表是证券交易所、中国证券登记结算有限责任公司办理股份过户登记手续的必备文件。

403. 如何通过参与司法重整取得上市公司控制权？

重整投资人可通过参与破产重整并认购上市公司资本公积金转增股本的方式，获得上市公司的控制权。相较于常规的控制权收购方式，执行破产重整计划取得上市公司控制权可以低价取得股权，同时实现债务清理。

第六章
上市公司收购需聘请的中介机构及职责

404. 上市公司收购通常涉及聘请哪些中介机构?

上市公司收购业务中，收购人聘请的中介机构一般包括财务顾问、律师事务所、会计师事务所、资产评估机构和（或）估值机构等。其中，符合《证券法》规定的财务顾问属于《上市公司收购管理办法》中要求收购人聘请的专业机构。收购人未按照规定聘请财务顾问的，不得收购上市公司。

当上市公司收购构成要约收购、管理层收购时，除强制要求收购方聘请财务顾问外，为保证中小股东的利益，亦强制要求作为被收购方的上市公司董事会或其独立董事聘请专业机构。这种情况下，同时出现了收购人聘请的财务顾问和上市公司董事会/独立董事聘请的独立财务顾问两家机构，且独立财务顾问与财务顾问不得为同一家，不得存在关联关系。对于非强制要求被收购方聘请财务顾问的情形，被收购方亦可根据自身需要自愿聘请独立财务顾问。

405. 上市公司收购在哪些情况下必须聘请中介机构?

当上市公司收购业务涉及如下情况时，上市公司应当按照有关规定，聘请中介机构提供专业意见：

（1）构成《上市公司收购管理办法》中规定的要约收购时。在收购人公告要约收购报告书后 20 日内，被收购公司董事会应当公告被收购公司董事会报告书与独立财务顾问的专业意见。收购人对收购要约条件做出重大变更的，被收购公司董事会应当在 3 个工作日内公告董事会及独立财务顾问就要约条件的变更情况所出具的补充意见。

（2）构成《上市公司收购管理办法》中规定的管理层收购时。独立董事发表意见前，应当聘请独立财务顾问就本次收购出具专业意见，独立董事及独立财务顾问的意见应当一并予以公告。上市公司应当聘请符合《证券法》规定的资产评估机构提供公司资产评估报告。

（3）收购人按照《上市公司收购管理办法》第六章规定的情形免于发出要约的，应当聘请符合《证券法》规定的律师事务所等专业机构出具专业意见。

（4）投资者及其一致行动人拥有权益的股份达到或者超过一个上市公司已发行股份的20%但未超过30%的，并且该投资者及其一致行动人为上市公司第一大股东或者实际控制人的，还应当聘请财务顾问对权益变动报告书所披露的内容出具核查意见。国有股行政划转或者变更、股份转让在同一实际控制人控制的不同主体之间进行、因继承取得股份的除外。投资者及其一致行动人承诺至少3年放弃行使相关股份表决权的，可免于聘请财务顾问。

406. 在上市公司收购中，中介机构需满足什么条件？

经中国证监会核准具有上市公司并购重组财务顾问业务资格的证券公司、证券投资咨询机构或者其他符合条件的财务顾问机构，可以依照《上市公司并购重组财务顾问业务管理办法》的规定从事上市公司收购的财务顾问业务。未经中国证监会核准，任何单位和个人不得从事上市公司收购的财务顾问业务。

证券公司、证券投资咨询机构或者其他财务顾问机构受聘担任上市公司独立财务顾问的，应当保持独立性，不得与上市公司存在利害关系。存在下列情形之一的，不得担任独立财务顾问：

（1）持有或者通过协议、其他安排与他人共同持有上市公司股份达到或者超过5%，或者选派代表担任上市公司董事。

（2）上市公司持有或者通过协议、其他安排与他人共同持有财务顾问的股份达到或者超过5%，或者选派代表担任财务顾问的董事。

（3）最近两年财务顾问与上市公司存在资产委托管理关系、相互提供担保，或者最近一年财务顾问为上市公司提供融资服务。

（4）财务顾问的董事、监事、高级管理人员、财务顾问主办人或者其直系亲属有在上市公司任职等影响公正履行职责的情形。

（5）在并购重组中为上市公司的交易对方提供财务顾问服务。

（6）与上市公司存在利害关系，可能影响财务顾问及其财务顾问主办人独立性的其他情形。

上市公司收购中聘请律师事务所、审计机构、评估机构作为中介机构出具报告的，中介机构应当符合《证券法》规定。

407. 在上市公司收购中，中介机构需就哪些内容发表意见？

根据《上市公司并购重组财务顾问业务管理办法》的规定，财务顾问对上市公司收购活动进行尽职调查应当重点关注以下问题，并在专业意见中对以下问题进行分析和说明：

（1）涉及上市公司收购的，担任收购人的财务顾问，应当关注收购人的收购目的、实力、收购人与其控股股东和实际控制人的控制关系结构、管理经验、资信情况、诚信记录、资金来源、履约能力、后续计划、对上市公司未来发展的影响、收购人的承诺及是否具备履行相关承诺的能力等事项；因国有股行政划转或者变更、在同一实际控制人控制的不同主体之间转让股份、继承取得上市公司股份超过30%的，收购人可免于聘请财务顾问。

（2）涉及对上市公司进行要约收购的，收购人的财务顾问除关注第（1）项所列事项外，还应当关注要约收购的目的、收购人的支付方式和支付条件、履约能力、是否将导致公司退市、对收购完成后剩余中小股东的保护机制是否适当等事项；收购人公告要约收购报告书摘要后15日内未能发出要约的，财务顾问应当督促收购人立即公告未能如期发出要约的原因及中国证监会提出的反馈意见。

（3）财务顾问应当关注上市公司并购重组活动中，相关各方是否存在利用并购重组信息进行内幕交易、市场操纵和证券欺诈等事项。

（4）中国证监会要求的其他事项。

408. 什么情况下，中介机构需进行持续督导？

根据《上市公司收购管理办法》的规定，自收购人公告上市公司收购报告书至收购完成后12个月内，财务顾问应当通过日常沟通、定期回访等方式，关注上市公司的经营情况，结合被收购公司定期报告和临时公告的披露事宜，对收购人及被收购公司履行持续督导职责：

（1）督促收购人及时办理股权过户手续，并依法履行报告和公告义务。

（2）督促和检查收购人及被收购公司依法规范运作。

（3）督促和检查收购人履行公开承诺的情况。

（4）结合被收购公司定期报告，核查收购人落实后续计划的情况，是否达到预期目标，实施效果是否与此前的披露内容存在较大差异，是否实现相关盈利预测或者管理层预计达到的目标。

（5）涉及管理层收购的，核查被收购公司定期报告中披露的相关还款计划的落实情况与事实是否一致。

（6）督促和检查履行收购中约定的其他义务的情况。在持续督导期间，财务顾问应当结合上市公司披露的季度报告、半年度报告和年度报告出具持续督导意见，并在前述定期报告披露后的15日内向派出机构报告。

在此期间，财务顾问发现收购人在上市公司收购报告书中披露的信息与事实不符的，应当督促收购人如实披露相关信息，并及时向中国证监会、派出机构、证券交易所报告。财务顾问解除委托合同的，应当及时向中国证监会、派出机构做出书面报告，说明无法继续履行持续督导职责的理由，并予公告。

第七章
上市公司收购主要关注问题

409. 如何对上市公司进行估值?

估值可以由资产评估机构做出，也可以由独立财务顾问、会计师事务所做出。交易双方可将该估值结果作为交易价格的参考基础。估值环节的主要技术工作包括：估值基准日的确定，估值方法的选择、估值参数的选取和估值结论的确定。从并购交易的实践操作来看，一般可通过市场法、收益法、资产基础法对标的公司进行估值。

（1）市场法是指将估值对象与可比上市公司或者可比交易案例进行比较，确定估值对象价值的估值方法。市场法常用的两种具体方法是可比公司法和可比交易法。可比公司法是根据相关公司的特点，选取与其可比的上市公司的股票价格和财务数据作依据，计算出主要估值倍数，其核心思想是利用二级市场的相关指标及估值倍数对本次交易定价进行分析。可比交易法是挑选与标的公司同行业、在本次交易前一段合适时期内被投资、并购的公司，基于融资或并购交易的定价依据作为参考，据此评估本次交易的定价是否合理。

（2）收益法的核心是将标的公司在未来永续期内的所有现金流折现到当期，作为标的公司的评估价值。其基本步骤如下：首先，建立并运用合理财务模型，对预期收益，如现金流等进行预测；其次，针对相关公司的特点及现金流的口径，选取合理的折现率（加权平均资本成本或股权资本成本），以预期收益为基础，对现金流进行折现，通过估算预期收益的现值，得到交易标的企业或股权价值。

（3）资产基础法的核心是假设一个谨慎的投资者不会支付超过

与标的公司同样效用的资产的收购成本，其对标的公司的各项资产和负债进行价值评估，最后得出净资产的价值作为评估价值。

410. 上市公司的财务状况尽职调查要点是什么？

（1）识别上市公司是否存在重大财务造假行为。包括虚构交易、虚增收入、虚减成本，调节收入成本费用的归属期间等。

（2）检查是否存在大股东资金占用、违规为大股东担保的情形。大股东如果存在其他产业，在关联单位资金紧张的情况下，容易出现资金占用的风险。

（3）核查上市公司会计处理是否合理谨慎。例如，利用调整会计政策、会计估计的手段调节会计利润、利用资产减值“洗大澡”、利用控制权范围调整、公允价值变动计量方式操纵业绩等情形。

（4）评估上市公司是否存在“独立性”不足的问题。若上市公司的主要股东围绕上市公司做上下游产业链业务，可能影响上市公司的独立经营能力，需要特别关注关联交易的必要性、合理性和公允性。

（5）检查财务内部控制制度的建立及执行情况，包括财务流程的规范性，募集资金是否合规使用、大股东减持股票的规范性、管理层股权激励的会计处理等相关情况。

411. 上市公司的业务发展状况的尽职调查流程是什么？

（1）前期准备工作：包括签署保密协议、聘请中介机构（一般包含财务顾问、会计师、律师、评估师等）、组建尽职调查小组、制订尽职调查方案。

（2）现场尽职调查：包括前期的资料收集及行业研究，根据尽调清单收集企业资料，了解企业的生产经营模式，访谈上市公司高管及核心员工，实地走访生产和仓储基地，访谈上市公司上下游的客户供应商，就行业发展状况咨询外部专家等。

（3）资料汇总和报告撰写：现场尽职调查完成之后，尽调小组应继续收集和完善资料，就重点问题与中介机构和管理层开展讨论分析，形成尽职调查报告以供收购决策使用。

如果收购人所从事的业务与上市公司从事的业务存在同业竞争、关联交易的，需要对收购人解决与上市公司同业竞争等利益冲突及保持上市公司经营独立性的方案进行分析。

412. 核实上市公司存在已有或潜在的行政处罚、诉讼的方式包括哪些？

（1）通过查阅上市公司过往披露的定期报告、临时公告，关注上市公司已披露的行政处罚或诉讼。

（2）通过企查查、中国裁判文书网、信用中国网、国家企业信用信息公示系统、全国法院被执行人信息查询网、中国执行信息公开网等公示网站查询上市公司是否存在涉诉或被执行的情况。

（3）通过中国人民银行征信系统、国家税务总局重大税收违法案件信息公布栏、证监会证券期货市场失信记录查询平台、国家市场监督管理总局等主管部门官方网站查询上市公司是否存在违法或被行政处罚的情况。

（4）检查上市公司现有大额业务合同的执行情况是否存在异常，并对相关人员进行访谈，排查是否存在合同无法执行或潜在纠纷的风险。

413. 什么情况下，需要反垄断审批？

上市公司收购构成《反垄断法》第二十条规定的经营者集中情形时，需要进行反垄断审批。根据《国务院关于经营者集中申报标准的规定》第三条的规定，国务院规定的“经营者集中”的申报标准为：

（1）参与集中的所有经营者上一会计年度在全球范围内的营业额合计超过120亿元人民币，并且其中至少两个经营者上一会计年度在中国境内的营业额均超过8亿元人民币。

（2）参与集中的所有经营者上一会计年度在中国境内的营业额合计超过40亿元人民币，并且其中至少两个经营者上一会计年度在中国境内的营业额均超过8亿元人民币。

营业额的计算，应当考虑银行、保险、证券、期货等特殊行业、领域的实际情况，具体办法由国务院反垄断执法机构会同国务院有关部门制定。

上述两个标准满足其中一个标准就应当进行反垄断申报。

414. 收购人是否具备收购和后续整合能力?

根据《上市公司收购管理办法》第三十六条的规定，收购人聘请的财务顾问应当对收购人支付收购价款的能力和资金来源进行充分的尽职调查，详细披露核查的过程和依据，说明收购人是否具备要约收购的能力。

收购方的并购整合能力对于上市公司收购的成败至关重要。在治理层，收购方应设置合理的治理架构，明确股东会、董事会和管理层的职责分工，强化监督机制，对上市公司的重大经营决策进行有效管控。在管理上，收购方应派驻理解行业、熟悉业务的团队参与上市公司日常经营，挖掘并购双方的价值增量，友好合作，促进共赢。在人员上，收购方应尊重被收购方的企业文化，妥善安排被收购方的管理层和员工，保障核心人员的稳定，促进双方融合。

第四部分
并购重组相关专题

第一章
跨境并购相关问题

415. 在国际形势趋紧的背景下跨境并购会面临哪些机遇和挑战？

（1）机遇方面：

①在经济全球化的大背景下，跨境并购成为企业快速获取海外资源、技术、品牌和市场渠道的有效途径。通过跨境并购，企业可以整合全球范围内的优质资源，帮助企业快速获取前沿技术和创新能力，提升企业的核心竞争力，实现资源的优化配置和协同效应。

②跨境并购有助于企业快速进入新市场，构建全球业务网络，帮助企业构建更加安全和稳定的供应链体系，实现业务的多元化和国际化布局。

③许多国家和地区为了吸引外资和促进经济发展，都出台了一系列优惠政策和措施来支持跨境并购活动。这些政策包括税收优惠、融资支持、审批便利等，为企业跨境并购提供了良好的政策环境。

（2）挑战方面：

①全球政治经济形势复杂，地缘政治风险和境外监管审批风险增加，多个主要投资并购目的地收紧了对外来投资和并购交易的监管，增加了交易的不确定性。

②在全球经济形势趋紧的背景下，目标企业的估值可能受到多种因素的影响而变得更加复杂和不确定。这可能导致企业在并购谈判中面临更大的估值风险和谈判难度。

③当前全球金融市场波动较大，融资条件收紧。这可能导致企

业在跨境并购时面临资金压力，难以获得足够的资金支持。

④跨境并购后的整合和管理是企业面临的一大挑战。受不同国家和地区的法律合规要求、文化差异、管理理念和工作方式等因素影响，可能导致企业在并购后面临整合和管理上的困难。

416. 跨境并购中卖方的主要诉求与可能采取的策略?

（1）卖方拟达到的目的：①交易价格最大化；②交易时间最小化并确保交易确定性；③保护自身利益和责任限制；④在交易过程中保护卖方、目标企业的商业秘密和信息安全。

（2）卖方可能采取的策略：①充分筹备，基本清除障碍，尽早确立目标企业管理层的立场；②寻找多个融资条件良好、战略明确的投标人，维持激烈的竞争气氛，并尽可能多地了解投标人；③只允许买方有限的、非破坏性的尽职调查，只做较少的披露和保证；④要求买方尽早做出确定性承诺，防止买方控制交易过程和转移卖方的注意力；⑤设计具有吸引力的交易结构，采用标准化的交易文件或者仅允许就交易文件进行有限的谈判；⑥获取尽可能高的竞标价格。

417. 跨境并购中买方的主要诉求和策略有哪些?

（1）买方拟达到的目的：①以合理的价格得到期望的资产；②降低交易成本；③减少时间的浪费并确保交易的确定性；④保护自身利益和责任限制，避免不必要的和无法补偿的支出；⑤在交易中尽量不做或少做承诺。

（2）买方可以采取的策略：①交易的排他性，不希望卖方与多个意向买方进行谈判，至少在一定时期内（如90天）不接触其他意向买方；②进行广泛深入的尽职调查，充分观察各利益相关方的反应；③在买方和卖方之间合理分摊融资费用和尽职调查费用以及其他相关费用；④如果卖方单方面终止交易（一般是卖方与出价更高的另一买方达成交易），要求卖方承诺给予“分手费”和相应补偿；⑤对交易文件的延缓谈判，赢得更多的谈判时间；⑥要求卖方提供充足的保证，从而使买方得以据此调整其出价或及时退出交易；⑦对交易对价支付时点进行策略安排：避免将全部款项一次性全部付给卖方，以保证卖方在违反陈述保证、补偿条款时能够承担赔偿责任。

418. 企业跨境并购的主要流程是什么？

企业跨境并购是一个复杂的过程，涉及多个阶段和步骤，通常包括：收购战略定位→进行目标公司筛选及评估→收购准备→签署保密协议、意向书等前期文件→尽职调查→报价→谈判→签署交易协议→进行交割前准备并履行必要的前置程序（包括取得监管审批和第三方同意）→交割。

每个跨境并购案例都有其独特性，因此具体的流程和步骤可能会有所不同。此外，跨境并购还可能受到政治、经济和文化等因素的影响，需要灵活应对各种挑战。

419. 中国企业通过双边谈判参与境外标的竞购的流程是怎样的？

（1）初步磋商阶段。在项目初期，买卖双方通常需要一段时间的磋商来拟定交易标的范围、交易价格、项目时间表等商业安排。在磋商期间，如果涉及保密信息的披露和提供，卖方应在提供该等保密信息前与买方签署一份保密协议，以防止保密信息的泄露。有些项目买方较为强势，买方还可能要求卖方与其签署一份排他协议。在双方就项目的商业安排达成初步共识后，通过一份意向书或者条款清单将双方同意的条款以书面的形式固定下来，有利于避免后续争议的发生。

（2）尽职调查阶段。在双方就交易基本框架达成合意之后，双方聘请的外部顾问团队便会正式启动尽职调查以及交易文件的起草和谈判工作。因为尽职调查的过程耗时较长，且会一直持续进行直至签约甚至交割时，所以尽职调查经常会与交易文件的准备和谈判同时开展。在双边谈判的交易流程中，尽职调查通常是由买方主导的。根据并购项目的复杂程度以及买方对并购项目的了解程度不同，买方可能会从法律、财务、技术和业务等多个方面对交易标的开展尽职调查。

（3）交易文件的谈判和签署。在尽职调查的同时，交易各方会起草交易文件并对其进行修改和谈判。交易各方会在并购协议中对交易价格、支付方式、陈述与保证、承诺事项等核心商业条款进行详细的约定，而交易中涉及的其他商业安排会体现在并购协议的附属协议中。

（4）交割前的过渡期。因为跨境并购交易涉及的政府审批、第三方同意、融资安排、交易方内部审批等问题，在签约后一定时间内才能陆续得到解决，所以交易文件的签署与交易的交割通常不会发生在同一天。在交易文件签署后到交易真正交割之间的过渡期内，卖方依然是目标资产的所有人，而各方应努力达成协议约定的各项交割前提条件，共同推动交易的顺利交割。

（5）交割。在并购协议约定的各项交割前提条件得到满足后，交割就会正式发生。通常情况下，买方应在交割时向卖方支付交易对价，同时卖方将交易标的所有权转移给买方。各方应向对方交付一系列的交割交付物，以实现和证明交割价款的支付以及所有权的转移。随着交易标的权属的转移，交割意味着交易标的风险正式由卖方转移给了买方，相关的账务处理也应以交割日为界限在买卖双方之间进行分割。

（6）交割后。交割之后，买方会正式接管交易标的物并着手整合目标公司或资产的业务运营和管理。尽管在交割时交易标的的控制权以及运营风险已经转移给了买方，但交割并不代表着交易进程的完全结束。如果交易文件中约定有相关交割后承诺事项，则卖方需要按照约定配合和帮助买方运营和整合资产，例如协助买方申请必要的运营牌照、完成未能在交割前完成的登记事项等。另外，许多跨境交易中会设计交割后账目调整、或有对价等价格调整机制。因此，在交割后，买卖双方需要根据并购标的的实际运营情况以及会计账目的变动情况对原先已支付的交易价款进行调整。

420. 中国企业通过竞标参与境外标的竞购的流程是怎样的？

与双边谈判流程相比，竞标流程通常是由卖方主导的。在竞标流程中，卖方会在前期做好初步准备后再邀请潜在买方进行报价。采用竞标流程的卖方大多会在经过至少两轮竞标后选定1～2家买方开展进一步的双边谈判。

（1）卖方的前期准备和材料分发。在前期准备的过程中，卖方通常会聘请财务顾问负责准备竞标项目的相关材料以及协助搜寻、接洽和评估潜在的买方。在部分竞标项目中，除了竞标材料的准备以外，卖方还需要聘请法律顾问和财务顾问针对拟出售公司分别开展法律尽职调查和财务尽职调查，并准备相应的卖方尽职调查报告、财务模型等信息供潜在的买方参考。

在正式竞标流程开始前，卖方顾问会向数个其认为合适的潜在买家发出项目简介。在潜在买家表示了初步兴趣后，卖方顾问会要求该等买家与其签署保密协议，以确保后续交易信息不被随意泄露。在签署了保密协议后，卖方顾问会披露目标公司和卖方的真实身份信息，并向买家发送竞标流程函和信息备忘录，并要求买家在一定时间内提供非约束力的报价。

（2）第一阶段——非约束力报价。第一阶段的非约束力报价有可能是一轮或几轮。流程函通常会要求买家在一定时间节点前提交第一轮非约束性报价函，并且要求投标人在报价函中包含投标人身份、估值和估值的方法与依据、对价支付方式、资金来源等内容。

在卖方接收到第一轮的非约束性报价后，卖方与财务顾问会评估收到的报价。卖家会通过这些非约束性报价来评估拟出售资产的受追捧程度和大概的估值范围，并决定后续流程。

（3）第二阶段——约束力报价。在卖方评估完第一阶段收集的非约束性报价函之后，会邀请少数的投标者进入第二阶段。在这个阶段，卖方通常会提供关于目标资产的更多信息，包括管理层演示或访谈的安排、开放尽职调查的数据库、安排现场考察和尽调、交易文件的草稿等，部分交易中还会在此时提供卖方准备的尽职调查报告和卖方财务顾问准备的财务模型，以帮助投标者缩短其尽调时间和提供更优的报价。

第二阶段的竞标流程函会要求买家在数个星期内完成其尽调流程。在这一阶段结束时，买方将需要提供有约束力的报价函，并附带对交易文件的修改意见（或重要问题清单）。卖家在评估完收到的约束性报价函后，一般会选择一家或少数的几家企业进行最后的谈判，尤其是对价格和交易文件的谈判。

（4）双边谈判以及签署和交割。经过评估和挑选，卖方会从最后一轮的报价中选定 1 ~ 2 家买方继续进行谈判，后续的流程与上文介绍的双边谈判交易流程并无实质性的差别。

421. 制定投资并购战略时应当关注哪些要点？

制定跨境并购战略是一个多维度的综合过程，需从战略目标、目标选择、风险评估、交易设计、法律合规、财务税务、整合计划等方面进行全面考量。跨境并购中，制定投资并购战略时需要关注以下关键要点，以确保成功交易，实现战略目标。

（1）战略匹配性。①并购目标与企业战略一致性。确保并购是为了支持企业的整体发展战略，例如全球化布局、获取技术、拓展市场或优化供应链。②产业协同效应。评估并购是否能够增强企业的核心竞争力，例如通过并购整合资源、共享渠道或提升运营效率。

（2）并购目标选择。从目标企业的竞争地位、财务状况、运营能力、文化契合度等多方面选择具有价值的并购标的。

（3）风险评估。①关注政策与法律风险，包括目标国对外资的政策态度，例如是否存在投资限制或强制技术转让要求；以及中国境内的相关法规要求，如发展改革委、商务部和外汇管理局的审批要求。②关注市场和行业风险，关注目标行业的市场周期、增长潜力及竞争格局是否支持长期收益。③财务与汇率风险。由于跨境交易涉及多币种支付，需评估汇率波动可能带来的风险。④关注并购后的整合风险和挑战，例如文化冲突、人员流失或客户流失。

（4）交易结构设计。①根据与交易对方的合作计划，确定适合的交易方式（股权收购、资产收购、合资企业或并购融资）。②留意相应的融资安排。跨境并购通常涉及的交易金额较大，应根据公司可适用的情况选择最优的资金来源（自有资金、银行贷款、股权融资或债券发行），确保交易的资金流动性和税务效率。

（5）法律与合规。境内企业境外投资需要符合发展改革委的境外投资备案/核准要求、商务部要求的对外投资备案、国家外汇管理局的资金出境审批等程序。跨境并购还应符合目标国合规要求，包括是否需要通过国家安全审查（如美国 CFIUS、欧盟 FIRB 等），行业许可的具体要求，特别是涉及能源、科技或金融领域时。另外，跨境并购通常为产业并购，还应满足各适用地区关于反垄断审查的要求。

（6）财务与税务。一方面，采用合理的估值方法（如收益法、市场法或资产法）对目标企业进行评估，使跨境并购“物有所值”。另一方面，通过设计高效的税务交易结构，避免重复纳税，并充分利用目标国和我国的税收优惠政策，减少税收成本。

（7）并购后整合计划。跨境并购另一个重要的考验，在于并购后的整合。①制订详细的整合计划，包括资源整合、文化融合和管理团队的重组。②确保并购后能够快速建立高效的治理架构，明确双方的责任与权利。③确保目标企业的核心人员（如技术团队、管理高层）在并购后能够继续服务。

（8）时间与成本管理。跨境交易涉及各类审批及资金安排，通常需要比较长的时间，应在制订并购计划时明确的交易时间表，确定各环节的时间节点，包括尽职调查、签约、审批和交割，避免延误交易进程。此外，成本控制也是重要环节。预测并购过程中可能产生各类费用（中介费、税费、整合成本等），应确保预算合理。

422. 跨境并购需要引入哪些中介机构，是如何分工的?

跨境并购通常需要多个中介机构共同协作，具体引入哪些中介取决于交易的规模、复杂性和目标行业。引入专业中介不仅能提高交易成功率，还能有效降低并购风险。

（1）财务顾问作为并购主导者，设计整体交易方案，包括交易架构、估值与商业谈判、融资安排。

（2）律师事务所确保法律合规，包括法律尽职调查、合同起草与谈判、合规审查与审批协助，为买卖双方降低潜在的法律风险。

（3）会计师事务所保障财务真实性，包括财务尽职调查、税务筹划与评估、财务模型支持，确保目标企业的财务数据真实可靠，为买方能做出正确决策，提供充分的参考信息。

（4）税务顾问优化交易结构，降低税负。包括税务尽职调查、跨境税务筹划。

（5）资产评估机构对资产估值的独立分析。独立评估为双方谈判提供客观依据，确保交易价格合理。上市公司并购，通常以目标公司的评估价值为基准进行协商谈判。

（6）行业顾问提供行业独立分析。为买方提供行业内部视角，帮助评估目标企业的长期竞争力和协同性。

（7）跨境并购专门服务机构，提供文化与管理整合支持及并购后整合计划，提升跨境交易的文化契合度，避免因文化冲突而导致的整合失败。

（8）与监管相关的中介及代理机构协助完成政府审批。包括监管政策分析，研究目标国的外资政策、审批流程和潜在限制；以及监管沟通与申报支持，协助办理目标国和我国国内的审批，如反垄断审查、商务部备案、发展改革委核准、外汇登记等。

423. 签约后存在的风险及应对措施有哪些？

在跨境并购中，签约后到交割的时间通常比较长，在交割完成之前的阶段仍然存在诸多风险。这些风险可能影响交易的顺利进行甚至导致交易失败。签约后的主要风险及应对措施如下：

（1）监管审批风险。

①主要风险：a. 目标国审批：某些国家对外资并购设置严格限制，如反垄断审查、外资安全审查（美国 CFIUS）。b. 中国国内审批：并购涉及资金外汇汇出、发展改革委和商务部的核准或备案，若未能通过可能导致交易终止。c. 目标行业限制：目标行业若涉及敏感领域（如能源、通信、高科技），可能面临额外审查。

②应对措施：a. 在签约前与相关监管机构沟通，了解审批要求和潜在问题。b. 聘请专业中介机构（如律师事务所、监管咨询机构）协助准备合规性文件。c. 在合同中设置先决条件条款（Conditions Precedent），确保只有在通过所有审批后交易才可交割。d. 如果目标国审批流程时间较长，可设计分阶段支付条款，降低资金风险。

（2）目标企业的经营变化风险。

①风险表现：a. 在签约到交割期间，目标企业的财务状况、市场环境或经营表现可能发生重大变化（如客户流失、业绩下滑）。b.

目标企业可能隐瞒关键信息，导致交割后发现问题。

②应对措施：a. 交割前审查。在合同中约定交割前审查权利（Closing Audit），对目标企业的经营状况进行持续监控。b. 要求卖方在交割前保持业务运营的一致性（Covenants of Conduct）。c. 价格调整机制：在合同中设置对价调整条款（Purchase Price Adjustment），根据交割前的实际经营状况调整最终价格。d. 业绩保护条款。引入盈利目标条款（Earn – Out），根据目标企业未来业绩支付部分对价。要求卖方提供经营担保或设立托管账户（Escrow Account）以保护买方利益。

（3）整合失败风险。

①风险表现：a. 签约后未能顺利整合目标企业，可能导致文化冲突、关键人员流失或客户流失，影响并购预期收益。b. 如果目标企业的运营系统、客户网络或技术与并购方不兼容，可能增加整合难度。

②应对措施：a. 提前制订整合计划，针对业务、管理、文化等层面设定明确的整合目标和步骤。b. 在整合初期明确双方管理层的分工，避免权责不清。c. 保留关键人员：制定激励机制，如员工股权计划或奖金，以防止核心人员流失。d. 关注文化融合，避免管理风格冲突。e. 客户和业务保护，保持目标企业的客户稳定，通过合同条款确保交割后关键业务关系不受影响。

（4）合同违约风险。

①风险表现：a. 卖方违约。卖方可能在交割前与其他潜在买家接触，试图重新谈判价格或条件。b. 买方违约。买方因融资失败或其他原因未能如期完成交割。c. 未履行义务。卖方未能按照合同规定交付完整资产或清偿债务。

②应对措施：a. 违约赔偿条款。在合同中明确约定违约赔偿标准，如买方或卖方未履行义务需支付违约金。b. 定金条款。通过设置不可退还的定金约束双方的行为。c. 仲裁条款。明确交易纠纷的解决机制（如国际仲裁），避免长时间法律诉讼。

（5）政治与政策风险。

①风险表现：a. 目标国的政策变化可能对外资并购造成直接影响，如提高外资准入门槛、加税或实施额外审批程序。b. 地缘政治

紧张关系可能影响交易的审批或融资安排。

②应对措施：a. 在合同中引入不可抗力条款，涵盖地缘政治风险和政策变化。b. 将可以预见的潜在政治风险作为重大不利影响（MAE），约定如发生可以解除协议。c. 对目标国进行深入的政治和经济环境研究，评估未来政策变化的可能性。将交易分为多个阶段，减少单一阶段内的政治风险暴露。

（6）法律与合规风险。

①风险表现：a. 目标国或我国的法律环境可能在交割期间发生变化，如新出台的外资限制或税务规定。b. 目标企业可能存在未披露的合规问题，如知识产权纠纷或环境违规。

②应对措施：a. 在合同中设置法律合规保证条款，要求卖方对所有法律问题承担责任。b. 聘请专业的法律顾问对目标企业的合规性进行持续审查。c. 交割前要求卖方提供法律担保或设立补偿机制。

424. 上市公司进行跨境并购可能会涉及哪些监管审批程序？

（1）上市公司信息披露及审批程序。根据交易的节奏实时进行信息披露，根据交易规模履行内部审议程序，如涉及发行股份的还须履行上市公司发行股份相关审核流程。

（2）境内企业境外投资，包括发展改革委备案/核准、商务部备案、外汇审批。

（3）反垄断审查。

（4）若买方是国有上市公司，需经国资委审批，确保国有资产不流失。

（5）目标国的外资安全审查、反垄断审查和行业许可审批。企业应提前规划审批流程，确保合规，并通过专业机构的协助降低交易失败的可能性。

425. 在确认收购标的后、达成收购意向前，可以开展哪些工作？

在跨境并购中，确认收购标的后、达成收购意向前的阶段是交易的准备和初步评估阶段。此阶段的主要目的是通过尽职调查和初步谈判，降低潜在风险，为签署投资意向书或非约束性报价函（如有）以及正式收购协议的签署打下基础。以下是可开展的关键工作：

（1）初步尽职调查。评估标的企业的基本状况，包括财务、法律、税务、运营、市场等方面，判断是否符合并购方的预期目标。基于尽职调查结果，判断标的企业是否符合并购方的投资标准，并确定谈判策略。

（2）初步估值分析。通过多种估值方法，对标的企业的价值进行初步评估，确定合理的交易价格区间。确定初步报价范围，为后续的谈判和投资意向书的准备提供依据。

（3）签署保密协议。确保标的企业提供的关键资料仅用于并购相关工作，防止信息泄露或被滥用。

（4）制定并购策略。确定并购交易的具体方式和关键步骤。形成并购操作方案，明确交易的重点和风险控制措施。

426. 投资意向书或非约束性报价函是什么，有什么作用？

投资意向书（LOI）和非约束性报价函（NBO）是跨境并购的重要初期文件，主要用于表达买方对目标企业的并购意向、框定交易范围、保障尽职调查的顺利开展，并为后续谈判奠定基础。投资意向书或非约束性报价函是在买方完成初步尽职调查之后、进入深度谈判或正式签署协议之前的关键文件。尽管它们通常不具有约束力，但通过合理设计条款（如保密、排他性条款），可以有效保护双方利益，促进交易的成功推进。

投资意向书（LOI）：是买方向卖方或目标企业发出的文件，用于表明对目标企业的收购意图，概述交易的核心条款，有一些条款（如保密、排他期等）对双方都具有法律约束力。

非约束性报价函（NBO）：是更简洁的文档，主要列出买方对目标企业的初步报价范围和交易方式，同时表明文件的非约束性质，通常对双方不具有法律约束力。

427. 跨境并购中是否要设置排他期，有什么利弊？

跨境并购中设置排他期是一个常见的做法，主要用于保护买方在一定期限内的谈判权益。排他期通常约定在投资意向书（LOI）或并购协议中，明确卖方在该期间不得与其他潜在买家进行谈判或签署协议。在并购中，买方通常需要投入大量资源进行尽职调查和谈判。排他期可以确保这些努力不因卖方与其他买家接触而被浪费。

设置排他期是否必要，取决于交易的复杂性、买卖双方的谈判实力，以及对交易稳定性的需求。

设立排他期，买卖双方可以在排他期内集中精力完善交易细节，而无须担心其他潜在买家介入导致交易复杂化。排他期有助于为交易设定时间限制，督促买卖双方在约定期限内完成谈判和尽职调查。尽管如此，如果卖方故意利用排他期获得更多时间优化企业价值，买方可能在排他期结束后仍面临竞争。即使排他期结束后交易未达成，买方也可能无法从已投入的时间、精力和资源中获得回报。

如果卖方希望通过多方竞标获取更优报价，或者买方的意图尚不明确，排他期可能限制卖方的灵活性。

实操中，通过设立合理的排他期安排，可以更有利于交易的达成及风险的规避：

（1）排他期的时间长度通常为30天至6个月，具体时长取决于交易复杂性和尽职调查的需求。短期排他期（30～60天）适合交易规模较小或已完成初步尽职调查的项目。长期排他期（3～6个月）适合复杂的跨境并购，特别是涉及多国审批或重大资产的交易。

（2）条款的灵活性。有限排他卖方可以接触其他买家，但不得签署协议。这种方式适合卖方希望保留选择权的情况。全面排他则约定卖方在排他期内不得与其他买家接触，适用于买方具有较大优势或交易高度复杂的情况。

（3）违约补偿机制。约定若卖方违反排他条款，需支付违约金，以保障买方的利益。

（4）结合先决条件。在排他期内，卖方需协助买方完成尽职调查并配合谈判，确保买方对交易的兴趣不会因信息不足而降低。

428. 因买方违约或融资失败而未能完成交割时卖方通常可获得的救济措施有哪些？

通过合理设计合同条款，因买方违约或融资失败而未能完成交割时，卖方在并购交易中的救济权利和义务可以得到有效保障，从而减少潜在纠纷和损失。通常包括以下条款：

（1）合同约定的违约金。在交易协议中明确规定买方因违约需支付的违约金或赔偿金额。卖方可直接依据合同约定向买方索要违约金，无须证明实际损失，简化赔偿程序，快速获得救济。

（2）没收定金。如果买方已支付定金，并且合同明确约定“定金不退还”，卖方可直接没收该定金。预先设立的定金条款可为卖方提供部分经济保障。

（3）要求实际履行。卖方可以要求买方履行合同，特别是在合同中明确规定实际履行义务的情况下。但如果买方因融资失败无力完成支付，实际履行可能难以实现。

（4）赔偿实际损失。如果买方违约导致卖方遭受直接或间接损失，卖方可主张赔偿实际损失。通常需要明确写出具体内容，以便在争议解决中全部损失主张得到支持，包括但不限于交易成本（如律师费、尽职调查费用）、因交易失败而产生的市场机会成本，以及标的企业贬值的损失。

（5）合同解除。若买方严重违约或融资失败，卖方可依据合同条款选择解除协议。解除合同后，卖方有权重新寻找买家。卖方仍可保留追偿权（如违约金或损害赔偿）。

429. 完成交割后，买方可能寻求的救济有哪些？

（1）违约赔偿。交割后发现卖方未履行合同中披露义务，或存在隐瞒事实的情况。未披露的债务（如税务罚款、诉讼）、资产或财务数据与合同中披露内容不符。在交易协议中通常会约定一定的“保证与陈述”条款，并附加违约赔偿条款。

（2）价格调整。交割后发现目标企业的实际财务状况（如盈利能力、资产负债）与交割时的估值依据不符。要求卖方退还部分交易金额。若已约定“盈利目标条款”（Earn - Out Clause），买方可通过调整未支付部分的对价来平衡损失。

（3）保留金/托管账户赔偿交易协议中设立托管账户以防止交割后发生争议。如果交割后发现卖方存在违约行为，买方可直接从托管账户中扣除赔偿金额。可以简化争议解决流程，减少诉讼成本。

（4）要求解除合同。如果卖方的隐瞒行为或重大虚假陈述导致交易目的无法实现，买方可申请解除合同。双方需恢复原状（如返还已支付的交易金额）。

430. 跨境并购交易可能涉及的监管审批有哪些？

跨境并购交易涉及多国法律体系，可能需要在我国境内和目标企业所在国家分别完成一系列监管审批。这些审批通常围绕投资合规性、资金流动、市场竞争和行业特殊要求展开。

跨境并购交易可能涉及的监管审批包括以下四个层面。

（1）我国国内审批：发展改革委、商务部、外汇管理局、反垄断审查、上市公司信息披露及股票发行审核等。

（2）目标国审批：外资安全审查、反垄断审查、行业许可审批（常见于金融服务、能源行业、高科技行业）等。

（3）国际合规：涉及税务筹划、国际反腐法规。

（4）特殊审批：环境评估（如化工、能源）、劳工关系。

买方企业需结合交易规模、行业特点和目标国家的具体要求，提前规划审批流程，并借助专业中介机构（如律师事务所、税务顾问）确保合规操作，以降低交易风险和审批延误的可能性。

431. 境内企业在对境外投资的过程中需取得哪些政府主管部门的核准？

（1）需要发展改革委负责核准或备案。项目分为需要国家发展改革委核准和向发展改革委备案两类。投资敏感类项目需要国家发展改革委核准，其他项目需要向发展改革委备案。对于需要备案的项目，根据投资金额和管理权限不同，分为向国家发展改革委备案或向省级发展改革委备案。

国家发展改革委对投资主体直接或通过其控制的境外企业开展的敏感类项目投资实施核准，所称敏感类项目包括两项。①涉及敏感国家和地区的项目：与我国未建交的国家和地区；发生战争、内乱的国家和地区；根据我国缔结或参加的国际条约、协定等，需要限制企业对其投资的国家和地区；其他敏感国家和地区。②涉及敏感行业的项目：武器装备的研制生产维修；跨境水资源开发利用；新闻传媒；根据我国法律法规和有关调控政策，需要限制企业境外投资的行业。敏感行业目录由国家发展改革委发布。

实行备案管理的项目中，投资主体是中央管理企业（含中央管理金融企业、国务院或国务院所属机构直接管理的企业）的，备案机关是国家发展改革委；投资主体是地方企业，且中方投资额为3亿美元及以上的，备案机关是国家发展改革委；投资主体是地方企业，且中方投资额为3亿美元以下的，备案机关是投资主体注册地的省级政府发展改革部门。

（2）需要商务部门核准或备案。根据《境外投资管理办法》（商务部令2014年第3号），商务部和省级商务主管部门按照企业境外投资的不同情形，分别实行备案和核准管理。企业境外投资涉及敏感国家和地区、敏感行业的，实行核准管理。企业其他情形的境外投资，实行备案管理。

实行核准管理的国家是指与我国未建交的国家、受联合国制裁的国家。必要时，商务部可另行公布其他实行核准管理的国家和地区的名单。实行核准管理的行业是指涉及出口我国限制出口的产品和技术的行业、影响一国（地区）以上利益的行业。

对属于备案情形的境外投资，中央企业报商务部备案；地方企业报所在地省级商务主管部门备案。

两个以上企业共同开展境外投资的，应当由相对大股东在征求其他投资方书面同意后办理备案或申请核准。如果各方持股比例相等，应当协商后由一方办理备案或申请核准。如投资方不属同一行政区域，负责办理备案或核准的商务部或省级商务主管部门应当将备案或核准结果告知其他投资方所在地商务主管部门。

（3）需要外汇管理部门核准或备案。根据《国家外汇管理局关于进一步简化和改进直接投资外汇管理政策的通知》（汇发〔2015〕13号），取消境内直接投资项下外汇登记核准和境外直接投资项下外汇登记核准两项行政审批事项，改由银行直接审核办理境内直接投资项下外汇登记和境外直接投资项下外汇登记，国家外汇管理局及其分支机构通过银行对直接投资外汇登记实施间接监管。

根据《资本项目外汇业务指引（2024 年版）》，境内机构境外直接投资外汇登记所需审核材料如下：①书面申请，并附《境外直接投资外汇登记业务申请表》；②营业执照或注册登记证明（多个境内机构共同实施一项境外直接投资的，应提交各境内机构的营业执照或注册登记证明）；③该笔境外投资相关主管部门对境外投资事项的批准、备案文件或无异议材料等；④境外投资资金来源证明、资金使用计划、企业有关权力机构关于境外投资相关决议等真实性证明材料。

（4）需要国资部门核准或备案。境内公司为国有企业，则需要遵守中央国有企业或地方国有企业关于境外投资的规定。根据《中央企业境外国有资产监督管理暂行办法》，中央企业及其重要子企业收购、兼并境外上市公司以及重大境外出资行为应当依照法定程序报国资委备案或者核准。

432. 跨境并购交易中，一般交割先决条件有哪些？交割流程是怎样的？

常见的交割先决条件包括监管审批、陈述与保证的重述、承诺的履行、不存在重大不利变化、第三方的同意、股东会的批准及其他一些惯常的交割条件；个别项目可能因项目情况存在一些特别的交割条件。具体如下：

（1）监管审批。常见的相关条件包括基于反垄断申报获批或通过（如美国 HSR 申报的等待期已过）、不存在阻止交易或宣布交易非法的政府命令及已获得协议相关条款规定的所有政府机构同意或批准（如适用）。

（2）陈述与保证的重述。陈述与保证的重述是市场惯例，其要求陈述与保证在签约日和在交割日均为真实、准确的，或如存在重大性限制时，在交割日在重大方面均为真实、准确的。如果存在重大性限制，买方通常将特定陈述与保证定义为基础性陈述与保证，规定该等基础性陈述与保证不受重大性限制，如组织、授权、股本等。

通常来说，陈述与保证的重述会受到重大性的限制，此时交易的买方应当注意双重重大性的情形并予以避免。举例而言，卖方的陈述和保证之一是“公司不存在重大诉讼”。如果交割先决条件要求陈述与保证于交割时在所有重大方面为真实、准确的，而由于前述陈述与保证本身已经包含了重大性的限制，则可能出现“不存在重大诉讼的陈述和保证在重大方面为真实准确”，即存在双重的重大性限制。为避免以上双重的重大性限制，常见的处理方式是不考虑陈述与保证中的重大性限制，即所谓的重大性擦除。重大性擦除是一个偏向买方的条款，在近些年越来越为市场所接受。除在交割条件中出现外，重大性擦除还经常在赔偿条款中见到，这时需要注意重大性擦除是仅针对违约，还是仅针对损失计算，或是两者均针对。

（3）承诺的履行。承诺的履行亦为市场惯例，在一方未能履行或遵守协议的关于交割前义务的约定或承诺时，另一方有权进行豁免或拒绝交割。本条交割条件同样可能受到重大性的限制，如上所述，买方同样需要避免双重重大性适用的情形。

（4）无重大不利变化。无重大不利变化是否作为交割条件时常是买卖双方谈判的重点之一。值得注意的是，除作为一个单独的交割前提条件，其目的也可以通过陈述与保证的重述来实现——因为在发生了重大不利变化后，陈述与保证中惯常的“自资产负债表日起无重大不利变化”的声明，通常也无法为真实、准确的。

（5）第三方同意。获取第三方同意时常会成为交割先决条件之一。由于卖方通常需要陈述并保证交易的完成无须任何第三方同意，卖方因此将在披露函中列出例外的所有第三方同意以避免违反该陈述与保证。在上述情形下，交割先决条件包含获取具有重要性第三方同意，从而成为买方应当坚持的条件，比如取得目标公司实际经营场所房东的同意等。

（6）股东会的批准和评估权。在目标公司是上市公司的情形下，取得目标公司股东会的批准通常是交割的前提。另外，在有些上市公司的交易中会见到以特定比例的股东没有或者不行使评估权作为交割条件。

（7）其他条件。除去以上所述的常见的主要交割条件外，买方也会要求加入一些惯常的交割条件，比如特定董事和高管的辞职书、交割证书、目标公司信誉良好证书及董事会或股东会决议的交付等。

（8）特别的交割条件。在买方具有强势谈判地位的个别交易中，有时会遇到一些不常见的交割条件，比如令买方满意的尽调结果、买方成功完成融资、目标公司需达成特定财务指标、特定的高管或者一定比例的核心员工的留任等。

在交割先决条件满足后，交易各方将进行交割，一般步骤包括准备并确认交割清单、履行交割事项及定稿交割交付文件（如交割证明、资金流转备忘录等）、托管签字页、举行交割会议、释放签字页并交付无须签字的其他交付文件及进行打款（参照资金流转备忘录）。

433. 跨境并购中的争议解决条款如何约定？

跨境并购涉及多个法域的主体，涉及多国法律，如果交易协议中没有明确和适当的争议解决条款，在发生争议时如何解决争议会存在很大的不确定性，并将影响交易各方的实体权益。因此明确和适当的争议解决条款对于管理交易各方的预期，保护客户的利益至关重要。争议解决条款的核心要素包括管辖法律、争议解决的方式（诉讼、仲裁或调解等）、争议解决的地点等。

如果当事人希望通过诉讼解决争议，首先交易双方需要确定是否存在直接适用/强制适用的法律，法律的直接适用/强制适用指某国法律规定某性质的争议必须由该国法律管辖，并排除当事人通过协议违背该等强制性规定。如果没有直接或强制适用的法律，交易律师应该判断最有可能发生的争议类型，并优先选择本方最为熟悉、具有最强专业知识和技能的法律。在跨境并购交易中，卖方（尤其是欧美国家的卖方）经常处于强势地位，通常由卖方提供交易协议的初稿，并选择卖方所在地或者对其有利的管辖法律和争议解决方式。作为买方，可力争选择己方较为熟悉的或者对己方有利的管辖法律和争议解决方式，次之则可选择法制较为发达健全、公信力较高、法律从业者较为熟悉的法律。通常而言，选择适用的法律需要与交易方或交易存在合理的关联。

与选择管辖法律紧密相关，交易方通常会同时选择管辖法院。需要注意的是，选择管辖法律和选择管辖法院是两件并列的事情。如果只选择了管辖法律，而没有选择管辖法院，由哪个国家的哪个法院管辖可能会出现很大的不确定性，并导致诉讼的成本激增。管辖法律和管辖法院经常是一致的，比如选择纽约州法律作为管辖法律并选择纽约州法院作为管辖法院，但如果便利于交易，交易方可以选择管辖法律法域以外的法院作为管辖法院。

法院诉讼是传统的争议解决方式，在跨境并购交易中，其他争议解决方式也较为常见，尤其是国际仲裁，并有越来越普遍的趋势。常见的其他争议解决方式包括协商、调解、仲裁、专家判定等。

434. 跨境并购中的价格调整机制是什么？

在跨境并购中，以上市公司为目标的交易多采用固定价格交易，因为作为卖方的股东众多，实践中进行价格调整的操作难度很大。在以非上市公司为目标的交易中，买卖双方通常会约定一个价格调整机制，以使交易价格更准确地反映目标公司的价值。常见的价格调整机制有两种，即：

（1）在美国市场上普遍使用的交割账目机制。

（2）在欧洲市场上更受欢迎的锁箱机制。通常而言交割账目机制更受买方欢迎，锁箱机制更受卖方欢迎。

交割账目机制的核心在于在交易交割时根据目标公司实际的资产和负债水平来确定最终的购买价格。具体来说，交割账目机制常见的价格调整公式是：交易价值（股权价值）=基础交易价格（企业价值）+现金－负债+（交割时营运资本－目标营运资本）－交易费用。这种机制的优势在于能够更准确地反映目标公司在交割时的实际价值，买方可以按照实际的资产和负债情况支付最终购买价格，增强了交易的公平性和准确性。同时，由于买方在交割后控制了目标公司，对于资产和负债情况的审阅以及最终购买价格的调整具有主动权。不过，这种机制也较为复杂，可能会增加交易的谈判时间和争议的可能性，且最终购买价格的确定可能需要等待数月时间，这期间卖方可能无法对目标公司的出售收益进行分配。

锁箱机制的核心在于，买卖双方在交易文件签署日前的某个时间点，即“锁箱日”，确定目标资产的交易价格；从这个日期开始，目标公司的风险和经济权益转移给买方，而交易价格在签署日至交割日之间原则上不再发生变化，除非有特别约定的价值漏损或利息调整。在绝大多数交易中，卖方需承诺在锁箱日至交割日之间（经常定义为“锁箱期”）没有发生价值损漏情形，否则买方可就价值损漏的部分相应减少需支付的购买价格。但通常来说，考虑到并非所有在目标公司和卖方之间的价值转移都是不合理的，因此双方会约定一些例外情形（经常定义为“可允许的价值损漏”）。

435. 跨境并购交易中的托管或预留安排是什么？

在跨境并购中，交易双方通常约定将交易对价中的一部分资金存入第三方托管账户，以保证交割后价格调整金额的支付，或者可能发生的赔偿责任的支付。

并购交易中的买方如果对卖方交割后义务（包括可能的价格调整和索赔）的履行能力存在顾虑，或者存在多个卖方如果逐一追索较为困难或烦琐，或是买方希望简化交割后获得相关款项的程序，那么买方通常会要求在交割时保留部分购买价格用于日后支付。同样，如果卖方对买方支付相关金额的能力存在顾虑（例如盈利能力支付或延期支付购买价格等），托管也可以用于保证买方义务的履行，不过用于保证卖方义务履行的托管更为常见。另外，在上市公司作为并购标的的交易中，因股东人数众多，通常不存在保证交割后卖方义务履行的托管安排（换言之，上市公司交易通常不存在价格调整或者交割后的赔偿安排）。

436. 境内企业常用的跨境并购交易架构有哪些？

中国境内企业在进行跨境并购时，通常会根据交易需求和监管环境设计合适的交易架构，以实现交易目标并降低合规和税务风险。以下是常见的跨境并购交易架构。

（1）直接收购：由中国境内企业直接以现金或股权购买境外标的企业的股份或资产。通常适用于标的企业规模较小或交易结构较为简单，买方可以直接控制标的企业。此模式涉及较多的外汇管理、税务和法律合规问题。

（2）离岸控股公司架构：在境外设立特殊目的公司（SPV），由SPV收购境外标的企业。此架构常用于融资需求较大的交易中，可以通过SPV进行融资；在税务筹划方面也有一定灵活性，可通过设置多层架构进行税务筹划。但境外架构搭建成本较高，且可能面临多层税务征收风险，通常由税务顾问参与规划。

（3）境外联合投资（财团联合体交易）：通过与境外机构（如私募基金、其他企业等）合作，联合成立并购主体或直接收购标的企业。适用目标资产价值较大，买方资金压力较大情况。优点是可以借助境外投资者的资源与经验，分担投资风险，利用合作方的资源和经验；缺点是投资决策权可能受影响，以及需要关注外汇和税务合规问题。

（4）资产收购：直接购买标的企业的资产而非股权。适用于标的企业的债务较多或遗留问题复杂的情形。此架构在交易实施过程通常较复杂，可能需要与多个利益相关方协商。此外，还要关注资产转让涉及的增值税等税负。

（5）分步收购：先通过签订协议或购买小比例股权锁定交易权利，随后分阶段完成全额收购。适用于买方需要进一步考察标的企业运营情况的情形。此模式可以降低短期财务压力和交易风险；但与之对应，交易时间较长，可能引发更多变数。

437. 跨境并购中的财团联合体交易是什么？

财团联合体交易，又称俱乐部交易，是一种多家PE或战略买家共同收购目标公司控股权的交易。大型并购交易通常所需资金量大，单一买家有时难以完成，此时可能需要引入更多买家，组成财团联合体以完成交易。有时交易所需资金量并不大，但交易结构复杂，需要投入多种不同资源、技能，或者需要在交易完成后对目标公司的业务或资产进行拆分，此时也可能形成财团参与交易。

财团联合体交易曾经在大型交易中较为常见，但近年来有所减少，这与市场的周期变化相关，如并购融资市场的起伏。同时，财团联合体交易在近些年也受到了政府调查或者司法挑战，质疑参与者合谋压低交易价格，涉嫌违法。但根据市场研究机构的调研，财团联合体交易能够提高目标公司在收购后的运营表现以及退出价值，因此财团联合体交易仍然是市场中常见的交易结构。在涉及中概股私有化的交易中，我们经常会遇到财团协议，通常是目标公司的创始人与某些PE基金形成财团，对目标公司发起私有化交易。

438. 跨境并购交易中的陈述与保证保险是什么？

并购交易中各方都希望最大限度地降低自己承担的交易风险，买方希望卖方做出全面的陈述与保证并约定广泛的赔偿责任，最好还有预留款项或托管等保护机制；而卖方则希望仅针对所售业务做出有限的陈述和保证并设置较多的限定或更加广泛的披露函，以及最小化自己交割后需要承担的责任。陈述与保证保险的出现可以帮助买卖双方在一定程度上弥合风险分配的分歧，推动谈判和交易进行。

陈述与保证保险承保因卖方或其他陈述和保证的提供方（如目标公司、管理层等）违反交易协议项下向买方做出的陈述与保证而导致的损失。保险的实质是通过支付保费，将并购交易中陈述和保证的提供方可能违反陈述与保证的未知风险转移给保险公司。

根据被保险人是买方还是卖方，陈述与保证保险可以分为买方保单和卖方保单，二者的主要在索赔流程、承保范围、责任限额和保险期间方面存在区别。买方保单是并购交易中更为常见的形式，通常而言可以为买方提供更多保护，相对卖方保单而言，买卖双方同时受益。买方保单还可以降低道德风险，因为保险公司核保的依据是被保险人开展的尽职调查，而买方相比卖方更有可能开展客观、全面、详尽的尽职调查。

439. 境内企业海外并购项目在什么情况下会涉及反垄断审查？如涉及反垄断审查，其审查流程和程序是什么？

并购项目中涉及反垄断审查的情况各有不同，但是大多数司法辖区申报标准的设定原则是保持一致的，即：①是否构成经营者集中；②营业额/市场份额标准。有的司法辖区，例如中国、欧盟等依据营业额设定申报标准，这也是大多数司法辖区目前采用的方式，即参与集中的经营者上一会计年度在全球范围内或该司法辖区范围内的营业额数据；有的司法辖区设置交易金额、交易方资产额等多元指标判断是否达到申报标准；有的司法辖区要以市场份额作为是否申报或者鼓励申报的初步判断标准。企业在开展相关交易前，应当全面了解各相关司法辖区的申报要求，充分利用境外反垄断执法机构的事前商谈机制，评估申报义务并依法及时申报。另外，企业收购境外目标公司时，还应在尽职调查过程中注意目标公司是否涉及反垄断法律责任或者正在接受反垄断调查，评估该法律责任在收购后是否可能被附加至母公司或者买方。

不同司法辖区对经营者集中申报时点的规定也有所不同。大多数司法辖区要求达到申报标准的经营者集中必须在实施前向反垄断执法机构申报，否则不得实施，比如中国、美国和欧盟；有的司法辖区根据集中类型、企业规模和交易规模确定了不同的申报时点；有的司法辖区（例如新加坡）采取自愿申报制度；有的司法辖区要求企业不晚于集中实施后的一定期限内申报；有的司法辖区可以在一定情况下调查未达到申报标准的交易。对于采取强制事前申报的司法辖区，未依法申报或者未经批准实施的经营者集中，通常构成违法行为并可能产生严重的法律后果，比如罚款、暂停交易、恢复原状等；采取自愿申报或者事后申报的司法辖区，如交易对竞争产生不利影响，反垄断执法机构可以要求企业暂停交易、恢复原状、附加限制性条件等。

440. 通过设立特殊目的公司 SPV 进行海外并购应主要考虑什么？

（1）税务。通过设立 SPV 进行海外并购，可以享受 SPV 设立地的税收优惠政策，减少海外并购的税务成本。

（2）融资。企业进行海外并购融资时一般分为股权融资和债务融资。股权融资通常是由投资方认购并购方发行的股份或原股东的股份，然后由并购方将募得的资金通过股东贷款或股权出资的方式提供给为进行并购而设立的特殊目的公司，用于支付并购对价。债务融资则是由银行向并购方提供并购贷款，再由并购方将贷款资金通过股东贷款或股权出资的方式提供给 SPV，用于支付并购对价。SPV 的设立也为企业进行海外并购融资提供了便利。

（3）资产处置。设立 SPV 进行海外并购也便于并购方在并购完成后对并购资产进行处置。

（4）审批。设立 SPV 进行海外并购在某些场合可能可以简化境外收购相关的境内审批、备案流程，便于进行境外交易。

441. 境内企业跨境并购需要考虑东道国相关的哪些政府审查程序？

（1）国家安全审查。例如涉及美国的跨境并购需要考虑美国外国投资委员会（CFIUS）的审查。CFIUS 是一个由美国财政部牵头、多个联邦政府部门共同组成的联席办公机构，负责审查可能影响美国国家安全的外商投资和并购交易，即所谓的“受管辖的交易”。目前，受 CFIUS 管辖的交易主要可以分为三类，即：控制权交易、特定的非控制性投资交易和特定的房地产交易。英国的《国家安全和投资法》确立了英国首个国家安全与外商投资的独立审查制度，建立了包括强制申报、自愿申报、主动审查等较为全面的机制，同时确定了由英国商业、能源及工业策略部（BEIS）作为该法律的执行监管部门。

（2）反垄断审查。针对并购行为的反垄断审查是各国反垄断法律体系中的重要门类之一。在美国，这类反垄断审查通常被称为合并管制，类似于我国反垄断法中“经营者集中”的概念。美国法下的合并管制主要由美国联邦贸易委员会（FTC）和美国司法部反垄断局共同负责对相关并购交易进行事前审查和事后监管。一项并购交易是否需要进行反垄断申报应根据交易的规模和交易方的体量进行双重标准判断。

（3）特殊行业需考虑的政府审查程序。若目标公司所在行业属于有特殊准入条件的行业，在并购交易完成后，股东的变更可能会引起运营牌照的更换、外资持股比例的审查等问题。这些有特殊准入条件的行业通常由特定的政府机构专门管理，往往对经济和民生有重大影响，包括但不限于银行、保险、通信、能源、重大基础设施等。比如，美国能源行业的并购会受到联邦能源管理委员会（FERC）的监管，通信行业的并购则会受到联邦通信委员会（FCC）的监管，而保险行业的并购会受到相关各州的保险监管机构的监管等。因此，交易双方应尽早熟知目标企业运营所需要的资质和牌照、判断是否需要获得相关监管机构的批准才能完成交易，以及交易完成后该等资质是否可以保留或需要进行更新。

（4）涉及美国上市公司的监管要求。如果并购交易的标的企业为美国上市公司，外国买方需要注意严格遵守美国证券法和交易所的相关规则，包括但不限于完成要求的申报和披露、不得在持有目标公司重大非公开信息时进行证券交易等。同时，上市公司并购交易中常见的股东投票委托书以及注册声明等法律文件也需要经过美国证券交易委员会的认可和批准。

442. 境内企业跨境并购通常采用的融资手段有哪些?

（1）内保外贷：在跨境并购中较多使用，常见模式为境内银行向境外银行开立融资性保函或备用信用证，境外银行作为受益人向境内企业在境外设立的并购实体发放外币贷款。

（2）“过桥融资 + 并购贷款”：过桥融资期限一般不超过 1 年，具有期限短、资金成本高、风险容易控制等特点。并购贷款是由境外银行发放，还款来源主要依靠并购标的资产及境外并购实体的销售收入和现金流，但其审批用时较长。因此在并购交易过程中，为了尽快完成股权或者资产交割，通常采用“过桥融资 + 并购贷款”的模式。

（3）股权融资：包括发行股份购买资产和联合投资人。这种方式可以通过发行新股或寻找联合投资人来筹集资金，用于支付并购交易价款和费用。

（4）债权融资：债权融资是指通过发行债券或利用银行贷款等方式筹集资金，包括内保外贷融资和债券发行。债券发行根据发行地点的不同通常可分为境内发债和境外发债。境内发债主要包括企业债券、公司债券及银行间债务融资工具，将境内发债募集资金用于境外投资也是常见操作之一。境外发债是指在境外发行债券，并使用募集资金实施跨境并购或用于置换前期的短期并购融资的融资方式。

（5）跨境股权互换：通过股权互换的方式进行跨境并购，这种方式涉及不同公司之间的股份交换。

（6）跨境并购基金：通过设立专门的并购基金来筹集资金，用于跨境并购活动。

企业在选择不同融资手段时需要综合考虑国家法规监管、企业资本架构、资金偿付风险以及并购时的市场状况等因素，以选择最优方案或组合式的融资结构。

443. 买方需要承担更多的商业风险主要表现在哪些方面？

（1）卖方提供十分有限的保证和赔偿条件。对于财务卖方，仅限于提供所有权和托管账户，而目标企业管理层则提供保证。对于商业卖方，可以提供所有权以及目标企业管理层保证。有限的保证与赔偿条件凸显了尽职调查工作的重要性。

（2）有限的索赔。财务卖方将索赔的最高限额限定在管理收入，而商业卖方的最高限额也在下降，比如有些交易会约定赔偿限额为交易价格的25%。例外的情况是涉及欺诈、产权、税务以及一些特别问题。

（3）很多情况下无成交后的价格调整。

444. 买方需要承担更多的交易执行风险主要表现在哪些方面？

（1）无融资条件。卖方期望买方在最终报价之前实现融资，减少因为融资导致的不确定性。

（2）有限的合并监管条件。实质性的竞争顾虑将置投标人于不利地位。比如，如果合同签订前投标人声明还需要获得国内或东道国反不当竞争监管机构的批准，其竞争力将被削弱，而且可能导致卖方拒绝签订合同。

（3）回收成本的可能性不大。如果收购中途失败，那么投标人将承担全部成本。

（4）排他收购的可能性很小。卖方主导竞购过程，不接受“禁止向第三人出售”条款，已经很少提供排他性，而且还经常向买方发出其已经与其他意向竞买人谈判的信号。可能有一定的“分手费”，但是不高，一般为1%～3%。

445. 跨境并购后如何进行经营、管理及文化等的整合？

并购后的整合是指企业并购之后进行的战略、组织结构、人力资源、财务、经营管理和企业文化等企业要素的整体系统性调整，以最大限度地在并购的基础上实现各种资源的科学合理配置，谋求公司价值创造和业绩增长。

从经营的角度来看，企业跨境经营涉及的法律十分繁杂，主要包括但不限于《公司法》《税法》《证券法》《银行法》《会计法》《反垄断法》《劳动法》《外汇管理法》等。而中国企业往往对国外的法律和政治环境缺乏充足的了解，例如我国企业往往轻视了国外工会的力量，造成了巨大损失，这无疑会给跨境并购后的经营带来较大的风险。跨境并购后，在企业经营的整合过程中，一定要注意了解当地法律法规，在公司治理、知识产权方面、劳工保护方面必须严格遵守东道国的法律法规。同时，中国企业在海外并购完成以后可以寻求专业机构支持，由专业机构帮助企业完成投资并购后的整合，避免劳工、知识产权等方面的纠纷。此外，中国企业还应相应提升内部法律部门的地位和能力，系统全面地管理企业相关法务资源，引进或培养熟悉目标企业所在国法律制度的法务人员，以降低跨国经营的风险。

从管理的角度来看，可以从制度整合和人力资源整合的方面着手。企业并购后应按照新分工协作的要求，建立一套新的适应企业发展的规章制度，有效地将原先两家公司的管理实践和流程融合在一起，促进业务协同和战略目标的实现，并努力消除被收购公司员工对新制度的抵触情绪，使这些制度规范更好地服务于管理整合的目标，确保企业运营的一致性和效率。此外，企业在并购后应尽快出台明确的人才政策，尽快定岗、定编、定人，减轻员工的心理压力，使其尽快适应新的环境。

从文化的角度来看，收购方与被收购方往往有着不同的文化背景，长期以来形成的价值观念、管理制度、经营方式各不相同，要将他们融合起来是一项艰巨而复杂的任务。文化整合有以下策略：①企业精神的整合。并购中不同的企业会有不同的价值观，企业精神也不尽相同。并购后通过加强宣传动员，将不同的价值观和行为方式规范为一种适应新企业、新文化的统一的价值观，这是企业精神整合的关键。②物质文化的整合。企业并购必然涉及有形资产的整合，还会带来员工结构的变化。企业应通过改善企业的物质基础和生活条件，完善企业的文化设计等“硬件”，来物化企业的价值观，增强企业的凝聚力、创造力及员工的归属感。③企业形象的整合。并购后企业要对技术形象、公司形象、经营者形象等进行整合，以便给社会公众以及企业员工形成一种全新的印象和风貌。

446. 跨境并购中财务尽职调查的主要内容有哪些？

（1）了解目标公司财务资料的真实性、准确性、合理性及可持续性。

（2）识别交易的风险及提供相应的建议。

（3）尽早识别终止交易的重大事项。

（4）了解并识别可能影响收购公司估值及交易定价的各种问题。

（5）协助投资者在浮动并购定价机制下，定义各价格调整事项。

（6）协助投资者在收购协议的谈判中提出要求卖方加入的陈述、免责及保证条款。

（7）识别各营运资料及数据的问题，作为交易后整合的用途。

447. 中国企业进行跨境并购项目有哪些常见的财务风险？

（1）准则差异。根据不同的会计准则，财务报表反映的财务数据不同（如收入、毛利和净利润等）。

（2）销售增长不可持续。目标公司历史期间的销售收入增长波动较大或呈下降趋势；目标公司的销售收入增长主要由价格上涨驱动，该价格上涨可能不可持续；未来销售收入预测没有实质性证据支持，所用假设较为激进。

（3）盈利能力持续下滑或不可持续。目标公司历史期间的毛利率不断下跌；目标公司成本结构未来发生重大变化导致盈利能力不可持续；尽职调查发现较大的调整导致目标公司调整后利润率大幅下降，严重影响公司估值。

（4）少计提费用或负债。目标公司的费用归集采用收付实现制，导致少计提费用及负债；因会计估计假设的不同而少计提的费用及负债；未反映在财务报告中的或有负债。

（5）关联交易对并购交易的重大影响。目标公司及其管理层存在一些未披露的关联交易；关联交易的定价并非与非关联交易一致，交易完成后因控制权变更，定价转为市场价对被收购企业的利润产生重大影响；潜在的转移定价风险。

（6）资产的减值风险。目标公司应收账款账龄较长，可回收的风险较高；目标公司的存货积压严重，存在减值风险；目标公司对外投资和并购后子公司持续亏损，存在减值风险。

（7）未来资本性支出计划。目标公司为实现未来销售收入的持续增长，需要投入大量的资本性支出以扩充产能，需要进一步融资；目标公司历史期间未投入足够的资本支出，导致现有资产老旧，未来短期内有较大的重置成本。

（8）营运资金和现金流量。营运资金定义不准确；目标公司历史期间营运资金的水平随着销售收入增长而持续上升；目标公司业务季节性较明显，导致营运资金的波峰和波谷变化差异较大，在交割时没有足够的现金来应对营运资金的需求；目标公司不能产生足够的经营活动现金流，需要进一步融资。

（9）净负债。目标公司净负债水平较高，财务风险较大；部分融资性质的关联方往来（如资金拆借）未被归为净负债；借款合同普遍存在控制权变更条款，可能触发借款收回等问题。

（10）或有、承诺事项。目标公司存在一系列尚未披露的或有、承诺事项：未决诉讼及未决索赔；员工养老金计划缺口；厂房搬迁和人员安置；资产弃置义务及环境恢复义务；长期购买合同以及购买承诺。

（11）剥离项目。剥离项目的财务报表的编制基础是否合理；独立经营假设下，剥离项目所需新增的独立经营成本和员工人数是否合理；原有集团内部的共享服务及销售采购安排，需要签订新的过渡协议或销售采购协议；剥离项目的资产负债识别和剥离。

448. 中国企业可以采取哪些措施以应对跨境并购交易中的风险？

（1）在收购协议中加入免责条款。投资方可以在收购协议中增加对标的公司并购日前产生的历史债务或因并购日前的原因导致的损失的免责条款，提出相关债务或损失由卖方承担。同时应注意，对有关债务或损失的定义应以普遍性为原则以使覆盖范围加大，并需要考虑其可操作性和强制性的影响。

（2）降低并购价格。投资方可以通过识别标的公司历史期间少计提的负债及费用、识别标的公司历史期间的应缴未缴税负及估算可能发生的滞纳金及罚款、评估标的公司税收优惠的可持续性及识别出标的公司不能继续享受的税收优惠等情况，并针对上述影响降低并购价格。

（3）议定标的公司的交易条款。投资方可以要求标的公司与业务开展相关的相对方签订长期合同，议定标的公司与关联公司的交易条款在并购交易后的处理，或者签订并购交易后的过渡期服务协议，议定标的公司与关联公司的交易条款在并购交易后的过渡期的处理，在过渡期后再终止标的公司和关联公司的所有或部分的关联方交易。

（4）递延支付及托管账户的开设。投资方可以与卖方协商分不同的时间节点分段支付交易对价，同时保留部分交易对价并存入双方共同指定的金融机构开立的托管账户。存入托管账户的该部分交易对价为托管资金。当买方在交割后发现任何卖方违约的情形时，买方可以直接要求从托管资金中扣除与其遭受的损失金额一致的资金作为赔偿。托管账户中剩余的托管资金，或未发生卖方须赔偿的情况下全部托管资金，将在交割后的一段期限届满时由金融机构支付给卖方。

（5）购买并购保证及补偿保险。投资方应购买并购保证及补偿保险，保险公司承保投资方因卖方违反并购合同中的陈述与保证条款而遭受的损失及相关抗辩费用。投资方可依据保险合同直接向保险公司进行索赔。保险期限可匹配并购协议规定的期限，一般从签订协议起，直到并购协议中的陈述与保证条款有效期届满为止。

449. 企业在跨境并购时有哪些税务挑战?

（1）因为缺乏跨境并购的税务知识，所以无法及时、有效安排尽职调查和架构筹划等税务工作。

（2）因为无法及时有效安排税务尽职调查，所以中国企业不能准确了解目标公司历史税务风险、税务资产状况，难以量化估值中使用的主要假设，无法明确作为买方需要在交易合同中寻求的法律保护。

（3）设计的并购架构不合理，导致交易税费高、交易后整体税务成本上升、谈判困难、签署交易或融资协议面临困难等问题。

（4）不了解境外税务合规要求，缺乏管理跨国公司税务合规的经验，导致交割后不能如期进行税务相关文件资料申报，存在被收购企业所在国家（地区）税务机关处罚的风险。

（5）缺乏在收购后进行集团业务税务优化整合的经验。

450. 税务工作人员需要在跨境并购的哪个阶段参与并购工作?

税务事项其实是贯穿整个企业跨境并购周期的。税务事项由企业的财务部门和（或）税务部门牵头，同时聘请税务顾问共同参与。

在战略分析阶段，企业需要在有限的资料里对目标公司进行初步评估，初步拟定成本较低的交易架构并初步评估目标公司的价值，从而识别该交易是否存在重大税务风险。

在确定交易策略阶段，税务团队需要深入了解目标公司的行业特点、所在国家（地区）的税收环境及双边税收协定等，及其对拟进行交易的潜在影响。同时，税务团队需要基于以上信息设计税收成本较低的交易架构，努力降低交易环节税负，包括买卖不动产的税负及印花税等。

在交易执行阶段，建议中国企业聘请第三方税务顾问，对目标公司实施税务尽职调查程序，结合财务尽职调查，提供目标公司完整的财务及税务信息和建议的交易架构，具体包括：

（1）协助识别目标公司税务风险的性质及金额。

（2）为确定或完善交易架构及起草交易合同搜集信息，完善交易架构。

（3）审核估值模型中的税务假设，根据发现的税务风险，对收购后的税务预测做出调整。

（4）审阅交易文件的税务相关条款，排除潜在的税务风险。

（5）考虑不同融资方式的税务成本。

451. 确定海外并购税务尽职调查范围需要考虑哪些方面？

确定海外并购税务尽职调查范围，首先需要判断什么是关键税务问题或税务尽职调查希望达到的目的，其次需要根据实际交易情况（如相关资产所处国家或地区、其重要性水平、交易的整体目标、交易结构、买方国际化战略等）设定合理的工作范围，同时要了解各国（地）税收政策精髓、把税务尽职调查做到化繁为简。

一般来说，税务尽职调查范围的落实需要考虑但不限于税种、审阅时间、审阅国家（地区）等问题：

（1）了解标的公司所在国家（地区）的主要税种及是否有具有行业特色的税种，从而确认调查涉及的税种，如企业所得税、增值税或商品服务税、房地产税等。

（2）了解标的公司所在国家（地区）的税款追征年限，即所有期间或法定可能被税务局稽查的年份，以确定税务尽职调查的审阅期间。

（3）当标的公司为集团公司且存在多个国家（地区）的子公司时，还需要根据各子公司对集团的重要性水平或者所涉及的国家和地区、中国企业对某些子公司的关注点及本身的成本预算等来确定实施税务尽职调查的标的公司的数量、涉及的国家、调查的深度（即全面详尽的调查还是概括性调查等）。

452. 海外并购的交易架构设计上需要考虑哪些税务问题？

海外并购的交易架构设计首先要从买方的全球经营角度出发，

即从商业角度出发，有合理的商业目的并支持公司未来的业务增长，还需要配合未来的资金和投资退出的策略，实现资金的高效运用。从税务的角度，买方对交易架构的设计需要在满足前述条件的前提下，同时考虑税务成本的优化。这个税务成本包括：

（1）交易时点的税务成本，如印花税等。

（2）日后经营期间的税务成本，如未来利润或利息分配回中国的过程中可能产生额外境外预提税和所得税税负、中国境外所得税采用“分国不分项”或“不分国不分项”的原则，可能导致中国企业无法有效抵免其在境外缴纳的所得税。

（3）未来退出的税务成本，如未来退出投资时，投资收益可能需要缴纳境外资本利得税和中国企业所得税。

（4）经营期间的跨境支付股息、利息、特许权使用费等，收款企业为被认定为受益所有人而享受税收协定优惠税率所可能产生的额外成本。

（5）其他考量，如海外利润分配回国后再用于海外再投资过程中可能产生额外的税务成本（以及审批成本和汇率风险等）。

453. 海外并购选择海外控股平台需要考虑哪些问题？

（1）海外控股平台需要有助于开展当地业务，满足控股公司实质的要求，同时亦能为未来进一步进行商业运营和税务筹划提供空间。

（2）海外控股平台所在国家（地区）法律完善、融资便利。

（3）海外控股平台所有国家（地区）有较优惠的税务体系，如取得股息红利有条件免税或税负较低、分配股息有条件免税或税负较低、撤资灵活且免税或税负较低、资本利得免税、股权交易环节税负较低、支付融资利息免税或税负较低等。

（4）控股平台所在地有成熟的税收及贸易保护协定网络，与较多的国家（地区）签署了双边避免双重征税协定，从而有助于降低最终投资标的国向中国直接分配股息的税负，且控股公司能够符合税收协定受益所有人的要求。

（5）控股平台所在地对全球最低税规则（Pillar Two，以下简称

“支柱二”）的立法情况、支柱二法规生效时点及合规要求。

454. 什么是税基侵蚀和利润转移？什么是税基侵蚀和利润转移行动计划？

税基侵蚀和利润转移（Base Erosion and Profit Shifting，BEPS）是指跨国公司利用国际税收规则存在的不足，以及各国税制差异和存在的漏洞，最大限度地减少其全球总体税负，甚至达到双重不征税的效果，造成对各国税基的侵蚀。

BEPS行动计划是由二十国集团（G20）领导人背书并委托经济合作与发展组织（OECD）推进的国际税收项目。OECD于2015年10月5日发布BEPS行动计划的最终报告，其中包括15项行动计划报告和一份解释性声明。BEPS的每一项行动计划都是针对现行规则或法规中的薄弱环节，就国际规则和各国国内立法的调整提出建议，以便各国协调一致地全面应对税基侵蚀和利润转移问题。

455. 中国“走出去”企业应当采取哪些措施应对税基侵蚀和利润转移行动计划？

由于税基侵蚀和利润转移（BEPS）行动计划正在不断地更新和补充，中国“走出去”企业应持续关注各国的BEPS行动计划的实施，同时着手检查自身的情况，评估潜在的税务风险，充分了解投资国的税务合规性要求。通过对自身整体税务管理的评估，“走出去”企业能够发现增强合规性管理的空间，提高企业的税务管理能力。

企业应建立全面的海外税务团队。该团队应由拥有不同税务专业知识的人员组成，同时应当具有良好的语言水平、坚实的国际税务知识，并积极通过不同渠道了解和熟悉最新的国际税务发展情况。

中国“走出去”企业可以从加强税务管理的工作流程和集团成员管理两方面建立全面的税务管理体系，并且可以根据中国与所投资国的政治商业环境，从内部的战略、运营、管控角度结合外部的法律、经济以及产业环境，选择其适用的税务管理模式。在中国，“走出去”企业建立健全税务管理工作模式后，还可以进一步着手借鉴先进公司的经验，建立便于纳税管理的信息申报体系。

456. 海外收购不同报价阶段估值特点是什么？

非约束性报价阶段，国外卖方公司通常会邀请多家意向买方参与竞标。买方与卖方签订保密协议后，卖方会向竞标人提供标的公司基本商业和财务等有限信息，并要求买方在上述有限信息下提交初步收购意向书，主要包括：交易范围、交易定价方法及主要指标（即非约束性报价）、原则性的交易基础条件、融资来源、交易前提假设等。这一阶段的估值通常采用市场法，即通过上市公司比较法或交易案例比较法，确定标的公司的价值区间。竞标人在综合考虑标的公司稀缺性、收购意愿、协同效应等情况下，参考市场法初步估值结果，提出非约束性报价。

约束性报价阶段，卖方公司通常会提供更为详细的资料，在卖方同意的前提下，买方也会相应展开财务、税务、法律、商业及人力资源等各个方面的尽职调查工作。此阶段的估值需要结合标的公司详细的商业计划及盈利预测开展，通常来说，会采用收益法及市场法两种方法。在采用收益法的过程中需要结合各尽职调查团队的工作以及主要发现，调整盈利预测（如有必要），将其中影响估值的事项反映在估值结论中。

457. 跨境并购中不同的会计准则是否会对估值结果产生重大影响？

跨境并购中常用估值方法为收益法（折现现金流量法）和市场法。收益法受不同会计准则、同一会计准则下不同会计政策或会计估计的影响相对较小，在财务尽职调查或者审计已经对历史财务报表完成转换的情况下，需要关注未来盈利预测采用的会计准则与历史期间的匹配和一致性。市场法采用盈利指标作为市场倍数的基础，如息税折旧摊销前倍数，不同会计准则下核算的盈利指标可能有所不同，可能对估值产生一定的影响。

458. 盈利预测及估值需要重点关注哪些特殊因素？

（1）不同交易结构下税负影响。境外并购估值中的盈利预测必须与被收购企业的商业模式及当地财税政策保持一致，不同的交易结构下未来利润或利息分配所产生的税负不同，会对投资方的投资回报产生影响，盈利预测需要反映不同交易结构的影响。

（2）对存在国际业务的标的公司进行估值，要采用最相关的货币预测未来现金流。例如，一家收入主要以美元结算的企业，应该主要采用美元作为盈利预测的币种。但不管使用何种货币进行现金流预测，对同一家公司的估值结果应该一致。具体有两种处理方法：一种是以外币作为盈利预测基础，以外币的资本成本折现，再考虑即期汇率转换为本币；另一种是同样以外币作为盈利预测基础，但利用远期汇率转换为本币下的盈利预测，再以本币的资本成本折现。

459. 对于跨国公司可比公司及折现率确定时需要关注哪些方面？

跨国公司一般经营多种业务，或者在多个细分市场展开竞争，如果每项业务的经营特征和财务风险明显不同，最合理的方式是对每项业务单独估值，然后加总得到整个公司的价值。相应的，每项不同的业务可能需要采用不同的估值参数（折现率、市场倍数），需要选择不同的可比公司以获取上述参数。

如果跨国公司很难提供区分不同业务单元的完整盈利预测，在折现率确定时就需要综合其不同的业务、不同市场的地域分布等因素，考虑以不同业务为权重并结合收入的地域来源不同为权重综合确定。

第二章
内幕交易防控

460. 什么是内幕交易？

内幕交易，是指知悉证券交易内幕信息的知情人或非法获取内幕信息的人，利用内幕信息自己买卖证券、建议他人买卖证券，或者泄露内幕信息使他人利用该信息买卖证券，从中牟利或者避免损失的行为。内幕交易有三个构成要件：一是行为主体为内幕信息知情人或非法获取内幕信息的人；二是相关信息构成内幕信息；三是行为人在内幕信息的价格敏感期内买卖、建议他人买卖相关证券或泄露内幕信息。

461. 规范内幕交易的法律法规主要有哪些？

（1）《证券法》。《证券法》是规范证券发行和交易行为的基本法律规范，对内幕交易行为的含义、内幕信息知情人范围、内幕信息的范围、应予禁止的交易行为及内幕交易违法行为的相关法律责任予以明确规定。

（2）《刑法》。《刑法》是规定犯罪、刑事责任和刑罚的基本法律。1997 年修订的《刑法》首次规定了“内幕交易、泄露内幕信息罪”，以基本法的形式规制证券内幕交易行为，明确了内幕交易行为人应承担的刑事责任。

（3）《内幕交易罪解释》。《内幕交易罪解释》（即《最高人民法院、最高人民检察院关于办理内幕交易、泄露内幕信息刑事案件具体应用法律若干问题的解释》）是我国针对证券、期货犯罪制定的第一部司法解释，全面、系统地对内幕信息的知情人员、明显异常交易、内幕信息敏感期、违法所得、内幕交易犯罪情节、豁免情形等问题做出了明确规定，是司法机关认定内幕交易犯罪的重要依据。

与《内幕交易罪解释》相配套实施的是最高人民检察院、公安部颁布的《关于公安机关管辖的刑事案件立案追诉标准的规定(二)》，其中明确规定了对内幕交易犯罪立案追诉的具体标准。

（4）《上市公司监管指引第 5 号——上市公司内幕信息知情人登记管理制度》。中国证监会制定并颁布的《上市公司监管指引第 5 号——上市公司内幕信息知情人登记管理制度》旨在全面落实《证券法（2019 修订)》相关规定，加强内幕交易综合防控。根据这一指引，在内幕信息依法公开披露前，上市公司应当按照规定填写上市公司内幕信息知情人档案，及时记录商议筹划、论证咨询、合同订立等阶段及报告、传递、编制、决议、披露等环节的内幕信息知情人名单，及其知悉内幕信息的时间、地点、依据、方式、内容等信息，内幕信息知情人应当进行确认。

除了上述规范外，中国证监会发布的《上市公司监管指引第 7 号——上市公司重大资产重组相关股票异常交易监管》以及证券交易所发布的《股票上市规则》《上海证券交易所上市公司重大资产重组审核规则》《深圳证券交易所上市公司自律监管指引第 8 号——重大资产重组》等规范中，均会涉及内幕交易防控的相关内容。

462. 证券监管机构在行政执法中可能认定的内幕交易行为主体包括哪些？

（1）内幕信息知情人：发行人及其董事、监事、高级管理人员；持有公司 5% 以上股份的股东及其董事、监事、高级管理人员，公司的实际控制人及其董事、监事、高级管理人员；发行人控股或者实际控制的公司及其董事、监事、高级管理人员；由于所任公司职务或者因与公司业务往来可以获取公司有关内幕信息的人员；上市公司收购人或者重大资产交易方及其控股股东、实际控制人、董事、监事和高级管理人员；因职务、工作可以获取内幕信息的证券交易场所、证券公司、证券登记结算机构、证券服务机构的有关人员；

因职责、工作可以获取内幕信息的证券监督管理机构工作人员；因法定职责对证券的发行、交易或者对上市公司及其收购、重大资产交易进行管理可以获取内幕信息的有关主管部门、监管机构的工作人员；国务院证券监督管理机构规定的可以获取内幕信息的其他人员。

（2）非法获取内幕信息的人。

463. 刑事审判中，司法机关如何认定“非法获取内幕信息的人”？

根据《内幕交易罪解释》，非法获取内幕信息的人包括：

（1）利用窃取、骗取、套取、窃听、利诱、刺探或者私下交易等手段获取内幕信息的人员。

（2）内幕信息知情人员的近亲属或者其他与内幕信息知情人员关系密切的人员，在内幕信息敏感期内，从事或者明示、暗示他人从事或者泄露内幕信息导致他人从事与该内幕信息有关的证券、期货交易，相关交易行为明显异常，且无正当理由或者正当信息来源的。

（3）在内幕信息敏感期内，与内幕信息知情人员联络、接触，从事或者明示、暗示他人从事，或者泄露内幕信息导致他人从事与该内幕信息有关的证券、期货交易，相关交易行为明显异常，且无正当理由或者正当信息来源的人员。

且有刑事审判案例明确指出，对非法获取内幕信息人员的认定，并不要求其必然实施积极的违法行为，作为内幕信息知情人员的近亲属或者与其关系密切的人，在内幕信息敏感期被动获悉内幕信息的，仍应认定为非法获取证券交易内幕信息的人员。

464. 内幕信息有什么性质？

（1）重大性，即内幕信息必须是能够对相关证券价格产生重大影响的信息，故内幕信息的重大性又被称为“价格敏感性”。

（2）相关性，即内幕信息必须是与发行公司或所涉证券“相关”的、能引起该证券价格波动的信息。

（3）未公开性，即内幕信息必须是尚未向社会公开的、不为投资者广泛知悉的信息。

465. 哪些信息可能构成内幕信息？

（1）《证券法》第八十条第二款列举的“重大事件”：公司的经营方针和经营范围的重大变化；公司的重大投资行为，公司在一年内购买、出售重大资产超过公司资产总额30%，或者公司营业用主要资产的抵押、质押、出售或者报废一次超过该资产的30%；公司订立重要合同、提供重大担保或者从事关联交易，可能对公司的资产、负债、权益和经营成果产生重要影响；公司发生重大债务和未能清偿到期重大债务的违约情况；公司发生重大亏损或者重大损失；公司生产经营的外部条件发生的重大变化；公司的董事、1/3以上监事或者经理发生变动，董事长或者经理无法履行职责；持有公司5%以上股份的股东或者实际控制人持有股份或者控制公司的情况发生较大变化，公司的实际控制人及其控制的其他企业从事与公司相同或者相似业务的情况发生较大变化；公司分配股利、增资的计划，公司股权结构的重要变化，公司减资、合并、分立、解散及申请破产的决定，或者依法进入破产程序、被责令关闭；涉及公司的重大诉讼、仲裁，股东会、董事会决议被依法撤销或者宣告无效；公司涉嫌犯罪被依法立案调查，公司的控股股东、实际控制人、董事、监事、高级管理人员涉嫌犯罪被依法采取强制措施。

（2）《证券法》第八十一条第二款列举的“重大事件”：公司股权结构或者生产经营状况发生重大变化；公司债券信用评级发生变化；公司重大资产抵押、质押、出售、转让、报废；公司发生未能清偿到期债务的情况；公司新增借款或者对外提供担保超过上年末净资产的20%；公司放弃债权或者财产超过上年末净资产的10%；公司发生超过上年末净资产10%的重大损失；公司分配股利，做出减资、合并、分立、解散及申请破产的决定，或者依法进入破产程序、被责令关闭；涉及公司的重大诉讼、仲裁；公司涉嫌犯罪被依法立案调查，公司的控股股东、实际控制人、董事、监事、高级管理人员涉嫌犯罪被依法采取强制措施。

（3）中国证监会根据《证券法》第八十条第二款第（十二）项

授权而规定的可能对上市公司股票交易价格产生较大影响的其他重大事件。

（4）中国证监会根据《证券法》第八十一条第二款第（十一）项授权而规定的可能对发行人债券交易价格产生较大影响的其他重大事件。

（5）涉及发行人的经营、财务或者对该发行人证券的市场价格有重大影响的其他重要信息。

466. 什么是内幕信息敏感期？

内幕信息敏感期又称“禁止交易期间”，即内幕信息知情人依法不得交易相关证券的时间区间。《内幕交易罪解释》明确规定内幕交易敏感期系指内幕信息自形成至公开的期间。在行政监管执法中，证券监管机构也会参照前述定义认定内幕信息敏感期。

关于内幕信息形成时间，《证券法》第八十条第二款、第八十一条第二款所列“重大事件”的发生时间以及《期货交易管理条例》第八十一条第十一项规定的“政策”“决定”等的形成时间，应当认定为内幕信息的形成之时。对于影响内幕信息形成的动议、筹划、决策或者执行人员，其动议、筹划、决策或者执行的初始时间，应当认定为内幕信息的形成之时。

内幕信息公开时点，通常指内幕信息在中国证监会指定报刊、网站等媒体披露，或者被一般投资者能够接触到的全国性报刊、网站等媒体揭露，或者被一般投资者广泛知悉和理解之时。目前，中国证监会指定的具备证券市场信息披露条件的媒体包括《金融时报》《经济参考报》《中国日报》《中国证券报》《证券日报》《上海证券报》《证券时报》，以及其依法开办的互联网站。

467. 什么是内幕交易的“相关交易行为”？

（1）以本人名义，直接或委托他人买卖证券。

（2）以他人名义买卖证券，包括：直接或间接提供证券或资金给他人购买证券，且此人所持有证券的利益或损失，全部或部分归属于本人；对他人所持有的证券具有管理、使用和处分的权益；为他人买卖或建议他人买卖证券；以明示或暗示的方式向他人泄露内幕信息。

468. 如何认定明显异常交易?

对于明显异常交易，要综合以下情形，从时间吻合程度、交易背离程度和利益关联程度等方面予以认定：

（1）开户、销户、激活资金账户或者指定交易（托管）、撤销指定交易（转托管）的时间与该内幕信息形成、变化、公开时间基本一致的。

（2）资金变化与该内幕信息形成、变化、公开时间基本一致的。

（3）买入或者卖出与内幕信息有关的证券、期货合约时间与内幕信息的形成、变化和公开时间基本一致的。

（4）买入或者卖出与内幕信息有关的证券、期货合约时间与获悉内幕信息的时间基本一致的。

（5）买入或者卖出证券、期货合约行为明显与平时交易习惯不同的。

（6）买入或者卖出证券、期货合约行为，或者集中持有证券、期货合约行为与该证券、期货公开信息反映的基本面明显背离的。

（7）账户交易资金进出与该内幕信息知情人员或者非法获取人员有关联或者利害关系的。

（8）其他交易行为明显异常情形。

469. 什么是内幕交易的“违法所得”？如何计算?

内幕交易的违法所得，是指行为人实施内幕交易行为获取的不正当利益，即行为人买卖证券获得的收益或规避的损失。其不正当利益，既可以表现为持有的现金，也可以表现为持有的证券。

在没有违法所得的情形下，也不影响内幕交易行为的认定及相应责任的承担。对于内幕交易没有违法所得或违法所得不足50万元的，仍需处以50万元以上500万元以下的罚款。

470. 不构成内幕交易的情形有哪些?

结合《内幕交易罪解释》，下列情形不属于内幕交易行为：①持有或者通过协议、其他安排与他人共同持有上市公司5%以上股份的自然人、法人或者其他组织收购该上市公司股份的行为；②按照事先订立的书面合同、指令、计划从事相关证券、期货交易的；③依据已被他人披露的信息而交易的；④交易具有其他正当理由或者正当信息来源的。

471. 从事内幕交易行为将可能承担哪些法律责任？

（1）行政责任。证券交易内幕信息的知情人或者非法获取内幕信息的人，违反证券法规定从事内幕交易的，责令依法处理非法持有的证券，没收违法所得，并处以违法所得1倍以上10倍以下的罚款；没有违法所得或者违法所得不足50万元的，处以50万元以上500万元以下的罚款。单位从事内幕交易的，还应当对直接负责的主管人员和其他直接责任人员给予警告，并处以20万元以上200万元以下的罚款。国务院证券监督管理机构工作人员从事内幕交易的，从重处罚。

同时，证券监管部门可能视案件情形，对相关主体采取证券市场禁入措施。其中，如果相关内幕交易行为严重扰乱证券市场秩序并造成特别恶劣社会影响，或者获取违法所得等不当利益数额特别巨大，或者致使投资者利益受到特别严重损害的，中国证监会可以对有关责任人员采取终身市场禁入措施。

（2）刑事责任。证券、期货交易内幕信息的知情人员或者非法获取证券、期货交易内幕信息的人员，在涉及证券的发行，证券、期货交易或者其他对证券、期货交易价格有重大影响的信息尚未公开前买入或者卖出该证券，或者从事与该内幕信息有关的期货交易，或者泄露该信息，或者明示、暗示他人从事上述交易活动，情节严重的，处5年以下有期徒刑或者拘役，并处或者单处违法所得1倍以上5倍以下罚金；情节特别严重的，处5年以上10年以下有期徒刑，并处违法所得1倍以上5倍以下罚金。单位犯该罪的，对单位判处罚金，并对其直接负责的主管人员和其他直接责任人员，处5年以下有期徒刑或者拘役。

内幕交易或泄露内幕信息行为涉嫌下列情形之一的，应予立案追诉：①获利或者避免损失数额在50万元以上的；②证券交易成交额在200万元以上的；③期货交易占用保证金数额在100万元以上的；④2年内3次以上实施内幕交易、泄露内幕信息行为的；⑤明示、暗示3人以上从事与内幕信息相关的证券、期货交易活动的；⑥具有其他严重情节的。

内幕交易获利或者避免损失数额在25万元以上，或者证券交易成交额在100万元以上，或者期货交易占用保证金数额在50万元以上，同时涉嫌下列情形之一的，应予立案追诉：①《证券法》规定的证券交易内幕信息的知情人实施或者与他人共同实施内幕交易行为的；②以出售或者变相出售内幕信息等方式，明示、暗示他人从事与该内幕信息相关的交易活动的；③因证券、期货犯罪行为受过刑事追究的；④2年内因证券、期货违法行为受过行政处罚的；⑤造成其他严重后果的。

结合最高人民法院等四个部门于2024年4月联合发布的《关于办理证券期货违法犯罪案件工作若干问题的意见》，各部门将依法从严从快从重查处财务造假、内幕交易等证券期货违法犯罪案件。加强对内幕交易犯罪行为的打击力度，充分彰显对此类违法行为的零容忍立场，能有效遏制内幕交易行为，促进资本市场健康发展。

（3）民事责任。内幕交易行为给投资者造成损失的，行为人应当依法承担赔偿责任，该等责任本质系侵权责任。

472. 重大资产重组各方的内幕交易行为对重大资产重组进程有什么影响？

首先需明确的是，中国证监会发布的《上市公司重大资产重组管理办法》，明确规定重组各方在重大资产重组的股价敏感信息依法披露前负有保密义务，禁止利用该信息进行内幕交易。受约束主体包括：上市公司及其董事、监事、高级管理人员，重大资产重组的交易对方及其关联方，交易对方及其关联方的董事、监事、高级管理人员或者主要负责人，交易各方聘请的证券服务机构及其从业人员，参与重大资产重组筹划、论证、决策、审批等环节的相关机构和人员，以及因直系亲属关系、提供服务和业务往来等知悉或者可能知悉股价敏感信息的其他相关机构和人员。

如参与各方涉及内幕交易，则对上市公司重大资产重组的影响主要如下：

（1）上市公司向证券交易所提出发行股份购买资产申请，如该重大资产重组事项涉嫌内幕交易被中国证监会立案调查或者被司法机关立案侦查，尚未受理的，证券交易所不予受理；已经受理的，证券交易所暂停审核、中国证监会暂停注册。

（2）符合以下条件时，前述重大资产重组可恢复受理或审核、注册程序：①中国证监会或者司法机关经调查核实未发现上市公司、占重组总交易金额比例在20%以上的交易对方（如涉及多个交易对方违规的，交易金额合并计算），及上述主体的控股股东、实际控制人及其控制的机构存在内幕交易的。②中国证监会或者司法机关经调查核实未发现上市公司董监高，上市公司控股股东、实际控制人董监高，交易对方董监高，占重组总交易金额比例在20%以下的交易对方及其控股股东、实际控制人及上述主体控制的机构，为重大资产重组提供服务的证券公司、证券服务机构及其经办人员，参与重大资产重组的其他主体等存在内幕交易的；或者上述主体虽涉嫌内幕交易，但已被撤换或者退出重大资产重组交易的。③被立案调查或者立案侦查的事项未涉及上述主体的。

（3）上市公司、占重组总交易金额比例在20%以上的交易对方（如涉及多个交易对方违规的，交易金额合并计算），及上述主体控股股东、实际控制人及其控制的机构因本次重大资产重组相关的内幕交易被行政处罚或被依法追究刑事责任的，证券交易所、中国证监会依法终止发行股份购买资产申请的审核及注册程序。且发行股份购买资产申请由于上市公司控股股东及其实际控制人内幕交易被终止审核、注册的，上市公司应承诺自公告之日起至少12个月内不再筹划重大资产重组，并予以披露。

473. 收购人的内幕交易行为对上市公司收购有什么影响?

收购人近3年内有重大违法行为或者涉嫌有重大违法行为的，不得收购上市公司。如果收购人近3年内因内幕交易被中国证监会行政处罚、被司法机关刑事处罚、因涉嫌内幕交易被中国证监会立案调查或者被中国司法机关立案侦查，则可能影响其收购上市公司的资格。

474. 针对上市公司重大资产重组中的内幕交易，有哪些后续监管措施？

（1）因涉嫌内幕交易，上市公司披露重大资产重组预案或者草案后有可能主动终止重大资产重组进程。主动终止重大资产重组进程的，上市公司应当同时承诺自公告之日起至少1个月内不再筹划重大资产重组，并予以披露。

（2）若上市公司发行股份购买资产申请因上市公司控股股东及其实际控制人存在内幕交易被证券交易所、中国证监会依终止审核或者终止注册的，上市公司应当同时承诺自公告之日起至少12个月内不再筹划重大资产重组，并予以披露。

（3）相关主体因涉嫌重大资产重组相关的内幕交易被立案调查或者立案侦查的，自立案之日起至责任认定前不得参与任何上市公司的重大资产重组。中国证监会做出行政处罚或者司法机关依法追究刑事责任的，相关主体自中国证监会做出行政处罚决定或者司法机关做出相关裁判生效之日起至少36个月内不得参与任何上市公司的重大资产重组。

475. 与内幕交易核查相关的重大资产重组申报文件主要有哪些？

（1）内幕信息知情人名单，包括名称/姓名、职务、组织机构代码、统一社会信用代码/公民身份证号码或其他身份信息等。

（2）上市公司及其董事、监事、高级管理人员，上市公司控股股东、实际控制人及其董事、监事、高级管理人员（或主要负责人），交易对方及其控股股东、实际控制人、董事、监事、高级管理人员（或主要负责人），相关证券服务机构和其他知悉重大资产重组内幕信息的单位和自然人以及上述相关人员的直系亲属在上市公司董事会就重组申请股票停牌前或首次作出决议前（孰早）6个月至重大资产重组报告书披露之前1日止，买卖该上市公司股票及其他相关证券情况的自查报告。

前述主体在规定期限内［即本次重组申请股票停牌前或首次做出决议前（孰早）6个月至重组报告书披露之前1日止］存在买卖上市公司股票行为，当事人应当书面说明其买卖股票行为是否利用了相关内幕信息；上市公司及相关方应当书面说明相关重组事项的动议时间，买卖股票人员是否参与决策，买卖行为是否与本次重组事项有关；律师事务所应当对相关当事人及其买卖股票行为进行核查，对该行为是否涉嫌内幕交易、是否对本次交易构成法律障碍发表明确意见。

（3）证券登记结算机构就前述单位及自然人二级市场交易情况出具的证明文件。

476. 什么是证券交易所的二级市场股票交易核查机制？

根据《上市公司重大资产重组相关股票异常交易监管》的明确规定，上市公司因发行股份购买资产事项首次披露后，证券交易所立即启动二级市场股票交易核查程序，并在后续各阶段进行持续监管。根据深交所《上市公司自律监管指引第8号——重大资产重组》的有关规定，上市公司在召开股东会审议重组方案之前，应当披露内幕信息知情人股票交易自查报告。上市公司披露重组报告书后重组方案重大调整、终止重组的，应当补充披露股票交易自查报告。该等核查方式，既契合了全面注册制的要求，同时也兼顾了对于涉及发行股份和不涉及发行股份的上市公司重大资产重组股票异常交易的监管。

477. 各方还可采取哪些方式防止内幕信息的泄露及内幕交易？

（1）所有涉及上市公司重大事项的决策程序，都要符合保密制度要求。

（2）在公司内部，应简化并购重组交易的决策流程，缩短决策时限，尽可能缩小内幕信息知情人范围。

（3）研究论证上市公司重大事项，原则上应在非交易时间进行。例如，上市公司及其控股股东、实际控制人等相关方研究、筹划、决策涉及重大资产重组事项的，原则上应当在非交易时间进行。如需要向有关部门进行政策咨询、方案论证的，应当做好相关保密工作。

（4）上市公司及其他信息披露义务人应当做好内幕信息知情人登记工作及分阶段信息披露和风险提示工作。

（5）上市公司应当通过签订保密协议、禁止内幕交易告知书等必要方式将禁止内幕交易的义务告知有关人员。

（6）各相关主体均应做好证券法律法规的培训、教育工作，使并购重组的参与人员知悉、了解内幕交易违法行为的危害，避免内幕交易的发生。

第三章
反 收 购

478. 什么是反收购?

收购可分为善意收购和敌意收购。所谓善意收购是指收购方获得目标公司实际控制人或管理层同意或默许态度下进行的收购。所谓敌意收购是指收购方在目标公司实际控制人或管理层对并购意图不明确或对并购行为持反对态度的情况下强行对目标公司进行的收购。善意收购方多是通过和目标公司的实际控制人或管理层充分沟通、谈判、协商来解决目标公司的控制权和经营管理权变更所可能引发的冲突，而敌意收购多是通过外部收购来实施的，收购方不与目标公司实际控制人或管理层沟通协商（或经过协商但未能达成充分一致)，主要表现为在二级市场举牌和要约收购，直接目的是强行取得目标公司的控制权和经营管理权。

479. 哪些情况下可能触发敌意收购?

结合过往市场案例，上市公司存在如下情形，则可能会触发敌意收购：

（1）上市公司股权比例较为分散，没有实际控制人或实际控制人持股比例较低（控股股东或第一大股东持股比例不超过30%，通常区间为10%~20%)。这是敌意收购能否成功实施的关键要素。

（2）上市公司控股股东或第一大股东持股不稳定（面临被拍卖、债权人执行等)。

（3）上市公司管理层对公司经营不善，中小股东存在更换管理层的诉求（管理层盲目扩张导致上市公司业务亏损）。

（4）上市公司价值被严重低估。这是最核心要素，也是收购人发起敌意收购的主要动因。

480. 反收购中的信息披露应注意哪些事项？

（1）权益变动的信息披露：如果收购人持有上市公司的股权比例达到5%，则须披露简式权益变动报告；同时，后续每增减变动达到1%，也需要相应进行披露。如果收购人成为上市公司第一大股东，则收购人须相应披露详式权益变动报告（如果持股比例达到20%以上且为第一大股东，还须聘请财务顾问对权益变动出具财务顾问核查意见）；如果收购人拟收购的上市公司持股比例超过30%，则将会触发要约收购，须相应披露要约收购报告书摘要及要约收购报告书。

（2）收购方股权结构的披露：在敌意收购过程中，收购方须完整披露其股权结构，原则上须追溯至最终自然人或政府机构；如收购方层面存在融资架构、信托或其他股权安排，须完整披露该等信息；如存在一致行动人，也须及时披露，不得隐瞒。

（3）收购方资金来源的披露：收购人须充分披露其收购的资金来源，包括自有资金或自筹资金，说明其具备收购能力。

（4）收购计划的披露：敌意收购可能会持续通过集中竞价、大宗交易或通过拍卖及其他方式取得股权，收购人在权益变动披露时，须完整披露12个月内对上市公司的收购计划。

（5）对上市公司管理层及业务调整计划的披露：如收购人拟对上市公司管理层进行更换，或对上市公司业务进行调整，须及时披露该等计划。

481. 反收购是否会导致上市公司被ST？

敌意收购过程中，很有可能伴随着原控股股东或管理层对收购事项的抵制，出现控制权无序争夺，可能会导致上市公司信息披露不顺畅，也可能会导致上市公司治理结构失控（如双头董事会）。根据深交所上市规则的相关规定，若上市公司在敌意收购过程中，在信息披露或者规范运作等方面存在重大缺陷，则可能会被 ST。

482. A 股上市公司通常采用哪些措施应对正在发生的敌意收购？

（1）定向增发。上市公司向特定对象（包括公司大股东、管理层）非公开发行股票，增加公司股本，公司大股东、管理层增持股份，摊薄收购人持股比例。

（2）发行股份购买资产。上市公司向大股东或友好方发行股份购买其资产，若交易金额巨大，大股东持股比例大幅增加，或引入友好方作为主要股东，大比例摊薄收购人持股比例。

（3）二级市场增持股份。上市公司大股东、管理层通过竞价交易、大宗交易、要约收购方式增持股份，巩固控制权和管理权。

（4）联合一致行动人作为白衣骑士。上市公司大股东、管理层与其关联方或友好方缔结一致行动关系，增加表决权，巩固控制权。

（5）股权激励及员工持股计划。上市公司可以向管理层实施股权激励，实现管理层增持股票，或者设立员工持股计划，通过员工持股计划买入公司股票，从而扩大可控的股份表决权数量。

（6）适时修改章程。在公司章程中设置反收购条款，增加收购难度。

（7）对收购人提案的合法性进行审查。上市公司董事会就收购人提案的合法性进行严格审查，对收购人不符合章程规定的相关提案不提交股东会审议，增加收购人参与公司经营或事项决策的难度。

483. A 股上市公司在公司章程中设置的反收购条款有哪些？

（1）绝对多数条款。绝对多数条款是指在公司章程中规定，公司进行并购、重大资产转让或者经营管理权的变更时必须取得绝对多数股东同意才能进行，并且对该条款的修改也需要绝对多数的股东同意才能生效。绝对多数条款一般规定，目标公司被并购必须取得 2/3、3/4 或以上，甚至高达 90% 以上的投票权。

（2）分期分级董事会制度。分期分级董事会制度是指在公司章程中规定董事的更换每年只能改选 1/4 或 1/3 等，这样即使收购人已收购了足量的股权，也无法对董事会做出实质性改组，难以获得对董事会的控制权。为防止收购人在获得控股地位后通过修改公司章程废除分期分级董事会制度，公司章程还可设置特定的绝对多数条款，规定必须有一定比例（如1/3或过半数）的股东出席股东会且取得出席会议的绝对多数（如3/4）股东同意才能修改关于分期分级董事会制度。

（3）限制董事资格条款。限制董事资格条款是指在公司章程中规定公司董事的任职条件，不具备某些特定积极条件者不得担任公司董事，具备某些消极特定情节者也不得进入公司董事会，通过这些条款增加收购方选送合适人选出任公司董事的难度。实践中，可以具体对股东提名董事的权限、提名人数、董事会人选产生等方面设计限制董事资格的条款，如规定董事长必须从任职连续3年以上的执行董事中产生，或规定“公司董事长应由任职满二届的董事担任，副董事长由任职满一届的董事担任”等。

但前两项由于与现行《公司法》《证券法》《上市公司章程指引》存在部分矛盾，大部分公司已被交易所指导取消相应条款。

484. A股上市公司通过公司章程条款反收购需要注意哪些问题？

（1）修改公司章程的议案内容应当符合法律法规、中国证监会规范性文件、证券交易所业务规则、公司章程等有关规定。

（2）修改公司章程的条款如果涉及股东会、董事会、监事会的权限或议事规则等，上市公司应当同步修改股东会议事规则、董事会议事规则、监事会议事规则等有关的公司内部制度。

（3）上市公司章程中涉及控制权条款的约定需遵循法律、行政法规及中国证监会、交易所规则，不得利用反收购条款限制股东的合法权利。

485. 如何利用表决权差异进行反收购？

注册制改革实施后，创业板、科创板均引入了表决权差异安排，表决权差异安排可以有效防范敌意收购行为。表决权差异安排指发行人依照《公司法》第一百四十四条的规定，在一般规定的普通股份之外，发行拥有特别表决权的股份。每一特别表决权股份拥有的表决权数量大于每一普通股份拥有的表决权数量，其他股东权利与普通股份相同。

以创业板为例，符合条件的公司可以在其公司章程中规定每份特别表决权股份的表决权数量。每份特别表决权股份的表决权数量应当相同，且不得超过每份普通股份的表决权数量的10倍。实施表决权差异安排的企业，发行人具有表决权差异安排的，市值及财务指标应当至少符合下列标准中的一项：

（1）预计市值不低于100亿元，且最近一年净利润为正。

（2）预计市值不低于50亿元，最近一年净利润为正且营业收入不低于5亿元。

上市公司实施表决权差异安排的，在特别表决权股份的转让、表决事项、与普通股的转换及相关信息披露等方面需要遵守交易所的若干具体规定。

486. 收购上市公司存在违规情形的，是否可以限制收购方的表决权？

根据《上市公司收购管理办法》的规定，对于下列情形，中国证监会责令改正，采取监管谈话、出具警示函、责令暂停或者停止收购等监管措施，在改正前，相关信息披露义务人不得对其持有或者实际支配的股份行使表决权：

（1）上市公司的收购及相关股份权益变动活动中的信息披露义务人，未按照规定履行报告、公告以及其他相关义务的。

（2）上市公司的收购及相关股份权益变动活动中的信息披露义务人在报告、公告等文件中有虚假记载、误导性陈述或者重大遗漏的。

（3）投资者及其一致行动人取得上市公司控制权而未按照规定聘请财务顾问，规避法定程序和义务，变相进行上市公司的收购，或者外国投资者规避管辖的。

（4）收购人未依照规定履行相关义务、相应程序擅自实施要约收购的，或者不符合规定的免除发出要约情形，拒不履行相关义务、相应程序的。

487. 境外有哪些常见的反收购措施？

由于监管规则的不同，境外市场还存在其他反收购措施，包括：

（1）“金色降落伞计划”是指如果管理层被辞退，公司将给予管理层丰厚补偿的条款。“金色降落伞计划”虽然也会提高收购方的收购成本，但这种成本的增加与其他方法相比是极其有限的，本质上只是无股权或者股权极少的经理人的反收购策略。

（2）“毒丸计划”即股权摊薄反收购措施。当上市公司面临收购威胁时，其董事会启动向普通股股东发行优先股计划，一旦公司被收购，股东持有的优先股就可以转换为一定数额的公司股份。通过股本结构重组，降低收购方的持股比例或表决权比例，或增加收购成本以降低公司对收购人的吸引力，达到反收购的效果。目前，“毒丸计划”已发展为股东权利计划、负债“毒丸计划”和人员“毒丸计划”等。

（3）“焦土战术”，是指公司资产负向重组：一是目标公司将其最有价值的资产出售给第三方，或赋予第三方购买该资产的期权，从而恶化目标公司自身的资产和经营业绩，使收购人对目标公司失去兴趣而放弃收购；二是通过高价购入大量不良或低价值、无价值的资产，提前对外偿债，对外进行长期而高风险的投资等，使公司负债大量增加，财务状况恶化。

488. 什么是“白衣骑士”战术？

“白衣骑士”，是指目标企业为免遭敌意收购，自己主动寻找的善意收购人。一般来讲，如果收购人出价较低，目标企业被拯救的希望就很大；若收购人提供了很高的收购价，则“白衣骑士”的收购成本将会提高，公司获救的机会就大幅降低。

489. 如何在上市公司子公司层面设置反收购机制？

如果上市公司的核心资产系由特定子公司持有和运营，可以考虑在该子公司层面设置特别安排，比如在子公司层面引入少数股东，并在该子公司章程中约定，如果上市公司控制权发生变化，将触发子公司少数股东对该子公司的收购权，或者该子公司董事会席位设置机制将自动发生变化，如由此前的股东会过半数选举董事，变更为由股东会过3/4同意方能选举董事等。

490. 如何以诉讼方式阻碍敌意收购？

以诉讼方式阻碍敌意收购，是指通过发现敌意收购人或收购过程中存在的法律缺陷或不符合法律的情形，而向有关部门提起控告、申诉甚至向法院提起诉讼的手段而阻碍收购的方式。这是反收购战中的常用方式，可使收购人直接终止或中止收购行为，或者起到提高收购价格的作用，至少能起到拖延敌意收购人收购进程的作用，从而为目标公司采用“白衣骑士”战术或其他反收购策略争取到更多的时间。

第四章
并购基金

491. 什么是并购基金?

并购基金是由基金管理人管理基金资产，向特定投资者发行基金份额设立的私募基金。并购基金在获得目标企业控制权后，对企业进行改造或整合，进行必要的资产重组，待企业发展增值后，利用转售、管理层回购、上市后退出等方式出售股权并获取利润。并购基金可以充分发挥杠杆优势，提高并购效率，分散收购风险，同时实现利益共享。

492. 并购基金如何分类?

（1）根据投资策略，并购基金分为控股型并购基金和参股型并购基金。控股型并购基金强调获得标的企业控制权并以此主导标的企业的整合、重组及运营，参股型并购基金是通过提供债权融资或股权融资的方式协助其他并购主导方参与对标的企业的重组整合。

（2）根据管理机构背景，并购基金分为产业并购基金、券商并购基金、大型PE机构并购基金。产业并购基金往往围绕特定产业上下游产业链布局，券商并购基金主要结合投行、研究所的工作围绕上市公司的需求发掘并购机会，PE机构并购基金主要服务于项目端退出。

（3）根据收益分配及风险承担机制，并购基金分为结构化并购基金和非结构化并购基金。结构化并购基金是指并购基金基于分配顺序的不同设置了多种类型的份额，通常包括优先级份额和劣后级份额，持有优先级份额的投资者可优先收回出资本金及预期收益，其预期收益与风险均比较低；而持有劣后级份额的投资者只有在优先级投资者回收其出资本金及预期收益后方可自并购基金中回收其出资本金并享有剩余收益。非结构化并购基金，即平层并购基金，其投资者在收益分配及风险承担方面不存在先后顺序。

（4）根据运作方式，并购基金分为开放型和封闭型两类。开放型并购基金是指基金公司设立基金之初不对基金单位的总份数进行规定，投资者可随时依据市场情况追加或退出，其操作透明度高，流动性强。封闭型并购基金是指基金设立之初便对募集金额、存续期做了明确规定，投资者一旦认购就不能随意退出，并购基金资金总量较为稳定。

493. 什么是控股型并购基金？

控股型并购基金，是指并购基金在参与并购过程中强调获取标的企业的绝对控制权，并作为企业整合者参与主导标的企业的运营及并购重组交易。成熟市场的并购基金多为控股型并购基金，主流控股型并购基金多采用合伙制，具有以下特点：

（1）以获得并购标的企业控制权为投资前提。控股型并购基金强调获得标的企业的控制权从而拥有实施并购后整合的决策权。只有先获得并购标的企业控制权，才能有优势主导对标的企业的整合重组，并通过出售实现安全退出和资本增值。

（2）以杠杆收购推进并购投资计划。控股型并购基金通过一种或多种组合的融资方式，使杠杆率提高，在实施有效整合并安全退出时，基金将获得可观的杠杆效益。

（3）以培养优秀整合管理团队为安全退出保障。拥有资深经营经验和优秀整合能力的决策管理团队主导着被并购企业的经营整合及流程再造。只有培养优秀整合管理团队才能助力并购基金安全退出并获得较大的增值收益。

494. 什么是参股型并购基金？

参股型并购基金一般不取得标的企业的控制权，主要利用自身融资、对资本市场的精准判断及其他方面的优势，协助其他主导并购方参与对标的企业的整合重组，并择机选择合理方式退出。通常，参股型并购基金通过提供债权融资或股权融资的方式参与并购。

目前，我国的并购基金多采用产融合作的参股型并购策略，具体操作方式如下：

（1）由并购主导方在寻找优良的目标公司后决定发起并购交易。

（2）基金管理人寻找其他投资者参与设立并购基金。

（3）并购基金与并购主导方共同收购目标公司或为并购主导方提供过桥资金。

（4）在收购场景下，并购基金将目标公司股权卖给上市公司或其他收购方达到退出的目的。在过桥资金场景下，并购基金获得低风险的固定或浮动收益。

495. 产业并购基金有哪些特点？

产业并购基金主要由大型产业资本与私募机构联合发起，大型产业资本作为基金的有限合伙人，其余资金由私募机构从其他渠道募集。产业并购基金承担价值发现和价值创造功能，可以有效帮助产业方借助机构的专业能力和资源实现行业的整合。产业并购基金主要有以下特点：

（1）在投资目标和策略方面，目标公司通常为产业方所处产业链上下游或横向企业，通过并购后的整合，对目标公司进行赋能增值，实现长期价值增长，协助产业方实现行业的横向、纵向或外延的扩张战略。

（2）在资金募集方式方面，主要通过非公开方式面向少数机构投资者或个人募集，较少涉及公开市场的操作，一般无须披露交易细节。

（3）在投资方式和期限方面，以战略投资为主。产业并购基金通过对目标公司的控股或参股，参与其经营决策和管理，属于中长期投资。

（4）在组织和管理形式方面，产业并购基金通常采取有限合伙的形式。通常由私募基金管理人作为普通合伙人，产业方作为有限合伙人；或者采取私募基金管理人和产业方同时担任普通合伙人，即“双 GP”的模式。区别在于，在单一 GP 模式下，基金的有限合伙人一般仅参与出资，不参与基金的具体管理，而将投资和经营决策全权委托给专业投资机构执行；在双 GP 模式下，产业方可以更多地参与和影响决策。

（5）在退出渠道方面，产业并购基金退出渠道较为多元。基金存续期满，可以通过 IPO、产业方并购、管理层收购、资本市场并购等方式实现退出。

496. 并购基金市场主要有哪些参与主体？

（1）基金投资人：个人投资者、机构投资者、合格境外机构投资者、金融机构以及法律法规允许或经中国证监会批准可以购买证券投资基金的其他投资者的合称。

（2）基金托管人：代表并购基金投资人权益，资产的管理机构和名义持有人，其职责是保证资产安全，按照资产管理与保管分开的原则展开基金运作，委托专门的基金托管人保管基金资产。

（3）基金管理人：基金运作的核心，其凭借专业知识与经验，按照投资组合原理，根据国家相关法律、法规以及基金的章程、契约对所管理的资产进行科学、合理的决策，谋求基金资产的不断增值，使基金投资人获得收益。

（4）目标企业：被并购企业的股权、资产。

（5）中介服务机构：一般包括投融资平台、律师事务所、会计师事务所、投融资咨询机构以及专业的研究机构等，主要提供法律和财务等方面的咨询服务。

497.“上市公司＋PE”类并购基金有哪些特点？

并购基金通常采取有限合伙企业的法律形式。专业的私募基金管理机构担任合伙企业的普通合伙人并兼任基金管理人，出资比例较低；上市公司担任有限合伙人；上市公司的关联方可参与出资，或者由其与私募基金管理机构共同担任普通合伙人，形成“双 GP”的结构，保障上市公司能够参与和影响并购基金的投资决策。

在并购基金并购业务的开展过程中，PE和上市公司可以发挥各自专长，各司其职。一般PE负责项目选择及投资，上市公司负责项目运营及管理。

“上市公司+PE”类并购基金所投资项目的退出渠道基本上锁定为上市公司并购退出。上市公司与PE通常在交易前约定，上市公司对并购基金所投项目具有认购义务。因此，并购基金参与的完整的交易模式通常涉及两次收购，即控制权由目标公司原始股东转移给并购基金的一次收购，以及控制权由并购基金转移给上市公司的二次收购。

并购基金对外投资时更加注重取得对目标公司的控制权。与一般的基金通常作为财务投资人购买目标公司的少数股权不同，上市公司参与设立的并购基金通常需要取得目标公司的控制权，才能顺利实现由上市公司对目标公司进行业务整合，并在适当的时机出售给上市公司而实现退出。

498. 上市公司设立并购基金可能引发哪些问题？

（1）上市公司对并购基金并表问题。这个问题的本质是判断上市公司是否对并购基金，以及并购基金投资标的产生实际控制。依照《企业会计准则》的相关规定，如果上市公司对目标公司的生产经营决策实施了控制，则目标公司的控制权发生了转移，应当并入上市公司合并报表范围。控制权的判断应当遵循实质重于形式原则，并非完全取决于持股比例。若认定上市公司对并购基金实际控制以及同时实现对目标公司的控制，则在并购基金实施并购时，上市公司就应该对目标公司进行详细的信息披露和财务并表。这可能与部分上市公司设立并购基金的初衷相违背，直接影响上市公司设立这一类并购基金的动力。

（2）上市公司关联方参与投资的问题。如果上市公司实际控制人、董监高与上市公司同步持有并购基金有限合伙份额，需要考虑共同投资并购基金的行为是否符合上市公司关联交易管理的相关规则。此外，并购基金需制定行之有效的内控制度，以保证信息的有效隔离，杜绝内幕交易或市场操纵。

（3）同业竞争问题。并购基金的特点决定了收购的目标公司有可能为上市公司主营业务相关行业，如果并购基金系由上市公司控股股东或实际控制人参与设立的，则该基金在开展投资前，应该关注是否会新增同业竞争问题。

（4）“交叉持股”问题。上市公司对并购基金出资，并购基金持有目标公司股权。此时如果上市公司向并购基金发行股份购买其持有的目标公司股权，则会导致上市公司与并购基金之间形成交叉持股，存在合规风险，应当考虑通过提前退出、现金收购、份额转让等形式规避交叉持股问题。

499. 我国并购基金的融资方式？

我国并购基金可以采取的融资方式主要有以下几种：

（1）非公开方式募集。这是目前国内的并购基金常见的融资方式，主要由基金管理人定向寻找同行业或上下游的产业方，或其他有投资意愿和能力的企业或自然人，作为并购基金的有限合伙人直接向并购基金提供资金。

（2）引入保险、信托等理财资金。由基金子公司、证券公司、保险公司、信托公司等设立计划作为并购基金的有限合伙人，同时发行产品募集资金，可显著降低单个投资人的投资门槛，扩大融资范围。

（3）夹层融资。夹层融资中，除找到前述投资人外，还会对投资人进行优先、劣后安排，优先级投资人取得固定收益，虽然收益较低，但可以优先保证出资本金的回收和低风险退出；劣后级投资人的出资本金回收顺序居于最末，投资风险较高，但是可以获得高额收益；中间层投资人的风险和收益介于优先级投资人和劣后级投资人之间。

（4）并购贷款。并购贷款是国内商业银行用于支持股权融资的贷款产品，商业银行主要依据《商业银行并购贷款风险管理指引》发放贷款，该指引要求并购方合并或实际控制已设立并持续经营的目标企业或资产，控股型并购基金符合前述要求，有产业集团背景的产业并购基金更容易申请并购贷款。

并购基金可综合考虑并购基金的投资结构、融资成本等，使用一种或多种融资方式获取资金。

500. 并购基金的主要退出路径？

并购基金退出路径较为多元，常见的主要有以下几种：

（1）上市公司并购退出。在并购基金存续期限内，并购基金收购目标公司后，可以对目标公司进行孵化并根据相关上市公司监管规则的要求实施规范培育，符合置入上市公司的规范性和财务要求后，可以由上市公司对目标公司进行收购。上市公司可以采取支付现金、发行股份或两者相结合的方式进行收购，标的收购价格通常以届时市场价格或有限合伙人投资年复合净收益率两者孰高为准。

（2）首次公开发行（IPO）。在投资标的经过并购基金的重组改造并持有一段时间后，如项目运行正常且符合IPO条件，可以选择在境内外资本市场进行IPO，IPO通常能实现较高的估值水平。IPO这种方式通常能给投资者带来较高的回报，但也需要较长的等待时间和较高的资金成本。

（3）第三方并购退出。并购基金可以将所投资的项目转让给其他产业基金或第三方投资者。这种方式通常发生在市场环境变化或投资标的无法达到上市条件时。

（4）被并购企业股份回购。在某些情况下，被并购企业的管理层或股东可能会选择回购并购基金所持有的股份。如并购基金存续期临近届满、目标公司通过其他方式无法解决基金退出需求，或目标公司业绩改善后，管理层或股东希望重新获得控制权且愿意给并购基金较高的回报等。

综上所述，并购基金的退出路径具有多样性，可以根据市场环境和目标公司的状况以及投资者的需求进行选择。每种退出路径都有其优点和限制，需要根据实际情况进行权衡和决策。

第五章

国有股权

501. 什么是国有股东？

国有股东，是指符合以下情形之一的企业和单位，其证券账户标注为“SS”：

（1）政府部门、机构、事业单位、境内国有独资或全资企业。

（2）第（1）项中所述单位或企业独家持股比例超过50%，或合计持股比例超过50%，且其中之一为第一大股东的境内企业。

（3）第（2）项中所述企业直接或间接持股的各级境内独资或全资企业。

对于上市公司国有股东的认定，如不符合上述规定的国有股东标准，但政府部门、机构、事业单位和国有独资或全资企业通过投资关系、协议或者其他安排，能够实际支配其行为的境内外企业，证券账户标注为“CS”，所持上市公司股权变动行为参照上述规定的国有股东管理。国有出资的有限合伙企业不作为国有股东认定，其所持上市公司股份的监督管理另行规定。

《上市公司国有股权监督管理办法》第七十八条明确规定，国有出资的有限合伙企业不作国有股东认定，其所持上市公司股份的监督管理另行规定。《有限合伙企业国有权益登记暂行规定》于2020年1月公布并生效实施，但其适用于有限合伙企业国有权益登记，并未直接对国有出资的有限合伙企业所持上市公司股份的监管要求予以规定。

502. 国有股东标识由谁认定，需提供哪些资料？

股份公司国有股东标识由持股比例最大的国有股东负责向本级国有资产监督管理机构申报。国有股东持股比例相同的，可以由相关股东协商后确定其中一家股东统一负责向本级国有资产监督管理机构申报，其他国有股东配合提供所需的文件资料。

国务院国资委规定的办理国有股东标识管理所需材料包括：股份公司的国家出资企业产权登记表（证）、股份公司各国有股东的国家出资企业产权登记表（证）、股份公司最近一期年度审计报告、律师事务所出具的股份公司股东情况的法律意见书等。

503. 什么是上市公司国有股权变动行为？

上市公司国有股权变动行为，是指上市公司国有股权持股主体、数量或比例等发生变化的行为。具体包括：国有股东所持上市公司股份通过证券交易系统转让、公开征集转让、非公开协议转让、无偿划转、间接转让、国有股东发行可交换公司债券；国有股东通过证券交易系统增持、协议受让、间接受让、要约收购上市公司股份和认购上市公司发行股票；国有股东所控股上市公司吸收合并、发行证券；国有股东与上市公司进行资产重组等行为。

504. 什么机构负责上市公司国有股权变动的监督管理？

上市公司国有股权变动的监督管理由省级以上国有资产监督管理机构负责。省级国有资产监督管理机构报经省级人民政府同意，可以将地市级以下有关上市公司国有股权变动的监督管理交由地市级国有资产监督管理机构负责。省级国有资产监督管理机构需建立相应的监督检查工作机制。

上市公司国有股权变动涉及政府社会公共管理事项的，应当依法报政府有关部门审核。受让方为境外投资者的，应当符合外商投资产业指导目录或负面清单管理的要求，以及外商投资安全审查的规定，涉及该类情形的，各审核主体在接到相关申请后，应就转让行为是否符合吸收外商投资政策向同级商务部门征求意见。

按照法律、行政法规和本级人民政府有关规定，须经本级人民政府批准的上市公司国有股权变动事项，国有资产监督管理机构应当履行报批程序。

505. 国家出资企业负责管理哪些事项？

（1）国有股东通过证券交易系统转让所持上市公司股份，未达到应报国有资产监督管理机构审核批准的比例或数量的事项。

（2）国有股东所持上市公司股份在本企业集团内部进行的无偿划转、非公开协议转让事项。

（3）国有控股股东所持上市公司股份公开征集转让、发行可交换公司债券及所控股上市公司发行证券，未导致其持股比例低于合理持股比例的事项；国有参股股东所持上市公司股份公开征集转让、发行可交换公司债券事项。

（4）国有股东通过证券交易系统增持、协议受让、认购上市公司发行股票等未导致上市公司控股权转移的事项。

（5）国有股东与所控股上市公司进行资产重组，不属于中国证监会规定的重大资产重组范围的事项。

506. 国有股东通过证券交易系统转让上市公司股份，哪些情形应报国有资产监督管理机构审核批准？

（1）国有控股股东转让上市公司股份可能导致持股比例低于合理持股比例的。

（2）总股本不超过 10 亿股的上市公司，国有控股股东拟于一个会计年度内累计净转让（累计转让股份扣除累计增持股份后的余额，下同）达到总股本 5% 及以上的；总股本超过 10 亿股的上市公司，国有控股股东拟于一个会计年度内累计净转让数量达到 5000 万股及以上的。

（3）国有参股股东拟于一个会计年度内累计净转让达到上市公司总股本 5% 及以上的。

507. 什么是国有股东的公开征集转让行为？

公开征集转让，是指国有股东依法公开披露信息，征集受让方转让上市公司股份的行为。国有股东拟公开征集转让上市公司股份的，在履行内部决策程序后，应书面告知上市公司，由上市公司依法披露，进行提示性公告。国有控股股东公开征集转让上市公司股份可能导致上市公司控股权转移的，应当一并通知上市公司申请停牌。上市公司发布提示性公告后，国有股东应及时将转让方案、可行性研究报告、内部决策文件、拟发布的公开征集信息等内容通过管理信息系统报送国有资产监督管理机构。

508. 什么情形国有股东可以非公开协议转让上市公司股份？

非公开协议转让，是指不公开征集受让方，通过直接签订协议转让上市公司股份的行为。符合以下情形之一的，国有股东可以非公开协议转让上市公司股份：

（1）上市公司连续两年亏损并存在退市风险或严重财务危机，受让方提出重大资产重组计划及具体时间表的。

（2）企业主业处于关系国家安全、国民经济命脉的重要行业和关键领域，主要承担重大专项任务，对受让方有特殊要求的。

（3）为实施国有资源整合或资产重组，在国有股东、潜在国有股东（经本次国有资源整合或资产重组后成为上市公司国有股东的，以下统称“国有股东”）之间转让的。

（4）上市公司回购股份涉及国有股东所持股份的。

（5）国有股东因接受要约收购方式转让其所持上市公司股份的。

（6）国有股东因解散、破产、减资、被依法责令关闭等原因转让其所持上市公司股份的。

（7）国有股东以所持上市公司股份出资的。

509. 国有股东公开征集转让上市公司股份和国有股东非公开协议转让上市公司股份的定价有哪些要求？

（1）国有股东公开征集转让上市公司股份的价格不得低于下列两者之中的较高者：

①提示性公告日前30个交易日的每日加权平均价格的算术平均值。

②最近一个会计年度上市公司经审计的每股净资产值。

（2）国有股东非公开协议转让上市公司股份的价格不得低于下列两者之中的较高者：

①提示性公告日前 30 个交易日的每日加权平均价格的算术平均值。

②最近一个会计年度上市公司经审计的每股净资产值。

（3）国有股东非公开协议转让上市公司股份存在下列特殊情形的，可按以下原则确定股份转让价格：

①国有股东为实施资源整合或重组上市公司，并在其所持上市公司股份转让完成后全部回购上市公司主业资产的，股份转让价格由国有股东根据中介机构出具的该上市公司股票价格的合理估值结果确定。

②为实施国有资源整合或资产重组，在国有股东之间转让且上市公司中的国有权益并不因此减少的，股份转让价格应当根据上市公司股票的每股净资产值、净资产收益率、合理的市盈率等因素合理确定。

510. 国有股东转让上市公司股份，是否需要遵守交易所关于流通股协议转让的定价要求？

沪深两地证券交易所关于上市公司股份协议转让业务办理的相关规定要求，上市公司股份协议转让应当以协议签署日的前一交易日转让股份二级市场收盘价为定价基准，转让价格范围下限比照大宗交易的规定执行。同时规定，法律、行政法规、部门规章、规范性文件及交易所业务规则等另有规定的除外，且要求国有主体行政划转或者协议转让上市公司股份应当遵守国有资产管理的相关规定，确定协议转让价格并根据规定履行审批或备案程序。

因此，国有股东转让上市公司股份，在严格遵守《上市公司国有股权监督管理办法》规定的国有股东公开征集转让、国有股东非公开协议转让上市公司股份的定价要求的基础上，可突破沪深两地证券交易所关于上市公司股份协议转让以协议签署日的前一交易日转让股份二级市场收盘价为定价基准，转让价格范围下限比照大宗交易的规定。

511. 国有股东公开征集转让上市公司股份和国有股东非公开协议转让上市公司股份的价款支付要求有哪些？

国有股东应在股份转让协议签订后5个工作日内收取不低于转让价款30%的保证金，其余价款应在股份过户前全部结清。在全部转让价款支付完毕或交由转让双方共同认可的第三方妥善保管前，不得办理股份过户登记手续。以非货币资产支付股份转让价款的，应当符合国家相关规定。

512. 什么情况下国有股东所持上市公司股份可以无偿划转？

政府部门、机构、事业单位、国有独资或全资企业之间可以依法无偿划转所持上市公司股份。

513. 国有股东收购上市公司或受让上市公司股份可以通过哪些交易方式？

国有股东受让上市公司股份行为主要包括：国有股东通过证券交易系统增持、协议受让、间接受让、要约收购上市公司股份和认购上市公司发行股票等。

514. 国有股东收购上市公司控制权，可否由国家出资企业自行审批？

国有股东受让上市公司股份构成上市公司控制权转移或变动的，如存在国有股东成为控股股东或实际控制人、上市公司从有实际控制人变更为无实际控制人等情形，不能仅由国家出资企业自行审核批准，还须由国家出资企业上报由国有资产监督管理机构审核批准。

515. 国有企业收购/转让境外上市公司股份是否适用《上市公司国有股股权监督管理办法》？

国有股东收购境外上市公司股份属于《上市公司国有股权监督管理办法》（国资委　财政部　证监会令第36号）规定的受让上市

公司股份情形，适用该办法。符合《上市公司国有股权监督管理办法》第三条规定情形的国有股东、符合第七十四条规定情形的境内外企业，所持上市公司股权（含H股上市公司的内资股）的变动，均适用该办法。

国有股东转让所持境外上市公司股份也属于《上市公司国有股权监督管理办法》规范的情形，适用该办法的相关规定。

516. 国家出资企业、国有资产监督管理机构批准国有股东受让上市公司股份时，应当审核哪些文件？

（1）国有股东受让上市公司股份的内部决策文件。

（2）国有股东受让上市公司股份方案，内容包括但不限于：国有股东及上市公司的基本情况、主要财务数据、价格上限及确定依据、数量及受让时限等。

（3）可行性研究报告。

（4）股份转让协议（适用于协议受让的）、产权转让或增资扩股协议（适用于间接受让的）。

（5）财务顾问出具的尽职调查报告和上市公司估值报告（适用于取得控股权的）。

（6）律师事务所出具的法律意见书。

（7）国家出资企业、国有资产监督管理机构认为必要的其他文件。

517. 国有资产监督管理机构批准国有股东所控股上市公司吸收合并时，应当审核哪些文件？

（1）国家出资企业、国有股东的内部决策文件。

（2）国有股东所控股上市公司吸收合并的方案，内容包括但不限于：国有控股股东及上市公司基本情况、换股价格的确定依据、现金选择权安排、吸收合并后的股权结构、债务处置、职工安置、市场应对预案等。

（3）可行性研究报告。

（4）律师事务所出具的法律意见书。

（5）国有资产监督管理机构认为必要的其他文件。

518. 什么是国有股东与上市公司进行资产重组？

国有股东与上市公司进行资产重组，是指国有股东（包括潜在国有股东，即资产重组后成为上市公司国有股东）向上市公司注入、购买或置换资产并涉及国有股东所持上市公司股份发生变化的情形。国有企业通过现金认购上市公司增发股份不属于《上市公司国有股权监督管理办法》规定的资产重组行为。

国有股东就资产重组事项进行内部决策后，应书面通知上市公司，由上市公司依法披露，并申请股票停牌。在上市公司董事会审议资产重组方案前，应当将可行性研究报告报国家出资企业、国有资产监督管理机构预审核，并由国有资产监督管理机构通过管理信息系统出具意见。

国有股东与上市公司进行资产重组方案经上市公司董事会审议通过后，应当在上市公司股东会召开前获得相应批准。属于由国家出资企业负责管理事项的，由国家出资企业审核批准，其他情形由国有资产监督管理机构审核批准。

519. 国家出资企业、国有资产监督管理机构批准国有股东与上市公司进行资产重组时，应当审核哪些文件？

（1）国有股东决策文件和上市公司董事会决议。

（2）资产重组的方案，内容包括但不限于：资产重组的原因及目的，涉及标的资产范围、业务情况及近3年损益情况、未来盈利预测及其依据，相关资产作价的说明，资产重组对国有股东及上市公司权益、盈利水平和未来发展的影响等。

（3）资产重组涉及相关资产的评估备案表或核准文件。

（4）律师事务所出具的法律意见书。

（5）国家出资企业、国有资产监督管理机构认为必要的其他文件。

520. 国有股份发生变动交易或行为时，国资监管审批前置于证券监管审核履行国资监管审批的时间要求有哪些？

就国有控股上市公司发行证券行为而言，应当在上市公司股东会召开前取得国资监管审核批准。其中属于《上市公司国有股权监督管理办法》第七条规定的未导致国有股东对上市公司持股比例低于合理持股比例（国有控股股东的合理持股比例由国家出资企业研究确定，并报国有资产监督管理机构备案）等特定情形的，由国家出资企业审核批准。其他情形报国有资产监督管理机构审核批准。

就国有股东与上市公司进行资产重组行为而言，国有股东就资产重组事项进行内部决策后，应书面通知上市公司，由上市公司依法披露，并申请股票停牌。在上市公司董事会审议资产重组方案前，应当将可行性研究报告报国家出资企业、国有资产监督管理机构预审核，并由国有资产监督管理机构通过管理信息系统出具意见。国有股东与上市公司进行资产重组方案经上市公司董事会审议通过后，应当在上市公司股东会召开前获得相应批准。符合《上市公司国有股权监督管理办法》第七条规定的不属于中国证监会规定的重大资产重组范围等特定情形的，由国家出资企业审核批准，其他情形由国有资产监督管理机构审核批准。

就国有控股上市公司吸收合并而言，国有股东应当在上市公司董事会审议吸收合并方案前，将该方案报国有资产监督管理机构审核批准。

521. 上市公司国有股东内幕信息管理的主要要求有哪些？

（1）明确内幕信息管理机构：上市公司国有股东、实际控制人应明确本单位内幕信息管理机构，负责内幕信息管理，督促、协调上市公司信息披露，配合上市公司实施内幕信息知情人登记等事项。

（2）建立健全内幕信息管理规章制度：上市公司国有股东、实际控制人应当建立健全内幕信息管理规章制度，对涉及上市公司重大事项的决策程序、内幕信息的流转与保密、信息披露、内幕信息知情人登记等方面做出明确规定。

（3）重大事项流程要求：①上市公司国有股东、实际控制人在涉及上市公司重大事项的策划、研究、论证、决策过程中，应当在坚持依法合规的前提下，采取必要且充分的保密措施，严格控制参与人员范围，减少信息知悉及传递环节；简化决策流程，缩短决策时间，并建立责任追究制度。有关事项的决策原则上应在相关股票停牌后或非交易时间进行。②相关信息披露前，上市公司国有股东、实际控制人中的内幕信息知情人不得在公司内部网站或以内部讲话、接受访谈、发表文章等形式将信息向外界泄露，也不得利用内幕信息为本人、亲属或他人牟利。一旦出现市场传闻或上市公司证券及其衍生品异常交易等情况，应当及时督促、配合上市公司披露或澄清相关信息。③上市公司国有股东、实际控制人就涉及内幕信息的相关事项决策后，应当按照相关规定及时书面通知上市公司，由上市公司依法披露。

（4）重大事项内幕信息知情人登记：上市公司国有股东、实际控制人应支持和配合上市公司按规定做好内幕信息知情人登记工作，保证内幕信息知情人登记信息的真实、准确、完整。由上市公司国有股东或实际控制人研究、发起涉及上市公司的重大事项并可能产生内幕信息时，上市公司国有股东或实际控制人应按照证券监管机构要求填写内幕信息知情人档案，及时记录重要信息，并在通知上市公司相关事项时将知情人档案一并抄送。

522. 国有参股股东非公开协议转让上市公司股份的审批权限是怎样划分的？

《上市公司国有股权监督管理办法》规定的国有股东所持上市公司股份在本企业集团内部进行的无偿划转、非公开协议转让事项均由国家出资企业负责管理；向企业集团外部非公开协议转让上市公司股份由国资监管机构审核批准。

523. 国资（有限合伙）基金是否需要作国有股东标识，其转让所持上市公司股份是否需要适用《上市公司国有股权监督管理办法》？

国资（有限合伙）基金不需要作国有股东标识，其转让所持上市公司股份不需要适用《上市公司国有股权监督管理办法》。

524. 国有资产评估能否由交易双方共同委托？

《企业国有资产评估管理暂行办法》（国资委令第12号）第二

十二条规定，企业进行与资产评估相应的经济行为时，应当以经核准或备案的资产评估结果为作价参考依据。作价参考在企业实施相关经济行为时，属于具有商业价值的重要信息，不宜由交易双方共同委托掌握。

525. 国有股东向上市公司注入、购买或置换资产不涉及国有股东所持上市公司股份发生变化，是否适用《上市公司国有股权监督管理办法》?

《上市公司国有股权监督管理办法》所称国有股东与上市公司资产重组是指，国有股东或潜在国有股东（包括经本次资产重组后成为上市公司国有股东）向上市公司注入、购买或置换资产，并涉及国有股东所持上市公司股份发生变化的情形。国有股东向上市公司注入、购买或置换资产不涉及国有股东所持上市公司股份发生变化的，可能适用的国资监管规定包括《企业国有资产交易监督管理办法》（国资委 财政部令第 32 号）《中央企业投资监督管理办法》（国资委令第 34 号）《关于中央企业国有产权置换有关事项的通知》（国资发产权〔2011〕121 号）等，需结合经济行为具体情况判断实际适用的规则。

526. 国有上市公司股票发行是否需遵守“破净”原则?

需要。国资委、财政部在监管中把握国有控股上市公司发行股份价格不得低于每股净资产值（即“破净”）的原则，主要是为了维护国有权益，防止国有资产流失。一方面，在“破净”情况下，各类所有制企业都会审慎对待相关资本运作事项。另一方面，若取消“破净”实施的限制，企业可能以远低于每股净资产值的价格进行操作，引发国有资产流失问题。把握原则上不得“破净”实施的底线，是将市场普遍规律融入常规监管原则，以维护国有权益。

近年来，我国证券市场的规模、深度和流动性大大拓展，估值定价功能日益完善，定价市场化程度不断提升。目前，证券市场信息披露制度健全，上市公司运作公开透明，参与各方互相制约，形成了有效的外部监督。提升定价机制有效性是深化资本市场改革的重要内容，对于国有控股上市公司确有“破净”实施的需求，且实施有利于维护国有权益的，需报国资委/财政部门研究，这些有条件的部门在履行相关程序后对个案应予以支持，以充分发挥股票市场价格发现作用，提高上市公司融资效率。

527. 财政部门下属上市公司、金融和文化类上市公司的国有股权管理，是否适用《上市公司国有股权监督管理办法》，或适用其他规定？

财政部门下属上市公司需要区分不同类别。原则上政府部门、机构、事业单位及其所属企业持有的上市公司国有股权变动行为，按照现行监管体制，比照《上市公司国有股权监督管理办法》管理。

根据《上市公司国有股权监督管理办法》有关规定，金融、文化类上市公司国有股权的监督管理，国家另有规定的，依照其规定。国有或国有控股专门从事证券业务的证券公司及基金管理公司转让、受让上市公司股份，不适用《上市公司国有股权监督管理办法》。

对于金融、文化类企业的国有资产管理，其他主要规定包括：

（1）金融类：财政部《金融企业国有资产转让管理办法》（财政部令第54号，2009年5月实施），涉及金融机构所持上市公司股份的监管。

（2）文化类：中共中央宣传部、财政部《中央文化企业国有资产监督管理暂行办法》（中宣发〔2017〕3号，2017年1月实施）。

另外，各地方还有相关地方性规定。

第六章

新三板挂牌公司

528. 上市公司收购新三板公司的主要法规有哪些?

上市公司收购新三板公司的交易行为主要受《公司法》《证券法》《反垄断法》等法律的约束，同时还需遵守《上市公司重大资产重组管理办法》《公开发行证券的公司信息披露内容与格式准则第26号——上市公司重大资产重组》《非上市公众公司收购管理办法》《全国中小企业股份转让系统业务规则（试行)》等规则。上市公司收购新三板公司时涉及信息披露及编制相关披露文件需遵守以下相关规定:《上市公司信息披露管理办法》《非上市公众公司信息披露管理办法》《全国中小企业股份转让系统挂牌公司信息披露细则(试行)》《非上市公众公司信息披露内容与格式准则第5号——权益变动报告书、收购报告书和要约收购报告书》等。

529. 收购新三板挂牌公司的交易方式有哪些?

(1) 竞价交易和大宗交易：投资者通过做市交易、竞价交易、大宗交易方式买卖股票，但达到权益变动披露标准，应当履行权益变动相关义务。

(2) 协议转让：投资者通过协议转让方式从新三板公司原控股股东或主要股东处受让股份，且可配合运用表决权委托、表决权放弃等方式，降低原控股股东的表决权，增加投资者的表决权。

(3) 定增交易：投资者参与新三板公司的定增，定增后成为新三板公司控股股东，原控股股东股权被稀释。

（4）要约收购：投资者可根据《非上市公众公司收购管理办法》的规定以自愿要约的方式发出收购要约，实现对新三板公司的收购。

（5）间接收购：如果新三板公司的控股股东为企业形式，如公司形式或合伙企业形式，则投资者可以通过受让该企业控制权的方式间接收购新三板公司控制权。

（6）执行司法裁定：如果新三板公司控股股东持有的股权被法院强制执行，则投资者可以通过参与强制执行程序拍卖、竞买或协商受让获得新三板公司的控制权。

（7）股权无偿划转：在某些特殊情况下，政府或国有资产管理单位可能会通过管理手段将新三板公司的股权无偿划转给另一主体，使新三板公司的控股股东或控制权发生变更。

530. 收购新三板挂牌公司控制权的披露要求？

根据《非上市公众公司收购管理办法》，投资者成为或拟成为新三板公司第一大股东或者实际控制人且拥有权益的股份超过新三板公司已发行股份10%的，应当在该事实发生之日起2日内编制收购报告书，连同财务顾问专业意见和律师出具的法律意见书一并披露，报送全国股份转让系统，同时通知该新三板公司。

此外，有下列情形之一的，投资者应当在该事实发生之日起2日内编制并披露权益变动报告书，报送全国股份转让系统，同时通知该新三板公司，且自该事实发生之日起至披露后2日内，不得再买卖该新三板公司的股票：

（1）通过全国股份转让系统的做市方式、竞价方式进行证券转让，投资者及其一致行动人拥有权益的股份达到新三板公司已发行股份的10%。

（2）通过协议方式，投资者及其一致行动人在公众公司中拥有权益的股份拟达到或者超过新三板公司已发行股份的10%。

531. 对收购人的股份限售有何要求？

上市公司成为公司第一大股东或者实际控制人的，上市公司持有的被收购公司股份，在收购完成后 12 个月内不得转让。上市公司在被收购公司中拥有权益的股份在同一实际控制人控制的不同主体之间进行转让不受前述 12 个月的限制。

532. 挂牌企业被收购后是否需要终止挂牌?

挂牌企业被收购不必然导致需要终止挂牌，但挂牌企业被收购若不符合新三板挂牌要求的，则需终止挂牌。

第七章
反　垄　断

533. 我国规范反垄断申报的法律法规有哪些？

我国规范反垄断申报涉及的法律法规主要包括：全国人大常委会颁布并于 2022 年修订的《中华人民共和国反垄断法》；国务院颁布并于 2024 年修订的《关于经营者集中申报标准的规定》和国务院反垄断委员会发布的《关于相关市场界定的指南》；国家市场监督管理总局发布的《经营者集中审查规定》《关于经营者集中申报的指导意见》《关于经营者集中简易案件申报的指导意见》《关于规范经营者集中案件申报名称的指导意见》《关于经营者集中申报文件资料的指导意见》以及《经营者集中反垄断合规指引》；商务部会同中国人民银行、原中国银监会、中国证监会和原中国保监会发布的《金融业经营者集中申报营业额计算办法》。

534. 经营者集中申报的主管机关是哪个？

国家市场监督管理总局（以下简称“市场监管总局”）执法二司负责对经营者集中行为进行反垄断审查，查处违法实施的经营者集中案件，查处未达申报标准但可能排除、限制竞争的经营者集中案件，以及监督执行经营者集中附加限制性条件等工作。

此外，受市场监管总局委托，自 2022 年 7 月起，北京、上海、广东、重庆、陕西等 5 个省（直辖市）市场监督管理部门负责部分经营者集中简易案件反垄断审查工作。

535. 在什么情况下并购重组需向市场监管总局申报？

经营者集中达到申报标准的，经营者应当事先向市场监管总局申报。经营者集中包括下列情形：

（1）经营者合并。

（2）经营者通过取得股权或者资产的方式获得对其他经营者的控制权。

（3）经营者通过合同等方式取得对其他经营者的控制权或者能够对其他经营者施加决定性影响。

对于新设合营企业而言，如果至少有两个经营者共同控制该合营企业，则构成经营者集中；如果仅有一个经营者单独控制该合营企业，其他的经营者没有控制权，则不构成经营者集中。

符合以下任一申报标准的经营者集中，应当进行申报：

（1）参与集中的所有经营者上一会计年度在全球范围内的营业额合计超过120亿元人民币，并且其中至少两个经营者上一会计年度在中国境内的营业额均超过8亿元人民币。

（2）参与集中的所有经营者上一会计年度在中国境内的营业额合计超过40亿元人民币，并且其中至少两个经营者上一会计年度在中国境内的营业额均超过8亿元人民币。

经营者集中有下列情形之一的，可以不向市场监管总局申报：

（1）参与集中的一个经营者拥有其他每个经营者50%以上有表决权的股份或资产的。

（2）参与集中的每个经营者50%以上有表决权的股份或者资产被同一个未参与集中的经营者拥有的。

536. 在什么情况下没有达到营业额标准的交易会被要求提交申报？

经营者集中未达到应事先向市场监管总局申报的营业额标准，但有证据证明该经营者集中具有或者可能具有排除、限制竞争效果的，市场监管总局可以要求经营者申报并书面通知经营者。

537. 交易各方没有业务重叠/交易各方市场份额很低，是否需要考虑申报？

一项交易是否需要进行经营者集中申报主要从交易是否构成集中以及是否达成营业额标准两个方面进行判断。因此，无论交易方之间是否存在业务重叠，以及交易方的市场份额是高还是低，只要交易构成经营者集中且满足法定营业额标准，均需要进行经营者集中申报。

538. 什么时点进行经营者集中申报？

达到申报标准的经营者集中，经营者应当在实施集中前提交申报。未申报或者申报后获得批准前不得实施集中。

539. 哪些并购交易类型适用经营者集中申报？

合并、收购、通过合同取得控制权或能够施加决定性影响、新设立合营企业。合并包括新设合并和吸收合并，收购包括资产收购和股权收购（包括但不限于现金收购、公开要约收购、未获目标公司董事会或管理层支持的要约收购、换股），以及通过合同等方式取得控制权或能够施加决定性影响。

实践中，除上述典型交易情形外，经营者集中还可能表现为其他非典型的形式，例如表决权委托、资产或业务托管、签订一致行动协议、签订重大商业合同、修改公司章程等。无论外在表现形式为何，其核心是判断在交易前后，经营者的控制权是否发生变化。

540. 判断取得控制权的标准是什么？

如果收购方不会通过交易获取对目标公司的控制权，不会对目标公司施加决定性影响，仅以获得股息或分红为目的，此类交易不属于《反垄断法》所规制的经营者集中，进而无须申报。

反垄断意义上的控制权与持股比例没有直接关系，与财务上能否并表也没有必然联系，其关注的是一个经营者能否对另一个经营者的经营决策和管理施加决定性影响。其可以表现为一方单独控制，也可以表现为两方或以上共同控制，可以表现为积极控制（即有权决定）也可以表现为消极控制（即有权否决）。在进行控制权认定时，需要考虑大量法律和事实因素，包括：

（1）交易的目的和未来的计划。

（2）交易前后其他经营者的股权结构及其变化。

（3）其他经营者股东会等权力机构的表决事项及其表决机制，以及其历史出席率和表决情况。

（4）其他经营者董事会等决策或者管理机构的组成及其表决机制，以及其历史出席率和表决情况。

（5）其他经营者高级管理人员的任免等。

（6）其他经营者股东、董事之间的关系，是否存在委托行使投票权、一致行动人等。

（7）该经营者与其他经营者是否存在重大商业关系、合作协议等。

如果一个经营者通过取得股权、资产或合同等方式对于其他经营者的高级管理人员任免、财务预算、经营计划等经营决策和管理事项具有否决权，则前者通常被视为对后者具有控制权。

541. 谁是参与集中的经营者？

（1）在经营者合并的情况下，无论是吸收合并还是新设合并，合并各方均为参与集中的经营者。

（2）在新设合营企业的情况下，对合营企业有控制权的经营者为参与集中的经营者。

（3）股权收购、资产收购或通过其他方式取得控制权的情况下，目标公司和交易之后所有对其拥有控制权的经营者。唯一的例外是：如交易前目标公司的单独控制方在交易后仍拥有控制权，则目标公司自身不是参与集中的经营者。

542. 参与集中的经营者的营业额应当如何计算？

营业额包括相关经营者上一会计年度在中国境内或全球销售产品和提供服务所获得的收入，扣除各项税金及其附加。不同企业的会计年度区间有所不同。经营者的营业额既包括销售产品所获得的收入，也包括提供服务所获得的收入，计算营业额时可扣除相关税金及附加。中国境内营业额，是指经营者所供应的产品或服务的买方所在地为中国境内部分的营业额，包括进口至中国境内的营业额，不包括从中国境内向境外出口的营业额部分。全球范围内的营业额则为经营者从包括中国在内的全球各地取得的营业收入总和。

需要注意的是，参与集中的经营者的营业额是指该经营者所属集团的合并营业额，即该经营者以及申报时与该经营者存在直接或者间接控制关系的所有经营者的营业额总和，但是不包括上述经营者之间的营业额。

如果经营者取得其他经营者的组成部分时，出让方不再对该组成部分拥有控制权或者不能施加决定性影响的，目标经营者的营业额仅包括该组成部分的营业额。其主要包括两种情形：一是在出售资产的情况下，卖方对被出售的资产不再拥有控制权，则只计算该资产所产生的营业额；二是在出售目标公司全部或部分股权的情况下，卖方在交易完成后对目标公司不再拥有控制权，则只计算该目标公司的营业额。

如果参与集中的经营者之间或者参与集中的经营者和未参与集中的经营者之间有共同控制的其他经营者，则参与集中的经营者的营业额应当包括被共同控制的经营者与第三方经营者之间的营业额，此营业额只计算一次，且在有共同控制权的参与集中的经营者之间平均分配。

543. 分步达成的并购交易是否需要开展经营者集中申报?

（1）就申报标准的评估而言，经营者及其控制的子公司、准子公司、股东等在2年内连续多次实施的未达到申报标准的经营者集中，应当视为一次集中交易。集中发生时间从最后一次交易算起，该经营者集中的营业额应当将多次交易合并计算。

（2）就提起申报的时间安排而言，对于互为条件的多个交易或步骤，应当在实施第一步交易前提起申报并取得审批。

交易方出于商业考量计划通过多个步骤完成并购时，应对经营者申报义务评估问题予以关注，对于经评估需要进行经营者集中申报的交易，可以考虑调整交易设计，尽早将经营者集中申报程序纳入项目整体时间表考量，以推进审批流程。

544. 提请经营者集中申报的义务方有哪些？

在合并交易中，参与合并的各方均是申报义务人，各方既可以共同申报，也可以单独申报。多方义务人约定由其中的一个经营者负责申报的，如果指定的经营者未能按约定申报，不会免除或减轻其他经营者的法律责任。

股权收购、资产收购、通过合同或其他方式取得控制权的交易中，取得控制权的收购方承担申报义务。在上述情况中，如果承担申报义务的一方未能及时向市场监管总局提起申报，为保障交易合规性，其他交易方也可以提起申报。

就新设合营企业而言，对合营企业有控制权的各方均是申报义务人。

545. 经营者集中申报主要程序有哪些？

（1）判断交易是否需要申报：经营者集中达到申报标准的，经营者应当事先向市场监管总局申报，未申报不得实施集中。

（2）商谈：在正式申报前，参与集中的经营者可以就交易是否需要申报、需要提交的申报文件资料、如何界定相关市场、申报和审查的具体程序等问题向市场监管总局申请商谈。商谈并非必经程序。

（3）提交申报材料，通常包括：申报表、集中对相关市场竞争状况影响的说明、集中协议、参与集中的经营者经会计师事务所审计的上一会计年度财务会计报告、市场监管总局规定的其他文件、资料。

（4）受理：市场监管总局将首先对申报人提交的申报材料进行审核。市场监管总局审核后认为申报材料不完备、不完整或不准确的，一般在收到材料后 5 个工作日内下发补充问题清单，要求申报人对申报材料进行补充、修改、澄清和说明。经营者逾期未补交文件、资料的，视为未申报。申报人提交对补充问题清单的答复后，市场监管总局认为申报材料（包括补充的材料）符合法律要求的，将受理并启动审查，并向申报人递送受理通知。

（5）审查：根据相关规定，受理之后的审查阶段分为初步审查阶段（期限为30日）和进一步审查阶段（期限为90日，但符合特定情形的可以延长不超过60日）。

对于简易案件而言，市场监管总局会在受理当日将简易案件公示表在其官网上公示，公示期为10日（计入初步审查的30日期限内）。

非简易案件没有公示程序，但市场监管总局会通过适当方式征求有关政府部门、行业协会、同业竞争者及上下游企业的意见。

（6）决定：经营者集中审查的结果分为无条件批准、附加限制性条件批准和禁止集中。对于不具有排除、限制竞争效果的经营者集中，将获得无条件批准，若在初步审查阶段即获得无条件批准，执法机构将下发“不实施进一步审查决定书”；若在进一步审查阶段或者延长审查阶段获得无条件批准，执法机构将下发“不予禁止决定书”。对于可能产生排除、限制竞争影响的经营者集中，执法机构可以附加限制性条件批准该集中。如果附加限制性条件不能有效缓解竞争不利影响，执法机构将禁止该集中。

就附条件决定而言，限制性条件（又称为救济措施）包括三类：①结构性条件，例如剥离有形资产、知识产权等无形资产或相关权益；②行为性条件，例如开放网络或平台等基础设施、许可关键技术（包括专利、专有技术或其他知识产权）、终止排他性协议等；③结构性条件和行为性条件相结合的综合性条件。

546. 什么案件可以适用简易程序进行申报？

符合以下条件之一的经营者集中，可以适用简易程序进行申报：

（1）在同一相关市场，参与集中的经营者所占的市场份额之和小于15%；在上下游市场，参与集中的经营者所占的市场份额均小于25%；不在同一相关市场也不存在上下游关系的参与集中的经营者，在与交易有关的每个市场所占的市场份额均小于25%。

（2）参与集中的经营者在中国境外设立合营企业，合营企业不在中国境内从事经济活动的。

（3）参与集中的经营者收购境外企业股权或者资产，该境外企业不在中国境内从事经济活动的。

（4）由两个以上经营者共同控制的合营企业，通过集中被其中一个或者一个以上经营者控制的。

对于境内公司参与的绝大多数经营者集中而言，是否属于简易案件需要基于上述第（1）项进行判断。换言之，申报人需要及早聘请反垄断律师，判断参与集中的各经营者之间的业务关系（横向、纵向、相邻等），界定相关市场并收集市场份额数据。在缺乏专业评估的情况下将不属于简易案件的集中按照简易案件进行申报，可能会被市场监管总局要求按照非简易案件重新申报。

547. 如何对经营者集中申报所需时间和结果进行自我评估？

市场监管总局在收到经营者集中申报材料之后，会在受理前提出补充问题，要求申报方补充申报材料。市场监管总局认为申报材料完备后方受理案件。这一阶段根据案情复杂程度通常需要半个月至两个月不等。在部分案件中，市场监管总局没有要求申报方补充材料而直接受理。

受理后，审查所需时间因申报所适用的程序而有所不同。如果申报可以适用简易程序，则一般情况下会在受理后，初步审查阶段（30 天）之内取得审批，而多数案件是在 10 天公示期结束后较短时间内得到批准。如果适用普通程序，则审查进入进一步审查阶段的可能性较大，受理后仍需 1～3 个月的时间才能取得审批；如果拟进行的交易可能对相关市场的竞争状况产生实质性影响，则可能需要更长的时间才能取得审批。

为自行评估申报所需时间和审批结果，经营者需综合考虑以下因素：申报材料的准备（包括所需各类文件的准备）、交易涉及的相关市场的界定、相关市场的市场份额数据的准备和对市场竞争影响的评估等。

548. 审批通过后，审查机关会签发什么文件？

如在初步审查阶段即获得无条件批准，则审查机关将下发“不实施进一步审查决定书”；如在进一步审查阶段或者延长审查阶段获得无条件批准，则审查机关将下发“不予禁止决定书”；如附条件批准，则审查机关将做出附加限制性条件批准决定并在其官网上予以公示。

549. 如果经营者集中申报提交之后交易中止，如何处理？

如果集中发生实质性变化，则需要重新申报。如果集中各方放弃交易，可以申请撤回申报。可以提出撤回申请的时间应为市场监管总局做出审查决定之前。申报人申请撤回经营者集中申报的，应当提交书面申请并说明理由。撤回申请需经市场监管总局审查并同意。撤回经营者集中申报的，审查程序终止。市场监管总局同意撤回申报不视为对集中的批准。

550. 提交申报后有哪些注意事项？

申报经营者集中后，在获得市场监管总局批准前，经营者不得实施集中，否则构成“抢跑”并需承担违法实施集中的法律责任。

是否实施集中的判断因素包括但不限于是否完成市场主体登记或者权利变更登记、委派高级管理人员、实际参与经营决策和管理、与其他经营者交换敏感信息、实质性整合业务等。

551. 经营者集中申报对并购交易可能产生哪些影响？

（1）经营者拟进行并购交易时需考虑获取反垄断申报审批所需的时间，既包括准备申报材料所需时间，也包括提交申报材料后市场监管总局的审批时间（根据是否属于简易案件所需时间不同）。

（2）交易方需在交割前了解对方的相关情况，但是应当谨防在交易交割前交换竞争性敏感信息或者在交割前即对目标企业的经营决策加以控制或者施加影响，以避免构成“抢跑”甚至构成横向垄断协议。

（3）如果市场监管总局经过审查后对经营者集中可能对相关市场的竞争状况产生的影响予以关注，并最终决定禁止交易或附加限制性条件批准交易，则会对拟进行的交易产生实质性影响。

552. 未依法提交经营者集中申报需要承担哪些法律责任？

（1）罚款：具有或者可能具有排除、限制竞争效果的，可能面临处上一年度销售额10%以下的罚款；不具有排除、限制竞争效果的，处500万元以下的罚款。情节特别严重、影响特别恶劣、造成特别严重后果的，市场监管总局可以在前述罚款数额的2倍以上5倍以下确定具体罚款数额。

（2）责令恢复原状：具有或者可能具有排除、限制竞争效果的，市场监管总局可以责令被调查的经营者停止实施集中、限期处分股份或者资产、限期转让营业以及采取其他必要措施恢复到集中前的状态。

（3）行政处罚将记入相关经营者信用记录并向社会公示。

553. 经营者集中申报是否以其他并购审查程序为前提？

经营者集中申报与并购交易涉及的其他审查程序（例如外商投资安全审查申报）相互独立。申报人应当按照申报表要求说明交易是否需要我国政府其他部门（包括市场监管总局其他司局）审批，以及其他审批程序的进度。

第八章
知识产权

554. 收购方应在知识产权方面完成哪些工作？

对于以获取知识产权为重点的并购重组，收购方在并购重组的各个环节都应当重视知识产权工作，将知识产权作为核心的审查和决策内容，始终贯穿于整个交易流程。

具体而言，在并购重组正式展开之前，收购方应当根据交易目的提前制订知识产权并购方案，确定选择目标公司的标准，在此基础之上搜集、筛选和确定目标公司，并对目标公司知识产权资产进行初步评估。评估内容包括目标公司知识产权的市场价值和潜在收益，例如该知识产权对目标公司业务的贡献以及竞争优势等。

在并购重组过程中，一方面，通过知识产权尽职调查查明潜在风险，确认知识产权的有效性、所有权、注册状态以及法律保护范围，为协商知识产权并购交易条件和确定知识产权价格提供参考；另一方面，通过对知识产权资产价值的评估，针对有价值的知识产权，以适当的形式、合理的价格、较小的风险实现其转移或许可。特别的，为了实现交易目的，在交易架构设计、并购谈判、并购融资和交易等全过程都需要将知识产权的因素纳入考量。

在并购重组完成后，融合双方的技术、品牌等知识产权资产，构建“并购→融合→创新→形成新的知识产权”的完整链条，从而实现知识产权资产的顺利转移及价值创造。在该过程中，除了涉及主要的知识产权资源和技术的整合外，有效地整合与知识产权相关的人力资源及组织也是并购成功的关键。公司可以组织对相应人员的培训，提高员工对知识产权的认知，确保合规、高效地利用。此外，公司也可能结合不同的交易目的选择保留并购前后知识产权资产各自的独立性，为业务独立以及未来业务拆分单独上市预留空间。

555. 哪些情况下建议出售方在交易前做好出售方尽调？必要性及后续的责任分担是什么？

出售方尽调（Vendor Due Diligence，VDD）通常由第三方进行，最终的报告内容主要包括：目标公司的一般信息，如地理位置、纳税人编号、运营能力、成立文件和法律地位；目标公司的实际所有权情况；目标公司的历史财务信息；目标公司的现金流状况；目标公司对业务风险和预期增长的评估；目标公司的债务、或有事项及其他负债；目标公司的运营合规绩效等。

其主要目标在于：

（1）向投资方和合作伙伴提供目标公司财务健康状况及其现金流情况的数据。

（2）帮助出售方对其业务及其资产做出适当的定价决策。

（3）基于客观公正的情况摸底，减少资产销售过程中可能受到的干扰。

（4）识别公司资产本身存在的重大风险问题及其他责任。

（5）帮助交易所有相关方以快速和高效的方式执行交易过程或合作安排。

在交易前做好 VDD，有助于提高交易效率，增强出售方的谈判地位，提前帮助出售方识别和解决潜在的问题，减少交易中的不确定性，降低交易失败的风险。通过对公司财务状况、资产和潜在风险的深入了解，出售方可以更准确地定价。出售方也可以借此识别哪些资产最有价值，哪些资产可能成为负担，从而在交易中做出更合理的资产配置决策。

一方面，出售方通过尽职调查揭示潜在的风险和问题，可以免除因未披露这些信息而产生的责任。另一方面，虽然已有 VDD 报告，投资方仍需要承担的责任包括：

（1）审慎审查。投资方在收购股权过程中仍应审慎审查、聘请专业的律师事务所和会计师事务所进行独立的尽职调查。

（2）风险评估与管理。投资方需要对尽职调查结果进行评估，并在风险可控的前提下进一步细化交易结构、测算交易对价、拟定核心交易条款、制定谈判策略，因评估不准确或管理不善导致的风险将由投资方自行承担。

（3）交易后的合规责任。投资方在并购后可能面临诸如目标公司在环境保护、劳动用工等方面的合规问题及相应法律责任。

（4）诉讼风险。投资方应要求目标公司全面披露未决诉讼和潜在的法律责任，并聘请法律顾问对诉讼记录和案件细节进行审查，否则需要自行承担因未充分披露或被忽略的诉讼风险。

556. 如何围绕商业目的开展知识产权工作？

公司必须明确具体的商业目的，例如市场扩张、技术获取、成本优化或提升竞争力等。知识产权工作应当建立在对拟达成的商业目的充分审视的基础之上，相关策略包括并购交易架构设计、资产所有权安排以及尽职调查的范围等，都应当结合知识产权资产的特点进行制定。例如，在采用股权并购的情况下，交易主体是收购方和目标公司的股东，权利和义务只在收购方和目标企业的股东之间发生，收购方并不当然拥有或可以直接使用目标公司的技术和品牌，而在采用资产并购的情况下，交易主体是并购方和目标公司，其性质为知识产权资产的买卖，仅涉及双方的合同权利和义务，通常不会影响目标企业的股东，也不影响目标企业的股权结构。因此，了解自身的商业目的是进行并购重组的第一步，企业应当做好充分的考虑，明确并购需求和交易目的。

557. 如何制定合适的知识产权交易结构？

设计知识产权交易架构的目的主要在于提高并购交易的可行性、防范或锁定并购风险、排除竞争对手、降低并购成本、提高回报以及进行双向激励等。

一般而言，知识产权可以用于出资，可以转让，也可以附条件许可，以及可以随目标公司的股权变动实现控制权改变等。相应地，常见的知识产权交易架构包括资产并购、股权并购、知识产权许可、知识产权出资。其中，资产并购指直接购买目标公司的知识产权资产，适用于希望完全控制知识产权的情况；股权并购指通过收购目标公司的股份来获得其知识产权，适用于希望保留目标公司整体运营的情况；知识产权许可指在某些情况下，可以选择通过许可协议来使用目标公司的知识产权，而不必完全拥有这些资产，相对而言可以降低风险并保持灵活性。

在并购的过程中，企业可以根据并购的目的、并购时的内外部条件等多项因素灵活地制定知识产权交易架构，而制定的基础是确定相关知识产权在并购重组中的主要转移形式，即是否涉及所有权、使用权和控制权的转移等。此外，企业可以根据知识产权的价值和交易风险，设计合理的支付结构，例如选择一次性支付、分期付款或基于未来业绩的收益分享机制。同时，在设计知识产权交易结构时，企业应考虑相关的税务和法律影响，确保交易结构符合当地法律法规，并减轻税务负担。

558. 知识产权资产并购的主要特点是什么？

通过资产并购的方式，收购方能够完全获取目标公司知识产权的所有权，即发生知识产权的转让。对于以知识产权为目标的收购而言，资产收购是最为直接和干净的方式，尤其是在收购方看好具有后续发展潜力的知识产权（如知名品牌或高科技公司的专利技术）的情况下。资产并购时，收购方只需要厘清目标知识产权情况，收购过程相对简单，也不容易发生后续纠纷，但可能需要支付较大的对价。同时，对于与技术紧密相关的人员、设备等，也应在交易过程中周密考虑。需要注意的是，收购方在采用资产并购方式受让大量专利时，需要重点考虑目标专利收购后的后续利用方式，因为专利需要定期缴纳年费且费用逐年递增。如果受让的专利并不产生实际价值，则不菲的年费和维护费可能反而会成为收购方的负担，这样的话将得不偿失。

559. 知识产权许可的主要特点是什么？

知识产权许可结构是目前收购方经常采用的获取知识产权资产的方式之一。通过许可安排，收购方可以获取知识产权的使用权。在确定选用知识产权许可这一形式后，收购方还需要进一步考虑许可性质、许可地域等要素。不同的许可性质可能会对收购方的利用方式产生较大的影响。以专利为例，专利按照许可方对被许可方受让技术的使用限制可分为独占许可协议、排他许可以及普通许可协议。独占许可会约定在一定的期限和地域范围内，允许被许可方享有对技术独占的使用权，因而对被许可方的限制较少，所享受的权利较大。排他许可则约定技术许可方在一定的期限和地域范围内将技术的使用权转让给被许可人，许可方不得再将技术许可给第三方使用，但许可方自己保留使用该技术的权利。普通许可下，被许可方只能按照约定实施许可合同下的权利，协议对许可方的约束较少，而被许可方享受的权利有限。许可协议通常会规定知识产权的维护和保护责任。许可方通常负责维护知识产权的有效性，而被许可方则需遵循相关法律法规，避免侵权行为。此外，许可协议中还会明确收益分配的方式，包括许可费、版税或其他形式的经济补偿，具体条款通常会根据市场情况和谈判结果进行调整。

560. 知识产权出资的主要特点是什么？

知识产权还可以用于出资。在知识产权出资的交易架构下，交易双方可以选择一同设立合资公司，将相关的知识产权转移给合资公司，拥有知识产权的设立方可以将知识产权作为出资资产以获得合资企业的股权。此类交易架构的优势是将知识产权所有者与业务经营者进行绑定。相比于股权并购或者资产并购模式，以知识产权出资会降低出资方一部分的资金要求，相比于许可模式，其具有一定的知识产权控制权。此交易架构的难点在于对无形资产的合理估价，应协同外部知识产权律师、审计部门等专业人员和机构对相关知识产权进行合理定价。此外，知识产权出资可能涉及技术风险和市场风险，出资方和受资方需要在合同中明确风险分担的方式，以保护各自的利益。

561. 如何有效地发现和识别知识产权风险？

针对目标公司的知识产权状况进行专门的知识产权尽职调查，可以有效地发现和识别潜在风险。一般针对目标公司的常规尽职调查中，知识产权部分主要涉及对知识产权清单和法律状态的核实，而不会对权属瑕疵、有效性等潜在风险进行深入、全面的评估。对于以知识产权作为主要驱动力之一的交易，这显然是不能满足要求的，因此需要进行单独的知识产权的尽职调查。

知识产权尽职调查在并购重组过程中通常包含三个步骤：

（1）确定交易目的。

（2）进行目标企业知识产权资产的尽职调查。

（3）进行法律及商业风险的尽职调查。

同时，企业应当定期监测市场和行业动态，关注竞争对手的知识产权活动，包括新专利申请、商标注册和版权声明等。企业可以通过行业报告、专利数据库和法律公告等渠道来获取相关信息。

562. 跨境/涉外并购交易中的知识产权协议安排有哪些典型类型？

知识产权跨境交易成为越来越多中国企业跨境投资并购和参与跨国经营时需要面对的课题。根据知识产权交易目的的不同，可以通过不同的协议安排、交易结构满足不同的需求。

常见的协议安排类型包括：

（1）知识产权转让：①简单转让，即中方投资公司出资从外方处购买 IP，外方主体将 IP 转让给中方。②转让后反许可，在简单转让的基础上，根据出让方的要求，中方投资公司将受让所得的 IP 再反许可给出让人（License Back）。③入股目标公司以获取 IP，这种方式根据具体情况会衍生出各种复杂的情况，例如涉及交叉持股等。

（2）知识产权许可：①常规许可，购买资产和入股公司的交易成本相对较高，获得知识产权许可也是一种可行办法，需要注意许可的类型是独占、排他还是普通许可。搭配技术秘密才能实现技术“落地”的情形下，要提前对技术秘密是否能够获得做好评估，因技术秘密很难由合同保证必然获得，一旦违约之后也很难解决，所以买方应尽快促成技术秘密向买方的公开和转移，并在交易时由双方技术人员进行勘验等，以减少这部分风险。一般可以采用许可费用“分期”支付的方式降低知识产权许可中的风险。②交叉许可，即交易各方将各自拥有的专利、专有技术的使用权相互许可使用，互为技术供方和受方。双方权利对等，一般不需支付使用费。交叉许可协定的内容并没有统一的标准，除了容许双方使用各自的、已被授权的专利技术外，还可以包括固定或可变动的许可费，同时还可以包括双方拥有的所有专利或部分专利以及未开发的专利等。

（3）设立合资公司：交易双方通过成立合资公司共同推进产品开发，并合作推进市场开拓。在这一过程中，双方投入的资源不同，对于合作的需求也不同。在这种情形下，成立合资公司只是双方合作的开始，未来还有许多的企业运营事项要做安排和部署。

563. 并购重组后如何对收购的知识产权进行管理?

并购后的接管整合是企业并购程序的最后环节，也是决定并购是否成功的关键环节。企业要有针对性地开展知识产权管理工作，提出并购后的知识产权整合建议，探寻并购获得的技术与企业已有技术的融合发展方向，制定整合后知识产权整体发展战略，进而实现预期的知识产权协调效应。特别的是，在文化、理念融合的同时，更需要将并购所获得的各类资源整合、管理和运用好，从而产生新的知识产权竞争优势。

并购方应首先修订并购后企业的知识产权发展规划，实施整合后知识产权的分类分级管理，包括对知识产权进行二次布局、重新设定知识产权应用策略、解决所附带的知识产权问题、完善已有的知识产权管理系统等。譬如，对并购涉及的知识产权文件和其他形式（如电子形式）记录予以妥善保存，变更注册信息，对知识产权进行分类，将优良的资产和不良的资产进行分割剥离，对知识产权进行续期，对到期的许可合同进行清理，借此对并购的知识产权进行经营和管理，特别是许可等形式的投资活动，使其与自己的商业战略相得益彰，创造出相应的价值和利润，实现并购这些知识产权的目的。

知识产权的实施以及后续开发都离不开发明人和设计人，并购如果仅获得知识产权，而知识产权的创造者，即发明人、设计人，因各种原因未能留任而离职，将会给并购后继续开发知识产权，特别是在原有知识产权基础上的进一步开发带来困难，甚至导致技术和市场的流失。因此，并购的过程中，应当尤为重视跨文化的人力资源的管理整合，留意发明人、设计人以及市场人员的去留意向，确保实现人员层面的完整交割和过渡。

此外，在并购完成后，修订并购后的技术发展规划也至关重要。通过这些发展规划，提出已有知识产权基础上的二次开发策略，合理配置创新资源，重新组建发明团队，从而在更高层次上启动新的研究项目。企业应当定期评估创新成效和竞争实力，审计评价知识产权布局、保护、运用绩效能否支撑当前阶段的企业经营目标。为此，企业可以组建专门的知识产权管理团队，根据市场变化和技术进步调整知识产权管理策略，以协助企业适应新的商业环境。

综上，企业应查缺补漏，有的放矢地形成新的知识产权工作计划，并将其与企业经营策略融合实施，才能真正将并购所获得的知识产权最大限度地发挥其价值。

564. 如何保护商业秘密及有价值的商业信息？

最高法院认为，商业秘密受到法律保护应当符合四个要件：不为公众所知悉；具有一定的经济价值；具有现实实用性；权利人采取了保密措施。

商业秘密中，技术信息指凭经验或技能产生的，在实际中尤其是工业中适用的技术情报、数据或知识，包括化学配方、工艺流程、技术秘诀、设计图纸等；经营信息指具有秘密性质的经营管理方法及与经营管理方法密切相关的信息和情报，包括管理方法、产销策略、客户名单、货源情报等。商业秘密的本质不是一种权利，而是企业的竞争优势。

在企业改制、并购、重组以及发行上市等过程中会涉及商业秘密法律风险。通过法律保障、管理制度和技术防护相结合，以及常态化的风险排查机制，可以有效保护商业秘密及有价值的商业信息，并降低泄密风险。

565. 权属纠纷相关的法律风险包括哪些？

商业秘密不具有排他的独占性，法律上并未确立商业秘密权，其权利边界不具有绝对的法定性，故商业秘密的权属也容易产生争议。其主要争议体现在：

（1）研发主体的权属纠纷。商业秘密研发主体的权属纠纷主要体现在企业与员工之间关于职务成果及非职务成果的权属纠纷。职务成果，是指员工执行本单位的任务或者主要利用本单位的物质技术条件所完成的工作成果，包括：员工在本职工作中做出的；履行本单位交付的本职工作之外的任务所做出的；退休调离原单位后或劳动人事关系终止后一年内做出的，与其在原单位承担的本职工作或原单位分配的任务有关的智力成果。

职务成果的转让权、使用权属于单位，但另有约定的除外。职务成果构成商业秘密的，其所有权、使用权等权利也属于单位。为了防范员工离职后所做出的商业秘密权属不清的风险，最好与员工事先做好商业秘密权属约定、签订竞业限制协议、与新单位就此问题做出约定等，以明确商业秘密的权利归属。

（2）研发阶段的权属纠纷。

①委托人委托开发人开发的商业秘密归属由当事人约定，无约定或约定不明确的，归开发人享有，委托人享有商业秘密的使用权。

②合作开发的商业秘密归属由当事人约定，无约定或约定不明确的，商业秘密权利归属于合同当事人。

③后续改进的商业秘密权后续改进的商业秘密，根据约定确定其归属；没有约定的，归属后续改进的开发人享有。

④合同无效或者被撤销后的商业秘密权属合同无效或被撤销后，因履行合同所形成的新的商业秘密或者在他人成果基础上完成的后续改进商业秘密的权利归属和利益分享，不能重新达成协议确定的，应当由完成该商业秘密的一方享有。

⑤以技术出资的商业秘密权属没有明确约定技术秘密归属的，归接受出资的企业享有。但该技术秘密所占出资额过分低于该技术成果价值的，一般认定接受出资的企业仅享有使用权。

⑥技术咨询或技术服务中形成的新技术成果的权利归属受托人，

一般利用委托人提供的技术资料和工作条件完成的新技术成果的权利归属，有约定的依照约定，无约定或约定不明的，归属受托人。

⑦无民事主体资格的科研组织签订的技术合同的技术信息的权利归属不具有民事主体资格的科研组织签订的技术合同，经法人或者其他组织授权或者认可的，依据合同由法人或者其他组织享有技术权益；未经授权或认可的，则由该科研组织成员共同享有技术权益。

⑧承包期间的商业秘密的权利归属承包经营期间形成的商业秘密，除有约定的以外，权利属于承包人。

⑨经营管理中形成的商业秘密的权利归属权利人在经营活动中积累或形成的商业秘密，权利归其享有。

566. 侵权相关的法律风险包括哪些？

企业商业秘密侵权风险点主要体现在员工接触过前单位的商业秘密，并且在工作中使用了前单位的商业秘密。

为防范此类风险，企业应：

（1）在员工入职前做好员工背调。

（2）签订不侵犯商业秘密承诺函。

（3）不聘用竞业限制期限内的员工。

（4）保存自主研发的相关证据。

在风险应对方面，企业在经营和管理过程中，应采取有效措施，切实加强对商业秘密的保护。商业秘密的保护是一项系统工程，需要多个层面、多个环节、多个部门共同努力来实现。在企业内部，要制定商业秘密管理制度，明确企业商业秘密管理的目标和任务；要加强对技术人员、核心管理人员等高价值员工的保密教育培训工作，并建立保密激励机制。在企业外部，要与相关部门建立长期、有效的沟通协调机制，建立企业商业秘密管理的组织体系；在对外合作中，要事先约定商业秘密保护条款，对可能泄露商业秘密的合作伙伴和客户加以限制。具体可从以下几方面入手：

（1）从风险管理流程上，对于信息技术系统，要认识到检测和响应与入侵防御一样重要，且网络并不是信息完整性的唯一威胁来源。企业应查找人际关系和行为管理中的薄弱环节，做到对计算机系统的网络威胁（恶意软件、勒索软件等）有据可查，各组织机构必须采取安全措施，诸如加密、密码控制、病毒防护等，所采取的步骤必须符合有关信息的已知风险程度及其价值。

（2）审查企业的战略计划，对信息资产进行全面评估。评估该计划对确保信息安全与利用的有效性，并进行相应调整。然后查看包括机密在内的各种知识产权中，企业的知识产权战略是否获得了最佳平衡。有效识别并利用区块链技术或将具有商业价值可成为秘密的商业信息进行分类和定义商业秘密识别这一问题的解决方案。上传证据到安全储存地点可以获得时间戳和储存证明。

（3）采取措施减轻内部对商业秘密的泄露。要建立控制措施，防范他人泄漏机密信息，首先应核查企业的人才招聘做法和保密协议管理措施，含有商业秘密保护条款的书面雇佣合同是一项重要保护措施。一份标准合同对许多雇员来说已经足够，但那些负责创建机密资料或接触敏感信息的人对企业构成潜在威胁，应当根据威胁程度添加更具体的合同条款。制定对知识产权创造、所有权（包括遵守和使用属于他人的知识产权）以及保密义务的相关政策规定。然后制定有高层管理人员参与的合规计划，并加强数据安全文化。

（4）为员工制订完善的有关商业秘密和保密文化的培训计划，明确他们在创造和保护企业最有价值资产中的作用。应利用各种主题和内容进行常态化培训，且管理层也要参与其中。

（5）审查与企业共享机密信息的外部关系。要确保合作伙伴对信息安全同样关注，并采取了合理程序来解决相关问题。在对外合作时，需要进行详尽审慎的尽职调查。商业秘密是一种特别脆弱的资产，一旦泄露（或“可获得”），就会失去价值或急剧贬值。因此对潜在商业伙伴进行彻底的背景调查非常重要，要了解其可信度和可靠性及对本企业构成风险的程度。

567. 竞业禁止与知识产权安排冲突的可能情境包括哪些？

竞业禁止条款通常约束员工在离职后的一定时间内不得从事与原雇主竞争的业务，也包括不得泄露商业秘密。而知识产权安排条款则是明确员工在职期间开发的技术、作品等知识产权的归属，常见为归属公司。在高科技和创新驱动型企业中，竞业禁止条款与知识产权安排条款常因约束内容的重叠而引发冲突。这类冲突既可能对企业的知识产权管理和核心技术保护造成影响，也可能对员工的职业发展与技术成果转化形成阻碍。

竞业禁止与知识产权安排冲突的可能情境如下：

（1）知识产权归属与实施限制的冲突。在职务发明制度下，员工在职期间完成的发明创造归属于公司。但离职后的竞业禁止条款可能进一步限制员工在相关领域的就业或发明实施权。

（2）职务发明与个人创作权的冲突。部分员工可能在业余时间完成发明创造，但因与公司业务领域高度相关而被公司主张为职务发明。如果同时存在竞业禁止条款，员工不仅可能失去知识产权归属权，还可能被限制在行业内从事相关工作，进一步压缩其技术成果的利用空间。

（3）专利许可与竞业限制的冲突。竞业禁止条款往往禁止员工在离职后从事与原公司竞争的业务，这可能覆盖员工个人持有的专利许可行为。例如，某员工希望将其独立研发的专利许可给行业内其他公司，但因竞业限制条款被禁止，专利无法实现商业化价值。

（4）商业秘密保护与技术自由使用的冲突。企业通常通过商业秘密保护核心技术，并将竞业禁止条款作为保护措施之一。然而，即使员工未直接侵犯商业秘密，竞业禁止条款也可能限制其在相关领域的技术使用权，从而影响其职业选择。

568. 竞业禁止与知识产权安排冲突的解决路径包括哪些？

（1）明确合同条款与权利边界。首先需要仔细审查合同条款，明确冲突的具体内容，例如：①合同条款是否限制了员工在竞业禁止期间对自己发明创造的使用权。②知识产权归属是否在竞业禁止期满后重新分配。

在竞业禁止与知识产权安排中，应通过合同明确约定权利归属与实施范围：①在职务发明制度下，详细规定职务发明与非职务发明的界定标准，例如是否利用了公司的资源或技术平台。②针对竞业禁止条款，明确限制的具体领域、时间范围与补偿标准，避免模糊性表述导致的争议。③明确知识产权归属的例外条款。针对技术使用权与竞业限制的冲突，公司可以在知识产权安排中添加例外条款。对与公司主营业务无直接竞争关系的技术发明，允许员工离职后在竞业禁止期内实施或转让，对员工的个人发明创造，提供知识产权共享或许可使用的选项，以实现双赢。例如：如果员工发明了与原工作无直接关联的技术，可由员工自行享有。对职务发明的利用权，可以与竞业禁止条款相匹配，如在竞业禁止期间，员工享有一定比例的专利许可使用收益。

（2）优化补偿机制。为平衡员工权益与公司利益，竞业禁止条款的经济补偿应与知识产权的商业价值相匹配。例如，对于技术发明价值较高的员工，可通过提高补偿标准或额外提供发明使用权的部分收益，减少因条款冲突带来的利益损失。

（3）借助中立第三方审查。在发生争议时，可引入技术中立机构或法律专家，对争议技术是否属于职务发明、是否涉及竞业禁止范围进行独立审查，避免单方解释引发冲突升级。

（4）强化员工培训与制度建设。企业应通过培训向员工明确职务发明、商业秘密与竞业禁止的相关政策，同时建立透明的知识产权管理制度，减少因误解导致的纠纷风险。

第九章

争议解决

569. 并购重组过程中可能发生哪些争议？

首先，上市公司并购重组往往涉及上市公司与相关方之间相对复杂的交易安排及合同法律关系，可能导致股权转让纠纷、业绩承诺、补偿纠纷等合同纠纷；其次，鉴于上市公司并购重组通常涉及股权变动，故在此过程有可能发生股东资格确认纠纷、董事会及股东会决议效力确认纠纷、公司证照返还纠纷、股东知情权纠纷等与公司有关的纠纷，且前述各种纠纷可能会同时发生；最后，上市公司并购重组还涉及证券监管及投资者保护问题，在此过程中也有可能发生证券虚假陈述责任纠纷、证券内幕交易责任纠纷等证券侵权方面的争议。

570. 发生争议时有哪些解决方式？

（1）诉讼。依据我国《民法典》及《民事诉讼法》相关规定，公民、法人、其他组织之间因财产关系和人身关系发生争议，一方当事人可依法向人民法院提出诉讼请求，人民法院在各方当事人与其他诉讼参与人均参加诉讼的情况下，按照《民事诉讼法》所规定程序及方式审理和裁判民事争议，并以国家强制力保障相关裁判的执行。

（2）仲裁。依据我国《仲裁法》相关规定，平等主体的公民、法人和其他组织可于争议发生前或争议发生后自愿达成仲裁协议，就相关主体之间发生的合同纠纷或其他财产权益纠纷向仲裁协议选定的仲裁机构申请仲裁，并由仲裁机构对先提交仲裁解决的争议做出具有强制拘束力的裁决。相比起诉讼，仲裁更强调自治性，当事人可协议选择仲裁途径、仲裁机构、仲裁规则，并参与决定仲裁庭的组成和仲裁程序的进行，具有更大的灵活性，能更好地契合当事人的需求。同时，相比起诉讼的公开审判原则，仲裁具有更强的保密性。

（3）调解、和解及其他争议解决方式。除诉讼与仲裁外，发生民商事争议的相关主体还可以通过调解、和解及其他方式解决争议。

和解是各方当事人自行就争议友好协商，妥善解决；调解则是由第三方介入，促成双方当事人就争议解决方案达成一致，该第三方既可以是仲裁或诉讼程序中的审判者，也可以是独立的第三方调解机构，或者是当事人信任的其他专业人士。

571. 不同争议解决方式之间的关系与异同是什么？

不同的争议解决方式之间既有相同之处，也有不同。

首先，诉讼和仲裁是可做出具有强制执行力裁决结果的争议解决方式，两者只能择一程序进行，而调解、和解及其他争议解决方式一般情况下无法产生强制执行［根据《联合国关于调解所产生的国际和解协议公约》对于经调解机构调解形成的、具有涉外因素的调解协议，可以在该公约的缔约国（截至2024年12月31日，共15个）申请执行］，通常需要与诉讼或仲裁制度相结合，请求法院或仲裁庭出具调解书或裁决书，才可通过公权力执行。

其次，诉讼和仲裁虽然都具备强制执行力，但也存在以下区别。

（1）审理层级设置。在我国境内诉讼审级为两审终审制，特定情况下也可以申请再审；在境外诉讼则由各国/地区诉讼法就审级进行规定。仲裁在大部分国家都是采用一裁终局制度，个别地区或国家仲裁法允许符合一定要求的情况下进行复裁。

（2）可执行性方面。仲裁裁决与诉讼生效判决在我国境内的可执行性没有差别。诉讼判决在境外是否可以执行，需要看我国与执行地所在国家/地区是否签订双边或多边条约，仲裁裁决可以依据《承认及执行外国仲裁裁决公约》，在该公约缔约国（截至2024年

12 月 31 日，共 172 个）强制执行。

（3）审判人员的确定。诉讼中法官由法院分配，除因有回避情形需要更换外，当事人无法选择法官。仲裁程序中，如仲裁庭由三名仲裁员组成，双方当事人各有权力确定一名仲裁员，并可以共同选定首席仲裁员。

（4）审理公开情况。诉讼程序以公开审理为原则，不公开审理为例外。仲裁程序则不公开进行，即便是旁听也需要经双方当事人的同意。

（5）审理程序的灵活性。诉讼程序需根据法院地法律规定的诉讼程序进行，原则上当事人不能自主调整。仲裁程序原则上以当事人约定为优先，仲裁机构、仲裁规则、仲裁语言等事项当事人均可自行约定，且仲裁机构的选择不受当事人所在地的限制。

572. 不同争议解决方式之间应该如何选择？

并购重组实践过程中，所涉民商事争议类型繁多，具体情形千差万别。因此，争议当事人应结合自身需求，基于不同争议解决方式各自特点，根据交易具体情况设计争议解决条款、确定争议解决方式。例如，发生争议时可以优先选择调解或者和解，既可以以灵活的方式、较少的经济成本解决争议，也有利于维系交易方之间的商业合作关系。如果争议涉及商业秘密，可以考虑选择仲裁作为争议解决方式，有利于商业秘密的保护，但应关注不违反信息披露义务。如涉及跨境并购及交易，为便于境外的执行，可以考虑选择仲裁作为争议解决方式。如果在交易之初就希望若发生争议案件审理经过多个审级，则可以考虑选择诉讼作为争议解决方式。

573. 上市公司若以诉讼或仲裁方式解决争议，是否应当进行信息披露？

如果上市公司以诉讼或仲裁方式解决民商事争议，则依据《证券法》等法律法规及交易所业务规则，上市公司应及时披露涉及上市公司的重大诉讼、仲裁事项的发生、进展情况及对上市公司的影响。

其中，关于诉讼、仲裁事项的“重大”标准，各交易所股票上市规则均有明确规定。同时，依据交易所业务规则规定，除上市公司本身发生的诉讼、仲裁事项之外，上市公司控股子公司、参股公司、上市公司的控股股东、实际控制人，以及上市公司的董监高，若发生诉讼仲裁事项，在符合相关规定的情况下也需要对相关诉讼仲裁事项进行披露。

574. 上市公司若以调解或和解方式解决争议，是否应当进行信息披露？

针对以调解或和解方式解决民商事争议的情形，应考虑该等情形是否构成此前已披露的诉讼、仲裁案件的“重大进展”或《证券法》所规定的应及时予以披露的其他“重大事件”，根据案件具体情况判断是否应视情况予以披露。

575. 如何理解交易各方签署的意向书或框架协议的法律效力？

在并购重组交易过程中，各方有可能在磋商过程中签署意向书或框架协议等阶段性文件。

实践中，交易各方有可能就意向书、框架协议等文件的法律性质、法律效力存在较大争议。意向书一般是交易各方在初步沟通后就双方设想加以确认的书面文件。这些书面文件有可能被人民法院或仲裁机构认定为如下三种法律性质：

（1）构成磋商性文件。如果意向书仅约定了交易各方初步达成的意向性意见，未约定交易标的、对价金额、交易结构等，甚至设置了效力排除条款，则意向书等文件原则上应认定为磋商性文件。这些文件不具备合同的基本要素，没有为各方当事人设定民事权利义务。但是，如意向书签署方存在恶意磋商、故意隐瞒与订立合同相关的重要事实或提供虚假情况、泄露或不正当使用磋商中知悉的商业秘密或者其他违背诚实信用原则的行为，给对方造成损失的，应承担缔约过失责任。

（2）构成预约合同。预约合同本身也是一种合同，其成立、生效、履行、违约责任等适用《民法典》合同编的一般规定。进而，如一方未按预约合同约定履行订立本约的义务，则相对方有权请求其赔偿因此造成的损失。关于损失范围，当事人有约定的可按约定处理，没有约定时人民法院或仲裁机构应当综合考虑预约合同在内容上的完备程度及订立本约合同的条件成就程度等因素酌定。

（3）构成本约。人民法院或仲裁机构认定阶段性文件是否构成本约合同的主要考虑因素有两个：一是阶段性文件内容是否具体确定，主要是能否确定当事人名称或姓名、标的和数量。二是当事人是否具有受其约束的意思表示。阶段性文件构成本约时，如一方当事人发生违约行为，则守约方有权要求违约方承担继续履行、采取补救措施或者赔偿损失等违约责任，也可在符合约定解除权或法定解除权情形下解除协议。

框架协议一般会明确约定各方就交易主要内容所达成的共识，同时约定各方当事人将就交易的若干具体细节另行协商并订立书面协议。司法实践中，框架协议主要被认定为构成预约合同或本约合同。为此，人民法院或仲裁机构通常会综合审查相关协议的内容以及当事人嗣后为达成交易而进行的磋商甚至具体履行行为等事实，从中探寻当事人在订立框架协议时的真实意思表示，并据此对当事人之间法律关系的性质做出界定。

576. 交易各方签署的股权转让协议是否有可能不生效？相应法律后果是什么？

依据《民法典》相关规定，当事人合意签署的合同自成立时生效，但法律另有规定或者当事人另有约定的除外。相应地，“合同成立但未生效”主要包括如下情形：

（1）合同根据法律规定应获而未获监管机构批准或核准而不生效。

（2）交易各方约定的生效条件尚未成就。

（3）其他情形。

在上市公司并购重组交易过程中，交易各方签署的股权转让协议（或交易各方约定的部分权利义务）有可能因未满足生效条件或根据法律规定应获而未获监管机构批准而未生效。常见情形如下：

（1）并购重组交易往往涉及国有资产审批、外商投资审批、证券监管审批，甚至反垄断审批等各类审批程序。由此，在并购重组实践中，交易各方有可能因交易文件报批事项（如负有报批义务的一方未及时履行报批义务、一方当事人已报送审批但未获批准）等问题发生纠纷。此类纠纷中，未经依法批准的合同有可能依法被认定为未生效合同。

（2）交易各方签署的股权转让协议中往往约定各种类型的生效条件，生效条件成就之时，交易各方才需履行相应合同义务。如约定生效条件未成就，则相应交易合同也会被认定为未生效合同。

未生效合同已具备合同的有效要件，对合同当事人具有一定拘束力，任何一方不得擅自撤回、解除、变更。但是，在法律、行政法规规定或当事人约定的生效条件成就之前，不能产生使合同当事人请求相对方履行合同中相应权利义务的法律效力。当然，如一方当事人负有促使合同生效的合同义务（如负有报批义务），则另一方当事人可以请求相对方积极履行前述义务，从而促使合同生效。相应地，因迟延履行报批义务等可归责于当事人的原因导致合同未生效的，对方有权请求赔偿因此受到的损失。

577. 交易各方签署的股权转让协议是否有可能无效？相应的法律后果是什么？

依据《民法典》相关规定，如合同当事人具有相应民事行为能力、意思表示真实，且合同约定不违反法律、行政法规的强制性规定，不违背公序良俗，则合同依法应属有效。相应地，法定的合同无效事由主要包括：

（1）合同当事人构成通谋虚伪意思表示。

（2）合同当事人恶意串通损害他人合法权益。

（3）合同约定违反法律、行政法规的效力性强制性规定。

（4）合同约定违背公序良俗。

在上市公司并购重组交易中，交易各方签署的股权转让协议有可能因满足任一法定无效事由而被认定无效。具体情形包括：

（1）当事人为规避监管规定或因避税考虑等而签署了阴阳合同，

则“阳合同”一般构成通谋虚伪意思表示而应属无效，“阴合同”满足任一法定无效事由之时也属无效。

（2）股权转让协议若属恶意串通且切实损害第三人合法权益的合同，第三人有可能以此为由起诉请求认定相关交易文件应属无效。

（3）股权转让协议有可能涉及违反法律、行政法规中的效力性强制性规定而应属无效：①违反了涉及金融安全、市场秩序、国家宏观政策等公序良俗的强制性规定。②交易方式严重违法，如违反招投标等竞争性缔约方式。③其他应认定为效力性强制性规定的法律、行政法规（综合考虑所保护法益类型、违法行为的法律后果以及交易安全保护等因素）。

（4）“违背公序良俗而应属无效”事由作为兜底性条款，适用情形主要包括：①合同影响政治安全、经济安全、军事安全等国家安全的。②合同影响社会稳定、公平竞争秩序或者损害社会公共利益等违背社会公共秩序的。③合同背离社会公德、家庭伦理或者有损人格尊严等违背善良风俗的。人民法院或仲裁机构在认定合同是否违背公序良俗时，会综合考虑当事人的主观动机和交易目的、政府部门的监管强度、一定期限内当事人从事类似交易的频次、行为的社会后果等因素。

对于无效合同而言，合同自始不发生任何法律效力，即相关协议中的约定不为法律所承认，不能产生当事人预期的法律效果。并且，合同被确认无效后，各方当事人因该合同取得的财产，应当予以返还；不能返还或者没有必要返还的，应当折价补偿。有过错的一方应当赔偿对方因此所受到的损失，双方都有过错的，应当各自承担相应的责任。

578. 股权转让协议履行过程中，如何确认股东资格？

在上市公司并购重组交易中，一旦涉及公司股权变动，则交易各方应当依约办理股东名册、公司章程、工商登记的变更。根据《公司法》规定，股权受让人自记载于股东名册时起可向公司主张行使股东权利。如各方就股东资格发生争议，则当事人有权以公司为被告，与案件争议股权有利害关系的人作为第三人，提起股东资格确认之诉。

实践中，股东名册、工商登记不能用于充分证明股东资格的一种常见情形是，登记股东与相关主体之间达成了股权代持安排。股权代持安排情形下，隐名股东常常主动提起股东资格确认诉讼，要求确认其系目标公司的股东。人民法院或仲裁机构通常会综合考量多方面因素，包括股权代持合意、实际出资情况、股东权利行使情况、其他股东知晓情况等，综合判断股权代持关系是否存在，以及隐名股东是否有权成为公司显名股东。对于代持上市公司股票的情形，则需关注上市公司作为公众公司的特殊性，予以特别考量。

579. 上市公司并购重组过程中涉及的定增保底协议是否有效？相应法律后果是什么？

实践中，上市公司拟发行股份购买资产场景中，上市公司及其控股股东、实际控制人有可能与投资人签订定增保底协议。该等定增保底交易通常做法为，上市公司或其控股股东、实际控制人向投资者保证投资本金和最低收益的实现；同时，控股股东或实际控制人作为承担风险的一方，也有可能会与投资者进行一定的收益分配安排约定，即投资者收益超过保底收益水平时，控股股东或实际控制人可从中分得一定收益。对此，中国证监会《上市公司证券发行注册管理办法》等监管规范持有明确否定态度，即向特定对象发行证券过程中，上市公司及其控股股东、实际控制人、主要股东不得向发行对象做出保底保收益或者变相保底保收益承诺。

司法机关针对定增保底协议效力的认定态度逐步与证券监管趋同。从近期的司法实践来看，人民法院倾向于以“违反公序良俗”“违反法律法规的强制性规定”为由否定定增保底协议的效力，投资人原则上不得依据该等协议要求上市公司或其控股股东、实际控制人履行保底义务。人民法院在相关裁判中认为，上市公司或控股股东、实际控制人、主要股东提供保底承诺行为扭曲了证券市场定价机制，扰乱证券市场秩序。

580. 在上市公司并购重组交易中，股权代持协议是否有效？相应法律后果是什么？

根据《公司法》相关规定，上市公司应依法披露股东、实际控制人的信息，相关信息应真实、准确、完整，禁止违法、违规代持上市公司股票。虽然《公司法》没有进一步明确上市公司股权代持协议的效力，但结合近期司法实践，违规违法的上市公司股权代持协议应属无效。

上市公司股东及实际控制人信息的准确披露对于提升公司信息透明度至关重要，且有助于公司管理层及时、准确地掌握公司股权结构和实际控制情况，确保公司决策过程的透明度和合规性。反之，若上市公司未能如实披露股东及实际控制人信息，监管机构在信息披露要求、关联交易审查、高管任职回避等方面的监管措施可能无法有效落实。因此，认定违法违规的上市公司股权代持协议无效，具有相当的合理性与正当性。上市公司股权代持被认定无效后，人民法院或仲裁机构通常会根据代持双方的风险负担情况、股权代持双方的贡献程度、过错程度等多方面因素，合理分配投资收益与损失。

认定上市公司股权代持协议的法律效力时，不应一概认定其无效。实践中判断协议效力，应关注以下因素：①协议所违反的规定在效力位阶上是否属于法律、行政法规；②即便股权代持协议违反法律、行政法规，仍需结合《民法典》及其司法解释的相关规定对协议效力予以考量，若代持协议的实际履行对社会公共秩序造成的影响显著轻微，则认定其无效将导致案件处理结果有失公平公正。在实践中，确有一些案例结合个案事实认为上市公司股权代持协议应属有效。相应裁判理由包括：①代持协议签订时间远早于目标公司上市时间，且该等协议签署并非刻意规避上市公司监管规定和信息披露要求；②股权代持比例占比极小，不涉及损害社会公共利益等。

581. 法定业绩承诺或补偿纠纷仲裁关注要点包括哪些？

业绩承诺或对赌约定包括法定、自愿两种情形。法定的业绩承诺指向重大资产重组中的强制业绩补偿机制或其他监管要求的业绩承诺情形。至于自愿性质的业绩承诺或对赌约定，属于交易各方通过灵活协商达成的共识，其在实践中展现出多样化的形态。无论是法定还是约定的业绩承诺或对赌约定，在合法合规的前提下，该等条款均能有效均衡交易各方的利益关切，具体包括促进投融资双方就目标公司的价值评估达成共识，有效缓解因信息不对称而引发的争议，同时也对公司管理层团队构成必要的约束与激励。

在法定业绩承诺及补偿情形中，可主要说明上市公司重大资产重组情形下的强制性要求。根据中国证监会《上市公司重大资产重组管理办法》，采取收益现值法、假设开发法等基于未来收益预期的方法对拟购买资产进行评估或估值并作为定价参考依据的，重组交易对方应当就业绩承诺完成事项向上市公司做出承诺，双方签署业绩补偿（对赌）协议。如购买资产在业绩承诺期内未完成业绩指标，则交易对方需进行业绩补偿。此等业绩承诺原则上应属合法、有效，但实践中如何履行前述承诺，可能会产生一定争议。实践中，业绩承诺方可能会以投资方深度参与公司经营、不可抗力或情势变更等理由抗辩，要求免除或酌减业绩补偿金额。从司法实践看，人民法院或仲裁机构会审慎考察业绩承诺方关于减免补偿金额的抗辩主张，不轻易否定双方当事人的真实意思表示。

582. 自愿业绩承诺或补偿纠纷仲裁关注要点包括哪些?

在涉及自愿业绩承诺或对赌约定的情境下，鉴于此类约定具有多样性、复杂性，不宜一概而论。因此以下重点阐明对赌纠纷中普遍存在的争议焦点。根据《九民纪要》（即最高人民法院发布的《全国法院民商事审判工作会议纪要》）的规定精神，从订立“对赌协议”的主体来看，有投资方与目标公司的股东或实际控制人“对赌”、投资方与目标公司“对赌”等形式。人民法院或仲裁机构在审理“对赌协议”纠纷案件时，不仅应适用《民法典》的相关规定，还应适用《公司法》的相关规定。

对于投资方与目标公司的股东或者实际控制人订立的“对赌协议”，如无其他无效事由，原则上应认定其有效。但根据最高院指导意见，权利人应当在合理期限内及时行使权利，不得一直无故拖延行使权利。对于投资方与目标公司订立的“对赌协议”，则需视具体情况进行审查：

（1）投资方与目标公司订立的“对赌协议”在不存在法定无效事由情况下，目标公司仅以存在股权回购或者金钱补偿约定为由，主张“对赌协议”无效的，人民法院不予支持。

（2）投资方主张实际履行的，人民法院应当审查是否符合《公司法》相关强制性规定，判决是否支持其诉讼请求。具体而言：

①投资方请求目标公司回购股权之时，人民法院应依据《公司法》关于股东不得抽逃出资，以及股份回购等强制性规定予以审查。经审查，目标公司未完成减资程序的，人民法院应当驳回其诉讼请求。

②投资方请求目标公司承担金钱补偿义务之时，人民法院应依据《公司法》关于股东不得抽逃出资，以及利润分配的强制性规定进行审查。经审查，目标公司没有利润或者虽有利润但不足以补偿投资方的，人民法院应当驳回或者部分支持其诉讼请求。以后目标公司有利润时，投资方还可以依据该事实另行提起诉讼。

仲裁机构在处理相关争议时，原则上会参照相关规定的精神，结合具体案件情况及商事交易惯例由个案中的仲裁庭具体审理及裁决。

583. 在上市公司并购交易过程中，是否有可能发生公司决议效力争议？公司决议效力争议包括哪些类型？

并购交易过程中，通常会涉及公司股权变更情形。在此过程中，新的控股股东一般会通过召开股东会，利用表决权优势更换标的公司董事，再由新任董事会更换总经理和其他高级管理人员。在反收购的过程中，标的公司管理层往往利用“主场优势”，借助股东会、董事会限制对方股东权利或增加其收购成本。因此，股东会、董事会的程序及决议效力问题往往成为公司控制权变更过程中的焦点问题。

进而，围绕股东会、董事会决议之效力，可能产生决议可撤销、无效、不成立三类诉讼，分别如下：

（1）决议无效之诉。在决议内容违反法律、行政法规时，公司股东、董事、监事均可提起确认决议无效之诉，公司为适格被告，决议涉及的其他利害关系人可依法列为第三人。

（2）决议不成立之诉。公司决议符合如下任一情形时，即可认定公司意志并未形成：①决议事项未经召开会议；②决议事项未经表决；③出席会议的人数或者股东所持表决权不符合公司法或者公司章程规定；④同意决议事项的人数或所持表决权数未达到公司法或者公司章程规定的通过比例。

（3）决议撤销之诉。做出决议的会议召集程序、表决方式违反法律、行政法规或公司章程的规定，或者决议内容违反公司章程规定时，股东可以向人民法院请求撤销决议。股东行使前述撤销权有明确的除斥期间限制，即：①股东应自决议做出之日起 60 日内向人民法院请求撤销决议；②未被通知参加股东会的股东自知道或者应当知道股东会决议做出之日起 60 日内可以请求法院撤销，且应自决议做出之日起 1 年内行使撤销权。此类决议撤销之诉中，股东为原告，公司为适格被告，决议涉及的其他利害关系人可依法列为第三人。但同时，如股东会、董事会会议的召集程序或表决方式仅有轻微瑕疵，对决议未产生实质影响，则该决议依法不应被撤销。

584. 上市公司股东行使表决权需要满足哪些要求？

（1）违规买入上市公司有表决权的股份的，在买入后 36 个月内，对超过规定比例部分不得行使表决权。根据法律规定，通过证券交易所的证券交易，投资者持有或者通过协议、其他安排与他人共同持有一个上市公司已发行的有表决权股份达到 5% 时，应在该事实发生之日起 3 日内履行信息披露义务且限制交易；之后，在持股比例每增减 5% 时，也应在该事实发生之日起 3 日内履行信息披露义务且在该事实发生之日起至公告后 3 日内限制交易。如违反前述规定买入上市公司有表决权的股份，则在买入后的 36 个月内对超出规定比例部分不得行使表决权。

（2）上市公司股东之间有可能存在表决权委托（即公司股东将其持有的公司股份对应的参与重大决策和选择管理者等参与性权利

委托给他方行使的行为)。表决权委托系上市公司控制权交易实践中发展起来的交易策略。针对该等交易策略，在合同层面有必要明确约定表决权的委托范围、委托期限、委托是否可撤销等事项，以防委托受托双方发生争议。在证券合规层面有必要充分关注表决权委托是否构成一致行动关系、是否实质构成股份转让、是否导致公司控制权变更、是否涉嫌规避限售承诺等情形。

(3) 根据《证券法》第九十条，相关主体可公开征集提案权、表决权等股东权利。有权征集的主体是上市公司董事会、独立董事、持有1%以上有表决权股份的股东及依照法律、行政法规或者国务院证券监督管理机构的规定设立的投资者保护机构。征集方式是自行或者委托证券公司、证券服务机构，公开请求上市公司股东委托其代为出席股东会，并代为行使提案权、表决权等股东权利。征集主体的主要义务包括依法披露征集文件，且禁止以有偿或者变相有偿的方式公开征集股东权利。如不当行使该等权利导致上市公司或其股东遭受损失的，则相关主体需依法承担赔偿责任。

结合上述对表决权行使的明确要求，相关利害关系人有可能以股东“违规行使表决权”为由提起公司决议效力纠纷。此类纠纷中，需依法考察股东是否存在违规买入有表决权的股份并在限制期间内行使表决权情形、未经合法有效的公开征集程序而代被征集股东行使相应表决权情形等，进而判断公司决议是否存在“表决权比例不足”之决议瑕疵。

585. 在上市公司并购交易过程中，是否有可能发生股东知情权诉讼？股东知情权诉讼的基本特征是什么？

股东知情权是股东行使决策权的重要基础，是对管理层进行监督、防范公司运营风险的有效手段，故公司章程及股东协议均应有效保障股东知情权，不得剥夺股东知情权。

根据《公司法》规定，有限责任公司股东有权查阅、复制公司及其全资子公司的公司章程、股东名册、股东会会议记录、董事会会议决议、监事会会议决议和财务会计报告，且可以在说明正当目的的情况下向公司及其全资子公司请求查阅会计账簿、会计凭证。

股份有限公司的股东有权查阅、复制公司及其全资子公司的公司章程、股东名册、股东会会议记录、董事会会议决议、监事会会议决议、财务会计报告，对公司的经营提出建议或者质询。连续180日以上单独或合计持有公司3%以上股份的股东要求查阅会计账簿、会计凭证的，可以在说明正当目的的情况下向公司及其全资子公司请求查阅；公司章程对持股比例有较低规定的，从其规定。

且值得关注的是，《公司法》允许股东知情权穿透行使至全资子公司。实践中常见的管理架构是，上层公司行使管理职能、核心经营业务或重要资产位于下层公司。在这一架构下，股东往往面临着穿透行使知情权的实际需求。为应对这一实践中的迫切需求，《公司法》已明确规定，股东有权查阅、复制所持股公司的全资子公司的相关资料与文件。

基于以上，股东可在发生争议时提起股东知情权诉讼，起诉请求查阅或复制公司特定文件材料。如果人民法院或仲裁机构支持起诉股东的相应诉讼或仲裁请求，则应当在判决或裁决中明确查阅或者复制公司特定文件材料的时间、地点和特定文件材料的名录。进而，股东可依据人民法院生效判决或仲裁机构生效裁决查阅公司文件材料，且可以由会计师事务所、律师事务所等中介机构辅助进行查阅。

586. 与公司控制权有关的其他争议类型有哪些？

（1）在敌意收购过程中，有可能发生公司证照返还纠纷。此类纠纷的起诉主体系公司；如新任股东或管理层不掌握印章、证照，则公司权力机构选任新的法定代表人后有权以其签字代表公司意志；股东也可遵循股东代表诉讼的法定程序提起此类诉讼。此类纠纷的适格被告为无权持有公司证照的人员，包括公司董事、监事、高级管理人员、其他工作人员、公司外部人员等。此类纠纷中，返还标的物一般范围包括公司证照、公司印鉴、公司财务账册等具有特殊意义的动产。

（2）在并购实践中，如公司新老股东、实际控制人或管理层存在侵占公司财产、通过关联交易损害公司利益、拒不执行公司决议以及其他滥用股东权利的行为，则可提起损害公司利益责任纠纷。

即公司可依据《公司法》相关规定起诉相关股东、董监高人员，要求相关主体向公司承担赔偿责任。

此时，如公司怠于起诉，则符合法定条件的股东（即有限责任公司的股东、股份有限公司连续180日以上单独或合计持有公司1%以上股份的股东）可以提起股东代表诉讼，以追究公司董事、高级管理人员或其他相关人员损害公司利益的法律责任。且《公司法》已明确规定"双重股东代表诉讼"制度，将股东诉权延伸穿透至公司的全资子公司，即符合法定条件下，股东有权在公司的全资子公司遭受损害而不能或怠于行使诉权时直接代表该全资子公司提起诉讼。

（3）公司控制权变更过程中，如公司股东滥用股东权利或管理层违反法律法规、公司章程，直接损害其他股东利益的，则相关股东可直接依据《公司法》第二十一条第二款、第一百九十条、第一百九十二条提起损害股东利益责任纠纷，要求相关主体承担侵权责任。

如公司控股股东、实际控制人故意隐藏在幕后，指示公司董事、高级管理人员从事损害公司或股东利益的行为，则依法应当与该董事、高级管理人员承担连带责任。因此，权利受损的股东可以一并起诉侵权董事、高级管理人员以及隐藏在幕后的控股股东、实际控制人。

（4）收购方也有可能看好标的公司所积累的供应商资源、客户资源和技术优势及其将带来的良好业务和市场前景，从而溢价收购标的公司的股权。此类收购中，如标的公司原股东、原管理层利用既有便利资源、从业经验另起炉灶进行同业竞争，则有可能引发竞业禁止争议。

587. 上市公司并购重组交易过程中还有可能发生其他哪类纠纷？

上市公司并购重组还涉及证券监管及投资者保护问题，在此过程中也有可能发生证券虚假陈述、证券内幕交易等证券侵权方面的争议。以下，就证券虚假陈述责任纠纷、证券内幕交易责任纠纷予以简要介绍。

（1）并购重组交易是信息披露违法违规行为的"高发地带"，也会由此导致证券虚假陈述责任纠纷。例如，重大资产重组中，可能发生重组标的通过财务造假手段虚增业绩以提高估值情形，进而导致上市公司发生严重信息披露瑕疵。重组完成后的业绩“对赌”阶段，受限于业绩承诺的高标准、高要求，标的公司也有可能出现业绩造假行为，导致上市公司层面出现信息披露不真实、不准确。在收购交易中，鉴于《证券法》及相关监管规定严格把控上市公司收购节奏及在此过程中的信息披露，任何疏忽都可能导致相关义务人违反信息披露义务。

证券虚假陈述责任纠纷是指证券市场投资人因上市公司等信息披露义务人违反法律规定进行虚假陈述并使其遭受损失，而向相关虚假陈述行为人请求赔偿的民事纠纷。依据《证券法》第八十五条、第一百六十三条以及《关于审理证券市场虚假陈述侵权民事赔偿案件的若干规定》（即《虚假陈述司法解释》）相关规定，有可能承担虚假陈述赔偿责任的主体包括：①相关信息披露义务人，例如：发行人及其董事、监事、高级管理人员，股东、实际控制人，收购人，重大资产重组、再融资、重大交易有关各方等自然人、单位及其相关人员等。②发行人的控股股东，实际控制人，董事、监事、高级管理人员和其他直接责任人员。③保荐人、承销的证券公司及其直接责任人员。④相关证券服务机构。⑤帮助上市公司财务造假的供应商、客户、金融机构以及其他可能的责任主体。

（2）内幕交易也有可能引发民事赔偿责任纠纷。根据《证券法》规定，内幕交易行为给他人造成损失的，依法应承担民事赔偿责任。截至目前，我国并未出台专门的法律解释明确证券内幕交易和操纵证券市场行为的民事赔偿责任的具体认定方法。

结合司法实践，内幕交易民事责任认定逻辑在于，内幕信息具有价格敏感性的情况下，在内幕交易行为人实施内幕交易行为的期间，如果投资者从事了与内幕交易行为主要交易方向相反的证券交易行为，而且投资者买卖的是与内幕信息直接关联的证券、证券衍生产品或期货合约，最终遭受损失，则应认定内幕交易与投资者损失具有因果关系。进而，对于与内幕交易行为人在相同时间就同一证券品种进行相反交易的行为人而言，应认定内幕交易行为对其投资造成了损失，相应损失应予赔偿。

第五部分
破产重整

第一章
破产重整制度概况

588. 什么是破产重整？

破产重整是指对可能或已经发生破产原因但又有挽救希望与价值的企业，经由利害关系人（包括债权人、债务人、股东等）的申请，在法院的主持和利害关系人的参与下，进行业务重组和债务调整，以使企业避免破产得以存续的法律制度。我国《中华人民共和国企业破产法》（以下简称《企业破产法》）对重整申请主体、申请条件、受理与审查、重整期间、重整计划制定及其表决与批准、重整计划的执行等均有明确规定。

破产重整和破产清算存在区别，二者的流程、目的有所不同。

破产重整针对的是无力偿债的企业，经由法院介入，对其资产与组织架构进行优化配置，旨在恢复企业运营并清偿债务。此过程的核心在于维持企业存续，最大化债权人权益，同时为企业的复兴搭建平台。重整期间，企业可采取债务调整、资产出售等手段减轻负债，或引入投资者以重新规划经营方案，恢复盈利能力。

而破产清算则适用于无法偿还债务或重整无望的企业，在法院指导下通过资产清理、变现等步骤来清偿债务。其目的在于高效且公正地处理债务问题，最终结束企业的运营。在此过程中，企业资产将被处置，所得资金将根据债权性质按照法定顺序偿还债权人。

尽管法律上破产清算与破产重整非必然关联，但是破产清算与破产重整之间可以相互转化。破产清算案件中，对具有重整价值的企业，人民法院可引导其在具备法定条件时由破产清算转化为重整程序。相反地，破产重整程序中出现了重整计划未获表决通过等法定情形的，重整程序也将终止并进入破产清算程序。

589. 什么是预重整？

在法院裁定受理破产申请前，债权人或债务人可以向人民法院申请预重整，法院裁定批准的，面临债务危机的企业可以和各方债权人自主进行谈判磋商，就预重整方案先期达成一致意见并获多数表决通过，当正式进入重整程序后，提请法院赋予预重整方案司法强制力，以此提升重整的效率，更有效地利用重整制度来实现对企业的挽救功能。预重整目前在国家层面的立法上没有明确规定，但在一些地方法院有试行性的规定或指引，且在司法实践中已有较多应用。

590. 预重整和重整是什么关系？

2018年3月4日印发实施的《全国法院破产审判工作会议纪要》第二十二条指出："探索推行庭外重组与庭内重整制度的衔接，在企业进入重整程序之前，可以先由债权人与债务人、出资人等利害关系人通过庭外商业谈判，拟定重组方案。重整程序启动后，可以重组方案为依据拟定重整计划草案提交人民法院依法审查批准。"庭内重整制度指的是《企业破产法》中的破产重整制度，庭外重组制度指的是传统商业性质的企业兼并重组，二者的衔接即破产预重整制度。2024年12月31日印发实施的《关于切实审理好上市公司破产重整案件工作座谈会纪要》（以下简称《上市公司重整纪要》）（第26条指出，"上市公司与债权人、出资人、重整投资人等利害关系人通过庭外重组谈判，签署或者达成债权调整、引入重整投资人等相关协议的，应当符合本纪要关于重整计划草案制定的要求，并按中国证监会和证券交易所的规定履行信息披露义务"，进一步明确了庭外重组的信息披露要求。

预重整可以视为重整的前置阶段，其目的是准确识别重整价值和重整可能，提前解决可能在重整程序中出现的问题，降低重整成本、提高重整成功率。在预重整阶段经各方协商形成的预重整方案与重整程序中制作的重整计划草案内容一致且不存在法定除外情形的，有关出资人、债权人对预重整方案的同意通常会视为对该重整计划草案表决同意。

591. 破产重整主要功能有哪些？

（1）助力企业重生与持续发展。破产重整制度的核心目的是挽救那些可能或已经具备破产原因，但仍有维持价值和再生希望的企业。通过业务上的重组和债务调整，企业能够摆脱财务困境，恢复经营能力。破产重整有助于企业重新获得生机，避免破产清算带来的企业消亡。

（2）债权人利益最大化。重整计划会对债权进行分类、调整，并制定债权清偿方案。相较于破产清算，重整制度更能保障债权人的利益，提高债权清偿率。

（3）重整投资人获得收益。重整投资人为债务人提供资金等，帮助债务人清偿债务、恢复经营能力，同时可以通过参与重整企业后续经营持续取得投资收益。

592. 法院受理重整的条件是什么？

人民法院将根据债务人提交的证据及材料判断债务人是否有重整的价值和可能，在考虑了重整成本的情况下，债务人的继续经营价值仍然大于清算价值，可以认定债务人具有重整价值，即具备了法院受理重整的条件。

一般而言，法院会考量企业是否具备重整价值和重整可能性。重整价值考量因素主要包括：

（1）行业地位和行业前景。

（2）经营情况。

（3）资质价值。

（4）品牌价值。

（5）社会公共价值。

重整可能性判断要素主要包括：

（1）债务人的重整意愿及其配合程度。

（2）主要债权人支持重整的情况。

（3）重整方案及重整投资人情况。

（4）法律与政策障碍情况。

（5）重整与清算模式下的清偿率情况。

593. 企业破产重整主要程序包括哪些？

（1）重整的申请与受理。

（2）重整管理人指定。

（3）重整计划制定、表决及批准。

（4）重整计划的执行。

（5）破产重整的终结。

594. 企业破产重整的程序周期需要多久？

实践中，企业破产重整的程序周期通常需要几个月到一两年不等，具体时间主要取决于企业复杂程度、重整计划的执行情况以及不同地区法院效率。

其中，《企业破产法》对部分程序有时限规定，债务人或管理人应当自收到人民法院重整裁定之日起 6 个月（经债务人或管理人请求可以批准延长 3 个月）内提交重整计划草案；人民法院应当自收到重整计划草案之日起 30 日内召开债权人会议，对重整计划草案进行表决；自重整计划通过之日起 10 日内，债务人或者管理人应当向人民法院提出批准重整计划的申请。人民法院经审查认为符合法律规定的，应当自收到申请之日起 30 日内裁定批准，终止重整程序，并予以公告。

595. 哪些机构可以担任破产管理人？

根据《企业破产法》第二十四条的规定，管理人可以由有关部门、机构的人员组成的清算组或者依法设立的律师事务所、会计师事务所、破产清算事务所等社会中介机构担任。人民法院根据债务人的实际情况，可以在征询有关社会中介机构的意见后，指定该机构具备相关专业知识并取得执业资格的人员担任管理人。实践中，各地法院通常都有破产管理人名册，企业的破产管理人通常在名册中产生。

596. 破产管理人主要工作包括哪些?

根据《企业破产法》第二十五条的规定，破产管理人主要工作包括以下内容:

(1) 接管债务人的财产、印章和账簿、文书等资料。

(2) 调查债务人财产状况，制作财产状况报告。

(3) 决定债务人的内部管理事务。

(4) 决定债务人的日常开支和其他必要开支。

(5) 在第一次债权人会议召开之前，决定继续或者停止债务人的营业。

(6) 管理和处分债务人的财产。

(7) 代表债务人参加诉讼、仲裁或者其他法律程序。

(8) 提议召开债权人会议。

(9) 人民法院认为管理人应当履行的其他职责。

597. 破产债权怎么申报和确认?

人民法院裁定受理破产申请后，将确定债权人申报债权的期限。管理人向债权人发送债权申报通知并发布债权申报公告，债权人需要在规定的期限内按照破产管理人的要求填写债权申报的事项，以书面形式明确债权的金额以及是否存在财产担保的情况，并向管理人提交。管理人收到债权申报材料后，对申报的债权进行审查，并编制债权表。管理人应当在第一次债权人会议提交审查确认的债权表，由债务人、债权人发表意见。债务人、债权人对债权表记载的债权无异议的，由人民法院裁定确认债权。债务人、债权人对债权表记载的债权有异议的，可以向受理破产申请的人民法院提起诉讼。

598. 破产债权人会议如何召开并行使哪些职权?

《企业破产法》第六十二条规定，第一次债权人会议由人民法院召集，自债权申报期限届满之日起 15 日内召开。之后的债权人会议召开条件有如下两点:

(1) 在人民法院认为必要时。

(2) 管理人、债权人委员会、占债权总额 1/4 以上的债权人向债权人会议主席提议时召开。在通知时间上，召开债权人会议，管理人应当提前 15 日通知已知的债权人。

《企业破产法》第六十一条规定，债权人会议行使下列职权：

（1）核查债权。

（2）申请人民法院更换管理人，审查管理人的费用和报酬。

（3）监督管理人。

（4）选任和更换债权人委员会成员。

（5）决定继续或者停止债务人的营业。

（6）通过重整计划。

（7）通过和解协议。

（8）通过债务人财产的管理方案。

（9）通过破产财产的变价方案。

（10）通过破产财产的分配方案。

（11）人民法院认为应当由债权人会议行使的其他职权。

599. 预重整阶段是否中止执行与保全？

我国《企业破产法》未对预重整阶段执行与保全的进程是否中止予以明确规定，各地法院在相关规范性文件中予以规定，但具体内容有所不同。

针对预重整阶段是否中止执行问题，经初步统计，主要包括以下四种情形。

（1）预重整阶段可以中止执行，如深圳、成都、郑州等地区。

（2）预重整阶段可函告商榷中止或暂缓执行，如四川自由贸易试验区等。

（3）预重整阶段由法院依职权或依申请中止执行，如淄博等地区。

（4）预重整不具有中止执行的效力，如陕西省高级人民法院颁布的规范性文件中明确规定预重整不具有重整程序所具有的中止执行、解除保全、冻结担保债权的行使等法定程序效力，但可以通过有关执行法院（执行部门）以协商方式确定是否中止执行。

针对预重整阶段是否中止保全问题，经初步统计，南通、宿迁等地区规范性文件中规定预重整阶段可以中止保全，其余地区（如北京、上海、深圳等）均没有明确规定。

600. 重整期间破产债务人的财产和营业事务怎么管理?

重整期间债务人的财产和营业事务由管理人或债务人自行管理。

重整期间，管理人决定债务人的内部管理事务，决定债务人的日常开支和其他必要开支，并在第一次债权人会议召开之前，决定继续或者停止债务人的营业，管理和处分债务人的财产。管理人负责管理财产和营业事务的，可以聘任债务人的经营管理人员负责营业事务。

同时，在重整期间，经债务人申请，并经人民法院批准，债务人可以在管理人的监督下自行管理财产和营业事务。在债务人自行管理的情况下，已接管债务人财产和营业事务的管理人应当向债务人移交财产和营业事务，法律规定的管理人的相关职权由债务人行使。

601. 如何招募重整投资人?

根据招募重整投资人的有关实践，通常而言投资人招募与确定大致可以分为以下几个阶段：

（1）管理人发布投资人招募公告，披露重整企业基本信息、投资人要求、遴选程序及其他相关信息。

（2）意向投资人在规定时间内递交响应文件，由相关招募主体对意向投资人进行资格审查。

（3）资格审查获得通过的投资人，管理人会与其签署保密协议，并要求其缴纳一定金额的保证金，然后该等投资人即可进行尽职调查。

（4）尽调结束后，意向投资人按照管理人制订的重整计划方案编制指引或要求，草拟并提交重整计划方案给管理人、参加投资人遴选。

（5）管理人组织有关人员成立遴选委员会，按照公布的遴选程序评选并最终确定重整投资人。

（6）管理人与投资人签订重整投资协议。

602. 重整计划草案包括哪些主要内容？

（1）债务人的经营方案。

（2）债权分类。

（3）债权调整方案。

（4）出资人权益调整方案。

（5）偿债资金来源和债权清偿方案。

（6）重整计划的执行期限。

（7）重整计划执行的监督期限。

（8）其他内容。

603. 提交重整计划草案的期限规定是什么？

债务人或者管理人应当自人民法院裁定债务人重整之日起6个月内，同时向人民法院和债权人会议提交重整计划草案。6个月期限届满，经债务人或者管理人请求，有正当理由的，人民法院可以裁定延期3个月。债务人或者管理人未按期提出重整计划草案的，人民法院应当裁定终止重整程序，并宣告债务人破产。

604. 重整计划草案如何表决？

人民法院应当自收到重整计划草案之日起30日内召开债权人会议，对重整计划草案进行表决。

参加债权人会议的各类债权人按照以下债权分类分组对重整计划草案进行表决：

（1）对债务人的特定财产享有担保权的债权。

（2）债务人所欠职工的工资和医疗、伤残补助、抚恤费用，所欠的应当划入职工个人账户的基本养老保险、基本医疗保险费用，以及法律、行政法规规定应当支付给职工的补偿金。

（3）债务人所欠税款。

（4）普通债权。人民法院在必要时可以决定在普通债权组中设小额债权组对重整计划草案进行表决。

出席会议的同一表决组的债权人过半数同意重整计划草案，并且其所代表的债权额占该组债权总额的2/3以上的，即为该组通过重整计划草案。债务人或者管理人应当向债权人会议就重整计划草案做出说明，并回答询问。债务人的出资人代表可以列席讨论重整计划草案的债权人会议。重整计划草案涉及出资人权益调整事项的，应当设出资人组，对该事项进行表决。各表决组均通过重整计划草案时，重整计划即为通过。如果部分表决组未通过重整计划草案的，债务人或者管理人可以与未通过重整计划草案的表决组协商。未通过表决组可以在协商后再表决一次，如再次拒绝表决或者再次表决仍未通过重整计划草案，如重整计划草案符合法定条件，债务人或者管理人可以申请人民法院批准重整计划草案。

605. 裁定批准的重整计划如何执行？

重整计划由债务人负责执行。人民法院裁定批准重整计划后，已接管财产和营业事务的管理人向债务人移交财产和营业事务。自人民法院裁定批准重整计划之日起，在重整计划规定的监督期内，由管理人监督债务人对重整计划的执行。在监督期内，债务人应当向管理人报告重整计划执行情况和债务人财务状况。

606. 重整计划无法执行会产生什么法律后果？

债务人不能执行或者不执行重整计划的，人民法院经管理人或者利害关系人请求，应当裁定终止重整计划的执行，并宣告债务人破产。

人民法院裁定终止重整计划执行后，债权人在重整计划中做出的债权调整的承诺失去效力。债权人因执行重整计划所受的清偿仍然有效，债权未受清偿的部分作为破产债权。已经获得清偿的债权人只有在其他同顺位债权人同自己所受的清偿达到同一比例时，才能继续接受分配。债务人为重整计划的执行提供的担保继续有效。

607. 重整投资人通过什么形式进行重整投资？

根据投资对象的不同，可以将主要的投资方式归纳为四类，即债权式投资、股权式投资、资产式投资以及共益债务投资。

（1）债权式投资，指投资者通过购买现有债权的方式介入困境企业。具体而言，在企业进入正式重整程序之前或期间，投资者从其他债权人手中收购债权，从而成为新的债权人。按照最终达成的重整计划，新债权人将享有相应的清偿比例，而这种清偿比例往往高于原债权人的预期，使投资者能够从中获取差价收益。

（2）股权式投资，指投资者通过直接或间接方式取得困境企业的股权。投资者可以直接在市场上购买现有股东持有的股票，也可以选择认购企业在重整过程中新增发的股份。

（3）资产式投资，指投资者通过支付对价获得困境企业的全部或部分资产，但并不因此取得企业的股权，保持双方独立的法人地位。此模式适用于希望快速整合优质资源、提升自身生产能力的投资者。

（4）共益债务投资，根据《最高人民法院关于适用〈中华人民共和国企业破产法〉若干问题的规定（三）》第二条，为债务人继续营业而提供借款的债权人可以参照适用我国《企业破产法》第四十二条共益债务的规定，优先于普通破产债权清偿。实践中，已有地方法院将重整期间新增的用于债务人生产经营、支付职工薪酬等费用的借款认定为共益债务，以此保证该借款的优先受偿性和安全性。

第二章
上市公司破产重整特殊性及其基本要点

608. 上市公司重整申请材料相较于一般企业有哪些特殊要求?

根据《企业破产法》第八条的规定，一般企业重整申请材料包括破产申请书和有关证据，破产申请书应当载明：

（1）申请人、被申请人的基本情况。

（2）申请目的。

（3）申请的事实和理由。

（4）人民法院认为应当载明的其他事项。

此外，如果是债务人提出申请的，还应当提交：

（1）财产状况说明。

（2）债务清册。

（3）债权清册。

（4）有关财务会计报告。

（5）员工安置预案以及职工工资的支付和社会保险费用的缴纳情况。

如果是上市公司申请重整，由于其复杂性和涉众性，除前述一般情形需提交的材料外，《上市公司重整纪要》）第 7 条规定，需要增加提交的申请材料包括：

（1）上市公司具有重整可行性的报告。

（2）上市公司住所地省级人民政府出具的维稳预案等。

如果是债务人即上市公司自行申请破产重整的，还应当提交经股东会表决同意的证明材料，以及切实可行的职工安置方案。如果是债权人申请上市公司破产重整的，应当提供其已经通知上市公司的有关证据。

实践中，部分试点破产法庭通过专门制定重整案件工作指引对上市公司申请材料有更详尽的规定，如2019年12月30日发布的北京市第一中级人民法院《北京破产法庭破产重整案件办理规范（试行）》第九、第十、第十一条分别规定了上市公司情形下债权人、上市公司、上市公司出资人重整申请材料的特殊要求，较《上市公司重整纪要》的规定更加细化。2019年3月25日印发实施的深圳市中级人民法院《审理企业重整案件的工作指引（试行）》第十三条规定上市公司债权人、上市公司及其出资人申请对该上市公司重整的，还应当提交上市公司住所地省级人民政府向证券监督管理部门的通报材料、证券监督管理部门的意见以及上市公司住所地人民政府出具的维稳预案。

609. 上市公司重整申请正式裁定受理的条件包括哪些？

根据《上市公司重整纪要》第8条规定，债权人提出重整申请、上市公司在法律规定时间内提出异议的，或者债权人、上市公司、出资人分别向人民法院提出破产清算申请和重整申请的，人民法院应当组织召开听证会。人民法院应当就申请人是否具备申请资格、上市公司是否已经具备重整事由、上市公司是否具有重整可行性等内容进行听证。涉及证券监管事项的，应当听取属地中国证监会派出机构意见。

综上所述，上市公司重整申请正式裁定受理的条件包括：

（1）申请人具备申请资格。

（2）上市公司已经发生重整事由。

（3）上市公司具有重整可行性和重整价值。

610. 什么是上市公司重整申请的“层报”机制？

《上市公司重整纪要》第4条第三款对上市公司重整申请的“层报”机制进行了规定。鉴于上市公司破产重整案件较为敏感，不仅涉及企业职工和二级市场众多投资者的利益安排，还涉及与地方政府和证券监管机构的沟通协调。因此，目前人民法院在裁定受理上市公司破产重整申请前，应当将相关材料逐级报送最高人民法院审查。

611. 什么是上市公司重整申请“双线”审查机制？

上市公司破产重整申请审查机制采取司法、行政两条线，除了涉及前述法院的司法审查，还涉及政府、中国证监会的行政审批。根据《上市公司重整纪要》第 7 条第一款规定，在上市公司向人民法院申请重整时，需要提交上市公司住所地省级人民政府出具的维稳预案等。同时，根据《上市公司重整纪要》第 9 条第一款规定，申请人向人民法院提出重整申请的，上市公司住所地省级人民政府应当同步向中国证监会通报情况，并将所出具的维稳预案以及上市公司与债权人、出资人、重整投资人等利害关系人已签署或者达成的有关债权调整、重整投资等协议一并通报。中国证监会应当就上市公司重整价值等事项向省级人民政府出具意见，并同步通报最高人民法院。

612. 如何判断上市公司的重整价值？

《上市公司重整纪要》第 9 条规定：“存在下列情形之一的，可以认为不具备作为上市公司的重整价值：

（1）上市公司因涉及国家安全、公共安全、生态安全、生产安全、公众健康安全等可能被证券交易所终止其股票上市交易的重大违法行为正在被有权机关立案调查或者立案侦查，且尚未结案；

（2）根据相关行政处罚事先告知书、行政处罚决定，人民法院生效裁判认定的事实等情况，上市公司可能被证券交易所终止其股票上市交易；

（3）上市公司因信息披露、规范运作等存在重大缺陷，可能被证券交易所终止其股票上市交易；

（4）其他违反证券监管法律法规，导致上市公司丧失重整价值的情形。

控股股东、实际控制人及其他关联方违规占用上市公司资金、利用上市公司为其提供担保的，原则上应当在进入重整程序前完成整改。”

同时，部分省份地方法院也通过颁布破产案件审理规范对重整价值的定义及其判断做出规定。

《北京破产法庭破产重整案件办理规范（试行）》第十六条规定：“在考虑了重整成本的情况下，债务人的继续经营价值仍然大于清算价值，可以认定债务人具有重整价值。债务人具有下列情形之一的，可以认定其不具有重整价值：（一）根据市场、资源、社会公共功能等，可以合理判断债务人已经丧失经营价值或继续经营价值极低；（二）重整成本明显过高；（三）重整后债务人的所属行业根据国家产业政策或首都区位功能等需要，属于应当淘汰、疏解的产能、产业；（四）其他不具有重整价值的情形。”

深圳市中级人民法院《审理企业重整案件的工作指引（试行）》第二十二条规定：“债务人具有重整价值是指，债务人的继续经营价值大于清算价值。判断债务人的重整价值，应当综合考虑下列因素：（一）债务人的行业地位和行业前景，包括债务人的市场认可度、产能先进性等；（二）债务人的经营情况，包括债务人经营模式的成熟程度、经营团队的稳定性和经营管理的运行情况等；（三）债务人的资质价值，包括债务人的资本价值、特许经营权或者生产资质等；（四）债务人的品牌价值，包括债务人的营销网络、客户关系、品牌效应及其商誉等；（五）债务人的社会公共价值，包括债务人对国计民生及公共利益的重大影响等；（六）能够体现债务人重整价值的其他情形。社会中介机构、预重整管理人出具的报告可以作为判断债务人重整价值的参考。”

综上所述，上市公司的重整价值核心是指债务人的营运价值大于清算价值，并且不涉及上述重整价值认定的“负面清单”，具体而言要综合考虑上市公司经营情况、资质价值、品牌价值、行业地位和行业前景、社会公共价值、重整成本、合法合规等因素进行判断。

613. 哪些历史遗留问题对上市公司进入重整程序有限制性影响?

对上市公司进入重整程序有限制性影响的历史遗留问题一般包括资金占用、违规担保、正在被有权机关立案调查或者立案侦查且尚未结案、可能涉及终止上市等。监管机构强调控股股东、实际控制人及相关方不得以任何方式侵占上市公司利益，如出现上述情形，原则上应当在进入重整程序前完成整改。

根据2020年10月5日发布的《国务院关于进一步提高上市公司质量的意见》第十条规定，上市公司实施破产重整的，应当提出解决资金占用、违规担保问题的切实可行方案。根据2025年3月14日发布实施的《上海证券交易所上市公司自律监管指引第13号——破产重整等事项（2025年修订）》（以下简称《上交所指引第13号》）和2025年3月14日发布实施的《深圳证券交易所上市公司自律监管指引第14号——破产重整等事项（2025年修订）》（以下简称《深交所指引第14号》）第十一条规定，上市公司应当披露上市公司专项自查报告，其中重点强调自查报告应当包括以下内容：

（1）涉及国家安全、公共安全、生态安全、生产安全和公众健康安全等领域的重大违法行为，其股票可能被终止上市。

（2）涉及欺诈发行、重大信息披露违法或者其他严重损害证券市场秩序的重大违法行为，其股票可能被终止上市。

（3）涉及信息披露或者规范运作等方面的重大缺陷，其股票可能被终止上市。

（4）截至自查报告披露日，上市公司控股股东、实际控制人及其他关联方非经营性占用上市公司资金情况及解决方案。

（5）截至自查报告披露日，上市公司存在的违规对外担保情况及解决方案。

（6）上市公司、控股股东、实际控制人及其他关联方等相关主体尚未履行的承诺事项及解决方案。

（7）其他违反证券监管法律法规，导致上市公司丧失重整可能的情形（如适用）。

（8）其他应当予以关注的事项。

上市公司应当在定期报告中持续披露专项自查事项进展情况，

直至自查事项结束。

614. 上市公司预重整具有哪些重要意义？

总体而言，上市公司预重整具有如下重要意义：

（1）降低重整成本。由于预重整程序中临时管理人已经组织债务人、债权人、出资人、重整投资人等利害关系人拟定预重整方案，即把司法重整前的部分步骤提前，可以节约时间成本。

（2）保障企业经营自主权。预重整允许各方在法院正式受理前启动协商机制，通过自愿谈判达成共识，充分尊重了各方的意思自治。此外，这一阶段，管理层仍拥有较大的企业经营自主权，无须受到重整程序中严格法律规定的制约，也使管理层能够更加直接地参与到重整策略的规划与实施中。

（3）减少转入破产清算的不可逆风险。如企业直接进入重整程序且重整失败，法院将裁定终止重整程序或重整计划的执行，并宣告企业破产。但与重整程序不同，如企业预重整失败，企业并不会当然地直接进入破产清算程序。后续在企业仍存在重整可能性且符合法定重整申请条件下，债权人或企业自身仍可向法院申请对企业进行重整。

615. 上市公司预重整程序主要工作内容是什么？

目前没有法律法规规定上市公司预重整程序中各主体的主要工作内容，部分省份地方法院的破产案件审理规范对临时管理人、债务人的工作职责进行了规定。

预重整期间临时管理人的工作内容一般包括：

（1）全面调查债务人的基本情况、资产负债情况、涉诉涉执情况。

（2）执行案件移送破产重整审查的，应当及时通知所有已知执行法院中止对债务人财产的执行程序。

（3）查明债务人是否具有重整价值和重整可能。

（4）监督债务人履行其义务，并及时报告人民法院。

（5）明确重整工作整体方向，组织债务人与其出资人、债权人、

（意向）重整投资人等利害关系人协商拟定预重整方案。

（6）根据需要指导和辅助债务人引进重整投资人。

（7）债务人继续经营的，监督债务人的经营。

（8）根据情况向人民法院提交终结预重整程序的申请或预重整工作报告。

预重整期间债务人的工作内容通常包括：

（1）妥善保管财产、印章和账簿、文书等资料。

（2）继续经营的，妥善决定经营事务和内部管理事务。

（3）配合临时管理人的调查，及时向临时管理人报告对财产可能产生重大影响的行为和事项，接受临时管理人的监督。

（4）如实披露可能影响利害关系人就预重整方案作出决策的信息，就预重整方案做出说明并回答有关询问。

（5）停止清偿债务，但清偿行为使债务人财产受益的除外。

（6）与出资人、债权人、（意向）重整投资人等利害关系人协商拟定预重整方案。

（7）未经法院许可或者全体债权人同意，不得对外提供担保。

616. 上市公司预重整的工作成果的法律效力如何延续至重整程序？

《全国法院民商事审判工作会议纪要》第一百一十五条认可了上市公司预重整的工作成果（重整计划草案）的延续效力，规定人民法院受理重整申请前，债务人和部分债权人已经达成的有关协议与重整程序中制作的重整计划草案内容一致的，有关债权人对该协议的同意视为对该重整计划草案表决的同意。但重整计划草案对协议内容进行了修改并对有关债权人有不利影响，或者与有关债权人重大利益相关的，受到影响的债权人有权按照《企业破产法》的规定对重整计划草案重新进行表决。

部分省份地方法院对破产案件审理规范做出了更细致的规定。例如《北京破产法庭破产重整案件办理规范（试行）》第四十七条规定，在如下情形下重整计划草案不具有延续效力：

（1）重整计划草案对预重整方案的内容进行了修改并对有关权

利人有不利影响的，受到影响的权利人有权对重整计划草案重新表决。

（2）预重整方案表决前债务人隐瞒重要信息、披露虚假信息，或者预重整方案表决后出现重大变化，有可能影响权利人表决的，相应权利人有权对重整计划草案重新表决。

617. 上市公司重整计划草案债权人会议表决未通过法院可以强制裁定批准吗？

符合条件时可以。我国《企业破产法》规定分组表决未通过，但如上市公司满足法律规定的特定情形，可由法院直接裁定批准，称为强制批准重整计划。

根据《企业破产法》第八十七条第二款，债务人或者管理人可以向法院申请强制批准重整计划的特殊条件包括：

（1）对上市公司特定财产享有担保权的债权获得全额清偿，其因延期清偿所受的损失将得到公平补偿，并且其担保权未受到实质性损害，或者该表决组已经通过重整计划草案。

（2）上市公司的职工债权、税款债权获得全额清偿，或者两个表决组已经通过重整计划草案。

（3）普通债权所获清偿比例不低于依照破产清算程序所能获得的清偿比例，或者该表决组已经通过重整计划草案。

（4）重整计划草案对出资人权益的调整公平、公正，或者出资人组已经通过重整计划草案。

（5）重整计划草案公平对待同一表决组的成员，并且所规定的债权清偿顺序不违反债权清偿顺序的规定。

（6）债务人的经营方案具有可行性。

《企业破产法》第八十七条第三款规定，若法院经审查认为重整计划草案符合前述条件的，应当自收到申请之日起30日内裁定批准，终止重整程序，并予以公告。

618. 上市公司重整计划执行主要包括哪些方面？

（1）执行主体，采取债务人执行模式。《企业破产法》第八十九条明确规定法院裁定批准重整计划后，已接管财产和营业事务的管理人应当向债务人移交财产和营业事务，由债务人负责执行。

（2）执行期间，指重整计划被法院批准生效之日起至法院宣告重整程序终结之日的一段期限，对此《企业破产法》并无明确规定。实践中，重整计划执行的期间主要根据案件的具体实际情况规定于重整计划之中，一般在6个月到12个月不等。

（3）执行监督。在重整计划规定的监督期内，由管理人监督重整计划的执行，债务人应当向管理人报告重整计划执行情况和债务人财务状况。监督期届满时，管理人应当向人民法院提交监督报告。自监督报告提交之日起，管理人的监督职责终止。

619. 上市公司重整计划执行完毕的标准是什么？

上市公司重整计划执行完毕的标准应由该上市公司重整计划草案规定。具体而言，执行完毕的标准应为重整计划中所制订的债权调整方案、出资人权益调整方案、战略投资者的引入计划等内容按要求完成。

此外，2025年3月14日公布并实施的《上市公司监管指引第11号——上市公司破产重整相关事项》（以下简称《证监会监管指引第11号》）第十条规定："上市公司不得在重整计划实施的重大不确定性消除前，提前确认债务重组收益。在判断重整计划执行过程及结果是否存在重大不确定性时，上市公司应当综合考虑以下事实和情况：（一）全体重整投资人是否按照重整计划约定将认购股份的全部款项支付至上市公司或者上市公司管理人账户；（二）债权人是否已按重整计划获得偿付或者偿付给债权人的偿债资源是否已划转到管理人账户；（三）根据重整计划新取得的股份是否已在证券登记结算机构办理登记过户并披露；（四）其他与判断重整计划执行过程及结果是否存在重大不确定性相关的事实和情况。负责审计的会计师事务所应当勤勉尽责、规范执业，高度关注债务重组收益确认时点的合理性，履行充分、必要的程序，获取充分、适当的证据，审慎发表专业意见。"上述规定也对上市公司重整计划执行完毕的标准提供了相应参考。

620. 上市公司重整计划执行监督机制是怎么样的？

根据《企业破产法》第九十条规定，在重整计划规定的监督期内，由管理人监督重整计划的执行。对于监督人的职责，《企业破产法》并无明确规定，实践中管理人在上市公司重整计划执行期间的职责包括：

（1）监督上市公司是否有转移、隐匿财产，与上市公司股东、部分债权人串通损害其他债权人利益等违法行为。

（2）监督上市公司执行重整计划的程序、内容是否合法，是否遵循重整计划的执行原则。

（3）监督上市公司是否全面及时地执行重整计划。

（4）管理未决债权和待申报债权预留及提存债权清偿的款项。

（5）审查未决债权及补充申报的债权。

（6）在上市公司拒不执行或者不能执行重整计划时，请求法院裁定终止重整计划的执行，并宣告上市公司破产。

（7）根据重整计划执行的需要，申请法院延长重整计划执行监督期限。

（8）监督期满后向法院提交监督报告。

第三章
上市公司破产重整计划的要点

621. 上市公司重整计划草案主要包括哪些内容?

《企业破产法》第八十一条规定重整计划草案应当包括的内容为:

（1）债务人的经营方案。

（2）债权分类。

（3）债权调整方案。

（4）债权受偿方案。

（5）重整计划的执行期限。

（6）重整计划执行的监督期限。

（7）有利于债务人重整的其他方案。

此外实践中，根据上市公司重整的实际情况，重整计划中还会增加的内容包括:

（1）出资人权益调整方案。

（2）资产重组方案。

（3）重整计划执行完毕的标准等。

622. 上市公司重整如何调整出资人权益?

上市公司重整调整出资人权益的通常方式为:

（1）股份让渡。股份让渡通常是指，在保持总股本不变的前提下，削减部分股东的持股数量，并将这些让渡出的股份分配给债权人或转让给重整投资人。根据《上市公司重整纪要》第 16 条的规定，控股股东、实际控制人及其关联方因违法违规行为对上市公司造成损害的，制定重整计划草案时应当根据其过错程度对控股股东及实际控制人支配的原有股权作相应调整。

（2）增股。通过资本公积金转增以增加公司的股本总额，利用新增的股份清偿债务、转让给重整投资人。根据《上市公司重整纪要》第16条的规定，权益调整方案涉及资本公积金转增股本的，可供转增的资本公积金应当以最近一期经审计的定期报告为准。

此外，根据《上市公司重整纪要》第14条的规定，重整计划草案中涉及的资本公积金转增股本比例、重整投资人资格及获得股份的价格、股份锁定期应当符合中国证监会相关规定。

623. 资本公积转增比例有无限制性规定？

《证监会监管指引第11号》第七条规定："重整计划草案中出资人权益调整方案涉及资本公积金转增股本的，应当充分说明实施资本公积金转增股本的原因、必要性及合理性，根据转增股票用途及目的审慎确定资本公积金转增股本数量，资本公积金转增比例不得超过每十股转增十五股。可供转增的资本公积金应当以最近一期经审计的年度报告、半年度报告或者季度报告为准。"至此明确了上市公司重整的资本公积转增比例上限为每10股转增15股。

624. 资本公积转增股份主要有哪些用途？

资本公积转增股份作为一种重要的财务工具，在上市公司重整过程中扮演着关键角色，其主要可以用于以下三个方面。

（1）变现清偿债务。管理人可以通过将转增的股份作价变现，即在市场上出售这些新增股份，从而筹集现金用于即时清偿债务。

（2）抵债分配给债权人。直接将转增的股份分配给债权人以抵偿其债权。在这种情况下，债权人同意免除部分或全部债务作为获取转增股份的对价，构成广义上的"债转股"操作。

（3）引入重整投资人。资本公积转增股份也可以用于吸引新的重整投资人加入。通常情况下，投资人会以注入优质资产或其他形式的价值贡献为交换条件，换取一定数量的转增股份。

625. 重整投资人受让股份的定价机制是什么?

根据《证监会监管指引第 11 号》第八条第二款规定，重整投资人获得股份的价格，不得低于市场参考价的 50%。市场参考价为重整投资协议签订日前 20 个、60 个或者 120 个交易日的公司股票交易均价之一。

626. 不同用途的转增股份是否有限售锁定期?

根据《证监会监管指引第 11 号》第九条规定，重整计划草案应当对相关方持股期限作出约束，以确保重整后公司股权、经营相对稳定。重整投资人自根据重整计划取得股份之日起 12 个月内，不得转让或者委托他人管理其直接和间接持有的上市公司股份。重整投资人成为上市公司的控股股东、实际控制人的，上述期限为 36 个月，其一致行动人应当一同遵守前述锁定要求。重整后上市公司控制权未发生变更的，控股股东、实际控制人自重整计划裁定批准之日起 36 个月内不得转让或者委托他人管理其直接和间接持有的上市公司原有股份。控股股东、实际控制人根据重整计划新取得的股份，自取得之日起 36 个月内，不得转让或者委托他人管理。控股股东、实际控制人的一致行动人应当一同遵守前述锁定要求。按照重整计划对股权调整完毕后，上市公司披露无控股股东、实际控制人的，其第一大股东应当比照控股股东、实际控制人遵守上述股份锁定期的相关规定，但是第一大股东持股比例不足 5% 的除外。

627. 出资人对权益调整方案的表决有何规定?

（1）表决主体。根据《企业破产法》第八十五条第二款规定，重整计划草案涉及出资人权益调整事项的，应当设出资人组，对该事项进行表决。

（2）表决机制。根据《企业破产法》第八十四条第二款规定，出席会议的同一表决组的债权人过半数同意重整计划草案，并且其所代表的债权额占该组债权总额的 2/3 以上的，即为该组通过重整计划草案。即债权人对重整计划草案的表决机制采取的是“人数”及“债权额”双重多数标准，但并未对出资人表决机制进行明确规定。根据《上市公司重整纪要》第18条第三款，出资人组并不适用双重标准的表决规则，只需要经参与表决的出资人所持表决权2/3以上通过的，即为该组表决通过。

（3）表决方式。为最大限度地保护中小出资人的合法权益，《上市公司重整纪要》第18条第一款明确上市公司或者管理人应当提供网络表决方式，为出资人行使表决权提供便利。

628. 出资人权益调整后股价除权调整机制是怎么样的？

根据《上海证券交易所交易规则》第4.3.1条和《深圳证券交易所交易规则》第4.4.1条规定，上市公司进行资本公积转增后，交易所在权益登记日（B股为最后交易日）次一交易日对该上市公司的证券作除权处理，证券交易所另有规定的除外。。

同时，根据《上交所指引第13号》及《深交所指引第14号》第三十九条规定，上市公司拟调整除权（息）参考价格计算公式的，应当结合重整投资人支付对价、转增股份、债务清偿等情况，明确说明调整理由和规则依据，并聘请财务顾问就调整的合规性、合理性及除权（息）参考价格计算结果的适当性发表明确意见。如权益调整方案约定的转增股份价格高于上市公司股票价格的，可以不对上市公司股票作除权（息）处理。

629. 上市公司破产债权如何分类和调整？

（1）债权分类。根据《企业破产法》第八十二条规定，债权人参加讨论重整计划草案的债权人会议，依照下列标准进行债权分类：①有财产担保债权。②职工债权，包括债务人所欠职工的工资和医疗、伤残补助、抚恤费用，所欠的应当划入职工个人账户的基本养老保险、基本医疗保险费用，以及法律、行政法规规定应当支付给职工的补偿金。③税款债权。④普通债权。

（2）债权调整。实践中，对债权的调整主要涉及普通债权，其调整方式主要包括：①统一比例清偿。在此模式下，不论债权规模大小，所有普通债权均按照同一固定比例进行清偿，且该比例不得低于破产清算条件下普通债权所能获得的最低清偿率。②另设小额债权组。为了更好地保护小额债权人利益，一些重整方案选择区分小额债权和大额债权，分别设立小额债权组和普通债权组，并赋予前者更高的清偿比例。③内部差别化清偿。即便没有单独设立小额债权组，也可以在同一普通债权组内根据不同债权金额设定差异化的清偿比例。例如，规定一定金额以上的债权以较低比例受偿，而该金额以下的债权则享受较高的清偿比例。

630. 上市公司重整的偿债资源主要包括哪些?

在上市公司重整中，债务人的主要偿债资源包括：

（1）现金。包括债务人的经营现金流、处置非核心资产所获得的资金、外部融资渠道如借款或引入战略投资人的注资等。

（2）股票。通常通过资本公积金转增的股票作为偿债工具，该等转增股票不仅可以用于清偿现有债务，还能转让给投资人以吸引相关投资者参与重整。

（3）应收账款及其他流动资产。应收账款作为企业的流动资产之一，具有较高的变现潜力。通过对账龄较短、质量较好的应收账款进行催收或转让，企业可以在短期内获取一定量的现金。此外，其他形式的流动资产（如存货、短期投资等）也可以成为重要的偿债资源。

631. 上市公司破产债权主要通过哪些方式清偿?

（1）现金清偿。这是最直接且最具确定性的清偿方式，适用于各类债权。通过支付货币资金，企业能够迅速解决债务问题，恢复信用和运营能力。然而，这种方式依赖于企业是否具备充足的现金流或能够快速变现的资产。

（2）债转股清偿。债转股是指债权人将其持有的债权转换为对债务人的股权投资。这种方式不仅避免了企业用实物资产偿还债务，减轻了财务负担，还优化了资本结构，有助于改善公司的治理水平。

（3）以资产抵债清偿。当企业缺乏足够的现金时，可以考虑以非现金资产（如固定资产、无形资产等）抵偿债务。此类资产可以通过折价、拍卖或变卖等方式变现，用于偿还债权人。

（4）留债延期支付清偿。留债可以作为清偿的一种方式，主要是将原债权转为贷款、放弃即时清偿权利，属于新的权利义务的设定。延长还款期限的“留债”处理，留存部分债务分期还本付息，给予企业以恢复和发展的时间和空间，提升对债权人的清偿能力。

此外，上述的清偿方式在上市公司重整中并不是单独适用，而是根据实际情况多种方式相结合，如“股票+现金”“股票+现金+资产”等。

632. 经营方案如何体现产业投资人对上市公司的发展支持和业务协同？

债务人的经营方案，包括经营管理方案、融资方案、资产与业务重组方案等，主要是对公司重整后的具体经营措施做出设计。为了体现产业投资人对上市公司的发展支持和业务协同，上市公司重整的经营方案应当重点围绕：

（1）发挥债务人自身优势。经营方案应突出债务人公司特有的资质和竞争优势，无论是在行业内还是跨行业的独特资源。

（2）融合产业投资人属性。鉴于产业投资人的行业背景和专长，经营方案需结合其专业见解，确保重整措施既能反映投资人的战略意图，又能契合债务人的实际需求。

（3）确保持续运营与发展前景。从企业维系、未来发展以及重整成功的多重视角出发，经营方案应涵盖详细的经营管理、融资安排以及资产与业务重组计划。

第四章
上市公司破产重整的信息披露问题

633. 上市公司破产申请受理前应披露哪些破产事项？

上市公司应当在董事会做出向法院申请重整、和解或者破产清算的决定时，或者知悉被申请重整或者破产清算时，及时披露下列事项：

（1）上市公司做出申请决定的具体原因、申请目的、正式递交申请的时间，以及已履行和仍需履行的审议程序（适用于主动申请情形）。

（2）申请人的基本情况、申请目的、申请的事实和理由，以及申请人与上市公司及其董事、高级管理人员、控股股东、实际控制人是否存在关联关系、一致行动关系（适用于债权人、股东申请情形）。

（3）破产事项被法院受理可能存在的障碍及解决措施（如适用）。

（4）破产事项对上市公司的影响。

（5）上市公司董事、高级管理人员、控股股东、实际控制人未来6个月的减持计划。

（6）后续是否进入重整、和解或者破产清算程序尚存在重大不确定性，上市公司股票可能被实施退市风险警示、终止上市的相关风险提示。

（7）上市公司合并报表范围内的重要子公司破产重整对上市公司具体业务和持续经营能力的影响（如适用）。

同时，上市公司应当在董事会作出向法院申请重整、和解或者破产清算的决定时，或者知悉债权人向法院申请上市公司重整或者破产清算的5个交易日内，披露上市公司专项自查报告，对是否存在下列事项进行自查：

（1）涉及国家安全、公共安全、生态安全、生产安全和公众健康安全等领域的重大违法行为，其股票可能被终止上市。

（2）涉及欺诈发行、重大信息披露违法或者其他严重损害证券市场秩序的重大违法行为，其股票可能被终止上市。

（3）涉及信息披露或者规范运作等方面的重大缺陷，其股票可能被终止上市。

（4）截至自查报告披露日，上市公司控股股东、实际控制人及其他关联方非经营性占用上市公司资金情况及解决方案。

（5）截至自查报告披露日，上市公司存在的违规对外担保情况及解决方案。

（6）上市公司、控股股东、实际控制人及其他关联方等相关主体尚未履行的承诺事项及解决方案。

（7）其他违反证券监管法律法规，导致上市公司丧失重整可能的情形（如适用）。

（8）其他应当予以关注的事项。

上市公司应当在定期报告中持续披露专项自查事项进展情况，直至自查事项结束。

634. 上市公司预重整应当披露哪些内容？

上市公司应当在董事会作出向法院申请预重整的决议时，或者知悉债权人向法院申请预重整的5个交易日内，披露上市公司专项自查报告，参考重整专项自查报告内容，对是否存在相关情形进行自查。上市公司预重整程序转换或者结束时，上市公司应当及时披露预重整期间临时管理人等的履职情况、预重整程序取得的成效、预重整与破产重整程序衔接安排等内容。同时，上市公司申请预重整或被申请预重整的，应当充分评估法院受理重整申请的可行性等事项并提示风险，不得披露重大不确定性事项误导投资者。

635. 上市公司破产申请被法院裁定受理后应当披露哪些内容？

上市公司应当在收到法院裁定后及时披露下列事项：

（1）申请人名称。

（2）法院做出裁定的时间以及裁定书的主要内容。

（3）法院受理破产申请对上市公司的影响。

（4）其他证券交易所要求披露的内容。

上市公司应当在公告中充分揭示其股票可能存在被终止上市的风险。

636. 上市公司管理人招募重整投资人应当披露哪些内容？

（1）上市公司或者管理人在重整计划制定过程中拟通过公开征集方式招募重整投资人的，应当同时通过上市公司公告披露征集（招募）通知，披露内容应当包括征集目的、征集条件、征集流程和遴选机制等。

（2）上市公司应当遵循分阶段信息披露原则披露公开征集重整投资人的重大进展事项。

（3）上市公司通过管理人寻找和洽谈等其他方式引进重整投资人的，应当在上市公司、管理人和重整投资人签订投资协议后及时披露，并披露未通过公开征集方式招募重整投资人的原因、合理性。

（4）上市公司、管理人与重整投资人签订投资协议的，应当及时公告下列事项：①重整投资人基本情况，包括基本工商登记信息、股权结构、实际控制人情况、近3年主营业务情况和主要财务数据、与上市公司及其董事、监事、高级管理人员、控股股东、实际控制人等是否存在关联关系或者一致行动关系，重整投资人之间是否存在关联关系或者一致行动关系以及是否存在出资安排等。②投资协议主要内容，包括重整投资人投资目的、投资金额、拟获得股份情况、对上市公司未来生产经营计划及协议生效条件等。③重整投资人取得相关股份所需支付的对价、定价依据及公允性、资金来源、支付安排，引入重整投资人过程中是否存在损害上市公司及中小投资者利益情形。④重整投资人股份锁定安排，上市公司股权结构及控制权变化情况。⑤重整投资人做出的相关承诺、履约措施、履约能力及履约保障等。⑥重整投资人投入资金的用途。⑦执行投资协议对上市公司的影响。⑧证券交易所、上市公司或者管理人认为应当披露的其他事项。

637. 上市公司拟通知召开债权人会议时应当披露哪些内容?

上市公司或者管理人应当在发出召开债权人会议通知时及时披露下列事项：

（1）会议召开的时间、地点和方式，采用网络会议方式召开的，应当说明参会的具体方法。

（2）审议议案的主要内容（如有）。

（3）截至会议通知发出日，债权申报及审核、资产调查情况，以及财产管理、上市公司营业等破产事务的最新进展情况（如有）。

（4）上市公司或者重要子公司专项审计、评估报告（如有）。

（5）管理人报酬（如有）。

（6）关于债权人会议结果存在不确定性的风险提示。

（7）证券交易所、上市公司或者管理人认为应当披露的其他事项。

上市公司召开债权人会议审议重整计划草案或者和解协议的，应当于债权人会议召开15日前披露重整计划草案或者和解协议。

上市公司与其控股子公司协同重整的，上市公司或者管理人应当披露该控股子公司的其他股东是否为上市公司控股股东、实际控制人及其关联方，是否存在不得为该子公司清偿债务的情况。

638. 上市公司召开债权人会议后应当披露哪些内容?

债权人会议结束后，上市公司或者管理人应当及时披露下列事项：

（1）会议议程。

（2）债权核查情况（如有）。

（3）债权人会议关于继续或者停止上市公司营业的决定（如有）。

（4）对上市公司财产管理方案、财产变价方案、破产财产分配方案等的表决情况（如有）。

（5）各债权人组对重整计划草案或者和解协议的表决情况（如有）。

（6）会议决议涉及的其他事项。

（7）上市公司股票可能被终止上市的风险提示。

（8）证券交易所、上市公司或者管理人认为应当披露的其他事项。

债权人会议当日未形成决议需延期表决的，上市公司或者管理人应当及时披露会议召开情况、未形成决议的原因及后续安排，并在形成最终决议后及时公告。

639. 上市公司出资人组会议召集和召开应当披露哪些内容？

上市公司或者管理人应当在发出出资人组会议通知时单独披露出资人权益调整方案，对出资人权益调整的必要性、范围、内容、除权（息）处理原则、是否有利于保护上市公司及中小投资者权益等进行说明，并就方案实施时可能涉及除权（息）安排等进行风险提示。

出资人权益调整方案涉及资本公积金转增股本的，应当充分说明实施资本公积金转增股本的原因、必要性及合理性，根据转增股票用途及目的审慎确定资本公积金转增股本数量，资本公积金转增比例、可供转增的资本公积金应当符合中国证监会相关规定。

出资人组会议召开后，上市公司或者管理人应当及时披露表决结果情况和律师事务所出具的法律意见书。

640. 上市公司执行权益调整方案时应当披露哪些内容？

上市公司或者管理人应当于实施权益调整方案的股权登记日前3至5个交易日内披露方案实施公告，公告应当包括下列内容：

（1）法院裁定批准重整计划情况。

（2）权益调整方案的具体内容、转增股份实施办法，以及转增股份分配情况。

（3）转增股份的股权登记日、除权除息日、股份上市日。

（4）除权（息）具体安排。

（5）上市公司股本结构变动表及持股5%以上股东变化情况。

（6）上市公司股票存在终止上市风险等相关风险提示。

641. 上市公司重整计划提交法院裁定批准阶段应当披露哪些内容?

法院裁定批准重整计划、认可和解协议或者终止重整、和解程序等，上市公司或者管理人应当在收到法院裁定后及时披露裁定内容，并披露重整计划、和解协议全文。重整计划、和解协议与前次披露内容存在差异的，应当说明差异内容及原因。

重整计划草案或者和解协议未获得批准或者认可的，上市公司或者管理人应及时披露法院裁定内容及未获批准或者认可的原因，并充分提示因法院裁定终止重整、和解程序并被宣告破产，上市公司股票可能被终止上市的风险。

因重整计划草案或者和解协议未获得法院批准或者认可，上市公司被宣告破产的，上市公司应当按照证券交易所《股票上市规则》的要求启动其股票退市程序，并应当按要求履行信息披露义务。

642. 上市公司执行重整计划阶段应当披露哪些内容?

在重整计划、和解协议执行期间，上市公司应当每月或者在相关事项取得进展时及时披露执行进展情况。监督期届满时管理人向法院提交监督报告的，管理人应当及时公告监督报告的主要内容。上市公司应当在收到法院裁定书后，及时披露裁定内容。重整计划、和解协议执行完毕后，上市公司应当及时披露相关情况，说明破产事项对上市公司合并报表范围、主营业务、财务状况、当期损益等方面的具体影响。

643. 上市公司不能执行重整计划时应当披露哪些内容?

上市公司不能执行或者不执行重整计划、和解协议的，应当及时披露，说明具体原因、相关责任归属、后续安排等，并充分提示上市公司可能因此被法院裁定终止重整计划或者和解协议的执行并被宣告破产，从而导致其股票终止上市等相关风险。因上市公司不能执行或者不执行重整计划、和解协议，法院裁定终止重整计划、和解协议执行，并宣告上市公司破产的，证券交易所决定终止其股票上市，上市公司应当按照《股票上市规则》的要求履行信息披露义务。

644. 上市公司重整计划执行完毕后与重整事项相关的持续信息披露要求主要包括哪些?

上市公司重整计划执行完毕后，生产经营情况与重整计划约定的经营方案存在重大差异的，上市公司应当及时披露差异情况，说明是否符合重整计划的规定。

上市公司应当在重整计划执行完毕当年和执行完毕后的第一个会计年度的年度报告中，披露下列事项：

（1）重整计划中相关经营方案、资产注入方案等的实施情况。

（2）重整后上市公司各项业务的发展情况。

（3）重整后置入资产运营和盈利情况（如适用）。

（4）上市公司治理结构与规范运作情况。

（5）后续经营中与重整计划存在差异的事项及原因。